es 1962
edition suhrkamp
Neue Folge Band 962

»Daraus, daß Entstehung und Rechtfertigung von Urteilen nicht miteinander zu ›verwechseln‹ seien, sondern daß Geltung etwas anderes heißt
als Genesis, folgt keineswegs, daß die Explikation des Sinnes von Geltungscharakteren nicht auf genetische Momente zurückverweise als auf
ihre notwendige Bedingung.« (Adorno) In der rechtspolitischen Diskussion kommt es sehr darauf an, ob man eine normative Interpretation oder
Forderung isoliert vorträgt oder zeigen kann, daß sie einer geschichtlichen Linie folgt. Man wird sich in der Rechtswissenschaft mithin stärker
auf *Genesis und Geltung* einlassen müssen, als das etwa Habermas in seinem großen rechtsphilosophischen Werk über *Faktizität und Geltung*
möchte. Der vorliegende Band befaßt sich mit der Frage nach einem prozeduralen Legitimationstyp des Rechts, der die Relevanz des Konsenses
als entwicklungslogisches Element begreift.

Klaus Lüderssen
Genesis und Geltung
in der Jurisprudenz

Suhrkamp

edition suhrkamp 1962
Neue Folge Band 962
Erste Auflage 1996
© Suhrkamp Verlag Frankfurt am Main 1996
Erstausgabe
Satz: Leingärtner, Nabburg
Druck: Nomos Verlagsgesellschaft, Baden-Baden
Umschlagentwurf: Willy Fleckhaus
Printed in Germany

1 2 3 4 5 6 – 01 00 99 98 97 96

Inhalt

Vorwort

Es scheint, als habe das Recht politisch noch nie eine so entscheidende Rolle gespielt wie jetzt. Der Prozeß der Amalgamisierung des sozialen Lebens in den Neuen Bundesländern mit dem der alten Bundesrepublik bietet jedenfalls eine sehr lebendige Anschauung. Die soziale Marktwirtschaft als Inbegriff einer Privatrechtsgesellschaft – die gegenüber der vom Staat betriebenen Planwirtschaft das Vielfache an beziehungsvermittelnden, freien Juristen benötigt – zu begreifen und zu gestalten, ist eine Provokation[1], der sich die Neuen Bundesländer gegenübersehen. Das gleiche gilt in bezug auf Strafgerechtigkeit für den Rechtsstaat.

Ohne Akzeptanz kann nichts gelingen. Diese tägliche Erfahrung kennzeichnet die Zeit und die Welt, in der wir leben. Der stille akademische Vorgang einer immer mehr auf Anerkennung setzenden Theorie der Rechtsgeltung findet in der modernen Praxis plötzlich und unerwartet seine Bestätigung.

Juristen argumentieren (auch) historisch. Das heißt, sie beziehen sich für die Interpretation eines Rechtssatzes unter an-

1 Dies um so mehr, als in der »alten« Bundesrepublik insofern das politische Bewußtsein hinter dem wissenschaftlichen Standard der internen Diskussion weit zurückbleibt, durch Ressentiments und Mangel an Information gekennzeichnet ist, die mit dem konzeptionellen Konsens seltsam kontrastieren. Grundlegend für das Verständnis der aktuellen Probleme immer noch: Franz Böhm, *Privatrechtsgesellschaft und Marktwirtschaft* in: *Ordo* 17 (1966), S. 75 ff. Dazu Knut Wolfgang Nörr, *An der Wiege deutscher Identität nach 1945: Franz Böhm zwischen Ordo und Liberalismus*, Berlin, New York 1993. Die gegenwärtige Diskussion wird durch interne Kontroversen von der Art bestimmt, wie sie Ernst-Joachim Mestmäckers Arbeiten ausgelöst haben (vgl. etwa: *Der verwaltete Wettbewerb*, München 1984; sodann: *Der Kampf ums Recht in der offenen Gesellschaft*, in: *Rechtstheorie* Band 20 (1989), S. 277 ff.; siehe dazu Klaus Günther, »*Ohne weiteres und ganz automatisch*«? Zur Wiederentdeckung der »*Privatrechtsgesellschaft*«, in: *Rechtshistorisches Journal* 11 (1992), S. 473 ff., mit weiteren Referenzen).

derem auf die dogmatische Entwicklung einer Rechtsfigur, eines Rechtsinstituts, eines Begriffes oder des Umgangs mit einem Interessenkonflikt.[2] Sie müssen für die Deutung dieser Entwicklung, die mit anderen Deutungen konkurriert, Kriterien angeben. Diese Kriterien entscheiden über die Geltung des aus der Entwicklung hervorgegangenen Rechtssatzes; ein mit dem Attribut der richtigen Deutung versehenes und damit legitimierendes genetisches Argument hat also nicht nur ursächliche Funktion, sondern gehört zu dem explizierten Sinn. Insofern muß Genesis auch als konstitutiv für Geltung begriffen werden.

Die Kriterien für die Deutung von Entwicklungen haben lange geschwankt und sind auch jetzt noch umstritten. Moderne Erkenntnistheorie und Praxis der Demokratie sind gleichermaßen an der These beteiligt, daß die Legitimation von Entwicklungen zunehmend durch die Anteile bestimmt ist, die gelungene Konsense an ihnen haben. Die Kriterien für Übereinstimmung sind es demnach, die letztlich auch über die Relevanz von Entwicklungen entscheiden.

Aus dieser Kombination ergibt sich eine geschichtliche Orientierung des Rechts, welche die vorkritischen Positionen der Geschichtsphilosophie des Rechts meidet und doch nicht bloßem Dezisionismus Raum gibt, mit Erfahrungen und Bedürfnissen der in der aufgeklärten Gesellschaft und im wissenschaftlichen Zeitalter mündig gewordenen Menschen die abstrakten vacua der *Metaphysik der Sitten* aufzufüllen vermag und doch nicht einfach auf den erreichten status quo verweist. An das gegenwärtige Rechtsdenken können sich diese Überlegungen nicht ohne weiteres knüpfen. Viel historisch ›Gewachsenes‹ ist zu entwirren.

Der Mitte des 19. Jahrhunderts einsetzende Paradigmen-

---

2 Beispielhaft – für die Interpretation des »Abstraktionsprinzips«: Wolfgang Wiegand, *Die Entwicklung des Sachenrechts im Verhältnis zum Schuldrecht*, in: *Archiv für die civilistische Praxis* Band 190 (1990), S. 112 ff. (125).

Wechsel – exakte Wissenschaft (vor allem in Technik und Medizin) – ist auf die Geisteswissenschaften, wozu damals auch die Rechtswissenschaft gehörte, nicht ohne Einfluß geblieben. Der Ehrgeiz, es den Naturwissenschaften und der Medizin gleichzutun, zeigte sich bald, entfaltete sich aber in verschiedenen Richtungen. Die logisch-empiristische Richtung nahm die Sache wörtlich und ließ nichts anderes als Analyse und Messung zu. Diejenigen Wissenschaften aber, die unter keinen Umständen – sei es wegen des Praxisdrucks, sei es einfach wegen der Fülle der Themen – sich auf diese Verengung einlassen konnten, vor allem Jurisprudenz und Literaturwissenschaft, entwickelten sich seit der Mitte des 19. Jahrhunderts so, daß sie mit noch so gescheiten Produkten aus der ersten Hälfte des 19. Jahrhunderts sich nicht auf eine Stufe stellen lassen. Nicht nur das ›Belegwesen‹ markiert den Unterschied. Vielmehr eine Art der Argumentation, die sich nicht nur darauf verläßt, daß sie geist- und ideenreich, auch innovativ ist, Einfälle produziert, sondern sich der Überprüfung stellt. Man sieht es etwa bei Freud: wegen der Nichtüberprüfbarkeit seiner Aussagen bald gescholten und gleichwohl ganz unspekulativ. Jeder Satz ist so, daß er unter vielen Aspekten seine Anerkennungsfähigkeit beweisen möchte. Es ist wahrscheinlich überhaupt die, wenn man so sagen darf, realistische, behutsam Stück für Stück voranschreitende Sprache (möglicherweise – bei Freud ganz sicher – auch beeinflußt durch die Sprache der großen psychologisierend-realistischen Romane), die hier den Unterschied zur ›vorwissenschaftlichen‹ Geisteswissenschaft markiert. Es scheint kein Zufall zu sein, daß nun auch eine Sprachphilosophie[3] entsteht, die mehr bedeutet »als nur eine neue Theorie der Sprache; indem sie Kant die Idee des Transzendentalen gleichsam entführt und

3 In dem Werk von Ernst Cassirer, *Philosophie der symbolischen Formen,* Erster Teil, *Die Sprache, 1923,* findet sie – im deutschsprachigen Raum – ihren ersten umfassenden Ausdruck.

die weltkonstituierende Leistung des erkennenden Subjekts in die Welt erschließende Funktion einer übersubjektiven Sprachform transformiert, sprengt sie die Architektonik der Bewußtseinsphilosophie im ganzen. Die symbolische Form überwindet den Gegensatz von Subjekt und Objekt.«[4]

Alle Relativierungen des ersten Triumphgefühls der exakten Wissenschaften ändern nichts daran, daß sie ein völlig neues Methodenbewußtsein geschaffen haben. Was dieses neue Methodenbewußtsein zu sprengen versucht hat, war vielleicht die Heideggersche Existenzphilosophie, war in der Literatur der Surrealismus und könnte gegenwärtig in der Bewegung, gegen das »Böse«[5] eine Renaissance der Werte zu erzeugen, wieder erkennbar sein. Im übrigen ist die sogenannte Postmoderne doch wohl nur die Korrektur eines zu schnellen Hochgefühls der exakten Wissenschaften, darf nicht dazu verführen, daß man wieder zu alten Apriorit\u00e4ts-Phantasien zurückkehrt. Die modernen Geisteswissenschaften, wie Rechtswissenschaft und Literaturwissenschaft allerdings, scheinen *davon* im wesentlichen frei zu sein. Literaturwissenschaftler wie Jauß und Iser auf der einen Seite, Rechtswissenschaftler wie Mestmäcker und Roxin auf der anderen Seite können, sowenig sie auf irgendeine Art von einfachem Empirismus festgenagelt werden dürfen, für eine an unverfügbare Prinzipien gebundene Wissenschaft nicht beansprucht werden; vielmehr überzeugen sie durch die Vielseitigkeit, die Heterogenität ihrer Arbeit. Was die Theorie der Rechtsgeltung angeht, so glaube ich deshalb, daß die Genesis- und Geltungsformel, weil sie weder auf den logischen Empirismus oder eine in dem »Verstehen … von Zeichen zu Zeichen, ohne je an irgendeinen Sinn, der so etwas wie leibhafte

4 Jürgen Habermas, *Die befreiende Kraft der symbolischen Formgebung – Ernst Cassirers humanistisches Erbe und die Bibliothek Warburg,* Manuskript 1995, S. 18.
5 Vgl. dazu Klaus Lüderssen, *Abschaffen des Strafens?,* Frankfurt/M. 1995, S. 12.

Präsenz wäre, zu stoßen« sich erschöpfender Linguistik[6] zu reduzieren ist, noch den Fehler macht, über das ›neue‹ wissenschaftliche Zeitalter hinweg zu den mythischen und spekulativen Ursprüngen der Philosophie zurückzukehren, besonders folgerichtig ist im Sinne einer praktischen Entwicklung der Jurisprudenz.

Die durch die ›großen‹ Philosophien verschüttete Linie muß wieder stärker sichtbar gemacht werden. Sie ist von Denkpsychologie und Wissenssoziologie gleichermaßen vorgezeichnet und führt auf ein wissenschaftstheoretisches Gebiet, das ein Argumentationspotential dafür bereitstellt, wie man, um mit Lakatos zu sprechen, »zwei im Wettstreit befindliche Methodologien mit Hilfe einer (normativ interpretierten) Geschichte bewerten« könnte.[7] Die Positionen, die sachlich eine unmittelbare Verbindung zu den modernen Fragen der Geltung herstellen, sind bereits Ende des vergangenen und Anfang dieses Jahrhunderts entwickelt worden und mit – keineswegs durchweg die gleichen Assoziationen weckenden – Namen wie Wilhelm Dilthey, Ernst Troeltsch, Max Scheler, Emil Lask, Ernst Cassirer, Karl Mannheim und Karl Löwith verbunden.

Auf diesem Hintergrund gewinnen die in der Jurisprudenz des späten 19. Jahrhunderts verbreiteten Anerkennungstheorien des Rechts eine philosophische Bedeutung, welche die gegenwärtigen Diskurstheorien des Rechts zugleich relativiert und stützt. Diese erhalten dadurch eine Chance, im Rechtsleben wirklich eine Rolle zu spielen, und das um so mehr, wie das in der Theorie oft vernachlässigte, im juristischen Alltag aber vordringliche Problem der Prämissensuche einbezogen wird.

6 Jean Grondin, *Einführung in die philosophische Hermeneutik*, Darmstadt 1991, S. 176.
7 Imre Lakatos, *Die Methodologie der wissenschaftlichen Forschungsprogramme*, Braunschweig, Wiesbaden 1982, S. 108.

In einer frühen Arbeit[8] habe ich mich bereits mit der Frage nach einem prozeduralen Legitimationstyp des Rechts befaßt. In einer Reihe weiterer Arbeiten habe ich dann diese Ansätze fortgeführt und vertieft. Sie sind in dem vorliegenden Band gesammelt, ergänzt um einen einleitenden Essay über das Problem der Entwicklungstendenzen, der die dieser Konzeption vorangehenden Stationen genauer als bisher nachzeichnet und die Forschungsergebnisse der neueren einschlägigen Literatur aufnimmt. Damit versuche ich eine vor langer Zeit eingegangene Verpflichtung, etwas über Demokratie und Rechtsgeltung zu schreiben, einzulösen. Es handelte sich seinerzeit um einen mit Ernesto Grassi verabredeten Band in der Reihe rororo-Studium. Inzwischen sind zweieinhalb Jahrzehnte vergangen, und die Problemstellungen haben sich verschoben. Die Darstellung, die ich jetzt vorlege, ist weniger politisch ausgefallen, als ich mir das damals vorgestellt habe. Des Bezuges zu den alltäglichen Fragen der Rechtsanwendung, auch und gerade der besonders problematischen, bin ich mir gleichwohl immer bewußt gewesen.

Für sich immer wieder erneuernde Diskussionen und kritische Durchsicht von Vorentwürfen des Einleitungsessays möchte ich an erster Stelle Klaus Günther danken, ohne dessen Mitwirkung ich mir das Zustandekommen des Textes kaum noch vorstellen kann. Wenn er dann vielleicht doch beim Lesen der gedruckten Fassung feststellt, an wieviel Stellen ich ihm zu Unrecht nicht gefolgt bin, so bitte ich ihn und die Leser, die mir etwas anderes empfohlen haben würden, um Nachsicht. Außerdem habe ich für vielseitigen Rat und Hinweise auf Literatur Lorenz Schulz zu danken. Seine Kenntnis der Philosophiegeschichte, insbesondere der Peirce-Tradition, hat auf die Abfassung des Textes mehr Ein-

---

8 Klaus Lüderssen, *Erfahrung als Rechtsquelle. Abduktion und Falsifikation von Hypothesen im juristischen Entscheidungsprozeß. Eine Fallstudie aus dem Kartellstrafrecht*, Frankfurt/M. 1972.

fluß gehabt, als das vielleicht im einzelnen zu erkennen ist. Natalie Keller und Florian Rödl haben unermüdlich dabei geholfen, Literatur zu beschaffen und die koordinierende Redaktion vorzubereiten. Viola Krebs hat in bewährter Weise die Texte geschrieben, ergänzt und korrigiert. Allen sei noch einmal sehr herzlich gedankt.

Frankfurt am Main, im Mai 1995

I.

Zur Dialektik von konsensorientiertem und entwicklungslogischem Rechtsdenken

> »Nicht von den Philosophien, sondern von
> den Sachen und Problemen muß der Antrieb
> zur Forschung ausgehen«
>
> (Edmund Husserl, *Philosophie als strenge Wissenschaft*,
> Logos Band 1 (1910/11), S. 289 ff. (340)).

Diktatur oder Chaos. Tertium datur: das Recht – entweder
noch Herrschaft oder schon nur mehr Anarchie verbür-
gend – auf der Basis von Gleichheit und Freiheit. So einfach
zu sagen und so schwer zu machen. Denn Gleichheit gibt es
nicht; vielmehr ist sie die Abstraktion von gegebener Ungleichheit unter Wertgesichtspunkten. Und mit Freiheit ist
alles abgerufen, was der Mensch will, seine ins Unendliche
gehenden Bedürfnisse und Motive gehören gleichermaßen
dazu. Schon in einer kleinen Gruppe stoßen diese Komplexe
aneinander. Außerdem ist die Stunde Null, in der man be-
schließt, nach Rechtsregeln zusammenzuleben, nicht vor-
stellbar. Materiell und ideell türmen sich die intentional und
funktional zusammengekommenen Voraussetzungen, von
denen sich situatives Handeln nicht ohne weiteres freimachen kann. In die Verständigungsprozesse derer, die ihre
Freiheits- und Gleichheitsansprüche gegeneinander abgrenzen wollen, muß also eine verzweigte und differenzierte
Empirie eingehen. Auch moderne, demokratisch-freiheitli-
che Staaten haben die dafür erforderlichen Verfahren noch
keineswegs perfekt ausgebildet. Vorkritische Grundannah-
men und daraus legitimierte Obrigkeitsstrukturen liegen im
Wege. Vor allem aber gibt es große kommunikationstechni-
sche Probleme. Für direkte Demokratie sind die Massengesellschaften nicht geeignet, jedenfalls gegenwärtig noch nicht
reif. Es gibt vorerst nichts Besseres als Parlamentarismus und
Gewaltenteilung, sosehr Parlamente und Regierungen bzw.
Verwaltungen, aber auch die Gerichte, um ›Rückkopplun-

gen‹ bemüht sind. Viel spricht insofern zunächst noch für den Realismus, mit dem etwa Hermann Lübbe die Gesetzgebungs- und Regierungstätigkeit moderner Gesellschaften betrachtet, alles freilich gegen die misanthropische Flucht in die Immunisierungsstrategien von Niklas Luhmann. Zu erfahren, wie weit die Gesellschaft gekommen ist mit der Verwirklichung von möglichst viel Freiheit und Gleichheit verbürgenden Rechtsverhältnissen, ist die bisher unbewältigt gebliebene Aufgabe einer historischen Standortbestimmung.

Der motiv- oder begründungslose Rechtsgehorsam, die angstvolle Anpassung an das »von oben« jeweils Geforderte ist nicht mehr das, was die Rechtsordnung von ihren Adressaten erwartet und ihre Geltung etabliert. Es gehört mehr dazu. Diese im Alltag zivilisierter Gesellschaften längst praktizierte Kultur stößt in der *Rechtstheorie* auf hartnäckig aufrechterhaltene Vorstellungen von dem Zwangscharakter des Rechts – mit Ausnahme des Völkerrechts allerdings, worauf Wolfgang Preiser bei seinen Gängen durch die Völkerrechtsgeschichte unermüdlich hingewiesen hat[1] – ohne daß ein Wort über das dann fällige Problem der Abgrenzung des Rechts von der Macht gesagt wird. Daß Rechtsentwicklungen diagnostiziert werden können, die eine andere Sprache sprechen, daß diese Entwicklungen als prägendes Prinzip für fortgeschrittene – von der Autorität der Metaphysik und darauf gestützte Herrschaft befreite, freilich auch insofern ganz auf sich gestellte – Rechtsgesellschaften ein sich in seinen quantitativen und qualitativen Abstufungen laufend wandelndes System von Verständigungsverhältnissen hervorge-

1 S. etwa: *Frühe völkerrechtliche Ordnungen der außereuropäischen Welt. Sitzungsberichte der Wissenschaftlichen Gesellschaft an der Johann Wolfgang Goethe-Universität Frankfurt am Main,* Band IV, Nr. 5, Wiesbaden 1976, S. 9 ff. Vielleicht wäre es wirklich an der Zeit, doch zu überlegen, ob die Rede von der »Reflexwirkung höher ausgebildeter Rechtsgebiete auf das Völkerrecht« (Max Huber) nicht einmal umgekehrt werden sollte (dazu in diesem Band, S. 223 ff.).

bracht haben, daß diese Entwicklungsmomente konstitutiv sind für die Definition des Rechts und damit seiner Geltung, ist eine Einsicht, die das hier vorgelegte Buch befördern möchte.

Genesis und Geltung[2] gehören in der Jurisprudenz zusammen. Akzeptiert man das, öffnet sich der Blick für die Relevanz des Konsenses bei der Konstitution, Veränderung und Aufrechterhaltung von Rechtssätzen.

In der Philosophiegeschichte ist »Genesis und Geltung« ein relativ altes Begriffspaar[3]. Seine Tradition[4] soll hier nicht

2 Das Wort wird *hier* von vornherein *nicht* in einem von »religiösen, rechtlichen Geltungswerten usw.« abgehobenen Sinn verwendet oder gar mit Begriffen wie »›Sinn‹, ›Wert‹, ›Gehalt‹, ›Bedeutung‹, ›Rechtfertigung‹, ›Begründung‹, ›Grundlegung‹« gleichgesetzt (so aber Arthur Liebert, *Problem der Geltung*, 2. Auflage, Leipzig 1920, S. 4).

3 Vgl. H. Hülsmann, *Geltung, Gelten*, in: *Historisches Wörterbuch der Philosophie* Band 3, hg. von Joachim Ritter, Basel 1974, Spalte 232 ff., in Verbindung mit F. Kambartel/R. Welter, *Methode (20. Jahrhundert)*, a.a.O., Band 5, Basel 1980, Spalte 1326 ff. und C.F. Gethmann, *Methode, genetische*, in: a.a.O. Band 5, Spalte 1343 ff. Vielleicht ist es nicht unnötig zu sagen, daß Genesis in diesem Zusammenhang mit dem Genesebegriff der Biologie nichts zu tun hat (anders wohl Ernst-Joachim Lampe, *Genetische Rechtstheorie*, Freiburg, München 1987; dazu die Rezensionen von Klaus Günther, in: *Politische Vierteljahresschrift* 1989, S. 181 ff. und Franz Saliger, in: *Rechtshistorisches Journal* Band 7 (1988), S. 112 ff. In seinem Aufsatz *Anthropologische Struktur und Geschichtlichkeit des Rechts*, in: *Strafgerechtigkeit, Festschrift für Arthur Kaufmann zum 70. Geburtstag*, hg. v. Fritjof Haft/Winfried Hassemer u. a., Heidelberg 1993, S. 199 ff., hat Lampe die zunächst eingeschlagenen Linien trotz weitausgreifender sehr interessanter *geistesgeschichtlicher* Ausführungen, wenn ich recht sehe, weiterverfolgt; s. auch Herbert Zemen, *Evolution des Rechts*, Wien 1983, und die Rezension dieses Buches durch Ernst-Joachim Lampe, in: *Archiv für Rechts- und Sozialphilosophie* 1986, S. 144 ff.); zu eng mit Naturentwicklung verknüpft den Begriff der Genese auch Rainer Maria Kiesow, *Das Naturgesetz des Rechts*, Frankfurter Dissertation 1995, S. 64, stark beeinflußt offenbar von dem – insoweit ebenfalls eine einseitige »genetische Methode« apostrophierenden – großen Essay Gottfried Benns über *Goethe und die Naturwissenschaften* – hier zitiert nach der Klett-Cotta-Ausgabe Band 1, S. 162 f. (S. 175). Sowohl Ontogenese (Entwicklung des Einzelwesens) wie Phylogenese (Art- und Stammesentwicklung) meinen jedenfalls etwas anderes. Reichhaltige Belehrung verdanke ich insofern den Arbeiten von Hans-Rainer Duncker: *Die stammesgeschichtliche Entstehung von Komplexität im funktionellen Aufbau der Organismen*, in: *Mitt. hamb. zool. Mus. Inst.* Band 89, Ergänzungsband 1, Hamburg 1992, S. 73 ff; *Die vergleichende Methode als Grundlage*

nachgezeichnet, sondern auf dem Hintergrund eben derjenigen großen modernen Untersuchung belebt werden, die sie – speziell mit Bezug auf die Rechtsgesellschaft – überwunden zu haben glaubt. Gemeint sind die »Beiträge zur Diskurstheorie des Rechts und des demokratischen Rechtsstaats«, die Jürgen Habermas kürzlich unter dem Titel *Faktizität und Geltung* veröffentlicht hat.[5]

I.

Juristen erinnert das Thema zunächst an die »Anerkennungstheorien« des Rechts.

der Analyse von Komplexität im funktionellen Bau der Organismen, in: *Aufsätze und Reden. Senck. naturf. Ges.* 40, Frankfurt/M. 1993, S. 61 ff.; *Probleme der wissenschaftlichen Darstellung der komplexen Organisationen von lebenden Systemen*, in: Wolfgang Maier/Thomas Zoglauer (Hg.), *Technomorphe Organismuskonzepte*, Stuttgart, Bad Canstatt 1994; siehe ferner Wolfgang Friedrich Gutmann/Karl Edlinger, *Organismus und Evolution: Naturphilosophische Grundlagen des Prozeßverständnisses*; Ulrich Kull, *Wie übertragbar ist der Evolutionsbegriff? Möglichkeiten und Grenzen der Analogiebildung*, beide in: Günther Bien/Thomas Gil/Joachim Wilke (Hg.), *»Natur« im Umbruch*, Stuttgart, Bad Cannstatt 1994.

4 Aus neuerer Zeit: Max Scheler, *Frühe Schriften*, hg. v. Maria Scheler/Manfred S. Frings, Bern 1971, S. 310: »Ideale und Zwecke, wenn sie nicht leere Worte sein sollen«, müssen, meint er, »eben erfahrbare Tatsachen des Bewußtseins sein … und sich als solche beschreiben und in ihrer Genese erklären lassen«. Es gehe nicht nur darum, »bei den verschiedenen Prinzipien und Axiomen deren tatsächliches Gelten zu statuieren, sondern noch hierüber hinaus nach der Genese jener Geltung« zu forschen.

5 Rezensionen (Auswahl): Gunther Teubner, in: *Frankfurter Rundschau* vom 11.11.1992; Dieter Simon, in: *Frankfurter Allgemeine Zeitung* vom 8.12.1992; Reinhard Merkel, in: *Die Zeit* vom 12.2.1993; *Niklas Luhmann, Bernhard Schlink, Otfried Höffe*, in: *Rechtshistorisches Journal* 12 (1993), S. 36 ff.; *Symposium zu Jürgen Habermas:* ›Faktizität und Geltung‹. *Beiträge zur Diskurstheorie des Rechts und des demokratischen Rechtsstaats*. Mit Beiträgen von Charles Larmore, Onora O'Neill, Udo Tietz, Alexander Somek, Peter Dews, in: *Deutsche Zeitschrift für Philosophie* 41. Jahrgang (1993), S. 321 ff.; Christoph Schönberg, in: *Der Staat* 33 (1994), S. 124 ff., Thomas Blanke, Thomas Kupka, Klaus Günther, *Kritische Justiz* 27. Jahrgang (1994), S. 439 ff.; Ralf Dreier, in: *Zeitschrift für Philosophische Forschung* Band 48 (1994), S. 90 ff.; Hinrich Fink-Eitel, in: *Merkur* 528 (1993), S. 237 ff.; Fritz Loos, in: *Geschichte und Gesellschaft* 1995, S. 140 ff.

Eine äußere Ordnung müsse – das ist das genetische Moment der Geltung – auf ausdrückliche oder stillschweigende Anerkennung gegründet sein, hat auf der Grundlage verhältnismäßig radikaler Vorstellungen von Demokratie Karl Theodor Welcker gefordert. Allmählich versuchte man dabei, individuelle und generelle Anerkennung [6] zu unterscheiden,

6 Vgl. die Nachweise bei Walter Ott, *Der Rechtspositivismus*, 2. Auflage, Berlin 1992, § 6 (die Anerkennungstheorien). Dort insbesondere die Würdigung des Lebenswerkes von Ernst Rudolf Bierling (S. 58 ff.; s. dazu auch die knappe und zutreffende Charakterisierung bei Arthur Kaufmann, *Problemgeschichte der Rechtsphilosophie*, in: Arthur Kaufmann/Winfried Hassemer (Hg.), *Einführung in die Rechtsphilosophie und Rechtstheorie der Gegenwart*, 6. Auflage, Heidelberg 1994, S. 143 f.; Hans-Ludwig Schreiber, *Der Begriff der Rechtspflicht*, Berlin 1966, S. 84 ff.) Die zitierten Stellen wären um manche weitere wichtige zu ergänzen. Es ist vor allem das Verdienst von Ernst Rudolph Bierling, die Synonymität von Anerkennung und Geltung herausgearbeitet zu haben (s. *Juristische Prinzipienlehre* Band I, 1894, zitiert nach der von Scientia Aalen 1979 besorgten Ausgabe, S. 47, s. auch Band 2, S. 122), und außerdem hat er wie kein anderer vor und nach ihm die Vielseitigkeit des Problems beschrieben. So sind die Formulierungen vorbildlich, die er etwa für die Beendigung des infiniten Regresses gefunden hat: »wie weit man auch die Androhung von Zwangsmitteln treiben mag, ins Unendliche läßt sich die Sache doch nicht fortsetzen; es bleiben schließlich stets gewisse Normen übrig, für deren Befolgung man ausschließlich auf den guten Willen der Verpflichteten rechnen muß« (a. a. O., Band 1, S. 52) oder für die sekundären Normen der Zwangsanwendung; in ihnen finde »die in der That für alles Recht wesentliche *Anerkennung als Gemeinschaftsnorm* auch bezüglich der vorausgesetzten primären Normen einen besonders charakteristischen Ausdruck« (a. a. O., Band 1, S. 53); scharfsinnige Formulierung dieses Arguments jetzt bei: Jens Christian Müller-Tuckfeld, *Gesetz ist Gesetz*, in: Henning Böke u. a. (Hg.), *Denk-Prozesse nach Althusser*, Hamburg 1994, S. 182 ff. (183 und 200 ff.) Ferner ist hinzuweisen auf das Kapitel über »Verschiedene Formen anormaler Rechtsbildung« (Bierling, a. a. O., Band 2, S. 341 ff.), die Bedeutung des Anerkennungsmoments im Völkerrecht für das allgemeine Recht (a. a. O., Band 5, S. 180 f.) und seine späte gründliche Auseinandersetzung mit Kelsen (a. a. O., Band 5, S. 190 ff.) Wichtige, unverändert interessante Formulierungen finden sich auch bei Georg Jellinek, *Allgemeine Staatslehre*, 3. Auflage, Darmstadt 1959, S. 334 f., etwa: »Zur Geltung des Rechtes gehört es aber weiter, daß seine psychologische Wirksamkeit garantiert ist. Garantiert ist ein Recht aber dann, wenn die motivierende Kraft seiner Vorschriften durch sozialpsychologische Mächte derart verstärkt ist, daß die Erwartung gerechtfertigt ist, daß jene Normen sich gegen widerstrebende individuelle Motive als Bewegsgründe des Handelns durchzusetzen im Stande sind.« (S. 334) Zum Ganzen ferner Hasso Hofmann, *Legitimität und Rechtsgeltung*, Berlin 1977, S. 44 ff. und 75 ff.; Heinz Wagner, *Normbegründungen*, Köln 1982, S. 54 ff.; ferner – referierend und kritisch – Ul-

blieb aber doch die Antworten auf zentrale Fragen schuldig. Hans Kelsen ist es gewesen, der sie besonders pointiert gestellt hat: »Von wem geht die Anerkennung aus? Von allen Rechtssubjekten ohne Unterschied des Alters, Geschlechtes, der Willensfähigkeit? Ist die Anerkennung aller oder nur eines Teiles erforderlich? Wenn Majorität, welcher Art ist diese Majorität, und wie kann sie konstatiert werden? Wie ist das Verhalten des Rechtsverletzers zu qualifizieren? Erfolgt das Unrecht mit oder ohne Anerkennung des verletzten Rechtssatzes? Worauf ist die Anerkennung gerichtet? Auf jeden einzelnen Rechtssatz, auf die Rechtsordnung als Ganzes oder auf andere Normen als die des positiven Rechtes? Wie verhält sich die Anerkennung zur Rechtskenntnis?«[7]

Davon liest man bei Habermas freilich nichts (aber er er-

fried Neumann, *Theorien der Rechtsgeltung*, in: Winfried Hassemer/Volkmar Gessner (Hg.), Gegenkultur und Recht, Baden-Baden 1985, S. 21 ff. und auch schon Klaus Lüderssen, in: Klaus Lüderssen/Fritz Sack (Hg.), *Abweichendes Verhalten* Band 2, Frankfurt/M. 1975, S. 15 ff.

7 Hans Kelsen, *Hauptprobleme der Staatsrechtslehre*, Tübingen 1923 (Nachdruck Aalen 1960), S. 358. Es mag bezeichnend sein, daß Auflistungen von Einwänden gegen »Konsensfindungsverfahren« sehr ähnlich strukturiert sind, vgl. etwa Wolfgang Naucke, *Rechtsphilosophische Grundbegriffe*, 2. Auflage, Frankfurt/M. 1986, S. 163: »Das ist z. B. die Frage, wer denn am Konsensverfahren teilnehmen darf. Doch wohl Jeder! Darf aber Jeder jedes Interesse einbringen? Nach einer empirisch betriebenen Konsenstheorie doch wohl auch! Also sollten dann der Straßenräuber, der Geld oder Leben will, und der zu Beraubende, der Geld und Leben behalten und sich gewaltsam gegen den Räuber wehren will, in ein Konsensverfahren eintreten müssen, mit dem Ziel, einen Kompromiß zu finden, vielleicht, daß ein Schuß ins Bein genügt, dafür aber nur die Hälfte des Geldes gegeben wird – die Konsenstheorie muß besorgt sein. Sie muß absolute, nicht relativierbare Sicherungen erfinden. Sonst begünstigt sie den Starken und den Frechen; beide sind in der Lage, ihre Interessen dem Konsensfindungsverfahren aufzunötigen. Wer im Konsensfindungsverfahren viel fordert, bekommt immer etwas.« Und Karl Acham, *Rationalisierungsansprüche im Lichte von Wissenssoziologie und Weltanschauungslehre*, in: *Vernunft und Kontingenz* (Phänomenologische Forschungen, Band 19), Freiburg, München 1986, S. 75 ff.: »von welcher Art muß der Konsens sein? Muß es ein Konsens unter vorurteilsfreien Fachleuten sein? Wie sind Vorurteile in der Selbstreflexion erfaßbar? Wie verhält es sich mit den vor-urteilsmäßigen Voraussetzungen eines Diskurses über Vorurteile?

währt – den sehr bemerkenswerten – J. Fröbel[8]). Es muß ja nicht unbedingt falsch sein, wenn jemand mit einem frischen Schwung von der Seite hereinkommt. Sosehr Recht und Moral, nach einer langen Tradition[9], mehr oder weniger getrennt gehalten worden sind, sowenig kann man ihre Gemeinsamkeiten leugnen.[10] Warum soll also der Anstoß jetzt nicht aus der Moralphilosophie kommen? Zumal Habermas dabei schon immer auch einen Blick auf das Recht gehabt hat. Zunächst – signifikant insofern seine Auseinandersetzung mit Max Weber – mit unverhohlenem Mißtrauen gegenüber dem positiven Recht: der Macht verfallen und Instrument einer die moderne Welt zunehmend unerträglich machenden Verrechtlichung, gegen welche die Lebenswelt in Schutz zu nehmen sei. Hier scheint Habermas lange zwischen Idealität und Realität des Rechts gewissermaßen geschwankt zu haben.

1) In der Tat ist das Dilemma groß, vorzüglich auf den Begriff gebracht von Karl Otto Apel: »Würde – oder sollte – die Befolgung von Rechtsnormen allein auf Anerkennung beruhen – wie Habermas es früher einmal unterstellt hat –, dann könnte es überhaupt kein Problem der Rechtfertigung (der

Wie ist der Konsens des näheren zu verstehen, wenn es von ihm heißt, daß er auf grund herrschaftsfreier Interaktion zustande gekommen ist? Wie sehen die dabei beschworenen Argumentationen für rationale Motivation von Geltungsansprüchen aus? In welchem Ausmaß kommen (...) den verschiedenen Sichten oder Aspektstrukturen spezifische Rationalitäten zu, die es jeweils zulässig erscheinen lassen, zu einer überpartikularen Wahrheit zu gelangen? Ist es unsinnig, dieser Wahrheit eine Rationalität höherer Ordnung zuzuschreiben?« (S. 105) S. im übrigen in diesem Band, S. 195 unter Hinweis auf den Katalog der Einwände von Ottfried Höffe; ferner: Stefan Smid, *Einführung in die Philosophie des Rechts*, München 1991, S. 131 ff.; Klaus F. Röhl, *Allgemeine Rechtslehre*, Köln u. a. 1994.

8 Jürgen Habermas, *Faktizität und Geltung*, Frankfurt/M. 1992, S. 613 ff.

9 Vgl. dazu in diesem Band, S. 176 ff.

10 Auch dazu genauer a. a. O. und in dem – der juristischen Rechtsphilosophie noch fremden – Code der modernen Sozialwissenschaft: Habermas, a. a. O., S. 141.

Legitimation) des Zwangs der Rechtsnormen geben. Der Zwang wäre etwas Akzidentielles, das mit der Zeit verschwinden wird oder verschwinden sollte. Rechtsnormen wären genauso wie moralische Normen zu behandeln. Würde andererseits die Befolgung von Rechtsnormen nur auf Zwang beruhen, dann könnte es sinnvollerweise auch kein Problem der ethischen Rechtfertigung des Zwangs der Rechtsnormen geben; Rechtsnormen wären dann überhaupt keine Normen, sondern eher kausal wirksame Mechanismen der Natur.«[11]

In dem neuen Buch finden sich nun auch bei Habermas brennpunkthafte Verdichtungen von großer Eindringlichkeit: »Im Geltungsmodus des Rechts verschränkt sich die Faktizität der staatlichen Rechts*durchsetzung* mit der Legitimität begründenden Kraft eines dem Anspruch nach rationalen, weil freiheitsverbürgenden Verfahrens der Rechts*setzung* ... Für eine empirische Betrachtungsweise ist die Geltung des positiven Rechts zunächst tautologisch dadurch bestimmt, daß als Recht gilt, was nach rechtsgültigen Prozeduren Rechtskraft erlangt – und trotz der rechtlich gegebenen Möglichkeit der Derogation einstweilige Rechtskraft behält. Der Sinn dieser Rechtsgeltung erklärt sich aber erst durch die simultane Bezugnahme auf beides – auf die soziale oder faktische Geltung einerseits, die Legitimität oder Gültigkeit des Rechts andererseits.«[12] Das sind sehr suggestive, weiterführende Sätze.

a) Aber die Fortschreibung dieser Dialektik bleibt hinter den Erwartungen – jedenfalls der Juristen – zurück. Liegt das an der gesamtphilosophischen Perspektive? Dafür sprechen die vielen Wendungen, in denen eine gewissermaßen alltägliche Plausibilität des Diskurses im Recht anschaulich gemacht wird. Beispiel: »Das Diskursprinzip kann über das Rechtsmedium die Gestalt eines Demokratieprinzips nur anneh-

11 In: Karl-Otto Apel/Matthias Kettner, *Zur Anwendung der Diskursethik in Politik, Recht und Wissenschaft*, Frankfurt/M. 1992, S. 39.
12 Habermas, a. a. O., S. 46 f.

men, indem sich beide miteinander verschränken und zu einem System der Rechte *ausbilden*, das private und öffentliche Autonomie in ein Verhältnis wechselseitiger Voraussetzung bringt.«[13] Das ist politisch sehr vernünftig und gut für die gegenwärtige Diskussion über die Stellung des Rechts in der Gesellschaft. Denn es hat wohl noch keine Epoche gegeben, in der dem Recht so viel ordnende Kraft zugemutet wurde, jedenfalls so viele Probleme, die früher als politische oder höchst persönliche begriffen worden sind, auf die Rechtsebene gehoben werden. Das muß damit etwas zu tun haben, daß die Welt – bei eben doch wachsendem Fortschritt – immer weniger bereit ist, Leiden einfach als Unglück oder Folge von Willkür, wogegen man gleichermaßen machtlos ist, zu sehen. Wenn man so will, äußert sich darin vielleicht eine Art Omnipotenzphantasie des Rechts – provoziert freilich durch insofern gesteigerte Wünsche der Bürger.

Habermas legt jetzt überzeugend dar, daß man die Bedürfnisse zahlloser einzelner in einer demokratischen Gesellschaft sammeln und im Recht zur Geltung bringen muß – auf dem Wege der Verständigung – gegen das Wiederaufleben eines reinen Entscheidungspositivismus, sei es im Geiste Carl Schmitts (dessen »konkrete Ordnungen« ja beliebig auswechselbar waren, wie hätte er sonst sich darüber wundern können, daß die Sowjetunion ihn 1945 nicht sofort als Berater engagierte) oder Hans Kelsens, dessen Rechtsbegriff ebenfalls jeder Substanz bar ist, alles aufnehmen kann (der politische Zufall, daß Kelsen ein guter Demokrat war, ändert daran wenig) und erst recht gegen die immunisierenden, angeblich komplexitätsreduzierenden Konzepte von Niklas Luhmann und anderen (Habermas spricht hier mit Recht von einer »Radikalisierung der Marxschen Systemanalyse«[14]), die allerdings – abweichend von Schmitt und Kelsen – eine Art

13 A. a. O., S. 162.
14 A. a. O., S. 67.

Gegenempirie anbieten. Zwar kann auch Habermas auf Vorannahmen nicht verzichten. Er muß unterstellen, daß die
Verständigung das Richtige mobilisiere, entweder weil dann
möglichst viele Menschen ihren Willen bekommen, oder weil
viele Menschen, wenn die Sprechsituationen dem Ideal an-
genähert werden, zusammen doch etwas Vernünftiges bewirken, oder schließlich weil Verständigung als solche vernünftig ist.[15] Indessen versperren diese offenen Fragen nicht den
Weg für die Rezeption von Erfahrungen[16], die Ökonomie,
Soziologie, Psychologie (vor allem die Psychoanalyse) und
nicht zuletzt die große realistische Romanliteratur seit eineinhalb Jahrhunderten aufgehäuft haben und im Rechtsleben
eine große Rolle spielen.

Daß Habermas die gesellschaftlichen Impulse, auf die das
Recht reagiert, richtig analysiert, wird durch die tägliche Gesetzgebung und Rechtsprechung belegt. Bei Umweltschutz,
Kernkraftwerken, Gen-Manipulation, Neurochirurgie, Euthanasie und ähnlichem dominiert juristisch das moralische
Pathos. Daher hat Habermas recht, wenn er sagt: »Im übrigen ist eine regionale Aufteilung der Zuständigkeiten von
Moral und Recht nach privaten und öffentlichen Handlungs-
bereichen schon deshalb kontraintuitiv, weil sich die Willensbildung des politischen Gesetzgebers auch auf die moralischen Aspekte der regelungsbedürftigen Materien erstreckt.
In komplexen Gesellschaften erlangt die Moral ja erst dadurch, daß sie in den Rechtskode übersetzt wird, über den
Nahbereich hinaus Effektivität.«[17] Es geht um Haftung von
Personen; nur ihnen – und nicht Systemen – kann man versu-

15 Interessante Spekulationen hierzu bei Herbert Keuth, *Erkenntnis oder Ent-
    scheidung*, Tübingen 1993, S. 292.
16 Das hat Habermas, wiewohl er sich bei der Mitteilung jener Vorannahmen
    zurückhält, sehr anschaulich formuliert: »Die Idee der Einlösbarkeit kritisier-
    barer Geltungsansprüche erfordert Idealisierungen, die von den kommunikativ
    Handelnden selber vorgenommen und damit vom transzendentalen Himmel
    auf den Boden der Lebenswelt herabgeholt werden.« (a. a. O., S. 34)
17 Habermas, a. a. O., S. 141.

chen die Ereignisse zuzurechnen, und »Zurechnung«, nicht kalte kostenorientierte Risikoverteilung, ist das agens der Gesellschaft. Inmitten der »Funktionen« werden Handlungen aufgesucht.[18] Das meiste ist deshalb gegenwärtig in der Tat von einer Rechtsphilosophie zu erwarten, die Moral und Recht, klassische Positionen überwindend, einander näherrückt, weil die Diskursabhängigkeit einerseits die Moral – verglichen mit traditionellen Ansprüchen – relativiert, andererseits dem Recht – verglichen mit der Kultur des Gesetzespositivismus – mehr Substanz gibt und an die Stelle eines absoluten, hermetischen Rechtsbegriffs ein komparativer, offener Rechtsbegriff zu treten beginnt, vorbereitet durch das Sozialstaatsprinzip, fortgeführt durch die Diskussion über »alternative« Rechtsformen.

b) Philosophen und anderen Intellektuellen mögen diese Aussichten genügen, sie müßten das Buch eigentlich mit durchgehender Zustimmung lesen. Denn wenn es richtig ist, daß hinter allen detailreichen, viel Scharfsinn und Wissen voraussetzenden Untersuchungen über den Menschen und sein Leben in der Gesellschaft stets ganz einfache Einsichten, jedenfalls aber elementare Sehnsüchte oder Besorgnisse stehen, dann hat Habermas es fertiggebracht, durch sein ganzes

18 Daran hat auch die ökonomische Analyse des Rechts vorerst nichts ändern können. Sie hat zwar versucht, plausibel zu machen, daß es sinnvoller wäre, Schadensfälle anders zu regulieren (vgl. Guido Calabresi, *Die Entscheidung für oder gegen Unfälle: Ein Ansatz zur nichtverschuldensbezogenen Allokation von Kosten*, in: Heinz-Dieter Assmann/Christian Kirchner/Erich Schanze (Hg.), *Ökonomische Analyse des Rechts*, Kronberg 1978, S. 259ff.) Durchgesetzt ist das nicht. Überblick bei Claus Ott/Hans-Bernd Schäfer (Hg.), *Allokationseffizienz in der Rechtsordnung – Beiträge zur ökonomischen Analyse des Zivilrechts*, Berlin u.a. 1989; dies., *Entwicklung und Konstruktion effizienter Normen im Rechtssystem des deutschen Zivilrechts*, in: *Homo oeconomicus* Band 11/2, München 1994, S. 293ff. Für das Strafrecht vgl. Klaus Lüderssen, *Abschaffen des Strafens?*, Frankfurt/M. 1995, S. 391ff. Daß auch im Bereich der Makrokriminalität Handlungen und nicht »Systeme« interessieren, betont zu Recht Herbert Jäger in *Menschheitsverbrechen und die Grenzen des Kriminalitätskonzeptes*, in: *Kritische Vierteljahresschrift* 1993, S. 259ff. (262f.)

Spezialistentum hindurch eine entsprechende allgemein verständliche Summe zu ziehen. Dann hätte man auch die Erklärung dafür, weshalb, wie Simon es ausdrückt[19], der Versuch, aus der luxuriösen Welt des ethischen Spekulierens in die vereisten Regionen von Recht und Politik vorzudringen, keineswegs unter dem Druck stand, die Brauchbarkeit des Diskursmodells technisch durchzuspielen.

c) Gleichwohl möchten die Juristen es genauer wissen. Sie wären vielleicht an der falschen Adresse, hätte Habermas nur im Sinne gehabt (was ihm gut gelungen ist), seinesgleichen über die Jurisprudenz aufzuklären. Wenn nicht alles täuscht, wollte er aber mit seinem Buch gerade die Juristen erreichen. Das Handicap, das er ihnen bereitet, besteht jedoch darin, daß er sich für die Konkretisierung seiner Diskurstheorie im Recht zu sehr auf die Gesetzgebung beschränkt. Warum er das tut, ist nicht leicht zu begreifen. Ist ihm entgangen, was man in der Rechtswissenschaft seit langem weiß, daß die Übergänge zwischen Gesetzgebung und Gesetzeskonkretisierung fließend sind und dabei keine reine Deduktionslogik waltet, sondern sozusagen das ganze Leben hereinragt? Keineswegs, möchte man meinen, denn er ist der Ansicht, daß sich in der Rechtswelt hinter der »Einheitlichkeit des Kodes ... ein komplexer Geltungssinn des legitimen Rechts« verbirgt, »der erklärt, warum bei Grundsatzentscheidungen Gründe extralegaler Herkunft, also Überlegungen pragmatischer, ethischer und moralischer Art zum Rechtsdiskurs zugelassen und in rechtliche Argumente einbezogen werden.«[20] Doch dann kommt ziemlich bald der Rückzug: »Auslegungsmaximen, die in der Methodenlehre kanonisiert sind, werden sich erst befriedigend in eine Diskurstheorie einholen lassen, wenn man das Netzwerk von Argumentationen, Verhandlungen und politischen Kommunikationen, in dem sich

19 Simon, a. a. O. (Anm. 4).
20 Habermas, a. a. O., S. 253 f.

der Gesetzgebungsprozeß vollzieht, besser als bisher durch-analysiert hat.«[21]

In den »Paradigmen des Rechts« (IX. Kapitel) wird deshalb, wie mir scheint, nicht hinreichend rezipiert, wie fest die Relevanz des Konsenses in der Dogmatik bereits verankert ist, trotz immer wieder mit Blick auf Strafrecht und Strafprozeß erhobener Einwände. Diese verdienen besondere Aufmerksamkeit, weil die Menschen beim Recht meistens an die Strafe denken. Ganz zu Unrecht. Vor allem die »Privatrechtsgesellschaft«[22], eine jetzt wieder häufiger zu hörende Vokabel, macht den Stoff des Rechts aus, und unter den Interventionen, die sie ertragen muß, nehmen die des Strafrechts den geringsten Raum ein. Nicht zuletzt die lex mercatoria beherrscht ein »de facto staatsautonomes transnationales Wirtschaftsrecht«, über dessen Inhalt häufig private Schiedsgerichte entscheiden. Woher man, schreibt deshalb ein Kenner dieser Materie, Hans Joachim Mertens, »auf diesem schwankenden Boden eines Rechts, das jenseits eines durch Machtanspruch diktierten Rechtsbegriffs aus nichts anderem als verschiedenen subjektiven menschlichen Überzeugungen darüber besteht, was Recht sei, den Mut nehmen kann, bestimmte Gesichtspunkte, von denen sich Instanzen bei der Entscheidung sozialer Konflikte leiten lassen, mit einem theoretischen Verbindlichkeitsanspruch als Recht oder als Nichtrecht zu bezeichnen, ist mir unerfindlich.«[23] Ein ausgedehntes Gebiet also für diskursive Regulierungen.[24]

Habermas aber beschränkt sich darauf, ein fortgeschrittenes Demokratieverständnis auszubreiten; die Spannung zu

---

21 A.a.O., S. 286.
22 S. dazu Anm. 1 im Vorwort.
23 Hans-Joachim Mertens, *Nichtlegislatorische Rechtsvereinheitlichung durch transnationales Wirtschaftsrecht und Rechtsbegriff*, in: *Rabels Zeitschrift* 1992, S. 226 bzw. 232.
24 Was natürlich nicht heißt, daß *diese* spezielle Konsequenz bereits durchweg gezogen wird.

der »*höherstufigen Intersubjektivität* von Verständigungsprozessen«[25] wird zwar benannt, für die Etablierung von
Rechtssätzen indessen nicht aufgelöst. Was die »Anwendungsdiskurse« betrifft, so verweist er[26] auf das – schon
lebhaft diskutierte – Buch von Klaus Günther *Über den Sinn
für Angemessenheit*.[27] Er sieht nicht, daß die endgültige Konkretisierung eines Rechtssatzes kein Anwendungsproblem
übrig läßt. Will man den Punkt bezeichnen, an dem zur Subsumtion des Sachverhalts übergegangen wird, so drängt sich
die Feststellung auf: alles ist schon im Obersatz passiert. Es
ist eben nicht so, daß die der Subsumtion die Bahn vorzeichnenden Definitionen, Projektionen und Zuschreibungen einen Ermessensspielraum ausfüllen, innerhalb dessen zwischen Ober- und Untersatz vermittelt wird. Allerdings wird
das nun sichtbar, wenn man die Ausgangsnorm für den
Obersatz als Bewertungsnorm formuliert – mit einem Tatbestand, der die Voraussetzung für eine Sanktion umschreibt,
etwa so: »Wer physisch spürbaren Zwang ausübt, wendet
Gewalt an.« Die Ausdifferenzierung des Merkmals »Gewalt«
entscheidet über die »Anwendung« der Norm; eines zusätzlichen Gedankens bedarf es nicht. Nur »Begründungsdis-
kurse« stehen mithin überhaupt zur Debatte.

d) Wo wäre nun die Lösung zu suchen gewesen? Meines
Erachtens geht es darum, nach Intensitätsabstufungen des
Diskurses zu forschen. Nirgends im Leben geht es ganz rein
zu. Die konsensorientierten Handlungen, welche die Rechtsgesellschaft prägen, sind sämtlich getrübt durch latente Momente von Nötigung, durch soziale Strukturen und Zwangs-
läufigkeiten in der individuellen Sozialisation.[28] Läßt man sich
von diesen Präokkupationen nicht irritieren und rechnet mit

25 Habermas, a. a. O., S. 362.
26 A. a. O., S. 255 ff. und öfter.
27 Klaus Günther, *Über den Sinn für Angemessenheit*, Frankfurt/M. 1988.
28 So scheint es jetzt auch Hasso Hofmann, *Gebot, Vertrag, Sitte: die Urformen
   der Begründung von Rechtsverbindlichkeit*, Baden-Baden 1993, S. 36 f. zu se-

einer gewissen Bandbreite von Konsensstrukturen[29], so kann man wahrscheinlich eine Stufe ausmachen, die ungefähr den Anforderungen an einen modernen prozeduralen Legitimationstyp[30] genügt. Wer diese Stufe bestimmen will, muß je nachdem, welchen Status die interessierenden Gruppen von Rechtsregeln und deren Adressaten erreicht haben, verschiedene Maßstäbe akzeptieren.[31] Außerdem muß er getrennte Rechnungen aufmachen für Wirksamkeit, Geltung und die Voraussetzungen, unter denen ein Rechtssatz gelten soll.

Die Antworten werden daher ohne politisch-historische Stellungnahme nicht auskommen. Habermas möchte zwar auf »geschichtsphilosophische Rückendeckung«[32] verzichten. Wir brauchen sie aber.

2) Von Entwicklungstendenzen der Gesellschaft zu sprechen, impliziert, daß man im unüberblickbar Mannigfaltigen, im Totalinventar sozusagen »patterns« oder Strukturen oder gar Gesetze sieht. Damit ist das ganze Spektrum zwischen

hen. Die Zugeständnisse, die Habermas (a.a.O., S. 391) macht, bleiben in seiner *Theorie* des *rechtlichen* Diskurses meines Erachtens folgenlos; das gilt auch für die Bezugnahme (a.a.O.) auf Lutz Wingert, *Gemeinsinn und Moral*, Frankfurt/M. 1993. Denn auch dieser Autor meint zwar, daß Universalität der Handlungsnormen »Spezifität« nicht ausschließe (a.a.O., S. 219), benennt aber nicht die Verfahren, in denen das – interaktionistisch – geschehen kann, und verzichtet auch auf inhaltliche Konkretisierung.

29 Genauer in diesem Band S. 215 ff.

30 Die über geistvolle aperçus von der Art Schönbergs (a.a.O. (Anm. 4), S. 128: »Die Diskurstheorie des Rechts sucht die Kategorien zum Verständnis der unübersichtlichen Welt von morgen in der bundesrepublikanischen Welt von gestern«) hoffentlich hinausgehen.

31 Methodologisch hilfreich die Ansätze der Rechtsethnologie, s. dazu Trutz von Trotha, *Zwischen Streitanalyse und negativem Evolutionismus*, in: *Zeitschrift für vergleichende Rechtswissenschaft* Band 86 (1987), S. 61 ff. (Das Stichwort ist: »Zwang zum Selbstzwang«, S. 93 ff.) Vgl. auch Simon Roberts, *Ordnung und Konflikt. Eine Einführung in die Rechtsethnologie*, Stuttgart 1981, S. 216; ferner: Fritz Cramer/Christian Sigrist (Hg.), *Gleichheit und Gegenseitigkeit*, (*Gesellschaft ohne Staat*, Band 1), Frankfurt/M. 1983.

32 Habermas, a.a.O., S. 349.

Historismus und Historizismus Thema. Und zwar sowohl was die Rekonstruktion der Vergangenheit, die Wahrnehmung der Gegenwart und die Prognose für die Zukunft angeht.

a) Dabei verwende ich den Begriff Historismus so, wie Friedrich Meinecke ihn einst definiert hat.[33] Sein Kern »besteht in der Ersetzung einer generalisierenden Betrachtung geschichtlich-menschlicher Kräfte durch eine individualisierende Betrachtung«. Weil »entwickelnde und individualisierende Denkweise« unmittelbar zusammengehören, es »im Wesen der Individualität, der des Einzelmenschen wie der ideellen und und realen Kollektivgebilde« liegt, »daß sie sich nur durch Entwicklung offenbart«[34], hat es freilich immer nahegelegen, den Begriff Historismus auch anders aufzufassen (ja in sein Gegenteil zu verkehren), nämlich als einen Hinweis darauf, daß den »zunächst mannigfachen Veränderungen ein Prinzip der Ordnung entrissen« werden darf.[35] Denn dieses Prinzip der Ordnung kann leicht zum Geschichtsgesetz stilisiert werden, und das ist dann eine Geschichtsphilosophie mit ontologischem Gewißheitsanspruch, deren berühmteste Beispiele Hegel und Marx geliefert haben. Seit Poppers Kritik dieser Geschichtsphilosophie sollte man daher für sie den terminus Historizismus reservieren.[36]

Später ist Popper allerdings vorgeworfen worden, er habe unzulässigerweise eine spezielle Wissenschaftstheorie der

33 Friedrich Meinecke, *Die Entstehung des Historismus* (von C. Hinrichs neu herausgegebene und eingeleitete Ausgabe), München 1965, S. 2. In diesem Sinne scheint auch auf dem internationalen Historikerkongreß in Stuttgart »ein neuer Historismus« in den Vordergrund getreten zu sein (s. *Frankfurter Allgemeine Zeitung* vom 4. September 1984, S. 25).

34 Meinecke, a.a.O., S. 5.

35 Karl Mannheim, *Historismus*, in: *Archiv für Sozialwissenschaft und Sozialpolitik* Band 4 (1924), S. 1 ff.

36 Karl R. Popper, *Das Elend des Historizimus*, Tübingen 1965. Damit wäre auch der vor langer Zeit von K. Heussi (*Die Krisis des Historismus*, Tübingen 1932) erhobenen Forderung Genüge getan, niemand möge, weil »wir gegenwärtig von einer einheitlichen Verwendung des Begriffes entfernt sind«, ihn anwen-

Physik im Sinne einer universalen Forschungslogik auf alle
»zweigleisigen«, d.h. auf empirische Tatsachen bezogenen
Wissenschaften ausgedehnt und sich dabei einseitig auf die
Klärung reiner Geltungsbeziehungen (wie in der Logik
und Mathematik) konzentriert. In diesem »nominalisti-
schen Credo«[37] sieht Elias eine Fortsetzung metaphysischer
Traditionen, in denen unabhängig von der tatsächlichen
Forschungspraxis invariante Erkenntnisgesetze postuliert
worden seien. Elias' Einwand scheint jedoch auf einer Über-
bewertung der Aussagen Poppers zur logischen Konsistenz
von Theorien gegenüber dem Falsifikationismus, aus dem
sich ja erst der Sinn der Konsistenzforderung ergibt, zu beruhen. Es ist daher fraglich (wie auch Esser[38] vermutet), ob sich
Elias' Hinweis auf die Korrespondenz zwischen der For-
schungsmethode einerseits und der Strukturiertheit des For-
schungsgegenstandes andererseits, die sich daran bestätigt,
ob der Forscher die Tatsachen trifft oder nicht, so weitgehend
von Poppers eigener Konzeption unterscheidet. Daß, wie
Elias behauptet, physikalische Phänomene, die in Teileinhei-
ten analytisch zerlegbar sind, eine andere Art von Erklärungen verlangen als komplexe biologische und noch höher
organisierte soziale Phänomene, bei denen es auf Interdepen-
denzen zwischen Individuen und die Prozesse ihrer Entstehung und Veränderung ankommt, dürfte von Popper kaum
bestritten werden. Schließlich kommt es beiden auf die Kon-

den, der nicht genau sage, was er darunter versteht (S. 15). Die von Heussi gegebene Typologie der Begriffsverwendungen ist immer noch sehr lehrreich.
37 Norbert Elias, *Das Credo eines Metaphysikers. Kommentare zu Poppers »Logik
der Forschung«*, in: *Zeitschrift für Soziologie* 14 (1985), S. 93; dagegen H. Esser,
*Logik oder Metaphysik der Forschung? Bemerkungen zur Popper-Interpreta-
tion von Elias*, a.a.O., S. 257; Hans Albert, *Mißverständnisse eines Kommenta-
tors*, a.a.O., S. 265; dazu wiederum: Norbert Elias, *Wissenschaft der Wissenschaften? Beitrag zur einer Diskussion mit wirklichkeitsblinden Philosophen*,
a.a.O., S. 268; vgl. auch die sich auf Äußerungen Essers beziehende Auseinandersetzung zwischen A. Bogner und H. Esser in der *Kölner Zeitschrift für Soziologie und Sozialpsychologie* 37 (1985), S. 800.
38 Esser, a.a.O.

trolle der Erklärungen durch Tatsachen an, und die Logik der Forschung will allein dafür Kriterien liefern. Auch Elias' Terminus der ›Figuration‹, den er für die Beschreibung derjenigen Prozesse verwendet, in denen sich nicht-intendierte Handlungsfolgen intendierter Handlungen zu komplexen Phänomenen vernetzen, beansprucht ja nur, eine angemessenere Erklärung für faktische soziale Veränderungen zu ermöglichen als einfache Kausalerklärungen, die nur eine Relation zwischen zwei individuellen Ereignissen in den Blick nehmen, oder historizistische Gesetzesaussagen, in denen komplexe Phänomene nicht mehr auf Handlungen (bzw. Handlungsfolgen) zurückführbar sind. Elias plädiert also vor allem für Innovationen bei den Forschungsmethoden, um solche Verengungen, wie sie z. B. durch das Hempel-Oppenheim-Schema in den Sozialwissenschaften hervorgerufen worden sind, zu überwinden. Diese Kritik an der einseitigen Fixierung auf das deduktiv-nomologische Modell der Erklärung mag vielleicht auch Popper treffen, jedoch nicht die wissenschaftstheoretische Bedeutung von logischer Konsistenz und Falsifizierbarkeit und zwar gerade wegen des nicht prognostizierbaren Einflusses nicht-intendierter Handlungsfolgen (auch in den Wissenschaften). Für Elias ist eigentlich nur die Entdeckung erfolgreicherer und erklärungskräftigerer Hypothesen wichtiger als die Konstruktion detaillierter deduktiver Systeme. Diese Akzentverschiebung deckt sich mit der jüngsten Einsicht der post-empiristischen Wissenschaftstheorie (Kuhn, Lakatos, Feyerabend).

Ich gehe davon aus, daß ein wissenschaftliches Interesse an den *überkommenen* extremen – idealistischen oder materialistischen – Positionen einer Geschichtsphilosophie nicht mehr besteht.[39]

b) Es zeigen sich aber *neue*.

39 Gute kritische Analyse bei Keuth, a. a. O., S. 23 ff., vgl. auch die generelle Kritik geschichtsphilosophischer Konzeptionen bei Karl Löwith, *Weltgeschichte und*

Der chilenische Neurophysiologe Humberto R. Maturana will mit einer »Biologie der Kognition« über die Einsicht in die zirkuläre Natur lebender Systeme (Autopoiesis)[40] der modernen Gesellschaft zu einem neuen Bilde von sich selbst verhelfen. Eilfertig bemühen sich einige Juristen, das für ihre Gebiete aufzugreifen. Sie stehen am vorläufigen Ende der Tradition, daß Juristen immer wieder versuchen, ihr Fach einem Wissenschaftsbegriff anzupassen, den auf die Geisteswissenschaften im allgemeinen und die Jurisprudenz im besonderen übertragen zu wollen, schon im Ansatz verfehlt ist. Als die normative Durchlässigkeit des alltäglichen Sprachgebrauchs, der die juristische Dogmatik prägt, Nachprüfung und Voraussage juristischer Entscheidungen immer schwieriger zu machen schien, meinten viele, da der Weg zu den klassischen Lehren vom Sein oder von den Ideen erkenntnistheoretisch versperrt war, in der Geschichtsphilosophie der politischen Ökonomie eine Leitlinie entdecken zu sollen. Nachdem den Gescheiteren unter ihnen klar wurde, daß das auch nicht die große Wissenschaft sein konnte, gingen sie, ohne irgendeinen Zweifel an der Angemessenheit ihrer Motivation, zum Einmaleins der analytischen Philosophie über. Auf die Dauer dann doch unzufrieden mit der programmierten politischen Enthaltsamkeit begeben sich einige erneut auf die Suche nach festen materialen Anhaltspunkten und stellen fest, daß in den Naturwissenschaften inzwischen ein zur Übernahme für die Beurteilung gesellschaftlicher Prozesse einladendes, weit ausdifferenziertes Modelldenken begonnen hat.

Aber für »Gesellschaft und Natur« gilt jene Idee der Kongruenz eben nicht, die Max Planck beschrieben hat: »Was

Heilsgeschehen (*Sämtliche Schriften* Band 2), Stuttgart 1983; dazu Andreas Cesana, *Geschichte als Entwicklung? Zur Kritik des geschichtsphilosophischen Entwicklungsdenkens*, Berlin, New York 1988, S. 268 ff.

40 Humberto R. Maturana, *Erkennen: Die Organisation und Verkörperung von Wirklichkeit*, 2. Auflage, Braunschweig, Wiesbaden 1985.

mich zu meiner Wissenschaft führte und von Jugend auf für sie begeisterte, ist die durchaus nicht selbstverständliche Tatsache, daß unsere *Denk*-Gesetze (Hervorhebung von K. L.) übereinstimmen mit den Gesetzmäßigkeiten im Ablauf der Eindrücke, die wir von der Außenwelt empfangen, daß es also dem Menschen möglich ist, durch reines Denken Aufschlüsse über jene Gesetzmäßigkeiten zu gewinnen. Dabei ist von wesentlicher Bedeutung, daß die Außenwelt etwas von uns Unabhängiges, Absolutes darstellt, dem wir gegenüberstehen, und das Suchen nach den Gesetzen, die für dieses Absolute gelten, erschien mir als die schönste wissenschaftliche Lebensaufgabe.«[41]

Wie kommt es gleichwohl zu diesen Ansprüchen, und weshalb bleibt das Interesse an der wissenschaftlichen Arbeit so unvital, geht nicht von den Problemen aus, sondern von den Maßstäben ihrer Behandlung?

Die Antwort ist vor über zwanzig Jahren schon von Thomas S. Kuhn gegeben worden. »Die Erwerbung eines Paradigmas und der damit möglichen esoterischen Art der Forschung ist ein Zeichen der Reife in der Entwicklung jedes besonderen wissenschaftlichen Fachgebiets.«[42] Das läßt man sich offenbar nicht zweimal sagen. Hier hat die Unbefangenheit ihren Ursprung, mit der Otto Ernst Kempen[43] über die Anstrengungen einiger jüngerer Rechtstheoretiker berichtet, ein Rechtssystem zu diagnostizieren, dessen autonome Leistung darin liegen soll, »daß es als (biologische oder soziale)

41 Max Planck, *Wissenschaftliche Selbstbiographie*, 5. Auflage, Leipzig 1970, S. 8.
42 Thomas S. Kuhn, *Die Struktur wissenschaftlicher Revolutionen*, Frankfurt/M. 1973, S. 30 (Übersetzung der amerikanischen Ausgabe von 1962). Dazu neuestens: Karl Acham, *Visionen, Werte, Theorien. Zum Verhältnis von Sozialphilosophie und Sozialwissenschaften*, in: *Facetten der Wahrheit. Festschrift für Meinolf Wewel*, hg. v. Ernesto Garzón Valdés/Ruth Zimmerling, Freiburg, München 1995, S. 325 ff.
43 Otto Ernst Kempen, *Ökologie und Verfassungstheorie. Gesellschaftliche Selbststeuerung durch reflexives Recht*, in: *Frankfurter Allgemeine Zeitung* vom 23. Oktober 1985, S. 33.

Zelle allein aus sich heraus zu leben imstande ist, weil es sich durch ständig erneuerte Differenzierung gegenüber seiner Umwelt laufend regeneriert«. Zwar wird ein Zusammenhang mit praktischer Politik behauptet. Die neue Theorie gibt sich durchaus als Versuch, die Gesellschaft, in der wir leben, zu begreifen *und* die Wege immerhin auch anzudeuten, wie die Probleme gelöst werden könnten. Aber zwischen den Subtilitäten der Theoriesprache und den – jedermann sichtbaren – Kompliziertheiten unserer realen staatlichen, wirtschaftlichen ud sozialen Situation fehlt jede Vermittlung. Die »Steuerungskapazität des Rechts«, wird gesagt, reiche kaum aus, »um krisenhafte Entwicklungen zu meistern«. Das hört sich modern und skeptisch-überlegen an. Aber schon der Bezug zur Makro-Struktur bleibt ganz im Dunkeln, geschweige denn, daß die Linien, die zu gesellschaftlichen Einzelheiten führen, mit denen es die Rechtspraxis (deren funktionelles Unvermögen denunziert wird) täglich zu tun hat, bezeichnet werden. Was – buchstäblich – abfällt, sind lediglich anekdotische Exemplifikationen im Bereich der trivialen Wahrheiten des Alltags. Statt dessen wird – bezeichnenderweise – Wissenschaftsgeschichte geboten: Wie sich rechtsdogmatisch die »Abkehr vom Positivismus (...) die Hinwendung zur Freirechtsschule, Interessenjurisprudenz« vollzogen habe, bis das »situationsorientierte ›topische‹ Rechtsdenken« auf den Plan getreten sei. Dazu werden dann, ohne daß sichtbar wird, welche kausalen Verbindungen bestehen, jeweils rechts- und gesellschaftspolitische Entwicklungen in Beziehung gesetzt: »Die fortgeschrittene Marktgesellschaft des 19. Jahrhunderts«, »der Eintritt der Arbeiterbewegung ins staatliche Entscheidungssystem, (...) die sozialstaatlich-materielle Planung gesellschaftlicher Abläufe auf Grund von Zwecksetzungen, welche die jeweiligen Mehrheiten festgelegt hatten«;[44] die Unverbindlichkeit dieser Abstraktionen zeigt, wie aktuell die

44 A.a.O.

von Thomas S. Kuhn seinerzeit gestellte Frage immer noch ist: »Warum rangiert die konkrete wissenschaftliche Leistung als Ort fachwissenschaftlicher Bindung vor den verschiedenen Begriffen, Gesetzen, Theorien und Standpunkten, die von ihr abstrahiert werden können?«[45] Die Fülle des Gesellschaftlichen verschwimmt vor einem eng gestrickten Prinzip der Evolution. Diese ist jetzt bei dem Paradigma »gesellschaftliche Selbststeuerung durch reflexives Recht« angelangt und darin so verliebt, daß der Blick nach rechts und links, zurück und vorwärts alles wegbannt, was mit dem neuentdeckten Wundergebilde eine – für seine Reinheit gefährliche – Ähnlichkeit haben könnte; im übrigen werden ihm natürlich auf der Woge ausschließlicher Fixierung Eigenschaften zugeschrieben, die es gar nicht hat. Bei einer sozialwissenschaftlichen Theorie sind das die für die Bewältigung der Probleme in den realen Gesellschaften *nicht* erbrachten Leistungen. Schließlich ist man – in dieser Lage – blind für Widersprüche.

Was die – unerwünschten – Parallelen angeht, so muß – für die Vergangenheit – auf die Organismus-Diskussion des neunzehnten Jahrhunderts verwiesen werden, jene Epoche naiver Rechtssoziologie, die über selbständige Kategorien noch nicht verfügte und in ihrer forcierten Abwendung von romantistischer Begrifflichkeit sich einem Vitalismus-Konzept verschrieb, dem die steil aufsteigende und überallhin dringende Naturwissenschaft ein weites Tor öffnete. Es ist das Verdienst Rottleuthners, diese versunkene Epoche naturwissenschaftlich inspirierten Rechtsdenkens wieder in Erinnerung gerufen zu haben.[46] Rottleuthners Folgerungen für die Originalität der neuen Schule sind ziemlich niederschmetternd. Dabei ist das nicht einmal der einzige Einwand.

45 Kuhn, a. a. O., S. 26.
46 Hubert Rottleuthner, *Biologie und Recht*, in: *Zeitschrift für Rechtssoziologie* 1985, S. 104 ff.; umfassende und kritische Orientierung jetzt bei Kiesow, a. a. O.

Unoriginell ist auch die sich mit dem eigendynamischen Lebenssystem verbindende Vorstellung von der Subjektlosigkeit dieser Gebilde, der Bedeutungslosigkeit der in ihnen handelnden Menschen. Denn daß die Institutionen »an den Köpfen vorbei« funktionieren, hat ja Marx mit scharfem Auge auf die Ökonomie viel überzeugender schon offenzulegen versucht. Daß auch die interne Marxismusdiskussion schließlich darüber hinweggegangen ist und den Anteil des Individuums an gesellschaftlichen Prozessen wieder wahrzunehmen begonnen hat, müßte die Autopoiesis-Anhänger, wenn sie sich nur um etwas anderes kümmern würden als um ihre eigene Begrifflichkeit, stutzig machen. Wenn Rudolf von Ihering und Otto von Gierke noch nicht wußten, daß die politische Ökonomie möglicherweise näher am Gesellschaftlichen war als die Organismus-Philosophie, so kann man das nachfühlen (obwohl es schon merkwürdig ist, daß Marx in den Fußnoten bei Ihering ganz fehlt). Hundert Jahre später durfte das nicht mehr geschehen. Zu diesem Bild paßt, daß, was die Theorie der Evolution angeht, die in der Autopoiesis-Forschung einen breiten Raum einnimmt[47], ebenso altklug wie unschuldig auf den sattsam bekannten Dreischritt von Variation, Selektion und Stabilisierung hingewiesen wird[48], wenn man den zaghaften Versuch macht, die verzweigte – Philosophen, Literaturwissenschaftler, Theologen und Juristen gleichermaßen seit

47 Vgl. etwa Gunther Teubner, *Recht als autopoietisches System*, Frankfurt/M. 1989, S. 61 ff.

48 Gunther Teubner/Helmut Willke, *Kontext und Autonomie: Gesellschaftliche Selbststeuerung durch reflexives Recht*, in: *Zeitschrift für Rechtssoziologie* 6 (1984), S. 4-35 (24 f.) Daß insofern ein »Unterschied zum vorherrschenden darwinistischen Apparat der Evolutionstheorie … heute zunehmende Beachtung« findet (Niklas Luhmann, *Die Autopoiesis des Bewußtseins*, in: *Soziale Welt* 1985, S. 402 ff. (445): die darwinistische Evolutionstheorie arbeite ja noch mit den Kategorien: Mutation, Anpassung, Selektion, das heißt, Evolution soll »nicht unbedingt ›Anpassung‹ an eine vorgegebene Umwelt bedeuten, sondern eben nur Selektion fortsetzbarer Autopoiesis« (Luhmann, a. a. O.), macht die Sache im Ergebnis nicht besser. Vgl. aber auch das Kapitel »Evolution«, in: Niklas Luhmann, *Die Wissenschaft der Gesellschaft*, Frankfurt/M. 1990, S. 549 ff. und

Beginn unseres Jahrhunderts beschäftigende – Debatte zwischen Historismus und Historizismus als Basis für die Behandlung der Frage vorzuschlagen, ob sich Entwicklungen rekonstruieren und prognostizieren lassen.[49]

Die Reinheit des Selbstreferentiellen reduziert die geschichtlichen Perspektiven zum Blick in künstlich getrennte Schubladen. Um die Komplexitätssteigerungen plausibel zu machen, in welche die moderne Gesellschaft Stück für Stück hineingeraten ist, wird der Ausgangspunkt einer von »staatlicher Bevormundung« freien Marktgesellschaft konstruiert.[50] Dabei weiß man doch seit Franz Neumanns Untersuchungen[51], wie eng die Verbindung von staatlicher und marktwirtschaftlicher Zielsetzung schon in den Gründerjahren war.[52] Aber dann kann es freilich nicht wundernehmen, daß in der Gegenwart die »selbstregulatorischen Prozesse« dort, wo »zunehmende Ausdifferenzierung autopoietischer Teilsysteme«[53] zu registrieren ist, so isoliert betrachtet werden. (Eine Ausnahme bilden die Arbeiten Teubners über Verrechtlichung).[54] Dieser Vorgang ist, weil in falscher Abstraktion steckenbleibend, die noch vergleichsweise harmlose

das Kapitel »Evolution des Rechts«, in: ders., *Das Recht der Gesellschaft*, Frankfurt/M. 1993, S. 239 ff.

49 Darüber im einzelnen unten S. 43 ff.

50 Kempen, a. a. O.

51 Franz Neumann, *Der Funktionswandel des Gesetzes im Recht der bürgerlichen Gesellschaft*, in: *Zeitschrift für Sozialforschung* Band 6 (1937); wieder abgedruckt in: Franz Neumann, *Demokratischer und autoritärer Staat*, Frankfurt/M. 1967, S. 39 ff.

52 Über die weitläufigen Zusammenhänge immer noch instruktiv Hermann Heller, *Staatslehre*, 1. Auflage 1934, 3. Auflage hg. v. Gerhart Niemeyer, Leiden 1963 (in dem Kapitel über die geschichtlichen Voraussetzungen des heutigen Staates [S. 125 ff.]).

53 Kempen, a. a. O.

54 Gunther Teubner, *Verrechtlichung – Begriffe, Merkmale, Grenzen, Auswege*, in: Friedrich Kübler (Hg.), *Verrechtlichung von Gesellschaft, Arbeit und sozialer Solidarität*, Frankfurt/M. 1985, S. 289 ff. mit weiteren Belegen. Mit Eckhard Rehbinder meine ich im übrigen, daß regulative Politik nicht generell gescheitert ist, sondern »daß regulatives Versagen oft in Wahrheit nicht Versagen des

Folge eines spielerischen Denkens, das wegen seiner tief wurzelnden Widersprüche gefährlich werden könnte. Da heißt es einerseits, daß »der Begriff der Autopoiesis, erfunden als Definition des Lebens, (…) eine gänzlich unbiegsame Härte habe.«[55] Andererseits wird festgestellt, daß wir über das »Substrat, in dem unser kognitives Verhalten gegeben ist«, nicht reden können. »Es gibt keine Gegenstände der Erkenntnis. Wissen heißt fähig sein, in einer individuellen oder sozialen Situation adäquat zu operieren.«[56] Insofern seien Elemente der kantischen Philosophie aufgenommen.[57]

Damit müßte doch die Sicht freigegeben sein auf die subjektivierenden und später interaktionsorientierten Konzepte der Wahrheit, die auf Kant zurückgeführt werden (rechtmäßig oder nicht)[58], also alles andere als unbiegsam hart

Regelungsinstrumentariums, sondern ›Programmversagen‹ und damit Politikversagen ist«. (Eckard Rehbinder, *Reflexives Recht und Praxis – Der Betriebsbeauftragte für Umweltschutz als Beispiel*, in: *Jahrbuch für Rechtssoziologie und Rechtstheorie* Band 13 [1985], S. 109 ff., mit Belegen [110] – speziell auf dem Gebiet der Strafgesetzgebung.) Ferner glaube ich, daß Norbert Reich recht hat, wenn er die Radikalität der Systemtheorie nicht »in dem Rückgriff auf das Autonomiekonzept« sieht, sondern in der Entsubjektivierung und Reformalisierung dieses Begriffs« (Norbert Reich, *Reflexives Recht? Bemerkungen zu einer neuen Theorie von Gunther Teubner*, in: *Festschrift für Rudolf Wassermann zum 60. Geburtstag*, Neuwied, Darmstadt 1985, S. 151 ff. [160]). Damit ist das Teilsystem Justiz möglicherweise gerettet. Denn gerade von Entsubjektivierung kann man hier nicht sprechen. Eher trifft das Gegenteil zu: Zu viele Vorurteile, die ebenso persönlich wie außengesteuert sind (materialreich Winfried Hassemer, *Vorverurteilung durch die Medien?* in: *Neue Juristische Wochenschrift* 1985, S. 1921 ff.), prägen das Bild, wenn man den Implementierungen nur ein wenig nachgeht. Gleichwohl dürfte doch die von Helmut Willke gegebene Empfehlung hilfreich sein, den steuernden Zugriff auf die »Interaktionsbeziehungen zwischen den Teilen« zu richten (*Gesellschaftssteuerung*, hg. v. M. Galgow, Bielefeld 1984, S. 29 ff. [50]).
55 Niklas Luhmann, *Einige Probleme mit »Reflexivem Recht«*, in: *Zeitschrift für Rechtssoziologie* 1985, S. 1 ff. (2).
56 Maturana, a. a. O., S. 76.
57 Kempen, a. a. O.
58 Zu den Ausgangspunkten für diese Diskussion Klaus Lüderssen, *Erfahrung als Rechtsquelle*, a. a. O., S. 26 f.

sind.[59] Natürlich ist nicht daran zu zweifeln, daß Kants transzendentaler Idealismus, präsentiert vor dem Aufbruch der Erfahrungswissenschaften des 19. Jahrhunderts, auf den Prüfstand gebracht werden muß, den die moderne Psychologie und Soziologie freigelegt habe. Aber doch nicht durch Rückgriff auf Modelle wie »Natur«, sondern allenfalls so, wie das Stephan Toulmin gemacht hat, indem er Kants »notwendige Normen der Vernunft« als Endergebnisse einer langen historischen Entwicklung von Kultur und Sprache relativiert.[60] Jedenfalls darf so etwas nicht einfach ignoriert werden. Viel subtiler und geschichtsbewußter ist beispielsweise die Veränderung, die Edmund Husserls Phänomenologie durch die Ethnomethodologie erfahren hat. Hier sind alteuropäische Apriorität-Philosophie und Anstöße aus einem Land, das auf »Evidenz« pocht, zu einer umfassend orientierten Theorie und Praxis als Erfahrung zusammengefügt worden.[61] Am schlimmsten ist, daß die Annahme einer zu Teilsystemen chaotisierten, zentraler Legalität sich entziehenden Gesellschaft ganz willkürliche normative Folgerungen nach sich zieht, je nachdem, ob ein eher hobbesianisch-pessimistisches (Luhmann) oder ein rousseauistisch-optimistisches Menschenbild (Teubner) den lebensweltlich-individuellen, von Wissenschaft freien, wahrscheinlich durch höchst per-

59 Viel sensibler als anderwärts auch Luhmann selbst in dem Kapitel: »Individuen, Individualität, Individualismus« in: *Gesellschaftsstruktur und Semantik* Band 3, Frankfurt/M. 1989, S. 149 ff. (vgl. insbesondere die scharfsinnigen Konstruktionen der Identität, etwa S. 222, 224, 228, 231).

60 Stephen Toulmin, *Kritik der kollektiven Vernunft*, Frankfurt/M. 1978, S. 482 f. S. genauer unten S. 72 und Anm. 163 f.

61 Vgl. die Anknüpfungen bei Don H. Zimmermann und Melvin Pollner, *Die Alltagswelt als Phänomen*, in: Elmar Weingarten u. a. (Hg.), *Ethnomethodologie. Beiträge zu einer Soziologie des Alltagshandelns*, Frankfurt/M. 1976, S. 64 ff. (94 ff.); Reinhard Müller-Metz, *Allgemeine Handlungstheorie als Grundlage kriminalsoziologischer Theoriebildung. Eine Theoriekritik*, Mainz 1983, S. 43 ff. es geht vor allem um das Lebenswerk von Alfred Schütz (1899–1955). Wichtigste Quelle: Alfred Schütz, *Gesammelte Aufsätze*, 2 Bände, Den Haag 1971/72. Aufschlußreich für sein Wirken nach der Emigration in die USA ist insbeson-

sönliche Alltagserfahrungen induzierten emotionalen Ausgangspunkt bildet: Ordnung um der Ordnung willen (einen
gewissen in dieser Richtung gehenden Überhang vermutet
Wolfgang Naucke: »Sollte es Zufall oder Erkenntnis sein, daß
die soziobiologischen Lösungen für rechtliche Einzelheiten
im Bereich des status quo, von Ruhe und [irgendeiner] Ordnung liegen?«[62]) – ohne inhaltliche Maßstäbe – oder »subsy-
stemspezifisch« inspirierte demokratische Verfahren der
Entscheidungsbildung, die dann sogar eine »ökologische
Verfassungstheorie«[63] hervorbringen können.

Und das kann ja auch gar nicht anders sein. Ein so (im besten Falle) offenes Modell, wie es die moderne Biologie (deren Hypothesen zu überprüfen oder sogar zu bestreiten hier
gar nicht das Thema ist) vorlegt, ist schlechterdings nicht geeignet, über Gesellschaft etwas mitzuteilen.

c) Aber damit ist nicht gesagt, daß man auf die Position
eines Historismus zurückfällt, der das Individuelle isoliert,
sich gegen die Konstruktion von Entwicklungen ganz sperrt.

aa) Läßt man die grundsätzlichen methodologischen Bedenken erst einmal beiseite, so öffnen sich dem Blick doch
ziemlich viele ernstzunehmende Versuche, Entwicklungen
zu fixieren. Man kann das gut studieren an dem Gang, den die
Idee des Fortschritts in der Geschichtsschreibung genommen hat. In seinem für das Historische Lexikon zur politisch-sozialen Sprache in Deutschland gegebenen Überblick apostrophiert Reinhart Koselleck ein »empirisches Substrat« in Wissenschaft, Technik und Industrie[64] – unter Bezugnahme auf

dere sein Briefwechsel mit Talcott Parsons (hg. v. Walter M. Sprondel, Frank-
furt/M. 1977) und Aron Gurvitch (hg. v. Richard Grathoff, München 1985),
mit sehr instruktiven Einleitungen von Ludwig Landgrebe und dem Heraus-
geber; s. dazu auch Dieter Simon, in: *Rechtshistorisches Journal* 5 (1986),
S. 249 ff.
62 Wolfgang Naucke, *Literaturbericht Rechtsphilosophie* (Teil I), in: *Zeitschrift für
die gesamte Strafrechtswissenschaft* Band 97 (1985), S. 542 ff. (559).
63 Kempen, a. a. O.
64 Reinhart Koselleck, *Fortschritt*, in: Otto Brunner/Werner Conze/Reinhart Ko-

Ranke, der »zwar die geschichtsphilosophischen Folgerungen zusammengestrichen« habe, einen unbedingten Fortschritt jedoch annehme, »soweit wir die Geschichte verfolgen können im Bereich der materiellen Interessen, (...) in allem, was sich sowohl auf die Erkenntnis als auf die Beherrschung der Natur bezieht.«[65] Sehr weit reicht das freilich nicht, wie die dem Aufschwung der Naturwissenschaften im 19. Jahrhundert folgenden zweifelhaften sozialdarwinistischen Positionen[66] zeigen – obwohl sich derlei zäh behauptet und gegenwärtig in Konnotationen zwischen Biologie und Recht, wie Rottleuthner unter zutreffender Einordnung des systemtheoretischen Ansatzes kürzlich berichtet hat[67], neue Blüten treibt.[68] Es bleibt letztlich dabei, daß Fortschritt ein geschichtlicher Perspektivbegriff ist[69], der schnell zur »Ersatzreligion« verkommt[70] oder doch jedenfalls unter »ideologischen Besetzungszwang« gerät.[71]

Auf der anderen Seite muß der »reine Historismus« mit dem Dilemma kämpfen, daß es die ganz und gar objektive, neutrale Standpunktlosigkeit sowenig gibt wie die Landkarte eins zu eins, was immer wieder deutlich gemacht werden kann am Problem der anachronistischen Begriffsverwendung[72] in der Geschichtsschreibung.

selleck (Hg.), *Geschichtliche Grundbegriffe. Historisches Lexikon zur politisch-sozialen Sprache in Deutschland* Band 2, Stuttgart 1975, S. 409.

65 Koselleck, a.a.O., S. 410.

66 Koselleck, a.a.O., S. 42; über die Rolle, die in diesem Zusammenhang die ethnologische Jurisprudenz einzunehmen versucht hat, vgl. Kiesow, a.a.O., S. 69 ff.

67 Hubert Rottleuthner, *Biologie und Recht*, a.a.O.; ders., *Die Bedeutung biologischer Determinanten für das Recht*, in: Ernst-Joachim Lampe (Hg.), *Beiträge zur Rechtsanthropologie,* in: *Archiv für Recht und Sozialphilosophie* Beiheft Nr. 22, Stuttgart 1985, S. 112 ff.

68 Reinhart Koselleck, *Vergangene Zukunft*, 4. Auflage, Frankfurt/M. 1985, S. 92.

69 Koselleck, *Fortschritt*, a.a.O., S. 412.

70 A.a.O., S. 410.

71 A.a.O., S. 415.

72 Hierzu – für die Rechtsgeschichte – sehr instruktiv Dieter Simon, *Zweckverfügung. Hommage à Hans Julius Wolf*, in: *Rechtshistorisches Journal* Band 3 (1984), S. 2; Peter Landau, *Rechtsgeschichte und Rechtssoziologie*, in: *Viertel-*

Wenn man sich diesen unreduzierbaren subjektiven Anteil retrospektiver Betrachtung eingesteht, so ist man freilich versucht, dann auch für die Prognose entsprechende Konzessionen zu machen und Konstruktionen zu wagen. Die zusätzlichen Einwände, die sich hier aufdrängen, sind allerdings noch schwerer zu widerlegen. Popper hat sie so formuliert: »Wenn es so etwas wie ein wachsendes menschliches Wissen gibt, dann können wir nicht heute das vorwegnehmen, wa wir erst morgen wissen werden.«[73] Hinzu tritt, daß der Anteil, den die Realisierung subjektiver Absichten an historischen Entwicklungen hat, nicht vorhersehbar ist.[74] Schließlich gilt, was Franz Böhm[75] unter Heranziehung der Arbeiten von Friedrich A. Lutz[76] gegen Ende seines wissenschaftlichen Wirkens noch einmal sehr klar hervorgehoben hat: »Das Gesetz der geschichtlichen Entwicklung kann in der Hand derer, die zumindest auch Propagandisten sind, die mit aller Kraft wünschen, was sie prophezeien, eine mächige Waffe werden (...), wenn der Propagandist die Menschen überzeugen kann, er habe dieses Gesetz der zwangsläufigen Entwicklung erkannt und wisse mit absoluter Sicherheit, wohin die Reise gehe (...),

Jahresschrift für Sozial- und Wirtschaftsgeschichte 61, S. 145 ff. Die Komplexität der Fragestellung ist besonders gut herausgearbeitet bei Oliver Hein, *Chancen und Grenzen einer rechtshistorischen Hermeneutik*, Manuskript 1995, mit wichtigen Nachweisen. Ein wichtiger, fast vergessener Text in diesem Zusammenhang ist schließlich Rudolf von Ihering, *Über Aufgaben und Methoden der Rechtsgeschichtsschreibung* (posthum), in: Christian Rusche (Hg.), *Rudolf von Ihering, Der Kampf ums Recht. Ausgewählte Schriften*, Nürnberg 1965, S. 401 ff.

73 Popper, a.a.O., S. XII; zu Poppers Historizismuskritik vgl. auch Viktor Vanberg, *Die zwei Soziologien. Individualismus und Kollektivismus in der Sozialtheorie*, Tübingen 1975, S. 143.

74 Karl Acham, *Über Parteilichkeit und Objektivität in den Gesellschaftswissenschaften. Einige methodische Betrachtungen*, in: Reinhart Koselleck/Wolfgang J. Mommsen/Jörn Rüsen (Hg.), *Objektivität und Parteilichkeit in der Geschichtswissenschaft*, München 1977, S. 399 ff. (417 ff.)

75 Franz Böhm, *Wirtschaftsordnung und Geschichtsgesetz*, Tübingen 1974, S. 6 f.

76 Friedrich A. Lutz, *Wirtschaftliche Entwicklung in der Sicht ökonomischer Denker*, in: R. W. Meyer (Hg.), *Das Problem des Fortschritts heute*, Darmstadt 1960, S. 183 ff.

dann entsteht auch bei denen, die das vorausgesagte Ziel der
Reise verabscheuen, das Gefühl, daß jeder Widerstand dagegen nutzlos sei (…), dann werden nur die handeln, die das
vorausgesagte, unabänderliche Schicksal bejahen oder, eben
weil es komme, bejahen zu müssen glauben. Und gerade deshalb mag eintreten, was prophezeit worden ist.«[77]

bb) Es ist nun das Verdienst derjenigen Geschichtsphilosophie, die sich analytisch nennt, für die damit, was die Zukunft angeht, etablierten Denkverbote doch einige Ausnahmen formuliert zu haben.[78]

Den Proponenten bestimmter Strukturierungen der sozialen Welt entgehe, »daß zwar der Determinismus wie z. B. der
Kausalkonnex sich subjektunabhängig vollzieht, daß aber das
Arrangement der Anfangsbedingungen eines sozialen Systems, und das heißt: die Wirkungsbedingungen, unter denen
sich ein deterministischer Prozeß ereignet, durchaus nicht
subjektunabhängig sind; umgekehrt ist nicht zu übersehen,
daß ganz bestimmte geschichtlich vorgegebene, subjekt-un-
abhängige oder objektive gesellschaftliche Tatsachen vorliegen müssen, damit es zur Kultivierung einer bestimmten in-
dividuell-subjektiven oder gruppenspezifischen Auslegung
parteilicher Auffassungen kommen kann.« Die Schwierigkeiten, sozialwissenschaftliche Aussagen, wenn sie sich auf Entwicklungen beziehen, überprüfbar zu machen, rühren vor al-

---

77 Dem entspricht die spiegelbildliche Formulierung bei Max Weber: »Selbstverständlich aber ist [es] … für den Einzelnen ein stets erneut auftauchendes Problem: ob er die Hoffnung auf Realisierbarkeit seiner praktischen Wertungen
aufzugeben habe angesichts seiner Erkenntnis des Bestehens einer eindeutigen
Entwicklungstendenz, welche die Durchsetzung des von ihm Erstrebten an die
Bedingung der Verwendung neuer, eventuell ihm sittlich oder sonst bedenklich
erscheinender Mittel oder an das Inkaufnehmen von ihm perhorreszierter Ne-
benerfolge knüpft, oder sie derart unwahrscheinlich macht, daß seine Arbeit
daran, an der Chance des Erfolgs bewertet, als sterile ›Donquixoterie‹ erscheinen müßte.« (*Der Sinn der »Wertfreiheit« der soziologischen und ökonomischen
Wissenschaften*, in: *Gesammelte Aufsätze zur Wissenschaftslehre*, hg. v. Johan-
nes Winckelmann, 7. Auflage, Tübingen 1988, S. 489 ff. [512 f.])
78 Acham, a. a. O.

lem daher, »daß das Erkenntnissubjekt jenem historischen Wirkungszusammenhang selbst angehört, dem es sich in den Gesellschaftswissenschaften als seinem Objektbereich zuwendet.«[79] Daraus folgt immerhin, daß die »Bedingungen, unter denen gewisse Gesetze in Wirksamkeit sind, geändert werden«[80] können. Das ist planbar und daher auch prognostizierbar. Wahrscheinlich ist es so, daß die Zweifel an Voraussagbarkeit geschichtlicher Entwicklungen in dem Maße schwinden, wie die Menschen mehr Freiheit genießen und nicht mehr so sehr Gegenstand naturwüchsiger Prozesse sind.[81] Das heißt: Eine bestimmte Vorstellung von Freiheit – wie sie sich etwa in der Behauptung der Relevanz von Kommunikation und Diskurs ausdrückt – sichert sowohl mehr Empirie in Bezug auf die Voraussagbarkeit gesellschaftlicher Entwicklungen, wie auch mehr oder ebensoviel Legitimation in Bezug darauf, daß man Voraussagen gesellschaftlicher Entwicklungen akzeptieren kann – wenn es eben nur solche sind, deren Basis die Freiheit des Menschen ist, eine Freiheit, die hier und jetzt am ehesten durch die Fähigkeit und die Möglichkeit gekennzeichnet ist, an Diskursen teilzunehmen. Es ist danach möglich, »die Bedingungen einer ›rationalen Verfaßtheit‹ der Gesellschaftsstrukturen, den intellektuellen und ideologischen Bewußtseinsstand der Bevölkerung und die auf diesen Faktoren aufbauenden gesamtgesellschaftlichen Planungsmöglichkeiten«[82] zu fixieren. Man kann sich durchaus auf den Standpunkt stellen, »daß die Sozialwissenschaften auf Grund der Rationalität der handelnden Individuen, der von ihnen selbst geschaffenen ›Welt‹ einen höheren Grad der Erklärbarkeit (...) und Prognostizierbarkeit haben (...). Zwischen dem erreichten Entwicklungsstand der Gesell-

79 Acham, a.a.O., S. 419.
80 Acham, a.a.O., S. 421.
81 Max Horkheimer, *Zum Problem der Voraussagen in den Sozialwissenschaften*, in: *Zeitschrift für Sozialforschung* Jahrgang 2 (1933), S. 407 ff.
82 Bernhard Schäfers (Hg.), *Gesellschaftliche Planung*, Stuttgart 1973, S. 29 ff. (33).

schaft und den Möglichkeiten verläßliche Prognosen zu formulieren, gibt es einen engen Zusammenhang.«[83] Da mit
dem bloßen Deuten oder dem Verstehen (Max Weber) von
sozialen Tatsachen nur ein reflektierender, aber kein gestal-
tender Praxisbezug hergestellt werden kann – und ja auch
gar nicht soll – hat sich eine »Wissenschaft nach der anderen
(…) auf gesellschaftliche Praxis ›eingelassen‹ bzw. einlassen
müssen. Der Praxisorientierung korrespondiert aber notwendig das Bemühen um Steigerung des prognostischen
Potentials.«[84]

Diese Hypothesen scheinen freilich unter dem Druck sy-
stemtheoretischer Einsichten in Rückkoppelungen, Netz-
werke, unintendierte Nebenfolgen etc. an Plausibilität verloren zu haben.[85] Aber das könnte sich rasch ändern. Denn man
kann den objektivistischen Gesellschaftstheorien neuen Typs
zwar bescheinigen, »daß sie mit der Radikalisierung der
Marxschen Systemanalyse (…) Abstand von der Enge und
dem normativen Ballast der holistischen und geschichtsphilosophischen Grundbegriffe« gewonnen haben. »Unbefan-
gen öffnet sich der Blick für die Variationsbreite, Kontingenz
und Vielfalt hochkomplexer Gesellschaften.«[86] Aber dennoch gilt, daß »die soziologische Anschauung in Gefahr«
gerät, »blind zu bleiben«, wenn sie den »Blick auf Recht als
empirisches Handlungssystem« verliert.[87]

d) Ich bin weit entfernt von der Annahme, damit das von
Habermas immer verheißene, aber meines Erachtens nie kon-
kretisierte Konzept einer »Geschichtsphilosophie in prakti-

83 Schäfers, a. a. O., S. 34.
84 Schäfers, a. a. O., S. 38.
85 Zum neueren Diskussionsstand Dieter Grimm (Hg.), *Wachsende Staatsaufgaben – sinkende Steuerungsfähigkeit des Rechts*, Baden-Baden 1990 (dort vor allem die Beiträge von Klaus Günther und Gunther Teubner), sowie Dieter
Grimm (Hg.), *Staatsaufgaben*, Baden-Baden 1994 (dort vor allem die Beiträge
von Franz-Xaver Kaufmann, Helmut Willke und Dieter Grimm).
86 Habermas, a. a. O., S. 67; dazu Fritz Loos, a. a. O. (Anm. 4), S. 143.
87 Habermas, a. a. O., S. 90.

scher Absicht[88] skizziert zu haben. Aber eine Diskussionsbasis dafür, wie man sich zu »Entwicklungstendenzen der Gesellschaft« verhalten könnte, ist vielleicht geschaffen.

aa) Entwicklungsperspektiven sind insbesondere dann angreifbar, wenn nicht klar getrennt wird zwischen der Deutung einer Entwicklung und daraus gezogenen – normativen – Schlüssen. Wer historisch argumentiert, kann nun aber gerade diesem Problem nicht entgehen und, was noch »schlimmer« ist, er will es nicht. Es ist eben ein Unterschied, ob man eine normative Interpretation oder Forderung isoliert vorträgt oder zeigen kann, daß sie einer geschichtlichen Linie (bezogen auf Ideen, gesellschaftliche Strukturen oder bare Fakten) folgt, für die man – in bestem Falle – sogar Evidenz beanspruchen kann. Allerdings ist diese Wahrnehmung fast immer an eine Grundannahme geknüpft, die sich mit dem Argument auseinandersetzen muß, daß »die Gesamtbewegung nur von einem bewußt eingenommenen Stand aus erfaßt werden kann«.[89] Auf die Darlegung und detaillierte Rechtfertigung dieses Standpunktes verschieben sich die Begründungen dann und werden erneut und obendrein unter Einbeziehung anderer weitläufig verzweigter Positionen streitig.

bb) Man wird sich mithin doch mehr auf »Genesis und Geltung« einlassen müssen, als das bisher geschehen ist.[90] Das Verdikt des Neukantianismus lastet freilich schwer. »Die neukantianische Erkenntnistheorie war in der Lage, die Evidenz, mit der sich ihr die Ablösung der Geltung von der Genesis darstellte, durch ein Wissen zu unterstreichen, das schwerlich jemand in Abrede stellen kann, tatsächlich auch niemand in Abrede stellt: Der schiere Umstand, daß nicht al-

---

88 Jürgen Habermas, *Protestbewegung und Hochschulreform*, Frankfurt/M. 1969, S. 44; dazu auch Herbert Schnädelbach, *Geschichtsphilosophie nach Hegel. Die Probleme des Historismus*, Freiburg, München 1974, S. 167.
89 Koselleck, *Vergangene Zukunft*, a. a. O., S. 92.
90 Habermas, *Faktizität und Geltung*, a. a. O., S. 202.

les ist, wie es sein soll, belegt, daß die Frage der Geltung einer Norm von der Frage ihrer Entstehung gänzlich unabhängig ist. Bis heute hat dieser Satz nicht aufgehört, seine Faszination auf die Wissenschaftstheorie auszuüben.«[91] Gleichwohl gibt es oft Widersprüche, Irritationen oder vitale Gegenbewegungen. Auch die *Kritische Theorie* hat daran Anteil. »Daraus, daß Entstehung und Rechtfertigung von Urteilen nicht miteinander zu ›verwechseln‹ seien, sondern daß Geltung etwas anderes heißt als Genesis, folgt keineswegs, daß die Explikation des Sinnes von Geltungscharakteren nicht auf genetische Momente zurückverweise als auf ihre notwendige Bedingung ... Soweit die Beziehung der logischen Geltung auf Genesis notwendig ist, gehört diese selber zu dem zu explizierenden, zu ›erweckenden‹ logischen Sinn.«[92] In der Rechtsphilosophie ist die Zuspitzung des Problems vor allem Emil Lask (1875-1915) zu verdanken. »Es war der Fehler des naturrechtlichen Apriorismus, daß er den dunklen, vom Werte niemals durchleuchtbaren Inhaltsüberschuß der unberechenbaren Faktizität nicht respektierte und deshalb die Vernunftpostulate nicht genügend auf die Funktion bloß formaler, an einem gegebenen Stoff sich betätigender Ordnungsprinzipien einschränkte. Daß dieser Rationalismus den Zufälligkeiten, Gleichgültigkeiten und Unzulänglichkeiten der unmittelbar vorgefundenen Wirklichkeit gegenüber an eine ursprüngliche Vernunft appellierte – diese *über*geschichtliche Tendenz wurde erst dadurch in eine *un*geschichtliche verwandelt, daß er die historischen Realitäten ganz aus seinen Berechnungen ausließ, ihnen nicht nur die Bedeutung absprach, sondern geradezu ihre *Existenz* ignorierte. Anstatt die Vernunftforderungen als die den Gesamtbestand der

91 Günther Dux, *Strukturwandel der Legitimation*, Freiburg, München 1976, S. 248 f.
92 Theodor W. Adorno, *Zur Metakritik der Erkenntnistheorie*, Stuttgart 1956, S. 83.

Wirklichkeit nur nach gewissen einzelnen Seiten umwälzenden Kräfte oder genauer als zu ihrer Verwirklichung und konkreten Ergänzung eines empirischen Substrates bedürftige und in dessen oft widerstrebende Eigenbeweglichkeit erst einzufügende formale Wertmomente zu erkennen, hypostasiert er sie zu für sich bestehenden Realitäten. Durch diese Verdinglichung wurde verselbständigt, was doch als Teilinhalt nur an einem anderen haften kann, als bloße Form einem Material sich anschmiegen muß, und so vermaß sich die reine Verunft, anstatt die ganze Wirklichkeit sich zu unterwerfen, sich selbst zur ganzen Wirklichkeit aufzuwerfen und einfach an die Stelle des Bestehenden zu setzen.«[93]

Ein halbes Jahrhundert später hat der Soziologe und Jurist Günther Dux die Szene beleuchtet: »Wir haben gesehen, daß die Neuzeit eine Distanz zu den etablierten Verhältnissen der sozialen Wirklichkeit bewirkt hat, derzufolge Sollen nicht nur eine Kategorie ist, durch die sich das Seiende erhält; im Sollen wird es transzendiert. Fortan ist es nicht nur möglich, sondern sinnvoll und notwendig, sich gegenüber jedwedem Ist-Bestand zu distanzieren. Jedwede sinnsetzende Tätigkeit wird durch die Frage nach dem, was sein soll, in die Negationsmasse einbezogen. Dieser Vorgang ist antizipierbar. Auch das, was heute noch nicht ist, aber morgen vorhersehbar sein wird, kann nicht ipso facto Gültigkeit beanspruchen. Es gibt auch einen Positivismus der Geschichte, richtiger: dessen, was sich als geschichtliches Denken drapiert. Insofern ist also die Weigerung, die Genesis einer Norm über ihre Geltung entscheiden zu lassen, durchaus auf der Höhe des Bewußtseins der Zeit. Die neukantianische Erkenntnistheorie hat aus der Disjunktion von Genesis und Geltung jedoch eine Konsequenz gezogen, die dieses Wissen desavouiert und in sein Gegenteil verkehrt. Anstatt beides, den Ist-Bestand einer schon etablierten Sozialordnung und den Ist-Bestand der

93 Emil Lask, *Gesammelte Schriften* Band 1, Tübingen 1923, S. 284 f.

kursierenden Ideen über das, was sein soll, in den Schmelztiegel einer erneuten Reflexion zu werfen, postulierte sie die theoretische Irrelevanz der Genesis für die Geltung. Es hätte die neukantianische Theorie nicht im geringsten irritiert, hätte man ihr nachgewiesen, daß alles, was in einer Epoche an normativen Vorstellungen kursiert, im strikten Sinne durch die empirischen Gegebenheiten kausal determiniert ist. Derlei Vorstellungen, wie problematisch sie schon vom Ansatz her sein mögen, waren zu Webers Zeiten durchaus gängig. Es würde ihr genügen festzustellen, daß auch in diesem Fall, in dem die empirische Ordnung ohne jede weitere theoretische Arbeit festlegt, was als geltend angesprochen wird, eine Transposition auf eine andere Ebene stattfindet, sobald die Geltung im normativen Sinn in Frage steht. Diese Transposition ist auf eine einfache Weise ins Werk zu setzen. Jedes Geschehen läßt sich als Ausdruck einer Norm stilisieren, die es zum Inhalt hat. Es ist deshalb möglich, das empirische Sein sich ohne irgendeinen Abstrich in der normativen Sphäre widerspiegeln zu lassen. Hat man die Heterogenität der Sphären akzeptiert, ist die Wirklichkeit nicht einmal, sie ist doppelt. Der Positivismus ist perfekt. Er läßt nicht die kleinste Kleinigkeit des Bestehenden aus.

An dieser Konsequenz wird deutlich, inwiefern durch die Ausgangsthese, Sein und Sollen als zwei absolut heterogene Ebenen aufzufassen, die an sich richtige Einsicht, die Genesis nicht schon über die Geltung entscheiden zu lassen, um ihren Erfolg gebracht wird. Sie inhibiert die damit unumgängliche Frage, in welcher Weise denn dann Geltungskriterien zu gewinnen sind. Das sich historisch reflektierende Erkenntnisinteresse beabsichtigt ja gar nicht, die krude Faktizität dessen, was sich in der Folge gesellschaftlicher Veränderungen an normativen Vorstellungen ausbildet, ohne weiteres als Sollen auszugeben. Sie insistiert lediglich darauf, daß das, was schließlich als Sollen ermittelt wird, nicht abseits des historischen Geschehens ermittelt werden kann. Geschichte führt nicht nur eine veränderte äußere Wirklichkeit herauf; sie hat ein verändertes Wissen um den Menschen im Gefolge. Wenn es bisher nicht gelungen ist, diesen Zusammenhang aufzuklären, dann deshalb, weil sich das Denken in Anbetracht seines Vermögens, sich von der Faktizität zu distanzieren, absolutistisch geriert. Statt sich aus dem historischen Bedingungszusammenhang zu begreifen, in den es gestellt ist, rekurriert es auf irgendein abstrakt Absolutes. Dabei ist es ganz gleichgültig, ob die Absolutismen aus der subjektiven Entscheidung des Einzelnen hervorgehen, wie bei Weber, oder in ewig gültigen allgemeinen Werten gelegen sind, wie bei Rickert, oder die Logik einer Grundnorm für sich in Anspruch nehmen, wie bei Kelsen.

Die Differenz zwischen dem historischen und absolutistischen Begründungsversuch kann nicht als Differenz des Erkenntnisinteresses relativiert werden. Dazu müßte erst einmal bewiesen werden, daß der absolutistische Diskurs ein Wissen einträgt, das anders nicht zu haben ist. So ist es aber gerade nicht. Auch die Theoretiker reinen Sollens räumen ein, daß die normativen Vorstellungen nicht anders als die im engeren Sinn kognitiven durch die Zeitläufte mitbestimmt werden. Der Rückgriff auf ein Absolutes kann also gar nicht anders als jener Empirie aufsitzen, von der er sich so lautstark zu distanzieren sucht.«[94]

Die Frage ist demnach, warum die philosophische Diskurstheorie, die doch auch das Situative und Spontane einbeziehen will, so viel Angst vor Psychologisierung hat und sich gern vom »Empirismus« distanziert – sie steckt doch tief in beidem. Hier, scheint mir, bedarf es zunächst einiger Retrospektiven. Wiederum geht es vielleicht darum, »über verlassene Stufen der Reflexion«[95] zu steigen. Aber nicht der »Auf-

94 Dux, a. a. O., S. 250 ff.
95 Jürgen Habermas, *Erkenntnis und Interesse*, Frankfurt/M. 1968, S. 9.

klärungsprozess der Erkenntnistheorie, der an ihrer Stelle Wissenschaftstheorie zurückläßt«[96], ist jetzt das Problem, sondern jenes – durchaus noch gegenwärtige – Verständnis von Philosophie, wonach der Anschluß dieses Faches an die in der zweiten Hälfte des neunzehnten Jahrhunderts beginnende Wissenschaftlichkeit in den Einzeldisziplinen nur darin bestehen konnte, (endlich) reine und absolute Erkenntnis anzustreben.

II.

Das verschüttete Material wird vielleicht wieder sichtbar, wenn man – wenigstens versuchsweise – das Tabu aufhebt, das auf der Verbindung zwischen Historismus und Psychologie lastet.[97]

1) In der allerneuesten Literatur gibt es Anzeichen eines Perspektivenwechsels. Ich meine unter anderem die Untersuchungen von Klaus Sachs-Hombach[98] und die neue Arbeit von Matthias Rath.[99] Im übrigen ist auch manches in Bewegung gekommen durch die gründliche Aufarbeitung der *Erklären: Verstehen-Kontroverse* durch Karl-Otto Apel[100] und die wiedererlangte Einsicht, daß geschichtliche Erkenntnis eine Gestalt menschlicher Selbsterkenntnis ist. Herbert Schnädelbach weist zutreffend darauf hin, daß Droysen und andere das immer wieder hervorgehoben haben.[101] Er sagt

96 Habermas, a.a.O.
97 Zu diesem »Doppelschlagwort« s. zunächst Karl Heussi, *Die Krise des Historismus*, Tübingen 1932, S. 10.
98 Klaus Sachs-Hombach, *Philosophische Psychologie im neunzehnten Jahrhundert*, Freiburg u.a. 1993.
99 Matthias Rath, *Der Psychologismusstreit in der deutschen Philosophie*, Freiburg 1994.
100 Karl-Otto Apel, *Die Erklären: Verstehen-Kontroverse in transzendentalpragmatischer Absicht*, Frankfurt/M. 1979.
101 Schnädelbach, a.a.O., S. 164.

freilich auch, »daß es ebenso naiv wäre, das historische Bewußtsein als Subjekt der Wissenschaften ohne eine erkenntnistheoretische Aufklärung sich selbst zu überlassen, wie es dogmatisch wäre, umgekehrt die Erkenntniskritik trotz der Einsichten in den grundsätzlich historischen Charakter alles Menschlichen auf ein ahistorisches Bewußtsein zu beziehen«.

Erhellend ist insofern vor allem die moderne Rezeption Diltheys:[102] was er ansteuert, ist – nach Hans-Joachim Lieber[103] – »das radikale Ernstnehmen jenes von Comte und seinem Konzept der Soziologie selbst uneingelösten Versprechens des Positivismus, das Wissen der Gesellschaft von ihrer Geschichte auf erfahrungswissenschaftliche Grundlagen zu

---

102 Hierzu der Überblick bei Hans-Georg Gadamer, *Wahrheit und Methode*, 6. Auflage, Tübingen 1990, S. 222 ff.; und Jürgen Habermas, *Erkenntnis und Interesse*, a.a.O., S. 178 ff.; s. ferner den Hinweis Sachs-Hombergs, a.a.O., S. 147, auf: »das Bemühen um Ansätze, die Geltungsfragen gleicherweise dem Naturalismus und dem Apriorismus zu entziehen«; siehe auch Helge Siemers, *»Mein Lehrer Dilthey?« Über den Einfluß Diltheys auf den jungen Troeltsch*, S. 201 ff. (217); s. ferner: Karl Acham, *Diltheys Beitrag zur Wissenschaftstheorie und Weltanschauungsanalyse*, in: *Manuskripte. Zeitschrift für Literatur* 23. Jahrgang (1984), S. 79 ff. mit besonderer Akzentuierung seiner »Abwehr des Funktionalismus einer teleologischen Geschichtsmetaphysik« (97); s. auch ders., *Rationalitätsansprüche im Lichte von Wissenssoziologie und Weltanschauungslehre*, in: *Phänomenologische Forschungen* Band 19 (*Vernunft und Kontingenz*), Freiburg, München 1986, S. 75 ff. (78 ff.) und ders., *Die anthropologische Perspektive in der sozialwissenschaftlichen Theorie*, in: *Der Mensch und die Wissenschaft vom Menschen. Beiträge des XII. Deutschen Kongresses für Philosophie*, 1983, S. 117 ff. (119 ff.); ferner: Otto Pöggeler, *Dilthey und die Phänomenologie der Zeit*, in: *Schritte zu einer hermeneutischen Philosophie*, Freiburg, München 1994, S. 162 ff. (164 ff.: »Psychologie und Hermeneutik«). Für die Rechtsphilosophie hat bereits Helmut Coing auf die einschlägige Bedeutung Diltheys hingewiesen (Helmut Coing, *Grundzüge der Rechtsphilosophie*, 4. Auflage, Berlin, New York 1985, S. 37 ff. [95 ff.], vgl. dazu: Dieter Simon, *Die Rechtswissenschaft als Geisteswissenschaft*, in: *Rechtshistorisches Journal* Band 11 [1992], S. 351 ff. [358 ff.]; instruktiv ferner, wenn auch mit einem gewissen soupçon, Kiesow, a.a.O., S. 87 f.; für die Rechtssoziologie: Klaus F. Röhl, *Rechtssoziologie*, Köln u.a. 1987, S. 71); s. auch schon Nikolaus Kreissl, *Das Rechtsphänomen in der Philosophie Wilhelm Diltheys*, Basel, Stuttgart 1970, S. 69 ff.

103 Hans-Joachim Lieber, *Kulturkritik und Lebensphilosophie. Studien zur deutschen Philosophie der Jahrhundertwende*, Darmstadt 1974, S. 22.

stellen. Dazu freilich ist für ihn die wichtigste Voraussetzung nicht nur der Bruch mit jeder Art von Geschichtsmetaphysik, sondern gerade auch das Akzeptieren des faktisch vollzogenen Prozesses einzelwissenschaftlicher Emanzipation von der Philosophie.«[104] Lieber führt dann weiter aus: »damit aber offenbart sich die Fixierung des Ausgangspunktes Diltheyschen Nachdenkens über Geschichte und Gesellschaft an die Auseinandersetzung mit Comte und der positivistischen Soziologiekonzeption erst in ihrer vollen Konsequenz. Ist die Ablehnung der positivistischen Orientierung am naturwissenschaftlichen Erkenntnismodell vor allem mit dem Ziel vorgetragen, den Rest von materialer Geschichtsphilosophie auch noch zu beseitigen, der darin wirksam blieb, und wird zu diesem Zwecke die Idee eines Kanons von positiven-geschichtlich-gesellschaftlichen Einzelwissenschaften mit aller Radikalität gegen das Konzept einer die Hierarchie der Wissenschaften abschließenden Einheitswissenschaft der Gesellschaft in Anschlag gebracht, so bleibt doch der Gedanke einer philosophischen Grundlegung, verstanden als Bewährung der Philosophie in den Einzelwissenschaften, auf fundamentale Weise der positivistischen Vorstellung über das Verhältnis von Wissenschaft und Gesellschaft verbunden.«[105]

Auch Manfred Riedels Bemerkung[106], daß man am Übergang vom 18. zum 19. Jahrhundert eine »psychologisch-

104 A. a. O., S. 24; eine wichtige Comte-Assoziation findet sich auch bei Karl Löwith, *Weltgeschichte und Heilsgeschehen* a. a. O., S. 128: hundert Jahre nach Vico habe Comte »die Philosophie der Geschichte als ›soziale Physik‹ nach dem Vorbild der Naturwissenschaften und der Mathematik zu begründen« versucht.

105 A. a. O., S. 24. Bezeichnend auch die aus unseren Tagen stammende Einsicht, bei Dilthey finde sich der Gedanke, daß die Realität nur gegeben sei durch Tatsachen des Bewußtseins (Friedrich Jaeger/Jörn Rüsen, *Geschichte des Historismus*, München 1992, S. 248).

106 Manfred Riedel, *Das erkenntniskritische Motiv in Diltheys Theorie der Geisteswissenschaften*, in: *Hermeneutik und Dialektik* Band 1, Tübingen 1970, S. 239 ff.

geschichtliche Anschauung« bei Schleiermacher, Schlegel, Humboldt u. a. habe feststellen können, welche »die Schranken der klassischen und biblischen Hermeneutik« durchbrochen habe[107], gehört hierher; möglicherweise sind hier auch noch einmal die Bemühungen um die durch Kant sehr schnell zurückgedrängten empiristischen Bestrebungen in den Geisteswissenschaften im 18. Jahrhundert[108] zu reaktivieren.

2) Meines Erachtens müssen diese und weitere vergleichbare Überlegungen zusammengeführt und modernisiert werden, wozu vor allem gehört, daß man die Entdeckungen der modernen Soziologie und Psychologie, einschließlich der Psychoanalyse gewissermaßen einarbeitet.

a) Hilfreich sind hier zunächst Hinweise von Odo Marquard:[109] »Die Skeptiker ... bringen das Zweitneueste oder Ältere vor und warten gelassen, bis der fortschrittstrunkene Weltlauf – von hinten überrundend – wieder bei ihnen vorbeikommt.« Das, was mit der Wiederanknüpfung an die – in den Augen der Philosophiehistoriker eher unscheinbare – philosophische Epoche der zweiten Hälfte des vorigen Jahrhunderts praktisch gemeint sein könnte, kommt vielleicht auch in einer anderen Äußerung Marquards zum Ausdruck: er sei, seinerzeit[110] – bei Abfassung des erwähnten Buches – dabei gewesen, sich »auf eine endlichkeitsphilosophisch-usualistische Form des Skeptizismus« zuzubewegen. Ganz in diesem Sinne könnte es sein, daß in der Philosophie zunehmend der Ausdruck »pragmatisch« auftaucht.[111] Möglicher-

107 A. a. O., S. 233.
108 Darüber Klaus Lüderssen, Einleitung zu: Anselm Ritter v. Feuerbach/Carl A. Mittermaier, *Theorie der Erfahrung in der Rechtswissenschaft des 19. Jahrhunderts*, Frankfurt/M. 1968, S. 10.
109 Odo Marquard, *Transzendentaler Idealismus, romantische Naturphilosophie, Psychoanalyse*, Köln 1987, S. II.
110 A. a. O., S. XII.
111 Vgl, dazu Gudrun Kühne-Bertram, *Aspekte der Geschichte und der Bedeutungen des Begriffs »pragmatisch« in den philosophischen Wissenschaften des*

weise ist es auch kein Zufall, daß die amerikanische Philosophie des Pragmatismus, repräsentiert durch William James und – etwas später – Peirce in diese Epoche fällt.

Für die Rekonstruktionen des »Psychologismus«[112], die wohl fällig sind[113], muß man an die Gegenstände der Kritik anknüpfen, die in Husserls logischen Untersuchungen Thema sind.[114] Das »Zwischenreich« einer sowohl politisch gehaltvollen wie wissenschaftlichen Maßstäben entsprechenden Philosophie, das auf die großen Würfe des subjektiven und objektiven Idealismus im beginnenden 19. Jahrhundert gefolgt ist, wurde ja nicht nur durch »Lebensphilosophie« und Existentialismus abgelöst, sondern auch durch die Versuche, Philosophie und Mathematik auf einen Nenner zu bringen (vorläufig seinerzeit gipfelnd in Russell/Whitehead, *Principia mathematica*), die später ihre Fortsetzung fanden in bestimmten Bestrebungen des Wiener Kreises bis hin zu den modernen analytischen Richtungen der Erkenntnistheorie und Sprachphilosophie. Deshalb überrascht es überhaupt nicht, daß schon Gottlob Frege in seinen *Logischen Untersuchungen* (1918/1919) glaubt, mit dem »Psychologismus« aufräumen zu sollen.[115]

ausgehenden 18. und 19. Jahrhunderts, in: *Archiv für Begriffsgeschichte* Band 27 (1983), S. 158 ff. (unter Hervorhebung der Synonymität von »pragmatisch« und »genetisch« [S. 176]).

112 Vorarbeit bei Max Scheler, *Frühe Schriften*, a. a. O., S. 308 ff. Instruktiv die Formulierung von Habermas, *Faktizität und Geltung*, a. a. O., S. 25: »Nachdem Kants metaphysische Hintergrundannahmen über den abstrakten Gegensatz des Intelligiblen und des Phänomenalen nicht mehr überzeugten, und nachdem Hegels spekulative Verschränkung der beiden dialektisch in Bewegung gesetzten Sphären von Wesen und Erscheinung erst recht ihre Plausibilität verloren hatte, setzten sich im weiteren Verlauf des 19. Jahrhunderts empirische Auffassungen durch, die einer psychologischen Erklärung logischer, überhaupt begrifflicher Beziehungen den Vorzug gaben: Geltungszusammenhänge wurden an faktische Bewußtseinsabläufe assimiliert.«

113 Verdienstlich jetzt Sachs-Homberg, a. a. O., S. 152 ff.

114 Vgl. Edmund Husserl, a. a. O., S. III, ferner Einleitung, S. 65 f.

115 Vgl. die von Günther Patzig herausgegebene und eingeleitete Ausgabe aus dem Jahre 1976 – 2. Auflage – S. 30 ff.; kritisch dazu Sachs-Homberg, a. a. O., S. 153.

Demgegenüber gilt es, Positionen wieder zu beleben, die sich seinerzeit ernsthaft mit dem »Widerspruch … zwischen dem zunehmenden geschichtlichen Bewußtsein … dem Bewußtsein von der grenzenlosen Mannigfaltigkeit« und der »Anarchie der philosophischen Systeme« und »dem Anspruch der Philosophen auf Allgemeingültigkeit« auseinandersetzten.[116]

b) Seinerzeit habe ich versucht, durch Einführung eines im Wege der Abduktion qualifizierbaren Induktionsprinzips einer Reduktion der Rechtsphilosophie auf Historizismus oder Formalismus zu entgehen[117]; gleichzeitig sollten die Unsicherheitsmomente, die am Abduktionsverfahren haften bleiben, die Konzession sein an die Wechselfälle der Erfahrung. Auf diese Weise habe ich mich darum bemüht, das – am Ende erforderliche – reine Werturteil durch eine vorausgehende Analyse des Zweckmittelverhältnisses (»Problemverkleinerung durch Zwecksetzung und Operationalisierung von Unterzwecken«[118]) zu entlasten.[119] Das Ergebnis – vorläufig – war der Versuch eines »soziologischen Positivismus«.[120] Die konsensorientierte Seite eines solchen Positivismus habe ich dann durch Rückgriff auf avancierte Demokratietheorien (bis hin zu »polyarchal democracy«) auszufüllen versucht.[121] Diese allgemeinen Betrachtungen schließen mit dem Hinweis auf die Generalklauseln in den Gesetzen. Deren Konkretisierung wird am Beispiel des Sanktionenrechts des GWB – im Wege der Falsifizierung zunächst abduzierter Hypothesen[122] – vorangetrieben.

116 Wilhelm Dilthey, *Die Typen der Weltanschauung und ihre Ausbildung in den wissenschaftlichen Systemen* (Gesammelte Schriften Band 8), Berlin 1931, S. 73 ff. (75 f.).
117 Klaus Lüderssen, *Erfahrung als Rechtsquelle*, a. a. O., S. 64 ff.
118 A. a. O., S. 73.
119 Insgesamt a. a. O., S. 48 ff., für das Strafrecht dann S. 79 ff.
120 A. a. O., S. 101.
121 A. a. O., S. 103 ff.
122 Etwas deutlicher stellt sich das Abduktionsverfahren, das auf Peirce zurück-

Außer der Einigung über die Basissätze (im Sinne Poppers), die in diesem Verfahren immer wieder fällig ist (wobei eben wichtig war festzustellen, daß man sich »mit dem empirischen Moment der Einigung über Zwecke« begnügen darf[123]), kam es für die Prognostizierbarkeit der Erreichbarkeit von Zwecken, denen Rechtsnormen dienen sollen, auch auf die Einbeziehung der Motivierbarkeit der Normadressaten an. Anknüpfungspunkt dabei war, daß »Prognosen darüber, welcher Rechtssatz wohl – setzt man die und die Sachverhalte – entstehen wird, gemacht werden müssen«. Diese Überlegungen[124] mündeten dann in die These, daß nicht nur eine potentielle, sondern auch eine aktuelle Rechtssatzprognose als Anknüpfung für die Motivierbarkeit in Betracht

geht (vgl. Ansgar Richter, *Der Begriff der Abduktion bei Charles Sanders Peirce*, Frankfurt/M. 1995), vielleicht in meinem Beitrag *Regel und Fall*, in diesem Bande, S. 283 ff. dar. In der Literatur finden sich zunehmend Hinweise auf die praktische Verwendbarkeit des Abduktionsverfahrens, z. B. für die Formalisierung des Ermittlungsverfahrens. Hierzu und allgemein zur Abduktion Lorenz Schulz, *Verdacht und Abduktion. Ein Beitrag zur Definition eines strafprozessualen Grundbegriffs*, in: Hans Joachim Koch/Ulfried Neumann (Hg.), *Praktische Vernunft und Rechtsanwendung*, Stuttgart 1994, S. 193 ff. Zur Formulierung der Abduktion als Forschungslogik siehe auch Tomis Kapitan, *Inwiefern sind abduktive Schlüsse kreativ*, in: Helmut Pape (Hg.), *Kreativität und Logik*, Frankfurt/M. 1994, S. 144 ff.; ausführlich zur Rezeptionsgeschichte der Abduktion auch in den Sozialwissenschaften: Jo Reicherts, *Aufklärungsarbeit*, Stuttgart 1991, S. 9 ff.; siehe ferner: Thomas-Michael Seibert, *Das Verschwinden des Abduktionsschlusses*, Manuskript 1995.

123 A. a. O., S. 161; daß ein Falsifikationismus im Sinne Poppers sich nur auf die empirische Seite des juristischen Werturteils erstrecken kann, darin aber ein wichtiger Beitrag zur Jurisprudenz liegt, verkennt Claus-Wilhelm Canaris, *Funktion, Struktur und Falsifikation juristischer Theorien*, in: *Juristenzeitung* 1993, S. 377ff. (386 f.); fehlgehend auch die Kritik, die Christoph von Mettenheim, *Recht und Rationalität*, Tübingen 1984, S. 35 ff. aus dem »kritischen Dualismus« Poppers an der Folgerung für die Rechtsanwendung herleitet. Ohne Bezug zum Werk Poppers ist schließlich auch die Vorstellung, das Recht könne zur »Welt 3« (im Sinne Poppers enthaltend: die objektiven Inhalte unserer Gedanken) gehören (so offenbar von Mettenheim, a. a. O., S. 90 ff.), denn das wäre klassisches Vernunftrecht in einem neuen Gewande, aber allen alten Einwänden ausgesetzt, oder – bezogen auf die »Existenz« des positiven Rechts – trivial.

124 Lüderssen, a. a. O., S. 181.

kommt (weil »empirische Anhaltspunkte für potentielle Vorstellungen« kaum zu erhalten sind[125]), und der nächste Schritt
war dann, daß – wenn nur eine Norm, für deren Beachtung
der Normadressat motiviert werden kann, Geltung beanspruchen darf – »aktuelle Rechtssatzprognose als Voraussetzung der Rechtsgeltung« zu identifizieren ist. Die Ausarbeitung einer allgemeinen konsensorientierten Dogmatik war
nicht mehr Ziel der Arbeit. Zwar werden die »Anerkennungstheorien« kurz bemüht; dann verbleibt es aber bei der
Feststellung, daß die moderne Demokratietheorie zu einem
Zeitpunkt begonnen hat, in das Rechtsdenken Eingang zu
finden, »als die Ablehnung der Anerkennungstheorien schon
fast sakrosankt war«.[126]

In einigen späteren Arbeiten ging es mir darum, diese Pha-
senverschiebung zu überbrücken. Ganz kann das nicht gelingen, denn die Impulse für die Verfeinerung des Demokratieverständnisses kommen aus der Politikwissenschaft, welche
sich um dessen Auswirkungen auf den täglichen Betrieb der
Rechtssatzkonkretisierung nach wie vor nicht kümmert.[127]
Umgekehrt sehen die Dogmatiker, die in dieser Weise zu arbeiten versuchen, nicht den direkten Bezug zur Demokratie-
entwicklung.

c) Neue Bemühungen zur Erforschung des Historismus
sind es nun, die es erlauben, eine Art geschichtlichen Denkens herauszuarbeiten, die jenen soziologischen Positivismus
plausibler machen könnte. Das Material ist reichhaltig.

aa) Es findet sich vor allem in den Arbeiten von Ernst
Troeltsch.[128] Wichtiges steht zunächst in dem Kapitel Natu-

---

125 A. a. O., S. 183.
126 A. a. O., S. 187.
127 S. etwa jetzt Wolfgang Luthardt, *Direkte Demokratie*, Baden-Baden 1994; Sil-
     vano Möckli, *Direkte Demokratie*, Bern u. a. 1994.
128 Zum Einfluß Diltheys auf Troeltsch: Siemers, a. a. O., S. 231; hervorragende
     Würdigung – ganz im Sinn des hier Hervorgehobenen – jetzt bei Karl Acham,
     Geschichte und Sozialtheorie, Freiburg, München 1995, S. 176 ff.

ralismus und Historismus.[129] Außer den Verbindungen zum Psychologismus werden natürlich auch Beziehungen zur Subjektphilosophie, diese empirisch gewendet, sichtbar, wenn es etwa heißt, daß »der Historismus das Selbstverständnis des Geistes ist, sofern es sich um die eigenen Hervorbringungen seiner in der Geschichte handelt«.[130] Die von Descartes begründete Bewußtseinsphilosophie möchte Troeltsch vor allem auf die »ichbezogenen und historisch-genetischen Inhalte des Bewußtseins« untersuchen.[131] Dabei ist es ihm wichtig, Bewußtsein »nicht nur im Lichte seiner apriorischen, mathematisch-physikalischen Schöpfungen, sondern apostiori in dem seiner eigenen genetischen Wandlungen und Erfüllungen« zu sehen. »Diese letztere Seite der Sache haben in steigendem Maße die englischen Empiristen herausgeholt, die seit Locke gleichfalls von dem Cartesianischen Prinzip der Analyse des Bewußtseins ausgingen, dieses aber in seinen psychologisch-genetischen Wandelungen nahmen und nun umgekehrt die Erkenntnis als im historischen Prozeß der Erfahrung aus dieser selbst entstanden dachten. Mit Hume ist die historisch-genetische Betrachtung des Bewußtseins und der Übergang zur Geschichte auch äußerlich entschieden.«[132] Die Bewußtseinsphilosophie hindere »den genetischen Historismus (...) bloße Tatsachenanhäufung zu werden«.[133] Jedenfalls hat nach Troeltsch »auch die moderne Logik sich vor allem auf diese realwissenschaftlichen Grundlagen stützen und bald das mathematisch-physikalische, bald das historisch-genetische Denken zum Zentrum machen« müssen, »während die ältere Logik, wesentlich ontologisch und sprachlich verankert, in Metaphysik oder in Allgemeinheiten hängen blieb, die auf diese Realwissenschaften über-

129 Ernst Troeltsch, *Der Historismus und seine Probleme*, Tübingen 1922, S. 102 ff.
130 A. a. O., S. 104.
131 A. a. O., S. 105.
132 A. a. O., S. 106.
133 A. a. O., S. 106.

haupt nicht eingerichtet waren«. Troeltsch beklagt, daß es »ein phantastischer Mystizismus auf der einen, ein antihistorischer Rationalismus auf der anderen Seite« sei, der »die unerträgliche Lage sprengen« wolle. Mit der unerträglichen Lage meint er offenbar die Spielart *des* Historismus, der »in jene relativistische Skepsis, die nicht notwendig metaphysische aber jedenfalls relativistische Wertskepsis und Zweifel an der Erkennbarkeit wie an dem Sinn des Historischen« sei, geführt habe.[134] Troeltsch meint weiter: »andere fordern die Rückkehr zu Dogma und Gesetz, die man schließlich am großartigsten und synthetisch umfassendsten in der katholischen Kirche findet, und wieder andere glauben, daß eine totale Hinkehr und Rückkehr zur Größe und sinnlich-pantheistischen Leibhaftigkeit der Antike uns von der modernen greulichen Mischung gröbster massen- und raffiniert-intellektueller Persönlichkeitskultur erlösen könne.«[135] Dann fährt Troeltsch fort: »alles das wird nichts helfen, wir bleiben auf unser Wissen angewiesen und müssen nur neuen Mut fassen, dieses Wissen philosophisch zu bewältigen.«[136] Wir können, schreibt Troeltsch, »nicht mehr so unmittelbar und geraden Weges ... auf das System lossteuern ..., um von ihm aus die empirischen Dinge zu ordnen und zu bewerten. Sondern wir müssen Ordnungen und Werte zunächst aus den empirischen Wissenschaften herausholen, indem wir den in ihnen liegenden logischen und philosophischen Gehalt aus der empirischen Forschung heraus entwickeln und den dabei sich ergebenden Hindeutungen auf die allgemeineren philosophischen Probleme erst folgen. Der Naturalismus, der Historismus und die Wertlehre können und müssen zunächst im logischen Verkehr mit dem Objekt in sich selber geklärt werden, ehe man mit Hilfe des die empirische Erkenntnis über-

134 A. a. O., S. 108.
135 A. a. O., S. 108.
136 A. a. O., S. 109.

schießenden, in dieser Klärung sich ergebenden philosophischen Gehaltes zum System aufsteigt und aus diesem wieder den empirischen Gebieten Zusammenhalt und letzte Tiefe zuführt.«[137] Und schließlich: »erkennt man die Normen der Lebensgestaltung nicht mehr im Kirchlichen oder in seinem Nachkömmling, dem rationalistischen Dogma, dann bleibt nur die Geschichte als Quelle und die Geschichtsphilosophie als Lösung.«[138]

Auch in dem Kapitel »über Maßstäbe zur Beurteilung historischer Dinge und ihr Verhältnis zu einem gegenwärtigen Kulturideal«[139] finden sich wichtige Bemerkungen. Es gehe um »die Befestigung und Begründung der heute allgemeinen Einsicht, daß Geschichtsphilosophie nicht eine Systematik des Geschichtsverlaufs, eine teleologische Konstruktion der stufenweisen Zweckverwirklichung sein könne. Der Grund ist nicht sowohl die dann drohende Herabsetzung aller handelnden Subjekte zu Marionetten und die hierbei stets begangene Vergewaltigung der empirischen Geschichte (...) der Grund ist der entschlossene und durchgängige Realismus der modernen Historie, die überall so streng als möglich von den kritisch gesicherten Tatsachen der Überlieferung und von dem individuellen Sinn und Charakter aller historischen Schöpfung ausgeht.« (Hier erheben sich natürlich die Probleme der Interpretation: was kann als in diesem Sinne Individuelles identifiziert werden ohne modernes Vorverständnis?) Troeltsch meint, »eine metaphysische Denkweise« sei damit nicht geleugnet, »aber sie vermöchte doch hier wie dort den Realwissenschaften und ihren Ergebnissen nur Deutungen und Zusammenhänge zu unterbauen, kann aber niemals in diese selber als Tatsachenerkenntnisse begründend eingreifen. Ebensowenig ist damit eine ethische Richtung auf ein

137 A.a.O., S. 109.
138 A.a.O., S. 110.
139 A.a.O., S. 111f.

großes Sollen der Menschen geleugnet, nur erklären sich aus jenem Sollen nicht die konkreten Bildungen; vielmehr muß jene Soll-Richtung selbst erst aus der sie freilich vielfach hemmenden und verkehrenden historischen Wirklichkeit heraus gefunden werden.«[140]

bb) Wie verhält sich dazu der »psychologische Historismus«? Nach Odo Marquard[141] kann »die Psychologie (...) nicht mehr primär durch die Nähe zur Naturwissenschaft, sondern durch ihre Nähe zur geschichtlichen Frage definiert werden«. Die geläufigen Einwände gegen den Psychologismus, selbst wenn man nicht leugne, daß es interessant sein könne, *wie* es zu einem Argument gekommen sei, bleibe es doch bei der Selbständigkeit der Bewertung desselben, läßt Marquard nicht gelten. Vielmehr geht es ja gerade darum, dem *wie* einen Legitimationscharakter zu geben. *Daß* eine gewisse Entwicklung stattgefunden hat, *ist* das Argument oder jedenfalls ein Teil davon.

d) Aus den Entwicklungen hebt sich nun – in der Welt des Rechts – die Tatsache hervor, daß zunehmend Konsense stattfinden und für relevant gehalten werden. Die auf diese Weise entstandenen Argumente erhalten ihre Überzeugungskraft gerade dadurch, *daß* sie so entstanden sind. Als die Kritiker des ›Psychologismus‹ auftraten, gab es noch nicht jene Spielart des soziologischen Positivismus, welche die Lücke, die mit der Verabschiedung der Metaphysik entstanden war, durch Rückgriff auf Einigungsprozesse auszufüllen sucht. Das ›Positive‹ im Sinne des ›Positivismus‹ daran ist, daß ein bestimmtes Faktum – die Einigung – normative Relevanz erhält. Wie die allgemeine Entscheidung für den Positivismus von der Voraussetzung abhängt, daß man den Entschluß gefaßt hat, das »Positive« der – irgendwie vorgegebenen – Vernunft, Natur etc. vorzuziehen, so sind auch die Spezifi-

140 A.a.O., S. 111.
141 Odo Marquard, *Transzendentaler Idealismus*, a.a.O., S. 21.

zierungen des ›Positiven‹ nicht voraussetzungslos. Deshalb, wie das immer wieder geschieht, die Absurdität des Positivismus oder Relativismus zu behaupten, führt, wie man weiß, zu nichts; beide Seiten stehen vor der unübersteigbaren Schranke des »performativen Widerspruchs«.[142] Die Skepsis in Bezug auf objektive Wahrheiten könnte sich freilich auch auf eine Skepsis gegenüber dem jeweils Positiven übertragen. Wenn das nicht geschieht, so ist das zunächst nichts anderes als aktuelle Politik, im Namen von Demokratie und Freiheit. Sieht man genauer hin, so wird dann freilich doch eine anthropologische Konstante eingesetzt: man würde ja nicht unbedingt der Demokratie vertrauen wollen, wenn man nicht von der Überzeugung getragen wäre, daß die Menschen, unterstellt, sie werden nicht das Opfer von Demagogie, im Zweifel nicht irgend etwas Unsinniges oder Willkürliches tun, sondern letztlich doch dasjenige anstreben, was im Interesse aller liegt.[143] Daß diese Interessen aller ihrerseits unterschiedlich definiert werden und dabei dann wieder nicht hintergehbare Positionen eingebracht werden – die einen finden, daß die Interessen aller am besten berücksichtigt sind, wenn man viel Gleichheit schafft, die anderen meinen, es komme eher auf Freiheit an – darf einen abermals nicht irritieren. Es

142 Dazu Jürgen Habermas, *Moralbewußtsein und kommunikatives Handeln*, Frankfurt/M. 1983, S. 101.
143 Hier zeigen sich Berührungspunkte mit Ronald Dworkin, Robert Nozick und John Rawls, vgl. – aus öffentlich-rechtlicher Sicht – dazu: Max-Emanuel Geiß, *Das revidierte Konzept der »Gerechtigkeit als Fairness« bei John Rawls – materielle oder prozedurale Gerechtigkeitstheorie*, in: *Juristenzeitung* 1995, S. 324 ff.; besonders klar wird die Problemstellung bei Erhard Denninger, *Recht, Moral und Politik – Demokratie contra Verfassung? Überlegungen zum Disput zwischen Ronald Dworkin und Jürgen Habermas*, in: *Frankfurter Rundschau* vom 19. 10. 1995. Die »Vertragstheorien« (dazu Wolfgang Kersting, *Die politische Philosophie des Gesellschaftsvertrags*, Darmstadt 1994; s. ferner den Überblick bei Armin Engländer, *Vertragstheorien der Gesellschaft und des Staates*, Manuskript 1995) schweigen freilich zu der Umsetzung ihres Fundaments in die juristische Dogmatik und sind daher für die hier angestellten Überlegungen nur von begrenztem Wert; das wird auch in dem Werk übersehen, das Lucien Kern und Hans-Peter Müller herausgegeben haben (*Ge-*

zeigt sich freilich, daß der Unterschied zur Vernunft- oder Natur-Orientierung insofern nur ein relativer ist, als die Konstanten[144] an eine andere Stelle geschoben werden.[145] Das aber ist entscheidend. Sie werden an eine Stelle geschoben, die es ausschließt oder jedenfalls schwerer macht, daß einzelne Macht über viele bekommen (daß das nicht sein soll, ist freilich wiederum das nicht hintergehbare Bekenntnis zu einem vernünftigen oder natürlichen Prinzip) und die den an den Konsensfindungsverfahren Beteiligten die Möglichkeit eröffnet, in aller Breite und Tiefe, Bedürfnisse, Interessen und Werthaltungen einzubringen und zur Diskussion zu stellen, so daß es auch auf die entsprechenden Entstehungs- und Vermittlungsprozesse ankommt.[146]

schichte, Diskurs oder Markt, 1980); auch in der Darstellung Arthur Kaufmanns, in: Arthur Kaufmann/Winfried Hassemer, *Einführung in die Rechtsphilosophie und Rechtstheorie der Gegenwart*, 6. Auflage, Heidelberg 1994, S. 167 ff., scheint nur insofern die erforderliche Differenzierung zu fehlen.

144 Sie sind, weil das Problem gern verdrängt wird (m. E. auch in der sehr raffinierten Abhandlung von Robert Alexy, *Probleme der Diskurstheorie*, in: *Zeitschrift für philosophische Forschung* Band 43 (1989), S. 81 ff.), keineswegs annähernd zufriedenstellend erforscht; vgl. etwa die von Acham, *Rationalitätsansprüche*, a. a. O., S. 113, angestellte Betrachtung, es habe »mitunter den Anschein, als läge der Diskurstheorie über weite Strecken die Überzeugung zu Grunde, jeder andere sei so, daß eine auf dem Wege der Hermeneutik vollzogene Identifikation mit ihm möglich ist. Die Ebenen, auf denen eine solche erwartet wird, bleiben als grundlegende anthropologische Dimension zumeist im Dunkeln.«

145 Das könnte auch die »existientielle« Kritik entschärfen, die Arthur Kaufmann insofern an der Diskurstheorie übt (in: *Rechtsphilosophie in der Nach-Neuzeit*, Heidelberg 1990, S. 301; ders., in: Arthur Kaufmann/Winfried Hassemer (Hg.), a. a. O., S. 168 ff.

146 Hier sind – zum Teil in die siebziger Jahre zurückgehende – Forschungsergebnisse und Methodologien abzurufen, die an dieser Stelle nur beispielhaft literarisch belegt werden können:
– zu den Bedürfnissen: Karl Otto Hondrich/Randolph Vollmer (Hg.), *Bedürfnisse im Wandel*, Opladen 1983; Karl Otto Hondrich, *Menschliche Bedürfnisse und soziale Steuerung*, Reinbek bei Hamburg 1975; Herbert Stachowiak u. a. (Hg.), *Bedürfnisse, Werte und Normen im Wandel*, 2 Bände, München u. a. 1982.
– zu den Problemen der Werthaltungen und des Rechtsgefühls: Stachowiak, a. a. O.; Gerold Mikula (Hg.), *Gerechtigkeit und soziale Interaktion. Experi-*

In diesem Rahmen muß sich dann auch (aber nicht darüber hinaus) diejenige Spielart des Positivismus legitimieren, die auf das ›Positive‹ von *Entwicklungen* setzt und dabei dann wieder auf diejenigen Entwicklungen, an denen Einigungsprozesse besonders stark beteiligt sind. Daß man für den Einigungsprozeß optiert, ist ein Rückzug aus der Orientierung an objektiven Prinzipien auf das Minimum: man sagt, angesichts dessen, daß man nichts genau wissen kann, müssen diejenigen, die zusammen existieren, um möglichst viele ihrer Interessen zu befriedigen, sich einigen. Das gilt allerdings nur unter der Voraussetzung, daß Gleichheit und Freiheit bei den

mentelle und theoretische Beiträge aus der psychologischen Forschung, Bern u. a. 1980; Rolf Oerter, *Struktur und Wandlung von Werthaltungen*, München, Wien 1978; Brun-Otto Bryde/Wolfgang Hoffmann-Riem (Hg.), *Rechtsproduktion und Rechtsbewußtsein*, Baden-Baden 1988; Ernst-Joachim Lampe (Hg.), *Das sogenannte Rechtsgefühl (Jahrbuch für Rechtssoziologie und Rechtstheorie* Band 10), Opladen 1985; Michael Bihler, *Rechtsgefühl, System und Wertung. Ein Beitrag zur Psychologie der Rechtsgewinnung*, München 1979.
– zu den Aspekten der Rechtssprache: Friedrich Müller (Hg.), *Untersuchungen zur Rechtslinguistik*, Berlin 1989; Ludger Hoffmann (Hg.), *Rechtsdiskurse. Untersuchungen zur Kommunikation im Gerichtsverfahren*, Tübingen 1989; Thomas-Michael Seibert, *Zeichen und Gesetzesbindung. Arbeiten zur Rechtssprache aus der strukturierenden Rechtslehre*, in: *Rechtstheorie* 22 (1991), S. 470 ff.; Stephan Wolff, *Text und Schuld*, Berlin, New York 1995; siehe außerdem die »knowledge and opinion about law« (KOL)-Forschungen, dazu Gerlinda Smaus, *Das Strafrecht und die Kriminalität in der Alltagssprache der deutschen Bevölkerung*, Opladen 1985.
– zu den Problemen der Vermittlung: aus psychologischer Sicht Mikula, a. a. O.; aus psychoanalytischer Sicht: Johann August Schülein, *Mikrosoziologie, ein interaktionsanalytischer Zugang*, Opladen 1983; aus soziologischer Sicht: Dieter Claessens, *Instinkt, Psyche, Geltung; zur Legitimation menschlichen Verhaltens. Eine soziologische Anthropologie*, 2. Auflage, Köln, Opladen 1970; Jörg Aufermann/Hans Bohrmann/Rolf Sülzer (Hg.), *Gesellschaftliche Kommunikation und Information*, 2 Bände, Frankfurt/M. 1973; aus soziolinguistischer Sicht: Wolfgang Klein/Dieter Wunderlich (Hg.), *Aspekte der Soziolinguistik*, Frankfurt/M. 1972; Utz Maas/Dieter Wunderlich, *Pragmatik und Sprachliches Handeln*, 2. Auflage, Frankfurt/M. 1972; aus pädagogischer Sicht: Niklas Luhmann/Karl Eberhard Schorr (Hg.), *Zwischen Intransparenz und Verstehen. Fragen an die Pädagogik*, Frankfurt/M. 1986; speziell aus der Sicht der Erwachsenenbildung: Harry Friebel u. a. (Hg.), *Weiterbildungsmarkt und Lebenszusammenhang*, Bad Heilbrunn 1993; Manfred Jourdan, *Pädagogische Kommunikation*, Bad Heilbrunn 1989; alle bisher genannten

nicht hintergehbaren Interessen der Menschen[147] ohne weiteres mitgemeint sind.

Der Kreis schließt sich mit der Feststellung, daß die Relevanz von Einigungsprozessen ihrerseits das Ergebnis von für relevant gehaltenen historischen Entwicklungen ist[148], deren Wahrnehmung die Gestalt – Intersubjektivität verbürgender – menschlicher Selbsterkenntnis annimmt.[149] Die »prinzipielle Zugehörigkeit des Subjekts der Geschichtserkenntnis zu seinem Gegenstandsbereich«[150] bestimmt das »Medium«,

Perspektiven aufgreifend: Arbeitsgruppe Bielefelder Soziologen (Hg.), *Alltagswissen, Interaktion und gesellschaftliche Wirklichkeit*, 2 Bände, Reinbek bei Hamburg 1973; ferner: Thomas Leithäuser/Birgit Volmerg u.a. (Hg.), *Entwurf zu einer Empirie des Alltagsbewußtseins*, Frankfurt/M. 1977; Manfred Auwärter/Edith Kirsch/Manfred Schröter (Hg.), *Kommunikation, Interaktion, Identität*, Frankfurt/M. 1976; schließlich gehören hierher diverse Beiträge zur Rhetorik – sowohl allgemeine wie speziell auf die Jurisprudenz bezogene (vgl. dazu die Belege in: Klaus Lüderssen, in diesem Band S. 307 ff. und S. 349 ff.).

147 Im Namen einer Prämierung von Subjektivität als einer »dominanten Zeitsignatur«, von der Rüdiger Bubner allerdings meint, man solle zu ihr »auf nachdenkliche Distanz« gehen (in: *Wie wichtig ist Subjektivität*, in: *Merkur* 49. Jahrgang (1995), S 229 ff. [239]). Diese Empfehlung kommt im übrigen aus sehr verschiedenen Richtungen, vgl. etwa die Feststellung Peter Koslowskis (in: *Evolution und Gesellschaft*, Tübingen 1983), mit dem »Übergang von der Substanz- zur Subjektmetaphysik« sei »die Gefahr verbunden, daß eine völlig freigelassene und keine substantielle Gestalten des Lebens mehr anerkennende Evolution sich in Leere und Beliebigkeit« verliere (S. 10). Aber diese Postulate und Mahnungen brechen sich doch letztlich an der inneren Erfahrung: »sollte nicht die Analyse des *Bewußtseins* uns zu einem Letzten, Ursprünglichen hinführen, das keiner weiteren Zerlegung mehr fähig, noch einer solchen bedürftig ist – das sich klar und unzweideutig als Urbestand aller Realität zu erkennen gibt? Mit dieser Frage stehen wir an dem Punkte, an dem sich Metaphysik und Psychologie unmittelbar berühren, und an dem beide unlöslich ineinander zu verschmelzen scheinen.« (Ernst Cassirer, *Philosophie der symbolischen Formen*, 3. Teil: *Phänomenologie der Erkenntnis*, 1929, Nachdruck der 10. Auflage, Darmstadt 1994, S. 27/28).

148 Ähnlich Acham, *Rationalitätsansprüche*, a.a.O., S. 109; mit einer gewissen Vorsicht kann man sicher insofern auch für die Rechtsentwicklung auf Klaus Eder, *Geschichte als Lernprozeß?*, Frankfurt/M. 1985, verweisen (»zum speziellen Entwicklungspfad der Verrechtlichung politischer Herrschaft in Deutschland«, S. 367 ff., s. auch S. 396 ff.)

149 Schon oben S. 61 ff.

150 Herbert Schnädelbach, a.a.O., S. 163 f. Vgl. dazu auch Acham, s. oben S. 47.

in dem die »Probleme des Historismus diskutiert werden«.[151]
Es ist ein Medium, in dem »*mentalistische* Denkmodelle und
Sprachfiguren« regieren.[152] Das Subjekt, das mag das Ich sein,
»das mir in meinem Selbstbewußtsein als das schlechthin Eigene gegeben zu sein scheint«.[153] Indessen verleiht »der Prozeß der Individuierung, aus dem es hervorgeht, durch das
Netzwerk sprachlich vermittelter Interaktionen« diesem Ich
»einen intersubjektiven Kern«.[154] Wegen der *sprachlichen*
Vermittlung der Interaktionen erhält die »*sprach-analytische
Wendung* des Philosophierens« hier einen besonderen Stellenwert.[155] Weil das Subjekt der Geschichtserkenntnis in dieser interaktiven Gestalt in den Gegenstandsbereich eingeht,
sich in dessen Kontext verändert und in dieser veränderten
Gestalt erneut dem Gegenstandsbereich der Geschichte ge-
genübertritt (natürlich kann man diese Vorgänge nur analytisch trennen), spricht die moderne Wissenschaftstheorie mit
einem gewissen Recht von der »Aufgabe einer *sprach-analy-*

151 Schnädelbach, a.a.O., S. 165.
152 Schnädelbach, a.a.O.; auch hierzu – Dilthey betreffend – Acham, *Diltheys
Beitrag zur Wissenschaftstheorie,* a.a.O., S. 80 ff.
153 Jürgen Habermas, *Nachmetaphysisches Denken,* Frankfurt/M. 1988, Kapitel
»Individuierung durch Vergesellschaftung«, S. 187 ff. (209), zu George Herbert Meads Theorie der Subjektivität.
154 Habermas, a.a.O., unter Hinweis darauf, daß Mead »als erster dieses intersub-
jektive Modell des gesellschaftlich produzierten Ich durchdacht« habe (Ge-
genmodelle vor allem bei Ernst Tugendhat, *Selbstbewußtsein und Selbstbestimmung,* Frankfurt/M. 1979). Ob diese »pragmatizistische Wendung« wirklich »einem (...) starken Apriorismus verpflichtet« ist (Manfred Frank, *Wider
den apriorischen Intersubjektivismus,* in: Micha Brumlik/Hauke Brunkhorst
(Hg.), *Gemeinschaft und Gerechtigkeit,* Frankfurt/M. 1993, S. 273 ff. [273]),
möchte ich bezweifeln, bin jedenfalls mit Frank, der sich dafür auf eine um-
fangreiche Literatur zur »Philosophy of Mind« bezieht (a.a.O., S. 275), der
Meinung, »daß die subjektphilosophischen Gegner des apriorischen Intersubjektivismus mitnichten leugnen müssen, daß wir als Intersubjekte existieren,
sondern nur dies: daß mit diesem Satz eine apriorische, also eine Vernunft-
wahrheit ausgedrückt sei. Wir sind in der Tat Intersubjekte – aber kontingen-
terweise« (a.a.O., S. 277). Anders Lutz Wingert (in einer Entgegnung auf
Frank), *Der Grund der Differenz. Subjektivität als ein Moment von Intersubjektivität,* in: Brumlik/Brunkhorst (Hg.), a.a.O., S. 290 ff.
155 Schnädelbach, a.a.O.

tisch-aufgeklärten Reformulierung der Probleme des Historismus«.[156] Verhält es sich so, dann muß es eine »genetische Psychologie«[157] geben, welche die Frage nach der Genese des Selbstbewußtseins aufgreift und sich dem Zirkel stellt, in den »das erkennende Subjekt in seiner Selbstreflexion« gerät.[158] Diltheys Hinweis auf »das Verstehen des eigenen Lebensverlaufs«, das sich »in einer (...) Gruppe von Kategorien« vollziehe, »mit denen in den Naturwissenschaften nichts verglichen werden kann«[159], kommt einem in den Sinn, bezogen auf »die Implikationen der geisteswissenschaftlichen Hermeneutik«.[160] Ferner muß hier die Selbstreflexion einbezogen werden, die von der Psychoanalyse kultiviert wird.[161] Auch sie hat das *interaktive* Moment des Selbstbewußtseins anschaulich gemacht: »der Akt, dessen sich das Subjekt lediglich als eines transparenten Mittels zur Durchsetzung seines Verlangens zu bedienen hoffte, strahlt nicht mehr die vertrauten Züge seines vorsprachlichen Selbst aus dem Signifikanten (dem es sich überantwortete) zurück, sondern das fremde

156 Schnädelbach, a. a. O., S. 166.
157 Charles Taylor, *Erklärung und Interpretation in den Wissenschaften vom Menschen*, Frankfurt/M. 1975, S. 220 ff.
158 Habermas, a. a. O., S. 210; s. ferner Klaus Lüderssen, *Produktive Spiegelungen*, Frankfurt/M. 1991, S. 259 ff. und die Nachweise auf S. 278, unter besonderer Hervorhebung der Arbeiten von Manfred Frank. Hinzuzufügen ist hier noch seine Anthologie über *Selbstbewußtseinstheorien von Fichte bis Sartre*, Frankfurt/M. 1991 (mit einem eigenen größeren Essay) und die Abhandlung über *Die Wiederkehr des Subjekts*, in: *Internationale Zeitschrift für Philosophie* 1992, S. 120 ff. Was die moderne geisteswissenschaftlich orientierte Anthropologie für die Erforschung der »Lebensvorgänge bis hin zum Selbstbewußtsein« beizutragen vermag, ist von Kuno Lorenz, unter Hinweis auf die in der Philosophie des Historismus entwickelte Vorstellung vom »Subjekt als empirisch zugänglichem Gegenstand innerer oder äußerer Erfahrung« besonders gut herausgearbeitet worden (*Einführung in die philosophische Anthropologie* [in dem Kapitel »Der Subjekt-Objekt-Spaltung«], 2. Auflage, Darmstadt 1992, S. 98 ff.)
159 Wilhelm Dilthey, *Der Aufbau der geschichtlichen Welt in den Geisteswissenschaften* (*Gesammelte Werke* Band 7), Berlin 1927, S. 203 f.
160 Jürgen Habermas, *Erkenntnis und Interesse*, a. a. O., S. 190.
161 Vergl. Habermas, a. a. O., S. 380.

Antlitz einer Ordnung des Anderen.«[162] Ob zu der genetischen Psychologie auch die Fragestellung gehört, die sich auf
die notwendigen subjektiven Bedingungen möglicher Erfahrung bezieht, mag hier offen bleiben, obwohl es nicht unin-
teressant und von einer enormen Folgerichtigkeit sein würde,
wenn sogar in diesem – seit Kant als transzendental begriffe-
nen – Bereich der Subjektphilosophie genetische Fragen erlaubt sind, das Subjekt also »nicht länger als gegeben (...)
sondern als generiert« begriffen werden darf[163], mit anderen
Worten: vermieden wird, »idealistisch ein der natürlichen
Entstehungs- und der gesellschaftlichen Bildungsgeschichte
entzogenes Subjekt der Erkenntnis in Anschlag zu bringen«.[164]

162 Manfred Frank, *Das Sagbare und das Unsagbare*, 3. Auflage, Frank-
furt/M. 1993, S. 337; auch dazu Klaus Lüderssen, *Produkive Spiegelungen*,
a. a. O.

163 Vgl. dazu Jürgen Habermas, Nachwort (1973) zu *Erkenntnis und Interesse*,
a. a. O., S. 379.

164 Habermas, a. a. O., S. 379 f. S. dazu auch den Hinweis auf Toulmin, oben S. 42;
zur nachkantischen Tradition dieser Fragestellung vgl. A. Hermann Leser, *Die
zwei Hauptmomente der kritischen Methodik Kants und ihr Verhältnis zur
Methodik von Fries*, Jenenser philosophische Dissertation 1900; siehe ferner
Liebert, a. a. O. (Anm. 2), S. 59. Schon Dilthey war ganz nahe an dieser Fragestellung: »die Metaphysik ... welche das Leben des Menschen in eine höhere
Ordnung zurückführte, hatte ihre Macht nicht, wie Kant in seiner abstrakten
und ungeschichtlichen Denkweise annahm, kraft der Schlüsse einer theoretischen Vernunft besessen.« Vielmehr sei die Idee der Seele »in der inneren Erfahrung begründet, mit ihr und der Besinnung über sie« sei sie entwickelt
worden, »und gerade der Denknotwendigkeit zum Trotz, welche nur einen
Gedankenzusammenhang kennt«, sei sie erhalten geblieben. Und diese »Erfahrungen des Willens in der Person« seien »einer allgemein gültigen Darstellung« entzogen. »Das ist eine Tatsache, welche die Geschichte mit tausend
Zungen predigt.« (Einleitung in die *Geisteswissenschaften*, a. a. O., S. 385). Die
Hinwendung zu einer Metaphysik des Lebens freilich hat Dilthey gehindert,
die Konsequenzen aus diesen Einsichten zu ziehen (»die Inhaltlichkeit des
menschlichen Willens« verbleibe »in der Burgfreiheit der Person« a. a. O.).
Eine ähnliche Vor- und Rückwärtsbewegung war auch schon bei Jacob Friedrich Fries zu beobachten. »Die gesamte spekulative Bewegung, die mit Fichte
einsetzt und darauf gerichtet ist, den kritischen Idealismus Kants in einen ›absoluten Idealismus‹ umzubilden, ist für Fries nicht vorhanden«, schreibt Ernst
Cassirer (in: *Das Erkenntnisproblem in der Philosophie und Wissenschaft der*

Wie man sich zu den Entwicklungen, die man abruft, um sich auf sie als etwas ›Positives‹ zu beziehen, nun stellt, ist die letzte offene Frage. Sie wäre leicht zu beantworten, wenn es hier Erkenntnismöglichkeiten gäbe, die wissenschaftlichen Ansprüchen genügen. Alle ontologisierenden Geschichtsphilosophien haben das immer behauptet und zwar sogar im Sinne von Allgemeingültigkeit und Überzeitlichkeit. Über die Nichtberechtigung *dieser* Geschichtsphilosophien ist kein Wort mehr zu verlieren. Was bleibt dann aber?

e) An dieser Stelle beginnt und endet das Problem. Denn wer so weit ist, besinnt sich auf die erreichte Kultur. Zieht man, ausgehend von den Realitäten unseres Rechts und seiner etablierten Argumentationsmuster und -gewohnheiten, eine Bilanz, so – diesen Eindruck möchten die hier vorgelegten Arbeiten jedenfalls vermitteln – tritt zutage, was man mittlere Akzeptanz nennen könnte, das heißt eine Akzeptanz, die sich *nicht* auf das Ergebnis von Diskursen berufen kann, die *idealen* Sprechsituationen entstammen. Die Frage, wie diese Diskurse zu verteidigen sind gegen die Zumutun-

neueren Zeit, 3. Band (Nachdruck der Ausgabe von 1923), Darmstadt 1994, S. 447. Die Kritik der reinen Vernunft »wird ... als Wissenschaft der inneren Erfahrung – denn nirgends anders als in ihr können wir ja den Weg zur Nachweisung eines derartigen unleugbaren Inhalts aufzufinden hoffen – zu einer rein ›subjektiv‹ gerichteten antropologischen Diszipln«, Cassirer, a.a.O., S. 151). »Eine ›Theorie der Vernunft‹ kann nichts anderes als eine ›Naturlehre des menschlichen Gemüts‹, als eine innere ›Experimentalphysik‹ bedeuten wollen.« (a.a.O.) Aber dann kommt es doch zur Umdeutung des rein funktionalen Zusammenhangs »in ein *substantielles* Sein« (a.a.O., S. 478), weshalb Fries am Ende, wie immer wieder betont wird, nicht für die psychologisch-genetische Methode beansprucht werden kann (vgl. Theodor Elsenhans, *Das Kant-Friesische Problem*, Heidelberg 1902, S. 36, 46, 48 ff.; Leonhard Nelson, *Fries und seine jüngsten Kritiker*, in: *Gesammelte Schriften* Band 1, Hamburg 1970, S. 79 ff.; s. auch Sachs-Hombach, a.a.O., S. 212 ff.) Gleichwohl ist, mit Cassirer (a.a.O., S. 474) nicht zu verkennen, daß bei Fries die »Prämisse zum Psychologismus ... überall gegeben« ist, »sofern er in dem *Dasein* des Gemüts und in seiner faktischen Beschaffenheit den letzten Grund für die *Geltung* der notwendigen Wahrheiten sucht«.

gen von Willkür und Dezisionismus, provoziert wiederum das Akzeptanzkriterium. Das heißt, es ergibt sich die Kette einer Akzeptanz der Akzeptanz etc. Daß für alle intersubjektiven Mechanismen, die im Umgang mit Wahrheit und Richtigkeit aufgeboten werden, dieer regressus infinitus gilt, liegt nahe.[165] Denkt man ein in dieser Weise relativiertes Akzeptanzkriterium mit Bezug auf die Frage, welche Entwicklungen man im Sinne der Festlegung, Positivierung von Tendenzen etc. für relevant hält, zu Ende, so ergibt sich folgendes: die Akzeptanz erscheint als Deutungsschema für Entwicklungen, die ihrerseits, wie dargelegt, dadurch gekennzeichnet sind, daß sie Diskursivität freisetzen, mit der Folge, daß diese Diskursivität nicht (nur) aus sich heraus legitimiert, sondern akzeptiert wird, weil sie eben mit einer Entwicklung konform oder aus ihr hervor geht. Daß für die Deutung dieser Entwicklung selbst erneut auf – sozusagen höherstufige – Akzeptanz rekurriert wird, ist vielleicht nicht nur ein regressus infinitus, sondern läuft am Ende sogar auf einen Zirkel hinaus.[166] Sich *damit* abzufinden, könnte nun aber diejenige Voraussetzung sein, die der soziologische Positivismus machen muß.[167] Strukturell, aber nicht substantiell, wäre damit die Parallele zu den idealistischen Positionen gefunden.

f) Von einer Philosophie, die streng wissenschaftlich sein möchte, wird nun der Versuch unternommen, die Verbindung von Psychologismus und Historismus aufzulösen.

165 Vgl. Herbert Keuth, *Erkenntnis oder Entscheidung*, Tübingen 1993, S. 204.
166 Vg. Dieter Mans, *Intersubjektivitätstheorien der Wahrheit*, Frankfurt/M. 1974, S. 272 ff.; Keuth, a. a. O.; Hans-Peter Zedler, *Zur Logik von Legitimationsproblemen*, München 1976, S. 164; Kurt Seelmann, *Rechtsphilosophie*, München 1994, S. 162.
167 Die in Anmerkung 166 genannten Autoren ziehen diese Konsequenz nicht, ebensowenig Karl-Heinz Ilting in seiner scharfsinnigen Analyse von *Geltung und Konsens*, in: *Neue Hefte für Philosophie* Heft 10, Göttingen 1976, S. 20 ff.; Selbstquälerische Betrachtung des Problems jetzt bei Thomas Blanke, *Sanfte Nötigung*, in: *Kritische Justiz* 27. Jahrgang (1994), S. 429 ff. (445).

aa) Dabei zeigt sich, daß mit streng wissenschaftlicher Philosophie diejenige Philosophie gemeint ist, die zu verallgemeinerbaren Ergebnissen kommt.[168] An anderer Stelle wird sogar deutlich, daß unter streng wissenschaftlicher Metaphysik die Möglichkeit einer absoluten Metaphysik verstanden wird.[169] Ich habe den Eindruck, daß noch tief bis in unser Jahrhundert hinein die in der zweiten Hälfte des vorigen Jahrhunderts entwickelte exakte Naturwissenschaft (jedenfalls von den fernerstehenden Geistes- und Sozialwissenschaften) als ein ideales Erkennen begriffen worden ist, mit dem Ziel allgemeingültiger Aussagen. Inzwischen sind die Naturwissenschaften in der Logik und Methodologie ihrer Fächer wesentlich vorsichtiger geworden. Die wirklich ernst zu nehmende Parallele zur Wissenschaftlichkeit in den Naturwissenschaften liegt wahrscheinlich gerade nicht in der absoluten wissenschaftlichen Metaphysik, sondern in etwas Bescheidenerem, möglicherweise in dem, was parallel zur Entwicklung der Naturwissenschaften im späten 19. Jahrhundert in den Geisteswissenschaften eben mit den Stichworten Psychologismus und Historismus versucht worden ist. Diese in der Perspektive des beginnenden gegenwärtigen Jahrhunderts zunächst versperrte Parallele gilt es jetzt wieder deutlich zu machen.[170]

bb) Was die »Überwindung« von Psychologismus und Historismus angeht, so gilt die Bemerkung Marquards: »es gibt offenbar Probleme, die stärker sind als ihre ›Überwindungen‹ und es könnte sein, daß das Problem Geist-Ge-

---

168 S. dazu Marquard, a. a. O., S. 29.
169 Darüber Marquard, a. a. O., S. 30; auch bei Karl Mannheim, *Ideologie und Utopie* (1. Auflage 1929, Nachdruck der 3. Auflage von 1952), Frankfurt/M. 1985, S. 249 findet sich dieser Hinweis.
170 Andeutungen darüber, daß dieses merkwürdige Mißverständnis in Bezug auf die Ansprüche der Naturwissenschaften gerade die Kritiker vom Psychologismus und Historismus schon zu Beginn unseres Jahrhunderts bewegt hat, bei Mannheim, a. a. O.

schichte zu diesen stärkeren Problemen gehört.«[171] Marquard weist Husserls Protest »gegen den Versuch, Philosophie zur Genealogie zu machen« zurück und kündigt an, daß in seinen Überlegungen »Genealogie« ein »zentraler Begriff sein werde.[172] Er spricht hier durchaus auch von legitimierender Genealogie (freilich habe Nietzsche gezeigt, daß es auch die kompromittierende Genealogie gebe).[173] Jedenfalls scheint für ihn festzustehen: »Der Psychologismus kehrt wieder: das philosophische Interesse an der Genese und die Bereitschaft, der Genealogie entscheidende Bedeutung zuzusprechen, kehren wieder. Ist das eine Wiederkehr zu Recht erledigter und begrabener Irrtümer? Oder ist es eine Wiederkehr des zu Unrecht Verdrängten?« Die vorläufige Antwort von Marquard ist: »der Psychologismus verdient in der Philosophie mehr als bloße Nekrologe. Er ist nicht tot, er ist wiedergekehrt.«[174] »Wesensphilosophie will allgemein gültige Aussagen. Genealogie aber interpretiert diese Aussagen als ›Vollzug einer Zugehörigkeit‹ d. h. begründet sie im Besonderen: damit zerstört sie mögliche Allgemeingültigkeit ... Wesensphilosophie sagt ihrer Absicht nach – Immerstimmendes über Immerseiendes. Aber keine Wesensphilosophie spricht über alles Immerseiende, und keiner sagt über das, worüber sie spricht, alles Immerstimmende. Darum gibt es das Problem, warum sie just über das spricht, worüber sie spricht, und warum sie darüber just das Wahre sagt, das sie darüber sagt. Es ist das Problem der (wie man es nennen kann) *Entdeckungs- und Verdeckungsdeterminanten*. Diese Determinanten sind Sache der Genese: die Geschichte produziert sie, die Genealogie und ihre Motivfrage enthüllt sie. Sie haben Bedeutung, folglich hat die Genese, folglich hat die Genealo-

171 Marquard, a. a. O., S. 299.
172 A. a. O., S. 12 f.
173 A. a. O., S. 13.
174 A. a. O., S. 21.

gie, folglich hat die Motivfrage Bedeutung. Geschichte hat *maieutische* Bedeutung.«[175] Man könnte sich danach auf den Standpunkt stellen, daß die Leugnung der Relevanz von Genesis in diesem Sinne ein ganz klassischer Fall von Ideologie ist.

Marquard unterscheidet rigorose und konziliante Geschichtsphilosophie. Rigoros ist nach seiner Meinung eine Geschichtsphilosophie, die »auf der puren *Faktizität der Zugehörigkeit* besteht«.[176] Konziliant nennt er eine Geschichtsphilosophie, die eine Zugehörigkeit nicht allein ›faktisch‹, sondern vernünftig begründet. »Vernünftig ist eine Zugehörigkeit, wenn ein Zusammenhang besteht und aufweisbar ist zwischen dieser Zugehörigkeit bzw. ihrem Vollzug und dem, was *alle* (Menschen) angeht. Ein solcher Zusammenhang besteht mindestens dann und vielleicht auch nur dann, wenn die betreffende Zugehörigkeit eine Zugehörigkeit ist zu einer Potenz (Besonderheit), die im Dienste dessen steht, worauf *alle* hinauswollen.«[177] Eine solche Philosophie muß freilich »eine eigene Theorie dessen mitbringen oder ausbilden, worauf alle hinauswollen«.[178] Bis dahin klingt es wie eine Vorwegnahme von Habermas und Günther. Die erste Einschränkung wird wie folgt formuliert:[179] »wo man nicht zu sagen vermag, ›was‹ in der Geschichte Wahrheit hat und ›wohin‹ die Geschichte vernünftigerweise will, da kann man immer noch sagen, ›was unwahr ist‹ und ›wovon sie weg will‹ und die Phänomene im Blick darauf diskutieren – nicht mehr als ›Positionen für …‹, wohl aber als ›Positionen gegen …‹, als ›bestimmte Negationen‹.« Anschließend werden der Zusammenhang von, wie Marquard sagt, Historizismus und Psychologismus betont und die kritische Auseinan-

175 A.a.O., S. 24.
176 A.a.O., S. 25.
177 A.a.O., S. 25.
178 A.a.O., S. 26.
179 A.a.O., S. 28.

dersetzung mit dem »Versuch, ›Ideen‹ bzw. ›Prinzipien‹ d. h. Wesensaussagen durch ihre Genese zu legitimieren oder diskreditieren«, unternommen.[180] Gleich danach[181] findet sich eine Bezugnahme auf Karl Mannheim, der auf »Geltungsrelevanz der Genese« bestehe. In der Tat tritt Mannheim ein für eine »Revision der These, daß die Genesis unter allen Umständen geltungsirrelevant sei.«[182] Mannheim besteht darauf, daß »eine pure Tatsachenfeststellung (die Tatsache der Partikularität der Sicht, die an den menschlichen Aussagen nachweisbar ist) sinnrelevant, *eine Genesis Sinngenesis zu sein vermag,* und deshalb die weitere Konstruktion der Geltungssphäre als von jeder Genesis ablösbare Autonomie zumindest sehr erschwert.«[183] Wichtig ist vielleicht auch die folgende Stelle, die von Marquardt ebenfalls wörtlich zitiert wird: »mit der zum Apriori erhobenen Feststellung, daß aus der Tatsachenwelt nicht aufsteigen *könne,* was geltungsrelevant wäre, sperrt man sich vor der Beobachtung, daß ursprünglich eben *dieses Apriori selbst eine vorschnelle Hypostasierung eines Faktizitätszusammenhanges gewesen ist, das an einem bestimmten Typus von Aussagen abgelesen wurde.«*[184] Schon an früherer Stelle[185] spricht Mannheim davon, daß »diese das Entstehen der konkreten Wissensgehalte bestimmenden Seinsfaktoren keineswegs von bloß peripherer Bedeutung, von ›bloß genetischer Relevanz‹« ist, »sondern in Inhalt und Form, in Gehalt und Formulierungsnachweise hineinragen, Kapazität, Greifintensität eines Erfahrungs- und Beobachtungszusammenhangs, mit einem Wort alles, was wir als

180 A. a. O., S. 29 ff.
181 A. a. O., S. 36.
182 Karl Mannheim, *Ideologie und Utopie,* a. a. O., S. 251.
183 A. a. O., S. 246. Deshalb sehe ich nicht, mit welchem Recht Acham (*Rationalisierungsansprüche,* a. a. O., S. 102) bei Mannheim von einer folgenschweren Verwechslung von »Genesis für den Urteilssinn« und »Genesis für die Geltung des Urteils« spricht.
184 Mannheim, a. a. O., S. 246.
185 A. a. O., S. 230.

Aspektstruktur einer Erkenntnis bezeichnen, entscheidend bestimmen.«[186]

cc) Die Mannheimsche Position scheint sich nun freilich darzustellen als eine bestimmte Stellungnahme im Rahmen hergebrachter Gegensätze. Er wendet sich gegen die »ohne Übergänge aufgestellte Dualität zwischen ›Geltung‹ und ›Sein‹, ›Sinn‹ und ›Sein‹ und ›Faktum‹«. Sie gehöre zu den »axiomatischen Satzungen der heute dominierenden ›idealistischen‹ Erkenntnistheorie und Noologie«[187], und das heißt, man würde es sich zu einfach machen, wenn man den Positivismus Mannheims nun einfach auf die Seite von Faktum, Sein etc. stellte. Bei »Sein« wäre das auch schon deshalb schwierig, weil hier auch ontologische, ganz antipositivistische Konzeptionen gemeint sind. Die »Aspektstruktur« lenkt ebenfalls den Blick auf gewohnte Entgegensetzungen: daß man nämlich Fakten immer nur von einem bestimmten – wertend oder jedenfalls aus irgendeinem Vorverständnis heraus eingenommenen – Standpunkt aus beobachten und fixieren könne. Ich glaube, mit ›Genesis und Geltung‹ ist mehr gemeint, und es scheint mir immer mehr dafür zu sprechen, daß es womöglich um die *Dialektik* jener einander gegenübergestellten Begriffe geht. So unscharf das etwa bei Arthur Kaufmann[188] formuliert ist, so viel spricht doch dafür, dieser Linie nachzugehen, die bei Karl Mannheim, meine ich, sehr viel deutlicher wird. Wahrscheinlich ist es der allgemeine Positivismusvorwurf, der die richtige Einordnung seiner Erkenntnistheorie bisher verhindert hat. Dazu kommt, daß man ihn gemeinhin als Soziologen ansieht, bei dem man eine Erkenntnistheorie nicht erwartet. Zur Erhärtung des Positivismusvorwurfs hat nicht zuletzt Adorno mit seinem

---

186 A.a.O., S. 230 – Auch diese Stelle zitiert Marquard, a.a.O., im Kapitel »Wiederkehr des Historizismus«, S. 309.
187 Mannheim, a.a.O., S. 251.
188 Arthur Kaufmann, *Rechtsphilosophie im Wandel*, 2. Auflage, Köln u.a. 1984, S. 1 ff.

Beitrag über *Das Bewußtsein der Wissenssoziologie*[189] beigetragen.

Manchmal verkehren die Antagonisten die Rollen. So spricht einerseits Karl Mannheim davon, daß die Lehre »von der Ablösbarkeit des Sinngehaltes von der Genesis« große Verdienste »im Kampfe gegen den Psychologismus« gehabt habe.[190] Andererseits bescheinigt Marquard dem Kritiker von Psychologismus und Historismus, Husserl, daß er »mit Eifer und Gespür all denjenigen Motiven zur Geltung verholfen« habe, welche die Wahrheit des Historismus »unterstützen und dringlich machen«.[191] In der Tat findet man erstaunliche Formulierungen bei Husserl: »das ego konstituiert sich für sich selbst sozusagen in der Einheit einer *Geschichte* (...) so (...) daß die konstitutiven Systeme, durch die für das ego die und jene Gegenstände und Gegenstandskategorien sind, selbst nur im Rahmen einer gesetzmäßigen Genesis möglich sind.«[192] Jedenfalls ist die Position von *Genesis und Geltung* abzugrenzen von dem, was Habermas später mit Erkenntnis und Interesse bezeichnet hat. Karl Mannheim spricht davon, »daß der Mensch sehr wohl auch dort erkennt, wo er im Denken selbst aktivistisch ausgerichtet ist, noch mehr, daß in bestimmten Gebieten Erkennen nur dann und insofern zustande kommt, als es selbst Aktion ist«.[193] Aller-

---

189 1937. In deutscher Sprache zum ersten Mal publiziert und abgedruckt in: Theodor W. Adorno, *Prismen. Kulturkritik und Gesellschaft*, Berlin, Frankfurt/M. 1955, S. 32 ff.; dort heißt es: »Die Gesinnung ist ›positivistisch‹: gesellschaftliche Phänomene werden ›als solche‹ hingenommen und dann klassifikatorisch nach Allgemeinbegriffen aufgeteilt. Damit sind die sozialen Antagonismen tendenziell nivelliert: sie erscheinen bloß noch als subtile Modifikationen eines Begriffsapparates, dessen abdestillierte ›Prinzipien‹ sich selbstherrlich installieren und sich schattenhafte Kämpfe liefern.«

190 Mannheim, a. a. O., S. 251.

191 Marquard, a. a. O., S. 31.

192 Edmund Husserl, *Cartesianische Meditationen*, in: *Gesammelte Werke* Band 1, 2. Auflage, Den Haag 1963, S. 109.

193 Mannheim, a. a. O., S. 254.

dings sieht *er* hier einen Anwendungsfall von Genesis und Geltung, wobei man registrieren muß, daß vielleicht eine Vorwegnahme von »Action research« gegeben ist.

dd) Auch die Skepsis gegen die »Wertfreiheit der Wissenschaft« ist ein topos, auf den ich das Phänomen von Genesis und Geltung nicht festgelegt wissen möchte, und es bleibt zu überlegen, ob Karl Mannheim sich nicht tatsächlich in der Aufzählung dieser Bedingtheiten von Erkennen erschöpft bei seinem Begriff des Zusammenhangs von Genesis und Geltung. Daß er gerade die psychische Genesis herausnehmen möchte, könnte diese Vermutung bestärken, obwohl man zunächst zustimmen möchte, wenn er sagt, der Fehler der Lehre von der Irrelevanz der Genesis für den Urteilssinn habe darin bestanden, daß die Irrelevanz der psychischen Genesis »ohne weiteres auf jede Art von Genesis-Geltung-Beziehung« übertragen worden sei.[194] Gleichwohl ist bemerkenswert, daß Mannheim ganz ausdrücklich das »*Konstitutiv-perspektivische in bestimmten Erkenntnissen*« fixiert:[195] Es komme darauf an zu fragen, »wie *im* Elemente dieser Perspektivität Erkenntnis und Objektivität möglich ist«. Es müsse das »falsche Ideal der absolut abgehobenen entmenschlichten Sicht durch das Ideal der konstitutiv-menschlichen, aber stets sich erweiternden menschlichen Sicht ersetzt werden«.[196]

ee) Hier fragt sich vielleicht, ob im Genesis-Geltung-Problem nicht nur das Problem der Konstitution von Erfahrung verborgen ist.[197] Dann wäre man aber (wieder) bei einer subjektivistischen idealistischen Philosophie angelangt, und daß hier ein Soziologe erkenntnistheoretisch spricht, dazu noch einer, der als Positivist bezeichnet wird, deutet auf etwas anderes.

194 A.a.O., S. 252.
195 A.a.O., S. 254.
196 A.a.O., S. 255.
197 Vgl. oben S. 42, 72

(1) Die Vorstellung von Marquard, daß gleichsam der Peilstab für die Sondierung im Historischen das sei, was alle wollen, müßte auf die Positivität eines Verfahrens mittlerer Art und Güte zurückgeschraubt werden, das einen ebenso optimalen wie realistischen Diskurs erwirkt. Was in dieser Hinsicht in einer Gesellschaft möglich ist, vermehrt um dasjenige, was man – nach der Devise, das Unmögliche fordern, damit das Mögliche eintritt – provozieren könnte, *ist* sozusagen die historische Wahrheit, wobei noch einmal hervorzuheben ist, daß das Abstellen auf Einigung keineswegs die idealistisch hineingetragene, von außen kommende, dann eben doch quasi naturrechtliche Forderung ist, sondern bereits eine Folgerung aus dem Positivum des in soweit historisch Erreichten. Alles läuft also immer wieder darauf hinaus, nunmehr Verfahren zu entwickeln, welche Diagnosen dieser Art gestatten und beweiskräftig machen. Da eigentlich alle Rechnungen, die über »Entwicklungslinien« aufgestellt werden, kontrovers bleiben, ist die Suche nach dem Verfahren der Diagnose und Prognose eine prinzipielle Aufgabe. Sie führt scheinbar in die – wenn das paradoxon erlaubt ist – vertrauten Irrgärten der klassischen Geschichtsphilosophie zurück. Daher muß neu angesetzt werden.

(2) Karl Mannheim[198] hat die Philosophieentwicklung, die zum Historismus führt, wie folgt charakterisiert. Er habe sich herausgebildet, »nachdem das religiöse gebundene Weltbild des Mittelalters sich zersetzte und nachdem das aus ihm säkularisierte Weltbild der Aufklärung mit dem Ungedanken einer überzeitlichen Vernunft sich selbst aufgehoben hatte«. Freilich sagt Mannheim einen Absatz weiter, daß der Historismus »mit derselben Universalität das Weltbild organisiert, mit der es einst die Religion getan hat«, aber in der Folge, meine ich, gibt es dann doch erhebliche Ernüchterungen.

198 Karl Mannheim, *Historismus*, in: *Archiv für Sozialwissenschaft und Sozialpolitik* Band 52 (1924), S. 1 ff (2).

Zwar spricht er von der Veränderung des Historismus in dem Sinne, daß diese Lehre den »zunächst mannigfachen Veränderungen ein *Prinzip der Ordnung* zu entreißen vermag, daß sie in die *innerste Struktur* dieses Allwandels einzudringen im Stande ist«.[199] Interessanter ist indessen die Ausdifferenzierung der Entwicklungsreihen. Mannheim unterscheidet historischen Längsschnitt und historischen Querschnitt und meint, daß man im ersteren Falle »irgendein ›Motiv‹ des geistig-kulturellen Lebens« ergreife und dann sich eine Entwicklungslinie zeige. Auf diese Weise erhalte man »gleichsam einen Bündel der Entwicklungsreihen, in dem zwar innerhalb der einzelnen Reihen der Zufälligkeitscharakter des Gestaltwandels bereits überwunden ist, die Entwicklungslinien selbst aber wie äußerlich zusammengehaltene Stäbe nebeneinander liegen. Eine Ergänzung findet diese Art des Historismus erst durch die zweite auf den Querschnitt gerichtete Betrachtung, die es unternimmt zu zeigen, wie in einem gleichzeitigen Stadium die soeben isoliert betrachteten Motive auch untereinander organisch zusammenhängen.«[200] Damit wird natürlich, wie Mannheim selbst hervorhebt, die ganze historische Forschung »in die Geschichtsphilosophie« transzendiert.[201] Wichtig ist aber die Feststellung, daß »Geschichtsphilosophie der scheinbar spezialisiertesten Einzeluntersuchung zu Grunde liegt.«[202] Und dann kommen die ersten Hinweise auf den Bezug zum »Leben«[203], womit die

---

199 A.a.O., S. 4.
200 A.a.O.
201 A.a.O., S. 5.
202 A.a.O., S. 6.
203 Plausible Erklärungen dafür bei Liebert, a.a.O.: Durch alle psychologischen Geltungsordnungen gehe »wie ein roter Faden der gleiche Grundgedanke, daß Leben und Erleben den unbedingten Geltungswert darstellen« (S. 16). Die »Totalität psychischer Akte, in der Momente des Vorstellens, Wollens und Fühlens in verschiedenem Mischungsgehalt miteinander verbunden« seien (S. 15), habe den Gedanken entstehen lassen, daß es die Aufgabe der empirischen Psychologie sei, »auf den empirisch nachweisbaren, psychologisch tatsächli-

Nähe des Historismus zur sogenannten Lebensphilosophie[204] deutlich wird, ein Zerrbild des Organischen; wohl die Folge des Versuchs der Historisten, auf ihre Weise eben doch auch die »Totalität«[205] zu erfassen.[206]

Allerdings ist die *Methode* bemerkenswert, denn sie deutet doch eher auf die Relevanz empirischer Zwischenziele. Das kommt bei Mannheim in einer Methodenschilderung zum Ausdruck, bei der man eigentlich sofort an »Abduktion« denkt: »es ist aber die Eigenart des Lebens und des lebendigen Denkens, daß sie nicht (wie es das fertige System darstellt) gleichsam von einem Obersatz, vom systematisch Ersten ausgehen und bis zur Besonderheit fortschreiten, diese aus dem ersteren deduzieren, sondern: das unreflexive Leben beginnt bei Unmittelbarkeiten, greift in medias res, in die Mitte ein und schält aus diesen Unmittelbarkeiten erst

chen Bestand seelischen Lebens« zurückzugehen (S. 59). Für diese Orientierungen beansprucht Liebert nicht nur Dilthey (siehe S. 82 ff.), sondern auch den ebenfalls einer »entwicklungsgeschichtlichen Betrachtungsweise« verpflichteten »Pragmatismus« (S. 75), ferner Vaihingers »Philosophie des Als Ob mit Blick auf sie leitende praktische, positivistische und voluntaristische Gesichtspunkte« (S. 62 ff.) und »Bergsons Intuitivismus« (S. 76 ff.).

204 Mannheim: »… so erfüllt sich am Historismus nur ein Schicksal, daß er für alle gewesenen Gestalten des Weltprozesses selbst entdecken mußte: daß das Leben die Tendenz hat, immer wieder selbst zum System zu werden« (*Historismus*, a. a. O., S. 7). Instruktiv dazu Hans-Joachim Lieber, a. a. O.: »Die kulturkritische Philosophie der Jahrhundertwende ist – in einem sehr weiten Sinne – antirational, gelegentlich auch antiintellektuell, und der Begriff, an dem sich dieses ›anti‹ orientiert und der es begründen soll, ist der Begriff des Lebens, so daß Kulturkritik dieser Art in den mannigfachen Versuchen der inhaltlichen Präzisierung und Konkretisierung des Lebensbegriffes eben mit innerer Konsequenz zur Lebensphilosophie wird.« (Es folgen Abgrenzungen zur neukantianischen Schule in Marburg, die das Erbe aufklärerisch-kritischer Philosophie wachgehalten habe.)

205 Mannheim, a. a. O., S. 5.

206 Durchgehend stößt man daher auf religiöse Motive, schon bei Vico übrigens: Ohne Frömmigkeit gebe es keine Wissenschaft (s. bei Löwith, a. a. O., S. 127). In der Durchführung scheint aber dieser Ausgangspunkt fast zu verschwinden. Die These Vicos, »daß diese geschichtlich-zivile Welt ganz gewiß vom Menschen gemacht worden ist« (Löwith, a. a. O., S. 130) und »darum in den Modifikationen unseres eigenen Geistes wieder gefunden werden« kann (Vico

nachträglich auf einer reflexiven Stufe das heraus, was prämissenhaft in ihnen liegt.«[207]

ff) Hier ist vielleicht ein faßbarer Anknüpfungspunkt für die Antwort auf die Frage, wie sich Historismus und Psychologismus in das Bild der um die Jahrhundertwende vielfältig geforderten streng wissenschaftlichen Philosophie einordnen könnten.

(1) Die Frage ist von Edmund Husserl in seinem Aufsatz *Philosophie als strenge Wissenschaft*[208] ausdrücklich gestellt worden. Bisher seien nur »die Begründung und Verselbständigung der strengen Natur- und Geisteswissenschaften, sowie neuerer rein mathematischer Disziplinen« zu registrieren: »Die Philosophie selbst in dem sich nun erst abhebenden besonderen Sinne entbehrte nach wie vor des Charakters strenger Wissenschaft.« Husserl sieht die Zukunft der wissenschaftlichen Philosophie darin, daß sie »den unverlierbaren Anspruch der Menschheit auf reine und absolute Erkenntnis vertritt (und was damit untrennbar Eins ist: auf reines und absolutes Werten und Wollen)«.[209] An diese Be-

wörtlich, zitiert bei Löwith, a.a.O., S. 131), zeigt das. Man vergleiche ferner die ebenfalls bei Löwith wiedergegebenen Äußerungen, wonach »trotz ihres übernatürlichen Ursprungs [...] jedoch die Vorsehung, wie sie Vico« verstehe, »auf so ›natürliche‹ und ›einfache‹ Weise« wirke, »daß sie fast mit den zivilen Gesetzen der geschichtlichen Entwicklung identisch ist. Sie wirkt ausschließlich durch mittelbare Ursachen in der ›Ökonomie der zivilen Dinge‹, wie sie, weniger durchsichtig, auch in der physischen Welt tätig ist. Sie entfaltet ihre Ordnungen auf dem leichten Wege über die natürlichen Gewohnheiten der Menschen.« (Freilich steht die religiöse Motivation einer relativistischen Geschichtsphilosophie so lange nicht im Wege, wie sie von der Vorstellung bestimmt ist, daß man über Gottes Planungen in der Welt nichts wissen kann.) Zu der insoweit auch von Dilthey vertretenen Position vgl. Gadamer, a.a.O., S. 222 ff.; ferner Acham, *Diltheys Beitrag zur Wissenschaftstheorie*, a.a.O., S. 85 ff.; zum Einfluß Diltheys auf Mannheim, vgl. Acham, *Die anthropologische Alternative*, a.a.O., S. 119.

207 Mannheim, a.a.O., S. 6.
208 Edmund Husserl, *Philosophie als strenge Wissenschaft*, in: *Logos* Band 1 (1910/1911), S. 289 ff.
209 A.a.O., S. 290.

merkung schließt sich eine Interpretation der wissenschaftlichen Tradition der Philosophie auf der einen Seite und des Anspruchs der Naturwissenschaften auf der anderen Seite, die heutigen Rekonstruktionen meines Erachtens nicht mehr standhält. Husserl ist fixiert auf die durch den Hegelianismus »mit dem Erstarken exakter Wissenschaften« hervorgerufenen »Reaktionen«, worin Auswirkungen des »Naturalismus des 18. Jahrhunderts« zu sehen seien; er habe wegen dieser Reaktionen »einen übermächtigen Auftrieb« gewonnen.[210] Da der Naturalismus durch einen »Skeptizismus« gekennzeichnet gewesen sei, der »alle absolute Idealität und Objektivität der Geltung« preisgebe, glaubt Husserl sich wohl vor allem gegen diese Folge wehren zu müssen.[211]

(2) Wichtig zu wissen ist, wie ausgebildet die methodologische Reflexion der neuen Wissenschaften seinerzeit war. Die Philosophie des Wiener Kreises, Popper und die analytische Philosophie kamen erst später. Daß sie ihrerseits den möglichen Anspruch an wissenschaftliche Philosophie falsch einschätzten, macht es uns noch schwerer, zu der Basis zu finden, an die meines Erachtens durch die Entwicklung der Einzelwissenschaften in der zweiten Hälfte des 19. Jahrhun-

210 A. a. O., S. 292.
211 Interessant ist der Hinweis von Jacques Derrida (*Die Schrift und die Differenz*, Frankfurt/M. 1972, S. 242), daß Husserl »die normative Autonomie der logischen und der mathematischen Idealität von jedem Tatsachenbewußtsein« nicht rein habe durchführen können; vielmehr habe er »gleichzeitig die ursprüngliche Abhängigkeit von einer Subjektivität im allgemeinen festhalten« müssen. »Er mußte daher zwischen den beiden Klippen des logizistischen Strukturalismus und der psychologischen Genetik (sogar in der subtilen und bösartigen Gestalt des Kant zugeschriebenen ›transzendentalen Psychologismus‹) hindurchfahren. Er mußte eine neue Richtung der philosophischen Aufmerksamkeit eröffnen und eine konkrete, wenn auch nicht empirische Intentionalität freilegen, eine ›transzendentale Erfahrung‹, die konstituierend, das heißt, die gleich jeder Intentionalität in einem erzeugend und offenbarend, aktiv und passiv wäre. Sehr früh wird schon die ursprüngliche Einheit, die gemeinsame Wurzel der Aktivität und Passivität für Husserl zur Möglichkeit selbst des Sinns. Man wird immer wieder feststellen, daß diese gemeinsame Wurzel auch die der Struktur und der Genesis ist, und daß sie in dogmatischer

derts auch eine wissenschaftliche Philosophie gebunden war. Denn in den vom Wiener Kreis angestoßenen Richtungen überwog das analytisch-formalistische Element; eine Philosophie, die sich mit den Sachen selbst innovativ hätte beschäftigen können, schien danach nicht mehr möglich zu sein. Diese Selbstbeschränkung war es wiederum, die für die moderne »Wesensphilosophie«, eigentlich erst beginnend mit Heidegger (aber vorbereitet eben – leider schon – durch Husserl), eine zusätzliche Provokation brachte.

Man kann sich nachträglich schwer vorstellen, wie diese Irrtümer hätten vermieden werden können. Wenn es wirklich so war, daß als Begleiterscheinung oder Entsprechung zu den Einzelwissenschaften im 19. Jahrhundert die zeitgenössischen Philosophen – die der nachhegelianischen Epoche – unter anderem[212] jenen Naturalismus favorisierten, der in dem vielfach und immer noch perhorreszierten »Psychologismus« gegipfelt zu haben scheint, dann ist die idealistische Gegenbewegung verständlich. Umgekehrt ist verständlich, daß der Wiener Kreis[213] und die ihm folgenden Strömungen wiederum diese Gegenbewegung als besonders hypertroph ansehen mußten und ihrerseits mit einer Überreaktion antworteten. Das, was man damals – aus heutiger Perspektive erst freilich – jenseits jenes möglicherweise wirklich primitiven Naturalismus und diesseits neuer aufs Absolute gehender Gesamtentwürfe, sich mit dem Fortschritt der Einzelwissenschaften verbündend in der Philosophie hätte leisten können, blieb auf diese Weise beiden Richtungen verborgen. Vielleicht kann man nur mit Hilfe moderner Wissenschaftstheorien diesen seinerzeit verkannten Ausgangspunkt für eine

Weise von allen über ihren Gegenstand hereingebrochenen Problematiken und Trennungen vorausgesetzt wird.«

212 Die ebenfalls naturalistisch inspirierte materialistische Geschichtsphilosophie braucht hier nicht erneut aufgegriffen zu werden (vgl. dazu oben).

213 Vgl. die Informationen bei Rudolf Haller, *Einführung in den Neo-Positivismus*, Darmstadt 1994.

sich im Rahmen einer Logik der Einzelwissenschaften haltende wissenschaftliche Philosophie rekonstruieren.

Dazu gehört einmal ein Bild der Naturwissenschaften, das alle Relativierungen, auch die Anteile von Kommunikation (Stichwort: Verständigung über Basissätze) sorgfältig aufnimmt, einschließlich auch etwa der Heisenbergschen Mitteilung von der Perspektivenabhängigkeit der Wahrnehmbarkeit des Allerkleinsten.[214] Auf der anderen Seite müssen die geistes- und sozialwissenschaftlichen Wissenschaftstheorien daraufhin angesehen werden, welche über das bloß Deduktiv-Analytische hinausgehenden Arbeitsmöglichkeiten sie bereits etabliert haben. Weniges von dem, was Geschichtswissenschaft, Literaturwissenschaft, Soziologie, Psychologie, Nationalökonomie in den letzten hundert Jahren hervorgebracht haben, hätte ja vor dem Forum der Wissenschaftstheorie der analytischen Philosophie Bestand, würde sich im bloßen »Meinen« bewegen. Die neuere wissenschaftstheoretische Literatur zeigt es.[215] Daß die Einzelwissenschaften einfach weitergemacht haben, hat die philosophische Wissenschaftstheorie vielleicht gar nicht zur Kenntnis genommen.

(3) Mit anderen Worten: was bedeutet es für sie eigentlich, daß in den Einzelwissenschaften ständig Ergebnisse und neue Hypothesen verhandelt werden? Eine – indirekte – Antwort auf diese Frage ist am Ende das Gegenüber der sich selbstbeschränkenden analytischen Philosophie einerseits und der auf das Ganze gehenden idealistischen Philosophie andererseits. Es scheint wirklich nichts dazwischen zu geben. Die zarte Pflanze einer analytischen Geschichtsphilosophie hat sich nicht recht entfaltet.[216] Anstöße aus der theoretischen Soziologie, die man hätte erwarten können, sind entweder

214 S. dazu in diesem Band, S. 355
215 Z. B.: Richard J. Bernstein, *Beyond Objectivism and Relativism*, Oxford 1983; Mary Hesse, *In Defence of Objectivity*, in: *Proceedings of the Aristotelian Society*, London 1973, S. 9ff.
216 S. dazu auch Arthur C. Danto, *Analytische Philosophie der Geschichte*, Frank-

von der idealistischen Philosophie aufgesogen worden, oder zu bloßen Handlungsanleitungen für die empirische Sozialforschung herabgesunken. An sich müßte man jetzt die weitere Frage stellen, an welcher Stelle hier die sogenannte Systemtheorie einzuordnen ist. Ihre Vertreter sprechen immer davon, daß sie – unbarmherzig – die Welt so darstellen, wie sie sei. Das klingt nach empirischer Sozialforschung. Andererseits sind die Totalitätsansprüche an die Erklärung der Welt in Luhmanns Schriften so übermächtig, daß eine exakte empirische Sozialforschung daran schnell Schaden nehmen würde. In der Tat würde Luhmann ja auch keineswegs behaupten, seine Produktionen seien das Ergebnis einer solchen empirischen Sozialforschung. Nimmt man hinzu, daß in dem Gedanken des sich an den Subjekten vorbei eigendynamisch entwickelnden gesellschaftlichen Systems nur eine modernisierte materialistische Geschichtsphilosophie steckt[217], ist die Antwort leichter, als es zunächst schien: dies ist eine – von der desillusionierenden Rhetorik und spontanen Exemplifikation nur verhüllte – Philosophie mit Anspruch auf Gesamterklärung. Wissenschafts- wie geschichtstheoretisch ist diese Position eigentlich erledigt.

3) Man könnte auf jede Anknüpfung an die Revolution des Wissenschaftslebens in der zweiten Hälfte des 19. Jahrhunderts verzichten und anfangen neu zu überlegen, bzw. doch noch einmal versuchen, in der Philosophie der Gegenwart die Strömungen zu finden, welche den Fehler bei den ersten Reaktionen auf die neue Wissenschaftlichkeit vermieden haben könnten. Das wird zunächst aufgeschoben. Vielmehr muß die Aufmerksamkeit noch einmal den möglichen, verschütteten Anfängen gelten.

    furt/M. 1980; außerdem William Dray, *Philosophical Analysis and History*, New York 1966.
217 S. oben S. 39

Wenn man etwa bei Mannheim[218] liest, daß es darum gehe, die »Seinsverbundenheit« der Erkenntnistheorie ins Licht zu rücken, so fühlt man sich versucht, am Ende doch eine Nähe zu Heidegger[219] zu vermuten. Trotzdem lohnt es sich, meine ich, Mannheims »wissenssoziologischen« Formulierungen des Problems genauer anzusehen: »›Seinsverbundenheit‹ bestimmter Wissenstypen zur Kenntnis«[220] nehmen zu sollen, klingt eben doch relativ vorsichtig.

Einfacher freilich scheint es für den Zeitgenossen zu sein, sich wieder von den spekulativen Irrwegen zu lösen, die der Historismus in Richtung auf das »Leben« als alles zusammenhaltende Erkenntnisquelle eröffnet hat. Hier sind die biographischen Ursprünge doch ziemlich erhellend. Bei Troeltsch sind es die religiösen Impulse, das wird sehr deutlich in seinem autobiographischen Fragment *Meine Bücher*.[221] Bei Mannheim allerdings ist nichts Vergleichbares zu finden. Methodologisch sind die Ansprüche an »Lebensphilosophie« mit der Differenziertheit des historischen Arbeitens beider Autoren kaum zu vereinbaren. Da im Wort »Leben« gewissermaßen sehr viel Erfahrung steckt, ist diese Metapher in der Tat vielleicht geeignet, den Totalitätsanspruch auch der »Lebensphilosophie« vor ihren Urhebern selbst zu verdecken. Im übrigen könnte man die antirationalen und organismusorientierten Phantasien vom Begriff des »Lebens« aus heutiger Sicht vielleicht aufgeben zugunsten eines ganz nüchternen Begriffes von ›Zeitlichkeit, partikularisierter Gebundenheit der menschlichen Existenz etc.‹

Für den modernen naturwissenschaftlichen Wissenschaftstheoretiker wäre vielleicht in der »Aspektstruktur«

218 Mannheim, a.a.O., S. 257.
219 Vgl. etwa das Kapitel »Zeitlichkeit und Geschichtlichkeit« in: Martin Heidegger, *Sein und Zeit*, 2. Auflage, Tübingen 1972, §§72-77.
220 Mannheim, a.a.O., S. 257.
221 Ernst Troeltsch, *Meine Bücher*, in: Raymund Schmidt (Hg.), *Die deutsche Philosophie der Gegenwart in Selbstdarstellungen*, 2 Bände, Leipzig 1921,

der Erkenntnis, für die Mannheim eintritt[222], die Brücke zu sehen, wie beispielsweise die bereits erwähnte Heisenbergsche Mitteilung über die Perspektivenabhängigkeit der Wahrnehmbarkeit des Kleinsten zeigt und letztlich wohl auch die Kommunikationsstruktur der Basissätze bei Popper. Hätte man sich Anfang dieses Jahrhunderts dieses Aneinanderrücken von Geistes/Sozialwissenschaften und Naturwissenschaften vorgestellt, wären vielleicht jene disparaten Bewegungen nicht entstanden. Vielleicht gibt es weitere rekonstruierbare »Näheverhältnisse«, etwa auch bei Husserl, wenn man bedenkt, daß er der Vater der Ethnomethodologie (Alfred Schütz, Garfinkel) ist.[223] Interessant auch der Hinweis Geldsetzers, »daß die als philosophische Strömung von Husserl ausgehende Phänomenologie entgegen dem eigenen Selbstverständnis der meisten Phänomenologen die zweite große Gestalt des deutschen Psychologismus (nach Fries) gewesen und geblieben ist«.[224] Weiter gehört zur Rekonstruktion natürlich die Beschäftigung mit Peirce. Hat er nicht vielleicht die der Wissenschaft seiner Zeit adäquate Philosophie entwickelt und wußten sowohl Husserl wie Mannheim einfach noch nichts von ihm?

4) Zurück zur Gegenwart: hier ist das Bild »Ganzheitliche Philosophie« einerseits, Formalismus andererseits, zunächst zu ergänzen und zu korrigieren.

a) Man könnte idealistische und materialistische Philoso-

S. 161 ff.; s. auch Kurt Nowak, *Die »antihistoristische Revolution«. Symptome und Folgen der Krise nach dem ersten Weltkrieg in Deutschland*, S. 133 ff. (151 ff.)

222 S. etwa Mannheim, a. a. O., S. 258.

223 Vgl. dazu vor allem: Alfred Schütz, *Das Problem der transzendentalen Intersubjektivität bei Husserl*, in: *Philosophische Rundschau* 1957, S. 81 ff.; Richard J. Bernstein, *Restrukturierung der Gesellschaftstheorie*, Frankfurt/M. 1979, S. 205 ff.; Jürgen Habermas, *Theorie des kommunikativen Handelns*, Band 2, Frankfurt/M. 1981, S. 182 ff., s. auch Anm. 61

224 Vgl. Rath, a. a. O., S. 39.

phie unter dem Aspekt einer »echten« Geschichtsphilosophie zusammenfassen, wobei Habermas Unrecht geschähe,
denn er fordert ja gerade eine Geschichtsphilosophie in *praktischer* Absicht. Zu ergänzen wäre das Bild um die Konzeption des Konstruktivismus aller Spielarten, der eher in der Literaturwissenschaft und in der Geschichtswissenschaft zu
Hause ist als in der Philosophie. Wenn man an Fichte denkt
und den Neukantianismus, könnte man dazu neigen, diese –
am eindrucksvollsten vielleicht von der Soziologie formulierte – »Weltsicht«[225] letztlich der idealistischen Philosophie
zuzurechnen. Dagegen spricht freilich, daß diese Konzeptionen doch eher desillusionierenden Erfahrungen entsprin-
gen[226] und außerdem die Verabschiedung von anderen als intersubjektiven Wahrheiten und Werten zur Voraussetzung
haben. Dem Formalismus sind sie freilich auch nicht zuzuordnen, weil sie mit synthetischen Urteilen operieren.

   b) Es entspricht der nicht wieder umkehrbaren Abhängigkeit der Entwicklung der Philosophie von der Entwicklung
in den Einzelwissenschaften, daß es gegenwärtig die Geschichtswissenschaft ist, welche den Ausweg zeigt aus der
Absurdität (die Quellen würden zum »Spielmaterial«) eines
absoluten Konstruktivismus. Wenn daher eine moderne ge-
schichtswissenschaftliche Methodologie das hermeneutische
Problem letztlich dialektisch angeht – man nimmt zwar den
anachronistischen Begriff, um zu vermeiden, daß man nicht
einfach ›blind‹ an einen Text herantritt, modifiziert ihn aber
in dem Maße, wie einem beim Lesen der Quellen neue Gesichtspunkte ›einfallen‹, verwendet ihn erneut, induziert wiederum zusätzliche andere Gesichtspunkte usw. – so könnte
das von paradigmatischer Bedeutung sein für andere Geistes-

225 Peter L. Berger/Thomas Luckmann, *Die gesellschaftliche Konstruktion der
   Wirklichkeit. Eine Theorie der Wissenssoziologie*, Frankfurt/M. 1969.
226 Für die Jurisprudenz neuerdings eindrucksvoll vorgeführt von Friedrich
   Kübler, in: *Liber Amicorum Josef Esser*, hg. v. Leo Weyers, Heidelberg 1995,
   S. 93.

wissenschaften, für alle jedenfalls, die mit Fremdverstehen zu tun haben, und auch für die Philosophie. Daß sie immer mehr hermeneutisches Denken aufgenommen hat, muß hier noch einmal registriert und daraufhin untersucht werden, ob insofern nicht doch ein adäquater Ausdruck für die erforderlich gewordene Anlehnung an den in den Einzelwissenschaften erreichten status auch für die Philosophie gefunden worden ist. Meine Vermutung geht freilich dahin, daß die hermeneutische Philosophie die harte Dialektik zwischen Idee bzw. Konstruktion und facta bruta am Ende doch wieder den jeweiligen Einzelwissenschaften überläßt.

c) Und doch wird vielleicht aus der Retrospektive eine Rekonstruktion. Die Analyse der Interdependenz von Genesis und Geltung holt nach, was, wäre man den Naturwissenschaften am Ende des 19. Jahrhunderts nicht mit zu viel und den Geisteswissenschaften mit zu wenig Vertrauen begegnet, die Antwort auf die Herausforderung durch das neue wissenschaftliche Zeitalter hätte werden können. Die moderne Rechtstheorie hat sich einer Fülle interessanter und wichtiger Fragen zugewandt. Auf die schlichte Frage, wie es denn kommt, daß eine dogmatische Argumentation nie nur ex nunc – sei es begrifflich, interessenorientiert oder rhetorisch – erfolgt, sondern fast immer – ausgesprochen oder nicht – eine Entwicklungslinie betont, an deren fortgeschrittenem, zur besseren Vernunft gereiftem Ende sie steht, gibt die moderne Theorie, wiewohl die tägliche Praxis eigentlich dazu herausfordert, keine Antwort. Es mag daran liegen, daß sie ebenso wenig wie andere Theorien die Probleme nicht dort aufgreift, wo sie in der Praxis entstehen, sondern fachintern produziert: Die Rechtsphilosophie ist es, die die Fragen *stellt*, und sie stellt sie so, wie sie sich nach Ansicht ihrer Vertreter in der Aufeinanderfolge von Paradigmenwechseln präsentieren. Eigentlich läge es nahe, daß *dieses* Denken in Entwicklungen auch anderwärts Entwicklungsstrukturen aufspürt.

Es könnte allerdings sein, daß wir hier einen Anwendungsfall für die »Lehre von der sozialen Genesis der Abstraktion« vor uns haben. Karl Mannheim beschreibt damit eine Betrachtung, die sich »von den sachhaltig qualitativen Aussagen, die mit Richtungsbestimmtheit geladen waren, immer mehr zurückzieht«, so daß »reine Funktionsbetrachtung, das Paradigma des puren Mechanismus, anstelle der qualitativen und gestalthaften Deskription der Phänomene« tritt.[227]

III.

Auf der neugewonnenen Basis ist zunächst eine Analyse der für die Rechtsgeltung[228] relevanten Phänomene erforderlich. Sie ergibt folgende Dreiteilung:[229]

1) Wirksamkeit der Rechtsnormen als empirische Frage. Freilich muß man auch dafür Maßstäbe haben, das heißt, normative Entscheidungen treffen, etwa dahingehend, welches Maß an Befolgung, welche Intensität und Verläßlichkeit der Motivation man verlangt, vielleicht auch darüber, ob Befolgung das wichtigste oder gar einzige Indiz für Wirksamkeit

---

227 Mannheim, a. a. O., S. 259.

228 Umfassende, auch internationale Orientierung in: Csaba Varga/Ota Weinberger (Hg.), *Rechtsgeltung*, Stuttgart 1986 (*Archiv für Rechts- und Sozialphilosophie*, Beiheft Nr. 27); ferner: Arthur Kaufmann, *Rechtsbegriff und Rechtsdenken*, in: *Archiv für Begriffsgeschichte* Band 37 (1994), S. 21 ff. (42 ff.) und neuerdings Klaus F. Röhl, *Allgemeine Rechtslehre*, Köln u. a. 1994, S. 298 ff.

229 Diese weist eine gewisse Parallele zu Alexys drei Geltungsbegriffen auf (a. a. O., S. 139). Über Abweichungen davon vgl. weiter im Text und in den Anmerkungen; vergleichbar scheint mir auch die von Acham, *Rationalitätsansprüche*, a. a. O., S. 102 f. vorgeschlagene Einteilung zu sein, s. ferner schon Rupert Schreiber, *Die Geltung von Rechtsnormen*, Berlin u. a. 1966, S. 58 ff. Hilfreich ist vielleicht die von Arthur Liebert, a. a. O., S. 13 – wenn auch ganz abstrakt (s. oben) – vorgenommene Unterscheidung zwischen »Geltungsmetaphysik« und »Geltungsdogmatik«.

ist. Welche anderen Indizien könnte es noch geben? Insofern taucht auch bereits das Diskurs- und Konsensproblem auf; dies um so mehr, als überpositive Festlegungen oder jedenfalls universalistische Maßstäbe gar nicht behauptet werden. Die Rechtssoziologie hat insofern bereits viel zusammengebracht.[230]

2) Welchen Inhalt *sollen* Rechtsnormen haben bzw. welche Rechtsnormen *sollen* gelten. Das ist eine rein normative Frage. Hier herrscht sozusagen ein freier Markt des Postulatorischen[231], wobei, wenn das Rechtspolitik ist, auch deren Maßstäbe, etwa in bezug auf Durchsetzbarkeit und Überzeugungskraft eine Rolle spielen, nicht nur die Ideale der jeweiligen Parteipolitik oder einer Philosophie universalisierbarer Ethik (sei sie diskursorientiert oder ontologisierend-apriorisch [Historizismus, direktes Erkennen von Ideen oder Seins-Strukturen]) oder die Abrufung einer Autorität oder einer Konsenstheorie. Das Empirische tritt hier zurück, so wie bei 1) das Apriorische.

3) Aktuelle Geltung von Rechtsnormen. Das ist etwas Positives[232], dadurch unterscheidet es sich von 2). Von 1) unterscheidet es sich dadurch, daß nicht ein (welchen Maßstäben auch gerecht werdender) empirisch meßbarer Zustand fixiert wird, sondern eine Aussage darüber getroffen werden muß, was (in der Regel personal und regional begrenzt) verbindlich ist. Auch nicht wirksame Normen können verbindlich sein, obwohl die mangelnde Wirksamkeit *eine* Komponente bei

230 Vgl. den Überblick bei Klaus F. Röhl, *Rechtssoziologie*, a. a. O., S. 243 ff.
231 Für Alexy, a. a. O., S. 141, handelt es sich bei diesem Geltungstyp um eine Frage der Ethik. Das halte ich für irreführend, denn auch »ideale« oder »vernünftige« Inhalte des Rechts bleiben an dessen restriktiven, weite Teile der Ethik beiseite lassenden Begriff gebunden.
232 Klaus Lüderssen, Einleitung zu: *Theorie der Erfahrung in der Rechtswissenschaft des 19. Jahrhunderts*, a. a. O., S. 18 ff.; Weyma Lübbe, *Legitimität und Legalität*, Tübingen 1991, S. 7, auch S. 42 ff.

der Entscheidung über die Verbindlichkeit sein kann (für gewisse soziologische Theorien ist das *die* Komponente, für gewisse Philosophien ist das ganz irrelevant).[233] Die Bewertung, die mithin zu vollziehen ist, mit der Folge des Sollens, unterliegt aber nicht den gleichen Maßstäben wie die, welche für das politische Wollen gelten, das auf noch nicht Realisiertes zielt. Für diesen status ist der terminus »Geltung« – sieht man genauer hin – überall reserviert (etwa in der Kunst, im Sport, im Spiel) – mit unterschiedlichen Problemgraden. Juristen setzen sich in diesem Zusammenhang mit dem »Rechtspositivismus« auseinander.[234] Selbst wenn man sich nicht auf die etablierten Kriterien – von den dafür zuständigen Institutionen erlassene Vorschriften *gelten*, bei Zweifeln orientiert man sich an der Verfassung, wenn es eine gibt – stützt[235], wäre die Gleichsetzung mit dem, was in ihren extremen Richtungen die Freirechtsbewegung wollte, nicht zwingend; vielmehr soll die Geltung durchaus in etwas von der postulierten Politik deutlich Abgegrenztem bestehen.[236]

233 Gute Charakterisierung dieses Problems bei Robert Alexy, *Begriff und Geltung des Rechts*, Freiburg, München 1992, S. 142 ff.; ferner bei Röhl, *Allgemeine Rechtslehre*, a. a. O., S. 323 ff. Aus der älteren Literatur: Rupert Schreiber, a. a. O., S. 243 ff.; Hasso Hofmann, *Legitimität und Rechtsgeltung*, a. a. O., S. 32 ff. Scharfsinnige Analyse (mit Blick auf Kelsen) bei Weyma Lübbe, a. a. O., S. 48 ff.; das Problem ganz verkennend: Hans Albert, *Rechtswissenschaft als Realwissenschaft*, Baden-Baden 1993, S. 19 ff.

234 Neuestens Alexy, a. a. O. in Verbindung mit S. 18 ff.; s. auch Klaus Lüderssen, *Positivismus*, in: *Handlexikon zur Rechtswissenschaft*, hg. v. Axel Görlitz, München 1972, S. 291 ff.

235 Mit Recht weist Alexy auf die Zirkularität hin: »Das interne Problem resultiert daraus, daß die Definition der rechtlichen Geltung bereits rechtliche Geltung voraussetzt und insofern zirkulär zu sein scheint. Wie sonst soll gesagt werden, was ein ›zuständiges Organ‹ oder der Erlaß einer Norm ›in der dafür vorgesehenen Weise‹ ist?« (A. a. O., S. 143)

236 Die Spannweite der hier möglichen Interpretationen demonstriert sinnfällig die Kontroverse über die verschiedenen Spielarten des Positivismus, die mit Bezug auf die Rechtsgeltung in der früheren DDR vertreten werden (Günther Jakobs, *Vergangenheitsbewältigung durch Strafrecht? Zur Leistungsfähigkeit des Strafrechts nach einem politischen Umbruch*, in: Josef Isensee (Hg.), *Vergangenheitsbewältigung durch Recht*, Berlin 1992, S. 32 ff. (53); Klaus Lüders-

Obwohl das Problem »vernünftiger« Wertentscheidung bis heute offen geblieben ist, die Gegenwart von früheren Epochen sich nur insofern unterscheidet, als jetzt die diversen im Laufe der Geschichte entwickelten Konzeptionen mehr oder weniger nebeneinander stehen, hat sich doch diese Unterscheidung von Gelten und Gelten-Sollen allmählich herauskristallisiert. Man kann sich keine einigermaßen fortschrittliche Gesellschaft vorstellen, die ohne diese Unterscheidung existiert.

IV.

Für den praktischen Juristen ist es wichtig, diese Aufstellungen noch einmal mit den Bedürfnissen zu konfrontieren, die sich aus dem Problem der Gesetzesanwendung ergeben.

1) Hätte man eine vollkommene Identität von Gesetz und im konkreten Fall anzuwendender Norm, dann wäre die Verbindlichkeit des Gesetzes das einzige, wonach man fragen müßte. Diese Verbindlichkeit ergäbe sich daraus, daß Gesetze die formalen Voraussetzungen dafür erfüllen, so genannt werden zu können, also den Regeln entsprechen, die – geschriebene oder ungeschriebene – Verfassungen aufstellen. Aber selbst in dieser reduzierten Form bleibt dann noch Gelten gegenüber Geltensollen insofern übrig, als diese for-

sen, *Der Staat geht unter – das Unrecht bleibt? Regierungskriminalität in der ehemaligen DDR*, Frankfurt/M. 1992; Klaus Günther, in: *Strafverteidiger* 1993, S. 18 ff.; Michael Pawlik, *Strafrecht und Staatsunrecht*; in: *Goltdammer's Archiv für Strafrecht* 1994, S. 472 ff.; ders., *Das Recht im Unrechtsstaat*, in: *Rechtstheorie* 25 (1994), S. 101 ff.; Günther Jakobs, *Untaten des Staates – Unrecht im Staat*, in: *Goltdammer's Archiv für Strafrecht* 1994, S. 1 ff.; Lorenz Schulz, *Rechtsbeugung und Mißbrauch staatlicher Macht*, in: *Strafverteidiger* 1995, S. 206 ff. (209 ff.); Hans Ludwig Schreiber, *Die strafrechtliche Aufarbeitung von staatlich gesteuertem Unrecht*, in: *Zeitschrift für die gesamte Strafrechtswissenschaft* Band 107 (1995), S. 157).

mell richtig zustande gekommenen Gesetze ja im Widerspruch stehen können zu Menschenrechten etc., und das Geltensollen bezöge sich dann auf Gesetze, die diesen Widerspruch nicht aufweisen. Daß man in diesem Sinne formelle Geltung und materielle Geltung zu unterscheiden hat, und den Begriff der Geltung dann auf die formelle beschränkt, während die materielle Geltung die Legitimität meint, bzw. das Geltensollen, entspricht einer traditionellen Terminologie der Juristen. Die Frage nach einer Geltung, die weniger ist als Geltensollen und etwas anderes als Wirksamkeit, stellt sich dann viel drängender, wenn man zwischen Gesetz und anzuwendender Norm eine Fülle mehr oder weniger kreativer konkretisierender Akte braucht (gleichviel ob sie von Wissenschaft, Justiz oder Regierung vollzogen, bzw. zustimmend oder kritisch begleitet werden). Die Frage nach der formellen Geltung eines Gesetzes ist so leicht auf der Basis der Verfassung zu beantworten, daß das Bedürfnis nach einem besonderen terminus für diesen Zustand offenbar verdrängt wird. Die Aufklärung über den Spielraum zwischen Gesetz und anzuwendender Norm führt dann nicht etwa zur Einsicht in die Notwendigkeit eines von Geltensollen abzugrenzenden Begriffs der Geltung, sondern zu der Frage, wie man mit der Gesetzgebungskompetenz einer Justiz (bzw. der Wissenschaft etc.) fertig werden könne, die nicht demokratisch sei; dabei wird ein Begriff von Demokratie vorausgesetzt, wonach alle Entscheidungen, die bis zur Anwendungsreife einer Norm führen, von gewählten Vertretern des Volkes getroffen werden. Wenn man das nicht schaffe, gäbe es keine Demokratie, heißt es. Jedenfalls fehle es an einer demokratischen Methodologie. Wenn man sie mit einem spezifischen Geltungsdiskurs gleichsetze, komme man am Ende doch dahin, die Genese einer Geltung nur von ›guten‹ Gründen zu erwarten – und damit verschwimme die Grenze zum »Geltensollen«.

Selbst wenn man die Demokratiediskussionen in diesem Sinne führt (was meines Erachtens nicht zwingend ist; es könnte – wenn man schon Demokratie und Gewaltenteilung miteinander verbindet – auch so sein, daß die Volksvertretung eben nur die ganz allgemeinen Normen verabschiedet, die Aufbereitung der Normen zum Zwecke ihrer Anwendung bereis in die Zuständigkeit der Jurisdiktion fällt, deren demokratische Legitimation im Staat der Gewaltenteilung eine nur sehr mittelbare ist), müssen die Vorgänge, welche diese demokratische Lücke dann füllen, von denen abgegrenzt werden, welche die Funktion haben, für die Zukunft etwas zu ändern. Oder ist es so, daß im demokratischen Prozeß der Geltungsgenese zwischen von der Volksvertretung gemachtem Gesetz und der von der jeweils zuständigen Instanz dann angewendeten Norm wirklich nur das zur Geltung gerinnt, was gute Gründe hat? Dafür könnte sprechen, daß die Diskurse, die man demokratisch ernst nimmt, identisch sind mit denen, die nun eben auch jene wahrheits- und richtigkeitsstiftende Funktion haben und deshalb an die Stelle metaphysischer Wahrheitsermittlung treten. Mit anderen Worten, die Abschichtung einer formellen Geltung – im Sinne der Einhaltung der verfassungsmäßigen ›Spielregeln‹ für die Schaffung von Gesetzen – von einer materiellen, legitimierenden Geltung (Geltensollen) ist leicht, solange es formale Kriterien gibt. Wenn es sich aber um die Frage nach der Genese der Geltung von Rechtssätzen handelt, die erst im Konkretisierungsbetrieb hervorgebracht werden müssen, ist es schwieriger, weil schon die Legalität dieses Konkretisierungsbetriebes davon abhängt, daß die Konkretisierungen sich demokratisch vollziehen. Legt man an die Diskurse für die Normkonkretisierung diese Maßstäbe nicht an, so kann man falsche und richtige Konkretisierung nicht unterscheiden – was überhaupt nicht in das Bild der täglichen Rechtspraxis passen würde, denn dort wird ja ständig um falsche oder richtige ›Auslegung‹, wie man das noch nennt, gerungen, und die Argumente, die in diesem Rahmen gewechselt werden, beziehen sich alle darauf, daß ein ganz bestimmtes Recht als geltend (und nicht etwa nur als gelten sollend) behauptet wird.

Daher bleibt, sieht man näher hin, doch der Unterschied zwischen Geltung und Geltensollen. Man kann das ganz einfach daran ablesen, daß in der täglichen Rechtspraxis, auch wenn die Ausgangsnorm sehr allgemein und nicht ständig wörtlich in der juristischen Arbeit präsent ist, die Normkonkretisierer nach wie vor eine de lege lata- und eine de lege ferenda-Argumentation unterscheiden, oft sagen, eine weitergehende ›Auslegung‹ laufe eben doch darauf hinaus, daß man das Gesetz ändern müsse, während eine engere noch darunter falle. So unscharf das inhaltlich ist oder vielleicht sogar austauschbar – manche erklären etwas für eine de lege ferenda-Argumentation, was ohne weiteres noch eine de lege lata-Argumentation sein könnte und umgekehrt – im Geltungs*anspruch* besteht ein Unterschied: das Recht, das – auf diese Weise konkretisiert – nun sofort soll angewendet werden dürfen, wäre das geltende Recht, und dasjenige, für dessen Anwendung nach Ansicht der Normkonkretisierer eine Gesetzesänderung nötig sein würde, wäre das gelten sollende Recht. Das Problem ist an dieser Stelle identisch mit dem Problem einer Rechtskonkretisierung, die – trotz aller semantischen Desillusionierung – doch noch glaubt unterscheiden zu können zwischen einer Konkretisierung, die durch den Sinn des Gesetzes gedeckt ist, und einer, die ihm widerspricht. Es kann durchaus als Verdienst der modernen dekonstruktivistischen Richtungen angesehen werden, daß sie diese Scheidelinie als Ideologie zu entlarven suchen. Die insoweit vorzuweisenden Leistungen des Dekonstruktivismus mögen im einzelnen die Unhaltbarkeit der Unterscheidung zwischen einer Argumentation, die glaubt, sich noch im

Rahmen des Gesetzes zu bewegen, und einer Argumentation, die das nicht prätendiert, überzeugend dartun. Der prinzipielle, strukturelle Unterschied bleibt unberührt. Aber vielleicht liegt er nur im Ausgangspunkt: weil man die formellen Bedingungen dafür, daß von einem Gesetz geredet werden kann, von den Voraussetzungen seiner materiellen Vernünftigkeit so klar unterscheidet, glaubt man dort, wo das Gesetz – ist man nur ehrlich – uns nicht mehr semantisch begleitet, diese Unterscheidung gleichwohl noch zu spüren. Wenn das allerdings eine Selbsttäuschung ist, dann bekommen in der Tat die traditionellen Kritiker der ›objektiven Auslegung‹ recht, und dann wäre das Problem der Abgrenzung von Geltung und Geltensollen reduziert auf die Ausgrenzung einer subjektivierenden, dem Gesetzgeber semantisch oder materialmäßig nachspürenden ›Auslegung‹ oder Konkretisierung. Aber noch einmal möchte ich betonen, daß auch eine weitergehende Argumentation wird unterscheiden müssen zwischen den Ergebnissen, die sie jetzt schon für verbindlich erklären möchte, und solchen, für deren Herbeiführung es zusätzlicher Akte, etwa des Gesetzgebers bedarf. Wenn es aber so ist, daß der Gesetzgeber diejenigen, welche die Gesetze anwenden sollen, in dem unendlich großen Feld der Normkonkretisierung allein läßt, bis hin zu der Devise des Schweizerischen Zivilgesetzbuchs, daß der Normanwender im Zweifel so entscheiden solle, wie er als Gesetzgeber entscheiden würde, dann fällt diese Möglichkeit der Differenzierung weg; das heißt, die vernünftige, im modernen Staat demokratische, diskursive Normkonkretisierung schafft dann eben jeweils auch das Recht, von dem der Normkonkretisierer meint, daß es gelten soll – Geltung und Geltensollen fallen dann zusammen. Hält man eine Normkonkretisierung nicht für vernünftig, dann *soll* die Norm nicht gelten, und daher wird dann vom Normkonkretisierer auch keine Geltung im positivistischen Sinne etabliert. Ein großes Gebiet der Jurisprudenz wäre damit von dem Unterschied zwischen Geltung und Geltensollen ausgenommen, und die Frage ist, ob es sich für den Rest lohnt, an dem strukturellen Unterschied zwischen Gelten und Geltensollen festzuhalten.

Die Abgrenzung von Geltung und Geltensollen im Bereich der weitläufigen Normkonkretisierung ist also nur dann aufrechtzuerhalten, wenn man auch für *diese* Normkonkretisierung eine Bindung an das Gesetz nach wie vor behaupten kann. Selbst wenn es einem gelänge, Maßstäbe für eine solche Normkonkretisierung zu finden, die der dekonstruktivistischen Kritik standhielten, wäre es vielleicht so, daß gerade diejenigen Elemente der Rechtskonkretisierung, die Geltung und nicht Geltensollen bedeuten, dem Diskurs entzogen wären; es müßten ja diejenigen sein, welche die Gesetzesbindung verbürgen. An dieser Stelle erhebt sich die Frage, ob die Behauptung, eine Normkonkretisierung bewege sich im Rahmen der Gesetzesbindung, *wirklich* dem Diskurs entzogen ist. Es könnte doch etwa bei der subjektiven oder semantischen Auslegung der Diskurs eine Rolle haben, zumal wenn man sich daran erinnert, daß die Diskurstheorie gerade deshalb entstanden ist, weil es *nirgends* etwas gibt, das man mit einer strengen Unterscheidung von Subjekt und Objekt einfach feststellen kann. Nur wenn man den Angriff auf die Unterscheidung von Geltung und Geltensollen jetzt von der anderen Seite führen würde, kommt man hier erneut ins Schwanken, denn natürlich könnte man sagen, daß der Rechtssatz, man erkläre nur diejenigen Normkonkretisierungen für geltend, welche die Gesetzesbindung wahren, ein Postulat ist[237], also auf Geltensollen hinausläuft. Und nur wenn man sich zu diesem Geltensollen bekennt, hat es Sinn, die Konkretisierungen, die sich im Rahmen dieses Geltensollens bewegen, mit dem Prädikat Geltung zu versehen und andere in einen – wei-

237 Trotz: Art. 20 III, 97 I, 103 II GG, § 1 StGB, denn diese Normen sind ja auch konkretisierungsbedürftig.

teren – Bereich des Geltensollens zu verweisen. Natürlich kann man damit nicht die Unterscheidung zwischen positivem und überpositivem Recht aushebeln – anderenfalls wären ja die wiederkehrenden, aber stets mit Recht zurückgewiesenen Hinweise darauf berechtigt, daß der Positivist die Antwort darauf schuldig bleibe, warum er Positivist sei, und wenn er sie gebe, bereits eine Legitimitätsbehauptung aufgestellt habe, so daß das Konzept des Positivismus zusammenbreche.

Folgendes scheint sich jetzt aber doch herauszukristallisieren: die Unterscheidung zwischen Geltung und Geltensollen hat etwas mit positivem Recht und überpositivem Recht zu tun; in dem Maße, wie die Konkretisierung des positiven Rechts an rechtsethische Diskurse gebunden wird, muß die Unterscheidung aufgegeben werden, weil diskursethisch die Argumente für die Etablierung von Gelten und Geltensollen mit Blick auf die – letztlich vernunftorientierten – Maßstäbe des Diskurses zusammenfallen.

Trotzdem könnte es bei dem Unterschied zwischen Diskursen bleiben, die zu universalisierbaren Ergebnissen führen, und solchen, die geringere Ansprüche erheben.[238] Das scharfe Abgrenzungskriterium Geltung/Geltensollen stünde allerdings nicht mehr zur Verfügung. Es müßte ein anderer Weg gefunden werden, das genetische Moment bei der Konstitution von Geltung[239] zu fixieren und von anderen Begrün-

---

238 Dazu genauer in diesem Band, S. 133, 216; s. ferner den Hinweis bei Alexy (*Probleme der Diskurstheorie*, a. a. O., S. 83) auf die Notwendigkeit komplexer Modelle und die »diskursresistenten anthropologischen Verschiedenheiten«.

239 Diese Funktion ist – trotz seiner abstrakten Verwendung des Geltungsbegriffs (s. oben S. 19 Anm. 2) – auch gut herausgearbeitet von Liebert. Die »genetische Betrachtung einer Geltung« will ein »Doppeltes« leisten: »Erstens will sie die Tatsächlichkeit einer Geltung aus der Geschichte, aus der Genesis ableiten, um die Tatsächlichkeit zu verstehen.« Zweitens aber wendet man »diese Betrachtungsweise darum (...) an«, weil man glaubt, »daß ein System dann auch gerechtfertigt« ist, »wenn man den Begriff der Entwicklung auf dasselbe« anwendet. »So bildet der Begriff der Entwicklung für die psychologistische Geltungsbegründung das Schibboleth, die endgültige Kategorie, um ein System zu beglaubigen und zu begründen.« (A. a. O., S. 27)

dungsstrukturen zu unterscheiden. Jedenfalls ist mit dem Zusammenfallen von Geltung und Geltensollen im rechtsethischen Diskurs die Relevanz des genetischen Momentes nicht aufgegeben. Verfehlt scheint nur die Idee zu sein, es auf das Zustandekommen von aktueller Verbindlichkeit (einer Verbindlichkeit, die ein Kunstprodukt ist) zu beschränken. Denn gäbe es nicht die Skepsis gegenüber absoluter oder natürlicher oder vernunftorientierter Verbindlichkeit, hätte es die Gesellschaft nicht nötig – etwa wegen der Rechtssicherheit – mit dem Instrument der positivistischen, an formelle Kriterien gebundenen Verbindlichkeit zu arbeiten. Bindung an das Formelle – jenseits einsehbarer Vernunft – ist *auch* eine massive Wertentscheidung, die sich von den übrigen nur im Objekt unterscheidet: daß Verbindlichkeit bestehe, *ist* der Wert, und er ist ebensowenig oder soviel einer Letztbegründung fähig wie andere, inhaltlich orientierte Werte. Das Eigentümliche bleibt indessen, daß es auf diesen Wert nicht ankäme, wenn man absolute Verbindlichkeit im Materiellen – ontologisch oder idealistisch – begründen könnte. Die so generierte Relevanz des Positiven auszufüllen, bleibt also eine Aufgabe, die von den Aufgaben im Bereich des Inhaltlich-Postulatorischen unterschieden ist. Die Skepsis in Bezug auf die Verbindlichkeit des Inhaltlichen erzeugt demnach einen spezifischen Geltungstypus. Keine kritische Theorie kann an ihm vorbei, und weshalb sollte von den Kriterien für seine Ausfüllung das Diskursprinzip eigentlich ausgeschlossen sein. Wenn das prima facie unwahrscheinlich ist, lohnt es, nach Gründen zu suchen. Die Vermutung ist, daß diese Gründe sich dann enthüllen, wenn man die Struktur des *Positiven* genauer untersucht hat.

2) In der modernen Gesellschaft ist das »Positive« im Recht das Ergebnis eines demokratischen Prozesses. Was darunter zu verstehen ist, liegt aber eben auch nicht jenseits des Positi-

ven, ist das Ergebnis einer Verfassungsschöpfung. Aber selbst, wenn man die verschiedenen Typen, die die gegenwärtige Welt inzwischen etabliert hat (direkte oder repräsentative Demokratie, vom Parlament abhängige oder unabhängige Regierung), ohne sich an eine positivierte Verfassung gebunden zu sehen, diskutiert, konkurrieren die Modelle, kann man nicht einfach von *der* Demokratie sprechen. Denn auch, wenn man – etwas vereinfacht zunächst – die Konkretisierung von Rechtssätzen als Aufgabe der Rechtsprechung ansieht, muß man entscheiden, ob die Rechtsprechung unabhängig sein soll – im Sinne der dritten Gewalt der Gewaltenteilungslehre – oder abhängig, sei es vom Parlament (wie Regierung und Verwaltung in der parlamentarischen Demokratie), sei es direkt vom Volk. So konsequent es wäre, im Namen eines radikalen Demokratiebegriffs sich für eine der Abhängigkeitslösungen zu entscheiden, so wenig ist das zur Zeit (abgesehen von Splittergruppen) die Parole irgendeiner politischen Richtung. Die Einschränkungen der Gewaltenteilungslehre durch das Demokratieprinzip werden bisher nur mit Bezug auf Regierung und Verwaltung akzeptiert, nicht für die Rechtsprechung. Ob sich daran etwas ändern müßte, wenn man dem Entsetzen der Philosophen darüber, daß die Richter keine Subsumtionsautomaten sind, sondern selbständig denken müssen, folgt, erscheint mir sehr zweifelhaft. Erstens, weil dieses Entsetzen nur darauf beruht, daß keine hinreichende Information darüber besteht, wie sich die Dialektik von *Richterkönig oder Subsumtionsautomat*[240] seit Montesquieu entwickelt hat, und zweitens, weil ich nicht glauben kann, daß nach Überwindung dieses Informationsdefizits es tatsächlich bei der philosophischen Forderung bleiben wird, den Spielraum der Richter – wenn er denn tatsächlich so groß ist – nunmehr durch Schaffung zusätzli-

240 Dies der Titel des 1986 in Frankfurt/M. erschienenen Buches von Regina Ogorek.

cher demokratischer Abhängigkeiten der Richter einzuschränken. Politisch wäre das nicht durchzusetzen und
theoretisch der Rückfall in ein Schema von Demokratie
und Gewaltenteilung aus dem 18. Jahrhundert. Die Idee,
daß der Rechtsstaat die Demokratie voraussetzt[241], muß –
auch und gerade in der Gegenwart – ihre Grenze an der Unabhängigkeit der Rechtskonkretisierung durch die Richter
finden.

Wenn das richtig ist, kann für die Einflüsse auf die richter-
liche Rechtskonkretisierung durch andere, nicht in parla-
mentarischer oder direkter Volksabhängigkeit agierender Juristen nichts anderes gelten. Man kann das am Beispiel des
Anteils der Wissenschaft an der richterlichen Rechtskonkretisierung leicht vorführen: Man stelle sich eine Gesellschaft
vor, in der sich die Wissenschaftler bei ihrer dogmatischen
Arbeit – das heißt der Entwicklung gesetzlicher Vorschriften
zu ihren detaillierten Konsequenzen – »demokratisch absi-
chern« müßten, Genehmigungen der Volksvertretungen
bzw. der Bürger einholen müßten. Für Demokratie auf dem
Gebiete der Rechtskonkretisierung (als eine Aufgabe, die
bleibt, auch wenn durch Volksvertretungen oder direkte
Volksbefragung legitimierte Gesetze vorhanden sind) muß
also offenbar noch ein neues Kriterium gefunden werden.
Theorie und Praxis der Rechtskonkretisierung haben bis in
unsere Tage hinein eine eigenständige Entwicklung, in der
das Demokratiemoment – durchmustert man die »Ausle-
gungsmaßstäbe« – jedenfalls nicht explizit vorkommt. Wenn
man nun aber die Zunahme von konsensorientierten Strukturen in der Dogmatik beobachtet, so läßt sich vielleicht der
Anschluß an das Demokratiepostulat auch auf diesem Gebiet
herstellen. Denn die Relevanz der Konsensorientierung folgt

241 Habermas, *Faktizität und Geltung*, a.a.O., S. 13. Zur Tradition dieses Problems vgl. Hasso Hofmann, *Geschichtlichkeit und Universalitätsanspruch des
Rechtsstaats*, in: *Der Staat* 1995, S. 1 ff.

ja nicht nur aus epistemologischen, sondern auch aus politischen Desillusionierungen: Niemand kann *und* darf autoritativ – sich im Besitze von Wahrheit und Gerechtigkeit wähnend – entscheiden. Diskurstheorien und Demokratie gehen zusammen, das ist bei Habermas offenkundig; aber wie das mit Bezug auf die Rechtskonkretisierung in die modernen, mehr oder weniger verfassungsrechtlich festgelegten (und insofern auch nicht mehr bestrittenen) Schemata der Demokratie einzuordnen ist, harrt noch der Lösung. In *Faktizität und Geltung* ist es nur andeutungsweise behandelt[242], was daran liegt, daß Habermas nicht gesehen hat, welches Maß an Selbständigkeit den Rechtskonkretisierern in den modernen demokratischen Verfassungen – trotz Art. 20 III, 97 I, 103 II GG – zugestanden ist.[243] Der Juristenstand, dessen Mitglieder unter sich über die Konkretisierung von Rechtssätzen Konsense herbeiführen, ist formal, soweit es sich um die Richter handelt, durch die in den demokratischen Verfassungen vorgesehene Unabhängigkeit der Justiz demokratisch legitimiert, und daß die Wissenschaft hier nicht einfach ausgeklammert werden kann, ist bereits dargelegt worden. *Weil* dieser Zustand nicht befriedigt – nicht zuletzt in der Erinnerung an die undemokratischen Traditionen des Juristenstandes (gerade wegen seiner Stilisierung durch Savigny) – haben sich bei der Rechtskonkretisierung Konsensstrukturen entwickelt, wonach es (auch) auf die direkte Akzeptanz durch die Rechtsadressaten ankommen soll. Wenn man so will, ist das ein Stück naturwüchsiger, direkter Demokratie. Dort, wo das klar zutage liegt, entstehen die entsprechenden Abwehrbewegungen, etwa wenn Gerichte es ablehnen, Beweis zu erheben über die Akzeptanz einer Norm bzw. einzelner Norm-

242 Habermas, a.a.O., S. 529 ff.
243 Allerdings nicht so, wie sich das Kelsen vorgestellt hat: gesetzliche Übertragung von Entscheidungskompetenzen an die Richter (Hans Kelsen, *Reine Rechtslehre*, 2. Auflage, Wien 1960, S. 242 f.), denn sie kann ihn eben nicht ohne weiteres freimachen für das überpositive Recht.

merkmale. Hier (im Sinne der demokratischen Verfassung) systemgebundene Klarheit zu schaffen, ist insofern vielleicht die wichtigste Aufgabe einer Konsenstheorie der Rechtsgeltung.

Die Verschiebung der Fragestellung auf die Klärung der Struktur des ›Positiven‹ scheint also auch nicht weiterzuführen. Gleichwohl sollte man sich an dieser Stelle an das erinnern, was – in Analogie und Abgrenzung zum Gesetzespositivismus – soziologischer Positivismus genannt worden ist, der – unstreitig – unterschieden ist von Natur- oder Vernunftrecht, also vom ›Geltensollen‹ im Sinne der Terminologie des vorliegenden Textes – und auch nicht nur »Wirksamkeit« meint. Zu prüfen ist, ob – auf dem Gebiete der Rechtskonkretisierung – diese Abgrenzung von soziologischem Positivismus und Natur – bzw. Vernunftrecht durch die Entdeckung in Frage gestellt wird, daß die Relevanz von Konsens und Akzeptanz von Verfahren abhängt, die man nur dann für korrekt hält, wenn sie für einen gelungenen Diskurs Voraussetzungen aufstellen, die ihrerseits praktisch darauf hinauslaufen, daß doch das Vernünftige sich durchsetzt.

3) Folgende Sätze stehen sich gleichsam gegenüber.

– Das Positive ist das Geltende
– Das Gelten-Sollende ist das (noch) nicht Positive
– Der – gelungene – Diskurs ist das Vernünftige
– Das Vernünftige ist auf das Positive nicht beschränkt, kann und will auch das Überpositive sein
– Im Diskurs ist der Unterschied zwischen Positivem und Überpositivem, Gelten und Geltensollen nicht durchzuhalten.

Aus diesen Gegenüberstellungen ergeben sich die folgenden Fragen:

- Wie ist die Rolle des Diskurses für das Positive bestimmbar?
- Folgt der genetische Anteil[244] am Zustandekommen von Argumentationen aus einem (beschränkten) Diskursanspruch, oder ist es umgekehrt: ist der beschränkte Diskurs derjenige, der die Relevanz der Genesis für sich beanspruchen kann?
- Oder ist eine Wechselbezüglichkeit zwischen Genesis und (beschränktem) Diskurs anzunehmen?
- Käme es für die Antwort auf diese letzte Frage darauf an, das Verhältnis von Genesis und Diskurs genauer zu fixieren?
- Würde sich dann aber nicht zeigen, daß die Relevanz von Genesis nicht nur auf den beschränkten Diskurs zu erstrecken ist?
- Oder liegt es tatsächlich so, daß der auf universalisierbare Antworten gerichtete Diskurs der genetischen Elemente ganz enträt?
- Liegt im Programm von Genesis und Geltung ein Moment des Kontingenten, das die Universalisierbarkeit ausschließt?
- Aber wie ist dieses Kontingente dann vom historischen Zufall zu unterscheiden?
- Müßten nicht die – normativen – Mindestanforderungen an einen die Verbindlichkeit akzeptierter Regeln etablierenden Konsens benannt werden?
- Oder sind diese normativen Voraussetzungen in einer Verbindung von Historie und Wertlehre schon enthalten? Wäre das die Verbindung von Faktizität und Geltung (im Sinne einer relativistischen Position, die *Werteinheiten*[245] aner-

---

244 Zum genetischen Argument: Jochen Schneider/Ulrich Schroth, in: Arthur Kaufmann/Winfried Hassemer (Hg.), a. a. O. (Anm. 143), S. 481 ff. (mit Bezug auf Bierling und Alexy, S. 483 f.).
245 Ausdruck von Ernst Troeltsch, zitiert nach: *Friedrich Überwegs Grundriß der Geschichte der Philosophie*, Band IV: *Die deutsche Philosophie des 19. Jahrhunderts und der Gegenwart*, bearbeitet von Traugott Oesterreich, S. 604.

kennt, die man in *begrenzten Kulturkreisen* verstehen kann)?[246]

4) Um die letzte Frage aufzugreifen: Gegebenenfalls wäre das ›empirische Geschichtsforschung‹, die auf der Grundlage unbefangener Einfühlung[247] ›Sinneinheiten‹ fixiert. Dabei kann der Wert einer Epoche »nur an ihr selbst gemessen werden. Eine Epoche verstehen heißt nichts als das.«[248] Troeltsch spricht von Apriorität als einfachen Tatsachen des Lebens, die anzuerkennen sind, und interpretiert dieses Phänomen wie folgt: es handelt sich um »die letztlich nur durch ihre Sinnbedeutung überführende Autonomie solcher Maßstabbildung und ihrer Unerklärbarkeit aus bloßen Voraussetzungen und Antezedentien, mit denen sie wohl im Zusammenhang stehen, denen gegenüber sie aber doch etwas Neues sind«.[249]

Indiz für einen derartigen historischen Zustand ist das Selbstverständnis einer Epoche, das zugleich mehr und weniger ist als nur deren aus einer Fremdperspektive gewonnene Abbildung, wenn es aus Diskursen hervorgeht, die nicht auf Universalisierbares gerichtet sind. Hier liegt der genetische Anteil von Diskursen an einer Geltung, welche die Grenze zum Geltensollen nicht überschreitet. Offensichtlich ist das die Parallele zu jener Methodologie für das Verständnis geschichtlicher Vorgänge, die anachronistische Begriffsverwendung ebenso vermeidet wie freie Konstruktion. Eine so definierte Rekonstruktion und dementsprechende Diskursmodelle ziehen den Vorwurf auf sich, die Quadratur des Kreises zu versuchen. Freilich ist das der Vorwurf, dem alle relativistischen Positionen ausgesetzt sind.

246 A. a. O., S. 605.
247 Unbeschadet der vielfältigen Kritik an der »Einfühlungstheorie des Verstehens« bei Hans-Georg Gadamer, a. a. O., S. 172ff.
248 *Friedrich Überwegs Grundriß der Philosophie*, a. a. O.
249 Troeltsch, a. a. O.

Vielleicht ist in Umrissen deutlich geworden, daß ein an partikularen und regionalen gesellschaftlichen Entwicklungen orientierter und damit auch zeitlich limitierter Diskurs Geltung im Sinne eines soziologischen Positivismus konstituieren kann. Der Diskurs verläßt die gesellschaftliche Entwicklung spätestens dann, wenn er aufs Universalisierbare gerichtet ist. Gleichwohl müßte der Zusammenhang zwischen diskursgeleiteter Produktion des Selbstverständnisses einer Gesellschaft und deren außengesteuerten Faktoren (die es sind, die der Universalisierbarkeit entgegenstehen) noch genauer bestimmt werden.

Die nicht universalisierbaren Elemente gesellschaftlicher Entwicklung zu fixieren, dürfte dasjenige sein, was einer Geschichtsphilosophie in praktischer Absicht übrig bleibt. Ohne expliziten Bezug auf die Tradition von ›Genesis und Geltung‹ wird in der neueren Methodologie der Sache nach durchaus der Zusammenhang behauptet. Wenn es heißt, daß Rechtsdogmatik auf Rechtsgeschichte angewiesen sei, weil Normen nicht nur historischen Ursprungs seien, sondern »auch während ihrer Geltung stets historischem Wandel ausgesetzt blieben«[250], so ist – auf plausibler, intuitiv ergriffener Basis – das genetische Moment des Geltens sehr wohl benannt. Rechnet man diese Genesis wieder etwas hoch im Sinne allgemeinerer Theorien der Geschichte, so könnte es sein, daß die gegenüber dem Hegelschen Absolutismus sich als aufgeklärt gebende Linie der ›lebensphilosophisch‹ inspirierten Vorstellung von der Entwicklung eben jene mittlere oder tiefere, jedenfalls das Universalisierbare ausschließende Evolution bezeichnet, auf die der praktische Jurist bei seiner Arbeit immer wieder stößt. Zu klären bleibt freilich, ob man

250 Dieter Grimm, *Rechtsgeschichte als Voraussetzung von Rechtsdogmatik und Rechtspolitik. Achtzehn Thesen,* in: Frank Rotter, Ota Weinberger, Franz Wieacker (Hg.), *Wissenschaften und Philosophie als Basis der Jurisprudenz (Archiv für Rechts- und Sozialphilosophie* Beiheft 13), Wiesbaden 1980, S. 17 ff.

die ›Lebensphilosophie‹, deren sonstige Bewandtnisse noch zu spekulativ erscheinen, auf diesen Kern reduzieren darf, ohne die Ideen ihrer Urheber zu entstellen. Möglicherweise ist hier dem Eklektizismus doch eine Grenze gesetzt. Indessen kann es sehr wohl sein, daß neuere Erscheinungsformen des Denkens, das sich seinerzeit in der Lebensphilosophie niedergeschlagen hat, hier auch den systematischen Anschluß ermöglichen.[251]

Bleibt das Problem der Fixierung des Nicht-Universalisierbaren. Gehört dazu alles, was bereits irgendeine Bedingung für die Universalisierbarkeit nicht erfüllt – gleichsam alles diesseits einer minimalen Abwandlung des Unendlichen? Das wäre ebensowenig theoretisch denkbar wie praktikabel. Die Konturlosigkeit einer relativistischen Position wird vielmehr hinzunehmen sein – sie wäre ja nicht relativistisch, wenn sie absolut und sicher abgegrenzt werden könnte vom Universalen. Diese Aporie im Relativismusbegriff muß akzeptiert werden. Sie deckt sich – politisch – mit der Konzeption der Demokratie; auch hier ist jene Unsicherheit impliziert, die durch die Schwankungen der substantiell nicht mehr hintergehbaren Mehrheit hervorgerufen wird. Positivität in dem Sinne, daß das, was geschieht, verbindlich ist, gehört zur Demokratie – anderenfalls gäbe dann doch wieder ein Außenkriterium den Ausschlag, vor dem die Mehrheit zurückweichen müßte. Substantiell fixiert ist in einem politischen System, das die Mehrheit entscheiden lassen möchte,

---

251 Gemeint sind zunächst die Andeutungen von Klaus F. Röhl, *Wozu Rechtsgeschichte?*, in: *Jura* 1994, S. 173 ff. (177), daß man die Geschichte des Rechtsdenkens »mit Hilfe der Forschungen von Piaget und Kohlberg evolutionär« interpretieren könne; d. h. »es geht um die Frage nach der Entwicklung des Erkenntnissubjekts bzw. des moralischen Subjekts durch eine empirische, psychologische Theorie« (Rath, a. a. O., S. 285). Vgl. auch die Mitteilungen über die Tendenzen der kognitivistischen Entwicklungspsychologie, »soziale Evolution auf Lernvorgänge zurückzuführen«, in: Jürgen Habermas/Klaus Eder, *Zur Struktur einer sozialen Evolution*, in: *Zwischenbilanz der Soziologie*, Stuttgart 1976, S. 37 ff. (38).

nur, daß es sich dabei ›wirklich‹ um Entscheidungen der in einer Mehrheit sich zusammenfindenden Einzelnen handelt, und nicht um Demagogie. Substantiell sind mithin die Verfahren, die solche Entscheidungen ermöglichen. Hier gibt es im Ausgangspunkt nichts Reiferes als die elaborierte Diskurstheorie und -praxis.

Dem Mangel an Kriterien für eine nicht nur negativ bestimmte Eingrenzung des Relativen entspricht nun auch ein Mangel an Kriterien für die nicht nur negative Bestimmung derjenigen Diskursformen, welche die ideale Sprechsituation (noch) nicht erreichen. Aber daß die für das Funktionieren der Demokratie erforderlichen Diskursformen unterhalb der einer idealen Sprechsituation angemessenen Technik bleiben müssen[252], ist eine Folge der Herausnahme der Demokratiekonzeption einer Gesellschaft aus der Universalisierbarkeit von Normbildungen und Normkonkretisierungen. Hier schließt sich der Kreis: Die dem genetischen Modell folgenden Diskursformen, welche *in* der Konstitution gesellschaftlicher Selbstverständnisse ein Stück Freiheit an das verlieren, was in einer Entwicklung passiert, sind in dem Maße, wie sie an diese Konzession gebunden sind, von der idealen Sprechsituation entfernt, pendeln sich auf Anforderungen an jenen modernen prozeduralen Legitimationstyp ein, von dem in der Auseinandersetzung mit Habermas bereits die Rede war. Jeder Versuch, hier präziser sein zu wollen, bricht sich an Relativität und Positivität der Demokratie, leugnet die konkreten Bindungen an Zeit und Ort, wäre Utopie. Und doch unterscheidet sich das diesen Verzicht leistende Modell von bloßer Dezision und Machtentfaltung, etabliert kein Gelten-Sollen, wohl aber eben Geltung, die mehr sein kann und will als Wirksamkeit.

252 Zutreffend Acham, *Rationalitätsansprüche*, a. a. O., S. 111: »Die allgemeine Geltung normativer Begriffe und Urteile zu statuieren, macht das Verfahren der Demokratie gerade überflüssig.«

V.

Wie ermittelt man solche Geltungsumfänge? Gibt es Beispiele? Wie ist der Verlauf der Argumentation im einzelnen?

Die gegenwärtige Kriminalpolitik der Bundesrepublik könnte auf weite Strecken hin die nötige Anschauung liefern. Kriminalpolitik wird hier nicht nur als das begriffen, was ein Gesetzgeber kreiert, sondern auch als »das, was die Gerichte tun« (bewußt wähle ich hier das berühmte Zitat aus der Diskussion der fünfziger und sechziger Jahre über legal realism). In der Strafjustiz fällt der Blick dabei auf die sogenannte Verständigung oder Absprache; manche sprechen auch von »deal«. Dieser häßliche, bewußt pejorativ gewählte Ausdruck soll demonstrieren, daß insoweit eine Entwicklung im Gange ist, die man mißbilligen muß. Für diese Mißbilligung werden Prinzipien des Verfahrens, aber auch etwa die Rechte des Beschuldigten (der beim deal nicht gefragt werde) aufgeboten.

Man kann aber auch eine andere Rechnung aufmachen und diese Entwicklung positiv bewerten. In unserem Zusammenhang ist dabei nur wichtig, daß in der Bewertungsdifferenz nicht einfach die Argumente, sondern Entwicklungen einander gegenüber gestellt werden. Man kann nämlich sehr wohl die These begründen, daß die Zulassung von Verständigung oder Absprache – im Zivilprozeß Vergleich genannt – ein bestimmtes Stadium einer Entwicklung bezeichnet, die – langfristig – vom öffentlichen Strafanspruch weg zur Verständigung zwischen Täter und Opfer führt. Voraussetzung für diese These ist, daß man weiß, wie der öffentliche Strafanspruch entstanden ist, in dessen Gefolge sich unser Legalitätsprinzip – jede Straftat ist unabhängig von den Bekundungen von Täter und Opfer zu verfolgen – entwickelt hat. Keineswegs versteht sich dieser Strafanspruch oder, wie man auch sagen kann, das öffentliche, im Namen der Allgemeinheit,

über den Kopf von Täter und Opfer gleichermaßen hinweg-
gehende Strafrecht von selbst; vielmehr gibt es eine Reihe in
ihrem Zusammenkommen fast zufällig erscheinende Gründe
für die allmähliche Etablierung dieses Instituts. Zu ihnen
gehört die Übertragung der theologisch-kirchlichen Idee der
Schuld in das weltliche Recht, mit der Implikation, daß in
einem Strafverfahren die Wahrheit (über den Schuldigen) erforscht werden muß. Ferner gehört in dieses Ensemble von
Ursachen für den öffentlichen Strafanspruch die Entstehung
von Herrschaft, welche später in einem Staat mündet, der mit
dem Anspruch, absolute Obrigkeit zu sein, die Staatsräson
über alles stellen zu dürfen, auftritt. Gesetzt, diese Entwick-
lungshypothesen[253] lassen sich aufrecht erhalten, dann sieht
man sogleich, daß – etwa bei Wegfall oder Modifikation der
Kräfte, die zum öffentlichen Strafanspruch geführt haben –
dieser auch wieder verschwinden könnte. Daß man sich eine
Gesellschaft vorstellt, ganz frei vom religiös motivierten Sün-
den- und Schuldbegriff, dürfte eigentlich keine Mühe berei-
ten. Ein Staat, der auf seinen Absolutheitsanspruch verzichtet, sich nur als im Dienste vieler Einzelner, die sich über
bestimmte Zeit und in einem räumlichen Gebiet zusammen-
geschlossen haben, sieht, ist sogar zum Greifen nahe, wenn
man die demokratischen und liberalen Ernüchterungen, die
im säkularisierten Zeitalter Staatstheorie und Staatsrecht geprägt haben oder prägen sollten, nur ernst nimmt. Wenn man
also den Staat auch im Umgang mit den schwersten Rechts-
gutsverletzungen, die man Verbrechen zu nennen sich ange-
wöhnt hat, auf eine Vermittlungsrolle beschränkt, auf dieselbe Rolle, die er auch im Zivilverfahren hat – die eine sehr
mächtige, gut abgesicherte sein kann, wie die Institution der
Zwangsvollstreckung zeigt – kann man leicht eine Praxis begreifen, die das nun – ohne sofort die entsprechenden Prinzi-
pien-Umstellungen zu verlangen oder zu deklarieren – ein-

253 S. im einzelnen Klaus Lüderssen, *Abschaffen des Strafens?*, a.a.O., S. 38ff.

mal ein wenig probiert. Sie ist, sieht man genauer hin, nicht nur durch eine Umorientierung zugunsten des Opfers einerseits, zugunsten einer resozialisierenden Funktion des Täter/Opfer-Ausgleichs auf den Täter andererseits gekennzeichnet, sondern auch dadurch, daß dieser Ausgleich im Wege des Konsenses gefunden werden soll. Auch das wäre ja nicht unbedingt zwingend; man könnte sich einen Wohlfahrtsstaat denken, welcher dergleichen den Beteiligten aufnötigt. Es gehört zu dem Stadium der Entwicklung, in dem wir uns befinden, daß wir beobachten, daß sie *objektiv* die Relevanz des Konsenses hervorbringt. Man kann dafür empirisch die »Gewißheitsverluste benennen«, die das Rechtsdenken in der Moderne prägen – im breiten Strom von epistemologischer Skepsis und demokratischer Hoffnung.

Das ist in groben Strichen ein Modell der Interpretation moderner Kriminalpolitik, die sich auf Entwicklungslinien stützt und dabei – als Moment der objektiven Entwicklung – die Konstitution des Konsensprinzips erlebt. Es genügt an dieser Stelle vollkommen, daß es so sein könnte. Allerdings wäre für diese Feststellung zu fordern, daß gute Gründe namhaft gemacht werden, daß die Argumente sich im Rahmen dessen halten, was die Juristen das Vertretbare nennen. In der Rechtsdogmatik gibt es dafür unter den Juristen Konventionen, die im täglichen Rechtsbetrieb, von sicherlich nicht ganz seltenen Ausnahmen abgesehen, auch verstanden und beachtet werden. Anders könnte die Privatrechtsgesellschaft, die in ihrer zivilisatorischen Raffinesse ohne gelehrte Juristen überhaupt nicht denkbar ist, nicht bestehen. Wie man ein daran zu messendes Vertretbarkeitskriterium auf die Beurteilung längerfristiger und größere Zusammenhänge umfassender Rechtsentwicklungen übertragen könnte, ist eine bisher nicht gestellte Frage. Vielmehr bedient man sich, in dem Maße, wie Entwicklungen ein Stück allgemeiner Geschichte sind, anderer Methoden, um sich zu vergewissern, daß man die Dinge richtig sieht. In dem Wort ›sieht‹ liegt bereits das ganze Problem: Viele sehen ja beispielsweise in der Geschichtsschreibung Konstruktion, nicht einmal Rekonstruktion. Die gesamte »Historik« ist aufgeboten.[254] Daß die Ansprüche mit – wie auch immer determinierten – Geschichtsgesetzen arbeitender Geschichtsphilosophien dabei nicht zu erfüllen sind, schließt genetische Betrachtungen, wie dargelegt, keineswegs aus, ohne daß freilich ganz genaue Angaben darüber gemacht werden können, wo man sich doch mit dem Kontingenten und dementsprechend mit bloßen Entscheidungen zufrieden gibt. Als Stichwort bleibt vorerst »die Akzeptanz … als Deutungsschema für Entwicklungen«.

Wie damit in der Kontroverse – denn darum handelt es sich – über die Entwicklung des Strafrechts verfahren werden kann, wird deutlich, wenn man nun die Gegenargumente aufzählt:

Keineswegs, heißt es etwa, seien Kirche und Herrschaftsentwicklung *die* bestimmenden Kräfte für die Entstehung des öffentlichen Strafanspruchs gewesen; vielmehr habe sich diese Institution herausgebildet, weil anders Willkür und Lynchjustiz nicht zu vermeiden gewesen seien. Jede Rechtsordnung brauche Strafrecht, anders könne sie nicht existieren. Dieser Satz Karl Siegfried Baders[255] ist seinerzeit, als er damit Viktor Achters Theorie über die *Geburt der Strafe* widerlegen zu können glaubte, widerspruchslos akzeptiert worden. Heute würde kaum ein Rechtshistoriker verkennen, daß Bader damals einfach das spezielle Instrument des Straf-

254 Über den gegenwärtigen Stand der Debatten und einander gegenüberstehenden Richtungen, vgl. Oliver Hein, a. a. O., mit zahlreichen Nachweisen; s. ferner schon oben die Andeutung über die Verwendung anachronistischer Begriffe.

255 Karl Siegfried Bader, Rezension von Viktor Achter, *Geburt der Strafe*, in: *Zeitschrift der Savigny-Stiftung für Rechtsgeschichte. Germanistische Abteilung* Band 69, S. 438 ff. (440).

rechts mit der allgemeinen Sozialkontrolle gleichgesetzt hat. Irgendeine Vorstellung von rechtspolitischer Notwendigkeit muß ihn bewogen haben, so unhistorisch zu verfahren. Vielleicht haben wir hier ein Beispiel für eine *nicht mehr* vertretbare Ausfüllung der Spielräume, welche die je unterschiedlichen Vorverständnisse für die Interpretation der Rechtsgeschichte lassen. Was die rechtshistorische Hermeneutik insofern doch leisten kann, wird also deutlich. Andere Argumente gegen die hier entfalteten Vorstellungen über die Entwicklung des Strafanspruchs gehen dahin, daß es zwar richtig sein möge, die Entstehung des öffentlichen Strafanspruchs so zu erklären, daß aber die daraus gezogenen Folgerungen für den weiteren Gang der Entwicklung falsch seien. Vielmehr habe sich die Staatsräson des absoluten Staates über die »Aufklärung« hinweg erhalten, und zwar nicht deshalb, weil die Aufklärung nicht konsequent genug gewesen sei oder die nachfolgenden Epochen die Aufklärung nicht richtig interpretiert hätten, sondern weil es gerade im Wesen jedenfalls der rechtspolitischen Aufklärung gelegen habe, mit den Mitteln des starken Staates die Gerechtigkeits- und Freiheitsziele der Aufklärung durchzusetzen. Der moderne Staat, gegenwärtig insbesondere durch die Probleme von Wirtschafts- und Umweltkriminalität aufgerufen, sei ja alles andere als bereit, hier zurückzustecken, wie unwiderlegbar aus den mehrfach abgestuften Kriminalisierungswellen (unter Einbeziehung des dafür dienstbar gemachten Strafprozeßrechts) hervorgehe. Die Einführung des ›deals‹ im Strafverfahren sei nichts anderes als der Versuch, die Masse des andringenden Prozeßstoffes opportunistisch zu bewältigen, die hergebrachte Strafjustiz zu ›retten‹, keineswegs ihre allmähliche Abschaffung einzuleiten. Dafür, daß man die Praxis des deals in eine solche Entwicklungslinie stellen könnte, mag sprechen, daß die Strafverfolgungsbehörden so eindeutig an seiner Legitimierung interessiert sind. Und in der Tat sind die

Opfer an den deals, welche die Praxis der Gerichte und der Staatsanwaltschaft täglich favorisiert, nicht in dem Maße beteiligt, wie die hier zunächst vorgetragene Version der Zunahme von Verständigungen und Absprachen im Strafverfahren es eigentlich impliziert. Hinzu tritt ferner die Wahrnehmung, daß die deals starke Momente von Nötigung enthalten, insbesondere unter Hinweis auf das Geständnis als Voraussetzung dafür.

Wem soll man nun recht geben? Führt aus einer solchen Kontroverse dann nicht doch nur die blanke Entscheidung heraus *oder* der Nachweis, daß sich, wenn man sich nur an gewisse oberste Prinzipien halte, eine eindeutige Option in der einen oder anderen Richtung ergebe? Ich glaube das nicht. Aber die Schwierigkeit, vor der wir jetzt stehen, ist genuin mit dem hier präsentierten Zusammenhang von Genesis und Geltung verbunden. Dieser Zusammenhang soll Dezisionismus oder Orientierung an absoluten, das heißt, nicht intersubjektiv kreierten Wahrheiten und Werten gerade ausschließen und kann das doch nur unter der Voraussetzung, daß man zunächst sich von den Gründen, die *für* Genesis und Geltung sprechen, überzeugt hat. Diese Gründe beziehen ihre Überzeugungskraft aber vor allem aus der Ablehnung von Dezisionismus oder Orientierung an absoluten Prinzipien. Man kann, wenn man gleichwohl an dem Konzept Genesis und Geltung festhalten will, nur darauf vertrauen, daß die sorgfältige Rekonstruktion von Entwicklungen eine eigenständige Plausibilität entfaltet. Bei diesem Versuch kommt unserer Konzeption allerdings zu Hilfe, daß sie den Zugang zu Erfahrungen eröffnet, welche weder für dezisionistische noch für absolut-prinzipielle Argumentationen eine Rolle spielen. Das gleiche gilt für die reichhaltigen Kriterien, welche die rechtshistorische Hermeneutik nach und nach hervorgebracht hat. So umstritten sie sämtlich nach wie vor sind – auf die Gesamtheit der Möglichkeiten der Weltdeutung zu verzichten, die sie präsentiert, wäre, um es so vorsichtig und nüchtern wie möglich auszudrücken, jedenfalls weniger, als Dezisionismus oder Orientierung an absoluten Prinzipien bieten können.

Das kann man leicht vorführen durch Fortsetzung der Kontroverse über Entstehung und Entwicklung des öffentlichen Strafanspruchs. Es ist gesagt worden, die Opferorientierung fehle gerade bei dem Typus von deal, für den die Praxis so vehement eintritt. Aber wie verhält sich dazu die Tatsache, daß Täter-Opfer-Ausgleich *die* Maxime des 58. Juristentages gewesen ist, der – unstreitig – die herrschenden Tendenzen der Praxis geradezu verkörpert, *und* daß Wiedergutmachung und Resozialisierung es gerade sind, die den Hauptgegenstand des deals im einzelnen ausmachen?[256] Vollzieht sich hier hinter dem Rücken der Agierenden, die es bloß noch nicht merken, am Ende doch der Paradigmenwechsel? Erklärt die Praxis etwas als Täter-Opfer-Ausgleich im Namen des Strafrechts, ohne zu wissen, daß das gar kein Strafrecht mehr sein kann in der Zukunft? In den herkömmlichen Strafzwecken kann man Täter-Opfer-Ausgleich nur unter dem Aspekt von Resozialisierung des Täters unterbringen. Von gerechter Strafe im Sinne des tradierten öffentlichen Strafanspruchs hingegen kann nicht mehr gesprochen werden. Denn wer ernsthaft meint, der Täter bekomme seine gerechte Strafe, indem er das Opfer entschädigen müsse, knüpft an einen Strafbegriff *vor* Entstehung des öffentlichen Strafrechts an, also im hohen Mittelalter. Nicht anders würde es sich verhalten, wenn man den Täter-Opfer-Ausgleich im Namen der Generalprävention zu rechtfertigen unternähme. Denn das könnte doch nur heißen, daß die Normstabilisierung (sei sie positiv oder negativ motiviert) unter dem Eindruck erfolge, das Opfer bekomme einen gerechten Ausgleich und sein Schädiger sei es, der damit belastet werde. Das aber ist nichts

256 S. die Belege in Lüderssen, a. a. O., S. 323 ff. (dort insbesondere Anm. 1, 12 a.).

anderes als die längst eingespielte (in ihrer Wirkung vielleicht sehr unterschätzte) generalpräventive Wirkung des zivilistischen Deliktrechts. Diese Klarstellungen sind freilich nur möglich, wenn man in der Kategorie von Entwicklungen und der Änderung von Begriffen denkt. Die genetische Betrachtung des Rechts ist die Voraussetzung dafür, daß diese wichtige Differenzierung überhaupt in den Blick kommt. Die Diskussionen gehen nun noch weiter. Der Opportunismus, der vielleicht hinter dem deal steckt, ihn als Vehikel benutzt für die Aufrechterhaltung – buchstäblich – des *Anspruchs* auf staatliche Bestrafung, wird von einigen Zeitgenossen durchaus als dasjenige angesehen, was den modernen Staat in seiner Substanz ausmache. Jetzt müßte man – wiederum entwicklungslogisch – darlegen, daß bei aller politischer Illusionslosigkeit – unter Zugrundelegung einer clausula rebus sic stantibus – dies nicht die zutreffende Charakterisierung des gegenwärtigen Staates westlicher Prägung sein kann. Je mehr man sich in dieser Weise miteinander auseinandersetzt, um so deutlicher wird, daß der Historismus die Komplexität der Welt *erhöht*. Daß darin ein Vorteil liegt, wäre *wiederum*, wenn nicht zu beweisen, so doch plausibel zu machen. Freilich wird *Reduktion* von Komplexität als eine dem modernen Weltverständnis angemessene Zielsetzung gepredigt. Wer sich die Subjekte aus der Gesellschaft wegwünscht, muß in der Tat vielleicht so sprechen. So hängt am Ende alles von der Frage ab, ob man sich eine solche Gesellschaft wünscht, und an dieser Stelle beginnt endgültig die Politik.

Ich breche hier ab. Von dem, was weiterhin zu sagen wäre, findet sich in den im folgenden gedruckten Aufsätzen in immer wieder neuen Anläufen etliches, wie ich hoffe. Jedenfalls meine ich, daß es sich doch lohnen könnte, den Versuch zu machen, das scheinbar unangefochtene Verdikt über eine Konstitution von Geltung über Genesis für unsere Zeit zu durchbrechen und damit die Wege für eine erfahrungsreichere, stärker an den Bedürfnissen der Menschen orientierte und *deshalb* freiere Rechts-, insbesondere Strafrechtspolitik zu ebnen.

II.
Allgemeine Kriterien der konsensorientierten Rechtsgeltung

Die Normgeltung in unserer Gesellschaft

Die Normgeltung in unserer Gesellschaft – man schwankt zwischen Skepsis und Hoffnung, wenn man das hört, und denkt an Realitäten und Ansprüche. Das heißt: Sind die Normen eigentlich wirksam, werden sie befolgt, beziehungsweise hat die Nichtbefolgung spürbare Konsequenzen – und sind die Normen legitim, bestehen sie zu Recht?

1) Im alltäglichen politischen Bewußtsein wie in der rechts-theoretischen Debatte sind beide Fragen – unter der gemeinsamen Chiffre »Geltung« – präsent und zwar durchaus nicht immer klar getrennt. In dieser Beobachtung liegt bereits das ganze Problem, denn der Selbstverständlichkeit, mit der die eine Seite bereit ist, aus tatsächlichen Zuständen Folgerungen für Bewertungen zu ziehen, setzt die andere Seite die Behauptung entgegen, Wertmaßstäbe seien gerade dazu da, die Wirklichkeit zu messen und, wenn nötig, zu verändern.

Das ist eine sehr alte philosophische Kontroverse – auf ihren Höhepunkten bezeichnet durch die Dichotomie von »Sein und Sollen« – und eine politische Kontroverse: Paßt sich die Politik gesellschaftlichen Zuständen an oder nimmt sie Einfluß auf sie?

Man wird mir vielleicht schon nach diesen wenigen Andeutungen zuzustimmen geneigt sein, wenn ich sage, so schlicht und erschöpfend können die Alternativen einander doch nicht gegenüberstehen, hier wird man doch differenzieren müssen, je nachdem, inwieweit man auch in bezug auf die elementaren menschlichen und gesellschaftlichen Dinge Veränderliches annimmt oder nicht und wie man gegebenenfalls damit umgeht – aber der Nachweis dieser Komplexität ist schwer zu führen. Jedenfalls will ich mich bemühen, wenigstens das plausibel zu machen, nach der Maxime, daß wir – auch politisch – ein Stück weiter sind, wenn wir genauer festzuhalten vermögen, was wir nicht wissen, und dennoch handeln müssen. Ganz stehenbleiben bei einer so bescheidenen Ausbeute möchte ich allerdings nicht, sondern darüber hinaus die Bedingungen anzugeben versuchen, unter denen Realität und Legitimität von Normen zusammentreffen.

Das ist – thesenhaft formuliert – in dem Maße der Fall, wie die Realität des Rechts mit gesellschaftlichen Entwicklungen korrespondiert, die durch das freie, unverzerrte Zusammenwirken möglichst vieler, einander in ihrer Autonomie respektierender Individuen bestimmt ist. Gesellschaftliche Entwicklungen, von denen man das uneingeschränkt sagen kann, gibt es nicht; es gibt aber ganz gewiß Annäherungen, und von diesen allein will ich sprechen. Die Einwände liegen gleichwohl auf der Hand. Das ist doch Natur- oder Vernunftrecht – in Gestalt der Verabsolutierung des Wertes freiheitlich-demokratischer Verständigung, wird es heißen, und wo bleibt denn, wird man fragen, die Unterscheidung zwischen politisch freier Gesetzgebung (im Prinzip, nicht in Wirklichkeit) und politisch gebundener Rechtsanwendung (wieder ist an das Prinzip gedacht) – diese kann sich doch nicht an (nach welchem Maßstab auch immer für relevant erklärte) gesellschaftliche Entwicklungen anschließen.

2) Doch nun etwas ausführlicher und gleichsam der Reihe nach. Zunächst – von welchen Normen ist eigentlich die Rede? Noch weiter zurück gefragt: Was ist überhaupt eine Norm und – wenn es mehrere Sorten gibt – wie unterscheiden sie sich voneinander? Philosophie, Soziologie, Rechtsgeschichte und Rechtstheorie sind voller Definitionen und Abgrenzungen. Aber ich hoffe, keinen Fehler zu machen, wenn

ich diese Literatur hier nicht vorführe, sondern mich an das halte, was mit einiger Aufmerksamkeit und sozialer Erfahrung jedermann, jedenfalls aber der in der Rechtspraxis (wozu selbstverständlich auch die polizeiliche Arbeit aller Sparten gehört) Tätige wahrnimmt.

Ich glaube, man kann gut unterscheiden zwischen Normen der individuellen Moral, der sozialen Moral und des Rechts. Allen gemeinsam ist, daß sie Regeln sind, die über die Lösung eines Einzelfalls hinaus verbindlich sein wollen und sollen, auch wenn – je nach Struktur und Geschichte des jeweiligen Kanons – schon der nächste Konflikt neue Regeln hervorbringt oder die Korrektur der bisherigen Regeln provoziert. Ferner stimmen moralische (wieder sind beide Spielarten gemeint) und rechtliche Regeln darin überein, daß sie Richtschnur für menschliches Verhalten sind, sei es als direkt gemeinte Verhaltensanweisungen, sei es als indirekt wirkende Wertungen. Unterschiedlich sind die Quellen. Für Regeln der individuellen Moral pflegt man – nach Abschaffung metaphysischer Autoritäten – auf das Gewissen zu verweisen; die Regeln der sozialen Moral kommen aus der Gesellschaft, und für rechtliche Regeln haben wir Gesetzgebung, Rechtsprechung usw. Das klingt wiederum einfacher, als es ist. Aber ehe ich mich auf die versteckten Schwierigkeiten dieser Abgrenzungen einlasse, möchte ich fragen, ob es nicht genügen könnte, von vornherein nur Rechtsnormen ins Auge zu fassen.

Von der Sache her und speziell aus der Perspektive des Bundeskriminalamtes ist es nicht sicher, ob eine Erörterung allein der Rechtsnormen sinnvoll wäre. Zwar setzt die Verbrechensverfolgung bei der Verletzung von Rechtsnormen an; aber ihre generalpräventiven und spezialpräventiven Erfolge hängen auch davon ab, in welchem Umfang und mit welcher Intensität die Rechtsnormen in den privaten Normhaushalt der Normadressaten übergehen, in seinen vielfältigen und wenig trennscharfen Verhaltenskatalog eingegliedert werden, gleichviel, ob der Staat das will, ob er sich dazu berechtigt glaubt oder nicht. Die von Berufs wegen an diesen Vorgängen Interessierten reflektieren das spätestens im Moment der Krise. Klappt die Verbrechensverfolgung nicht so recht, so fragen die Erfahreneren nicht nur nach der technischen Qualität ihres Instrumentariums, sondern auch – bei den Soziologen – nach der Sozialstruktur, welche die Voraussetzungen dafür schafft, daß Normen erforderlich und akzeptabel sind, und – bei den Psychologen und Pädagogen – nach Sozialisationsabläufen, die den Ausschlag dafür geben, wie der einzelne sich gegenüber Normen verhält. Höchst persönliche, gesellschaftliche und rechtliche Orientierungen bilden dabei eine schwer entwirrbare Mischung.

Ich gehe also davon aus, daß das Interesse an der Normgeltung vielseitig ist, letztlich sind alle Normen gemeint. Wenn das richtig ist, so darf uns die mehr oder weniger geschlossene Einheit dieser Normen im Bewußtsein einzelner Bürger nicht davon abhalten, gleichwohl mehrere Rechnungen aufzumachen. Zu sehr sind wir geprägt durch die Tradition unserer Professionen – vor allem für die Juristen gilt das. Diese Tradition der Normabgrenzung muß nicht unumstößlich sein – und ich darf vielleicht jetzt schon vorgreifend bemerken, daß ich selbst eine gewisse Auflockerung befürworte –, für sie spricht aber der Beweis des ersten Anscheins.

Ich kann es daher nicht vermeiden, kurz die Gesichtspunkte anzuführen, die jene – zunächst einfach erscheinende – Aufteilung der Normen in solche der individuellen Moral, sozialen Moral und des Rechts bei näherem Hinsehen zu einem komplizierten Geschäft machen.

Auffallend ist zunächst, daß die schon klassisch gewordenen Positionen, mit denen man es dabei zu tun hat, nicht deutlich zwischen individueller und sozialer Moral unterscheiden. Die moderne Diskussion ist weiter gegangen. Sie hat Platz geschaffen für Normen, welche speziell die soziale Moral verkörpern, man spricht von Sozialnormen. Sie sind noch nicht mit so vielen Definitionsversuchen beladen wie die Abgrenzung zwischen Recht und Moral.[1] Überwiegend denkt man an »soziale Verhaltensregelmäßigkeiten«[2], die es überall dort gibt, wo man »einen Kreis von Personen mit gemeinsamen Merkmalen abgrenzen« kann.[3] Von bloßen sozialen Gewohnheiten sollen sie sich dadurch unterscheiden, daß die Abweichung negative Sanktionen nach sich ziehe.[4] Seien die Sozialnormen mit »relativ dauerhaften und relativ starr fixierten organisatorischen Arrangements verknüpft«, so spreche man von Sitte[5], habe der Staat die Verfügung über Institutionalisierung und Formalisierung, dann handele es sich um Rechtsnormen.[6]

Aber das alles ist umstritten. Will man sämtlichen Definitionen und Abgrenzungen zwischen Recht, individueller Moral und sozialer Moral und – jeweils hinzutretend – Wirksamkeit und Legitimität gerecht werden, so vervielfachen sich die Antworten auf die generelle Frage nach der Normgeltung in unserer Gesellschaft. Eine solche Enzyklopädie von Alternativen wäre sicher nicht hilfreich. Eine eindeutige und übersichtliche Stellungnahme ist freilich nur um den Preis einer gewissen Einseitigkeit zu haben. Gleichwohl will ich dieses Wagnis hier einmal eingehen.

1 Ein Katalog der geläufigsten Abgrenzungen in diesem Band, S. 183 ff.
2 Heinrich Popitz, *Die normative Konstruktion von Gesellschaft*, Tübingen 1980, S. 21.
3 A.a.O., S. 25.
4 A.a.O.
5 A.a.O., S. 31.
6 A.a.O., S. 32.

II.

Ich bin der Meinung, daß zur Gültigkeit von Normen vor allem die Anerkennung seitens derer gehört, für die sie da sind. Allerdings sind die Regeln der individuellen Moral davon ausgenommen, da spricht jeder nur für sich selbst. Soziale Normen und Recht hingegen sind einheitlich zu betrachten (der Unterschied ist nur graduell; bei sozialen Normen kommt es auf einen breiteren und intensiveren Konsens an als bei Rechtsnormen).[7] Ein solches Konzept bedarf natürlich der Präzisierung und Exemplifizierung. Für die Sozialnormen mag es vielleicht unmittelbar einleuchten. Aber bei den Rechtsnormen kommen doch Zweifel auf. Sie sind so fest eingebaut in die Hierarchie von Gesetzgebung und Dogmatik und festgelegt durch Kodifikationen und Urteile, daß für Anerkennung oder Nichtanerkennung – jedenfalls als Voraussetzung für ihre Gültigkeit (sowohl im Sinne der Wirksamkeit als auch im Sinne der Legitimität) – kein Spielraum zu sein scheint. Ich möchte also zunächst einiges Allgemeine zur Begründung dieser Anerkennungstheorien sagen. Wie sie sich konkret in der Praxis ausnehmen, werde ich dann anschließend anhand eines ausgewählten aktuellen Beispiels zu zeigen versuchen.

1) Kein Jurist macht sich Illusionen darüber, was geschieht, wenn in einem Gesetz ein weitgefaßter Begriff – etwa der Gewaltbegriff in vielen Straftatbeständen – so präpariert wird, daß er auf einen Sachverhalt angewandt werden kann. Dieser Konkretisierungsvorgang ist nicht beschränkt auf sprachliche Analyse, logisch-systematische Ableitung – beispielsweise aus einem anderen Begriff oder einer Ansammlung von Begriffen; es genügt auch nicht, in den Gesetzesmaterialien

---

7 Das ist näher ausgeführt in meinem Aufsatz über *Recht, Strafrecht und Sozialmoral*, in diesem Band S. 176 ff.

zu forschen, um herauszubekommen, was der Gesetzgeber wollte (ein Anonymus übrigens, ungeachtet der Tatsache, daß man auf die eine oder andere verwendbare Bemerkung eines Abgeordneten stößt) oder was ihn beeinflußte, welche objektive historische Situation sich gleichsam in ihm fixierte. Vielmehr wird in erster Linie gefragt, was vernünftig ist. Zwar gibt es den Versuch, das als objektive Auslegung auszugeben – teleologische, d.h., nach Sinn und Zweck der Norm hier und jetzt fragende Auslegung genannt –, doch wenn es in der Jurisprudenz ein Beispiel für Ideologie im Sinne des soziologischen Sprachgebrauchs gibt – die Tatsachen sind anders als das Bewußtsein davon –, dann hier. Was vernünftig ist, das ist natürlich eine große Frage, und sie verweist auf allerlei: Erfahrbares und Nicht-Erfahrbares, Beschwörung von Autoritäten, die für Vernunft stehen könnten. Gegenwärtig spricht man viel davon, daß auf die Folgen geschaut werden müsse (folgenorientierte Dogmatik ist ein gängiger Topos der modernen juristischen Methodenlehre). Aber wer tut das jeweils?

In einem Prozeß etwa ist es der Richter. Dafür ist er da. Er soll dabei unabhängig sein, Grundgesetz und Gerichtsverfassungsgesetz garantieren das. Vieles wirkt gleichwohl auf ihn ein, und er wäre ein Tor, würde er das alles im Namen seiner Unabhängigkeit abweisen. Niemand, am wenigsten ein Richter, kann es sich leisten, seinen Horizont so zu beschränken. Unabhängig kann daher nur heißen, daß unter vielen Einflüssen ganz bestimmte ausgeschieden werden sollen, etwa staatliche Weisung, der Druck der Parteien etc. Wer nun nach dem Maßstab sucht, mit dem man die erlaubten Einflüsse messen kann, findet die Trümmer der Erkenntniskritik und der politischen Aufklärung: keine Metaphysik, also etwa anthropologische Konstanten oder der Kritik entzogene Weltweisheiten oder gar religiöse Autoritäten. Alle diese Orientierungen bleiben dem Privaten unbenommen, als Maxime staatlichen Handelns scheiden sie aus. Was bleibt, ist das Faktum vieler –

mangels überzeugungskräftiger Unterscheidungskriterien – gleicher einzelner, die Bedürfnisse und Ziele haben und diese aufeinander abstimmen wollen. Politisch ist aus dieser Resignation die Demokratie und – Hand in Hand damit – das Verlangen des einzelnen nach befriedigender Kommunikation mit anderen einerseits, nach Selbstbestimmung andererseits hervorgegangen.

Das alles ist im Grunde trivial, bedarf keiner eingehenden Darlegung. Interessanter und – merkwürdigerweise – keineswegs durchweg erkannt sind die Folgerungen, die sich daraus für das Zustandekommen der richterlichen Rechtssätze ergeben müssen. Diese sind – um den Zusammenhang mit unserem Thema noch einmal deutlich zu machen – die Normen überall dort, wo in einem Verfahren die gesetzliche Norm für die Anwendung nicht konkret genug ist, und unterliegen genauso wie diese der hier interessierenden Frage nach Geltung. Wenn der Richter den Inhalt dieser von ihm verantworteten Normen weder selbstherrlich festlegen noch anderweit ableiten darf, was kann er anders tun, als sich um möglichst weitgehende direkte Verständigung und Akzeptanz der potentiellen oder aktuellen Betroffenen bemühen? Daß politisch die Demokratie in der modernen, technologisch ausdifferenzierten Massengesellschaft sich weitgehend des Mittels der Repräsentation bedienen muß, verstellt den Blick auf die davon unberührten und gegenwärtig zunehmend kultivierten Möglichkeiten direkter Verständigung. Anderenfalls könnte ja der Vorwurf nicht laut werden, ein um Konsens über den Inhalt der von ihm zu konkretisierenden Rechtssätze bemühter Richter werde, wenn er dabei an Verständigung denke, zum Volksrichter, den unsere Verfassung in der Tat nicht kennt. Andere Einwände gehen dahin, daß Konsens nicht zur Rechtsquelle werden kann, weil die Verständigungs-, insbesondere die Sprechsituationen nicht mit der erforderlichen Qualität ausgestattet sind. Das sind Anleihen aus der sehr diffizilen philosophischen Diskussion über die ideale Sprechsituation, denen ich hier nicht weiter nachgehen kann.[8]

Was in der philosophischen Ethik ein Ziel sein mag – Absolutheit und uneingeschränkte Generalisierbarkeit der Aussagen –, ist für Juristen zu hoch gesteckt. Sie leben von Kompromissen und Annäherungen. Es kommt nicht darauf an, die ganz unverzerrte Identifizierung aller Normadressaten mit den Normen nachweisen zu können.[9] Im übrigen – das ist, wie schon angedeutet, der Unterschied zur sozialen Norm – bildet der (eingeschränkte) Konsens nur ein Teilstück im Geflecht der juristischen Argumentation. Die überlieferten Methoden der Rechtssatzkonkretisierung sind nicht etwa ganz verschwunden; allerdings ist ihre Bedeutung entsprechend reduziert.[10]

Man könnte weiter ausholen und berichten, daß es in der juristischen Tradition die Anerkennungstheorien seit langem gibt, daß sie ihren modernen Ursprung in einer Jurisprudenz und Demokratie eng verbindenden Konzeption des Rechts haben, vorgetragen von Karl Theodor Welcker, einem alten Achtundvierziger, der deshalb viele Schwierigkeiten im Amt und anderwärts hatte. Ferner, daß die Anerkennungstheorien in letzter Zeit durch um Normbegründungen besorgte Sozialwissenschaftler eine interessante Parallelisierung erfahren haben – unter der Devise allgemeiner Konsensustheorien von Wahrheit und Richtigkeit – und davon Rückübertragungen auf das Recht bereits spürbar sind. Doch das kann man nachlesen[11] und soll uns hier nicht aufhalten.

---

8 S. aber den in Anm. 1 genannten Aufsatz (mit Nachweisen).
9 Dazu genauer in diesem Band, S. 216.
10 Wie das im einzelnen aussieht, hat Robert Alexy in einem groß angelegten Versuch (*Theorie der juristischen Argumentation*, Frankfurt/M. 1978, S. 307 ff.), die juristische Dogmatik mit Blick auf die Relevanz praktischer Diskurse zu rekonstruieren, dargelegt.
11 Klaus Lüderssen, Einleitung zu: Klaus Lüderssen/Fritz Sack (Hg.), *Abweichendes Verhalten II*, Frankfurt/M. 1975, S. 14 ff.

Wir brauchen im allgemeinen gegenwärtig nicht dafür zu werben, daß es möglichst demokratisch zugehen müsse. Aber blickt man ein wenig um sich, zurück und in die Zukunft, so wird man mit der Verallgemeinerung dieser Maxime etwas vorsichtig sein. Offenbar ist die gelungene Demokratie Ausdruck eines bestimmten historisch gewachsenen Reifezustandes. Ganz so positivistisch, wie man auf der Basis radikaler Erkenntniskritik die Demokratie zunächst hinzunehmen geneigt ist, kann man sich nicht auf die Dauer und nicht überall geben. Man kann einfach nicht umhin, die Einigungsprozesse abzuschätzen, ganze Gesellschaften danach zu beurteilen, was ihre Einigungsprozesse wert sind. Bei der Frage nach den Maßstäben für diese Bewertungen gerät man dann in den Zirkel: Gerade weil es solche Maßstäbe nicht gibt, beschränken wir uns auf die Veranstaltung von Einigungsprozessen. Man muß sich also bescheiden und nicht danach fragen, was bei den Einigungsprozessen Gutes oder Schlechtes herauskommen soll, sondern wie optimal im Sinne optimaler Verständigung sie sind. Was man dabei mit Augenblicksaufnahmen feststellen kann, ist nicht viel; entscheidend ist, wie man die Entwicklung sieht.

Ob sich geschichtliche Entwicklungen prognostizieren lassen, ist nun aber äußerst zweifelhaft. Hier melden sich Argumente aus der Natur- und Vernunftrechtskritik mit neuen Vorzeichen. Jedenfalls gilt das für eine Geschichtsphilosophie mit ontologischem Anspruch – sei er idealistisch (Hegel) oder materialistisch (Marx) – begründet. Die Frage ist indessen, ob es so etwas wie eine empirische Geschichtsphilosophie in praktischer Absicht gibt. Der Philosoph und Soziologe Jürgen Habermas hält das mit einer gewissen Vorsicht für möglich[12], hat diesen Gedanken aber, soviel ich sehe, leider nicht im einzelnen ausgeführt. Karl Raimund Popper –

12 Jürgen Habermas, *Zwischen Philosophie und Wissenschaft: Marxismus als Kritik*, in: *Theorie und Praxis*, 4. Auflage, Frankfurt/M. 1971, S. 228 ff. (244).

Antipode der von Habermas vertretenen, sich gegen einen positivistisch halbierten Rationalismus wendenden kritischen Theorie – ist strikt dagegen, spricht vom Elend des Historizismus. Der Anteil, den die Realisierung subjektiver Absichten an historischen Entwicklungen habe, sei nicht vorhersehbar. Das gleiche gelte für das Anwachsen des menschlichen Wissens.[13] Dem ist von seiten der analytischen Geschichtsphilosophie – also einer ganz und gar metaphysikunverdächtigen Richtung – entgegengehalten worden, »die landläufig getroffene ontologische Zuordnung von Determinationen und Objektivität (hier im Sinne von subjekt-unabhängig und das soll heißen: unabhängig von individuellen Absichten sich vollziehend) bzw. Freiheit und Subjektivität« stelle eine Verkürzung dar.

Ich lasse auch diesen Faden fallen – er ist an anderer Stelle weitergesponnen worden[14] – und versuche eine Schlußfolgerung: Je erfolgreicher die Interaktion (gemessen vor allem an der Zusammensetzung der Beteiligten, der Qualität der Sprechsituation, der Intensität der Verständigung und der Diskursfähigkeit der Erfahrungen und Bewertungen) ist, um so leichter springt dabei gleichsam auch ihre Legitimation heraus. Das heißt, mißt man die Wirksamkeit der Norm an ihrer Akzeptanz, so kann man – ich komme auf die eingangs gemachte Gegenüberstellung zurück – aus der Realität der Geltung auch zugleich ihren Anspruch ableiten. Mit dieser These habe ich begonnen; daß man sie nunmehr nicht nur der Nachfrage wert, sondern auch einigermaßen plausibel finden möge, ist meine Hoffnung.

Allerdings habe ich nur die Möglichkeit einer solchen Koinzidenz erörtert. Eine andere Frage ist, ob gegenwärtig die Bedingungen dafür gegeben sind, daß sie wirklich ein-

---

13 Karl R. Popper, *Das Elend des Historizismus*, Tübingen 1965, S. 2.
14 Klaus Lüderssen, *Abschaffen des Strafens?*, Frankfurt/M. 1995, S. 99 ff., *Recht, Strafrecht und Sozialmoral*, in diesem Band S. 176 ff.

tritt. Diese Frage ist schwer zu beantworten. Sucht man nach Indikatoren dafür, welche Chancen Verständigungsprozesse gegenwärtig haben, stößt man auf lauter Ambivalenzen.[15]

2) Lassen Sie mich gleichwohl, wie angekündigt, versuchen, anhand eines aktuellen Strafrechtsproblems zu etwas konkreteren Aussagen zu gelangen. Vieles bietet sich an, die Demonstrationen etwa, der Einsatz von V-Leuten, die Untersuchungshaft.

Auch die Hausbesetzungen gehören in diesen Reigen. Sie bilden ein verhältnismäßig eng umgrenztes Problemfeld. Daher zeichnen sich bereits neue und interessante Dogmatisierungen ab. Mit den Hilfskonstruktionen »Opportunitätsprinzip«, »Verhältnismäßigkeit« oder der resignativen Feststellung einerseits, hier müsse man eben für eine Weile nicht nur an die juristischen Lösungen denken, sondern politisch arbeiten, der ingrimmigen Aufforderung andererseits, stärker durchzugreifen, ist nichts zu gewinnen. Das Problem liegt woanders. Es geht um die Konkretisierung von Rechtsgeltung. Gelten die Vorschriften, die Hausfriedensbruch und Nötigung verbieten und der Rechtfertigung für die ausnahmsweise Verletzung dieser Verbote enge Grenzen ziehen, so abstrakt, wie man das zunächst vorauszusetzen geneigt ist und wie die Vertreter eines »harten Kurses« der Durchsetzung wohl auch behaupten? Die Antwort auf diese Frage hängt davon ab, ob man den – nahezu von allen Seiten – für richtig und ausbaubedürftig gehaltenen Einigungsprozessen nicht nur eine politische, sondern auch eine juristische Funktion zumißt. Zunächst könnte man versucht sein, zwischen Verfahrensvorschriften und materiellen Regeln zu unterscheiden. Man könnte etwa sagen, daß die Flexibilität der Po-

15 In meinem Beitrag zur Coing-Festschrift habe ich dafür einige Beispiele gegeben; in diesem Band S. 307 ff.

lizeieinsätze – in zeitlicher Hinsicht und was deren Intensität angeht – sich im Rahmen des Ermessens bewege, das den Behörden vom Verfahrensrecht eingeräumt werde. Selbst wenn das positiv-rechtlich stimmen sollte, würden die jeweiligen Entscheidungen doch und gerade deshalb für sich in Anspruch nehmen, rechtliche Entscheidungen zu sein. Ihre Abhängigkeit von Meinungsbildungsprozessen müßte im Legitimationshaushalt für Rechtssätze einen Platz zugewiesen bekommen. Denn um die Konkretisierung von Rechtssätzen handelt es sich bei der Ausübung jenes Ermessens. Hinzu kommt aber folgendes: Sieht man auf das Ergebnis, so ist es für die betroffenen Hauseigentümer wie Besetzer relativ gleichgültig, ob aus Gründen des Verfahrensrechts oder aus materiell-rechtlichen Überlegungen Häuser geräumt bzw. nicht geräumt werden. Die Wirkungen der staatlichen Eingriffsbefugnisse unterscheiden sich eben nicht danach, ob sie materiell-rechtlich oder verfahrensrechtlich fundiert sind. Der Konkretisierungsbereich der Vorschriften über Hausfriedensbruch und Nötigung wird durch die Konkretisierungen im Bereich der Verfahrensvorschriften enger oder weiter gefaßt.

Aber selbst wenn man das nicht so recht wahrhaben möchte, bleibt die Frage, ob die Meinungsbildungsprozesse nicht auch einen direkten Einfluß auf die Konkretisierung der materiell-rechtlichen Vorschriften haben und dieser Einfluß legitim ist. Daß der Einfluß praktisch vorhanden ist, wird kaum noch jemand bestreiten wollen. Die große Zahl der Fälle und die geradezu verblüffende Bereitschaft von Politikern vieler Schattierungen, den Besetzern Wahrnehmung berechtigter Interessen (jetzt nicht technisch im Sinne von § 193 StGB gemeint) zuzubilligen, muß zunächst die Vermutung nahelegen, daß die Aktionen der Hausbesetzer und die Reaktion der öffentlichen Hand darauf nicht außerhalb des Rechts liegen. Anderenfalls müßte man sich zu dem Zugeständnis bequemen, etwas Bürgerkriegsähnliches vor sich zu haben, mit der Folge – dies wage ich zu prophezeien –, in den nächsten Jahrzehnten auf vielerlei Gebieten ständig damit konfrontiert zu sein. Es wird viele Menschen geben, die das für die ebenso zutreffende wie traurige Kennzeichnung der vor uns liegenden Epoche halten und sich auf den Standpunkt stellen, daß es immer wieder Zeiten der Rechtlosigkeit gegeben habe, die erst nach Jahrzehnten oder noch später ihr Ende gefunden hätten.

In der Tat gibt es Gesellschaften, die mit permanenten Rechtsverletzungen sich arrangieren, ohne hergebrachte und elementare Maßstäbe für rechtsförmiges Leben aufzugeben. Das ist also die Frage: Wandelt sich der Rechtsbegriff, oder sinkt die Gesellschaft hinter einen unangreifbar bleibenden Rechtsbegriff gleichsam zurück? Man kann die Antwort auf die Frage von der politischen Einschätzung dieser Vorgänge abhängig machen. Wer ganz massive Einwendungen gegen die Wohnungs- und Bausituation in der Bundesrepublik hat, sieht in den Hausbesetzungen und in der Art und Weise, wie die öffentliche Hand darauf vorsichtig reagiert, vielleicht einfach vernünftige Politik. Wer nichts dabei findet, daß Wohnungen leer stehen – etwa weil das nicht zu vermeiden ist, wenn man längerfristig für Neubauten planen möchte, die man mit allerhand mikro- und makroökonomischen Argumenten rechtfertigen kann –, sieht in dem, was Hausbesetzer und Polizei – sofern sie sich zurückhält – tun, schlechte Politik am Werk. Das Interessante ist indessen, daß die Meinungen, die vertreten werden, sich nicht auf diese Alternativen beschränken lassen. Vielmehr tritt ein weiteres Alternativenpaar hinzu. Für die einen ist es unerträglich, daß ohne Verträge oder korrekte behördliche Zuweisung Besitzpositionen verschoben werden, für die anderen ist das nicht so gravierend. Man macht es sich zu leicht, darin weitere Varianten im Bereich der politisch vertretenen Auffassungen zu sehen. Gegenstand dieser politischen Konfrontationen – im zweiten Alternativenpaar – ist die Funktion der Rechtsform in unserer Gesellschaft.

Die lebhafte dogmatische Diskussion über das Tatobjekt des § 123 StGB, die in den vergangenen Monaten und Wochen in den Zeitschriften sich ausgebreitet hat, belegt das. Die im Vordringen begriffene Meinung, »wenn nach dem Willen des Berechtigten Räumlichkeiten nicht mehr die Funktion haben, etwas in ihnen Vorgehendes abzuschirmen«, dann seien sie weder Wohnungen noch befriedetes Besitztum, zum Abriß bestimmte Häuser seien daher nicht vom Tatbestand des § 123 StGB erfaßt[16] – diese Meinung wird zwar mit allerhand Finessen sprachlicher, systematischer und historischer Art abgestützt; indessen muß man sich fragen, weshalb gerade jetzt alle diese Argumente erfolgreich vorgebracht werden können, während sie zu anderen Zeiten keine Chance gehabt hätten – bei gleichbleibendem Gesetzeswortlaut wohlgemerkt. Hier werden natürlich Verständigungen gesucht – antizipierend, vielleicht auch mit Unterstellungen und in bezug auf einen ganz unbestimmten Teilnehmerkreis –, alles zugegeben. Aber diese Mängel gehen nicht auf das Konto der sich hier durchsetzenden Prinzipien der Orientierung, sondern der technischen Schwierigkeiten, mit denen in hochkomplexen Gesellschaften die Verständigungswilligen zu kämpfen haben. Der von Vertretern der Systemtheorien immer wieder zu hörende Vorschlag, gegen derlei müsse man sich immunisieren, ist kein Ausweg, sondern produziert die Gefahr, daß gewaltsame Durchsetzung von Normen – zum absoluten Prinzip des Rechts erhoben – auf der einen Seite zu apathischer

---

16 Dieter Engels, *Hausbesetzung ist kein Hausfriedensbruch*, in: *Demokratie und Recht* 1981, S. 293 ff. (299); zu demselben Ergebnis gelangt – auf den Einzelfall abstellend – Heribert Ostendorf, *Strafbarkeit und Strafwürdigkeit von Hausbesetzern*, in: *Juristische Schulung* 1981, S. 640 ff. (641).

Normlosigkeit führt, auf der anderen Seite zu einer eigenartigen unheiligen Allianz nötigt.

Ähnliches kann man beobachten bei der Auseinandersetzung mit Rechtfertigungsgründen. Hier geht es – gleichviel ob man es aus der Perspektive der Hausbesetzer oder der Polizei sieht – um die Abwägung aktueller, isolierbarer, konkreter und feststehender Interessen auf der einen Seite, mit längerfristigen, in größeren Zusammenhängen stehenden, abstrakt bleibenden und noch schwer fixierbaren Interessen auf der anderen Seite. Lange hat es geheißen, solche Abwägungen seien gar nicht möglich. Später hat man gesagt, die Abwägung müsse immer zugunsten des Konkreten, Eindeutigen ausgehen, ewa im Laepple-Fall[17]: Die Flüssigkeit des Straßenverkehrs ist etwas sehr Anschauliches – Meinungsfreiheit, Entwicklung der Verkehrstarife etc. sind vage und müssen dahinter zurücktreten. Dann kam mit dem Fall Traube[18] die Umkehrung: Eindeutige, klar umgrenzte Hausrechte wurden in die zweite Linie gestellt wegen eines zwar großen, aber in seinen Konturen doch unklaren Risikos zukünftiger Schädigungen einer umbestimmten Zahl von Menschen. Im Falle der Hausbesetzungen sind nun beide Argumentationslinien präsent. Die Hausbesetzer berufen sich für die Verletzung konkreter, klar abgegrenzter Rechte auf die Notwendigkeit, allgemeine Mißstände der Bau- und Wohnungspolitik anzuprangern. Sie könnten sich dabei auf die Argumentation des Staates im Falle Traube berufen – aber gerade das werden sie sicher nicht tun wollen. Umgekehrt könnten die staatlichen Instanzen, wenn sie diese Rechtferti-

---

17 Dazu Heinz Giehring, *Verkehrsblockierende Demonstrationen und Strafrecht*, in: Klaus Lüderssen/Fritz Sack (Hg.), *Vom Nutzen und Nachteil der Sozialwissenschaften im Strafrecht*, Frankfurt/M. 1980, S. 613 ff.; Wolf-Dieter Narr, *Wer darf wann und wo und in welcher Form demonstrieren*, a. a. O., S. 573 ff.

18 Dazu Dieter de Lazzer/Dietwalt Rohlf, *Der »Lauschangriff«. Ist nachrichtendienstliches Abhören der Privatwohnung zulässig?*, in: *Juristenzeitung* 1977, S. 207 ff.

gungsversuche zurückweisen wollen, sich auf die Kritik am Verhalten des Staates im Falle Traube berufen – das ist auch sehr dilemmatisch. Die umgekehrte Frage – wie steht es mit den Rechtfertigungen, auf die sich die Polizei berufen kann, wenn sie bei den Räumungen gewisse Verletzungen in Kauf nehmen muß – führt zu nicht minder problematischen Denkmustern. Wenn die Polizei den konkreten Rechten der Hauseigentümer den Vorrang gibt, schwenkt sie zwar auf die alte Linie des Laepple-Falles ein. Wenn sie aber mit Rücksicht auf zu schlimme Krawalle und unabsehbare Folgen solchen Einschreitens dann wiederum Zurückhaltung übt, ist die andere, im Fall Traube zutage getretene Argumentationslinie am Zuge.

So schwankend diese Vorgänge sind, es ist kein Zweifel daran möglich, daß sie auf ihre Weise zur Konkretisierung des Rechts, also zur Dogmatik beitragen. Aber nicht in dem Stil, wie wir sie nach dem Vorbild der Savignyschen Auslegungsregeln gewohnt sind. Vielmehr sind es sehr subtile Verständigungsprozesse, die hier den Ausschlag geben. Daß sie sich der präzisen Fixierung noch entziehen – ebenso wie im Falle der Konkretisierung des Tatobjektes bei § 123 StGB –, bezeichnet das Problem. Wir befinden uns erst am Anfang einer Periode, in der man dazu übergeht, sich in der Dogmatik methodisch nichts mehr vorzugaukeln, und ob es der juristischen Argumentationstheorie à la longue gelingen wird, hier – wieder – sicheren Boden zu betreten, bleibt abzuwarten, kann jedenfalls von dieser Stelle aus nicht geklärt werden. Ganz bescheidene Anzeichen dafür, daß sich etwas tut, könnten die Beweisanträge auf Einholung demoskopischer Gutachten zur Klärung von Rechtsfragen sein, die jetzt hin und wieder gestellt werden und wozu es auch schon höchstrichterliche – ablehnende – Entscheidungen gibt. Hierzu wäre vieles – zunächst nur Kritisches – zu sagen, aber das kann hier nicht mehr geschehen. Es bleibt mir nichts anderes übrig, als darauf zu vertrauen, daß diese Andeutungen, so bruchstück-haft sie sind, die vorgetragene Rechtsgeltungskonzeption et-was besser beschreiben, als es der Vortrag abstrakter Prinzi-pien und allgemeiner Entwicklungslinien allein vermag.

Juristische Allgemeinbegriffe
und Demoskopie

I.

Elisabeth Noelle-Neumann weist am Schluß ihres Aufsatzes über Demoskopie und Rechtspraxis[1] darauf hin, daß die empirische Sozialforschung nicht nur mit Demoskopie, sondern auch auf dem Wege teilnehmender Beobachtung durch Laboratoriumsexperimente und Inhaltsanalysen Daten bereitstellt, die den Gang der Rechtspraxis beeinflussen können.[2] Und diese Rechtspraxis umfaßt natürlich auch mehr als nur die Konkretisierung juristischer Allgemeinbegriffe. Ich werde mich an dieser Stelle auf die Frage beschränken, wie sich juristische Allgemeinbegriffe und Demoskopie zueinander verhalten.

Demoskopen wählen die Rechtsprobleme, zu deren Lösung sie etwas beitragen, nicht aus; vielmehr werden ihnen Fragen vorgelegt. Nicht von der Demoskopie zu juristischen Begriffen ist also eine Beziehung zu konstruieren, sondern umgekehrt. Schon in der Wahl dieser Ausgangsposition sehen Sozialwissenschaftler im Zweifel einen verfehlten Schritt, wie einige monita Noelle-Neumanns zeigen.

Noelle-Neumann beginnt mit der Rüge, daß der Richter die Fragen diktiere, »die an die Befragten gerichtet werden sollen«.[3] Der Jurist entlasse auch »äußerst ungern eine Programmfrage«, die er stelle, »aus seinem Kontrollbereich«[4],

1 In: *Generalklauseln als Gegenstand der Sozialwissenschaften* (*Schriften der Vereinigung für Rechtssoziologie* Band 1), hg. v. Winfried Hassemer u. a., Baden-Baden 1978, S. 37 ff.
2 A. a. O., S. 49 f.
3 A. a. O., S. 38.
4 A. a. O., S. 39.

zum Beispiel, indem sie in eine – nur indirekt zu Ergebnissen führende – Vergleichs- oder Symptomfrage umgewandelt werde.[5] Weiter verzichte er ungern auf die Möglichkeit, Anschlußfragen zu stellen, obwohl die »Sequenz von Frage und Anschlußfrage in der Demoskopie nicht möglich« sei.[6] Er liebe im übrigen die offene Frage, obwohl gerade sie die »stärksten Einflüsse des Interviewers« zulasse[7] und sei gegen »Mehrthemen-Umfragen«, obwohl sie Ausstrahlungseffekten von der Antwort auf eine Frage auf folgende Fragen und Ermüdungseffekten vorbeuge.[8] Auch fordere der Jurist immer wieder, daß die Untersuchungsanordnung der Wirklichkeit möglichst ähnlich sei. Für den Demoskopen aber müsse der Test geeignet sein, auf die Wirklichkeit zurückzuschließen.[9] Am weitesten geht der Vorwurf, der Jurist interessiere sich nicht für Häufigkeiten, sondern nur für »richtig oder falsch«.[10]

Diese Einwände werden, ohne daß das Wort fällt, sämtlich im Namen einer Forschungslogik erhoben, die bestimmte Methoden zur Erzielung gültiger Ergebnisse vorschreibt. Die Überzeugungskraft dieser Methoden entfaltet sich aber nur ganz, wenn derjenige, dem sie präsentiert werden, sicher sein kann, in Bezug auf das, was er erfahren möchte und warum er es erfahren möchte, richtig verstanden worden zu sein. Diese Verständigung bleibt aus, wenn der Sozialforscher glaubt, solange er »wertfrei« arbeite, d. h. sich darauf beschränke, Meßfehler und Meßlücken zu vermeiden, brauche er sich um die Prämissen nicht zu kümmern.[11] Außerdem kommt es zu

5 A.a.O., S. 39 ff.
6 A.a.O., S. 39.
7 A.a.O., S. 44.
8 A.a.O., S. 45.
9 A.a.O., S. 41.
10 A.a.O., S. 43.
11 Nach der Devise: »Das überlassen wir den Politikern« (s. Nachweise in Klaus Lüderssen, *Erfahrung als Rechtsquelle*, Frankfurt/M. 1972, S. 73) – hier den das

Mißverständnissen, wenn der Sozialforscher – bewußt oder nicht bewußt – von anderen Prämissen ausgeht als der Jurist, mit anderen Worten, Wertungsdifferenzen bestehen. In beiden Hinsichten hat Noelle-Neumann Schwierigkeiten mit den Juristen.

Ihre Behauptung, daß die Juristen Forschungsregeln der Demoskopie ignorieren oder gar durchkreuzen, hängt in der Luft, weil sie weder die Prämissen der Juristen noch die Prämissen der Demoskopen mitteilt. Dieser Zwischenschritt ist unentbehrlich, denn ein Totalinventar kann und will der Demoskop ebensowenig erheben, wie die Juristen es erwarten. Vielmehr wird – nach vorweg angenommenen Relevanzen – selektiert. Daß die Juristen so verfahren, steht fest. Sie selbst wissen es, und den Sozialforschern ist es ebenfalls bekannt. Weniger ins allgemeine Bewußtsein getreten ist, daß auch die Sozialforscher selektieren, daß es also auf Verschleierung hinausläuft, wenn sie sich auf »Wertfreiheit« und Gültigkeit ihrer Methoden zurückziehen. Wird das im Einzelfall nicht aufgeklärt, so fehlt eine Voraussetzung für die Prüfung, ob eine fruchtbare Zusammenarbeit stattfindet.

Gegen Ende des Textes von Noelle-Neumann wird allerdings etwas deutlicher, welche Zielsetzungen in demoskopische Arbeit eingehen. Im Rahmen der Auseinandersetzung mit der den Juristen zugeschriebenen Auffassung, »Umfrageerforschung erforsche nur Meinungen«[12], ist von »sozialen

Recht konkretisierenden Rechtspolitikern, die in Justiz und Verwaltung ebenso zu finden sind wie in der Legislative. »Daß der Richter jedenfalls bei der Interpretation sogenannter wertausfüllungsbedürftiger Rechtsbegriffe (...), darüber hinaus bei sogenannten Generalklauseln und bei der Entscheidung von Fällen im gesetzesfreien Raum rechtsschöpferisch tätig wird und damit – insbesondere bei sogenannten Grundsatzentscheidungen – legislatorische Funktionen wahrnimmt, wird heute kaum noch ernsthaft bestritten« (Ernst Benda, *Demoskopie und Recht*, in: *5. Jahrbuch der öffentlichen Meinung*, 1972, S. XXIX ff. (XXXI); s. weitere Belege bei Klaus Lüderssen, *Wie rechtsstaatlich und solide ist ein sozialwissenschaftliches Grundstudium?*; in: *Juristische Schulung* 1974, S. 131 ff. (132, Anm. 11).

12 A.a.O., S. 45.

Normen« die Rede.[13] Man kann mit Juristen schwerlich über soziale Normen verhandeln, ohne irgendeine Vorstellung davon zu haben, welchen »Stellenwert« sie im Gefüge der juristischen Normen haben könnten. Eine systematische und einigermaßen umfassende Orientierung darüber wird aber nicht gegeben. Lediglich bei Gelegenheit der Schilderung eines Umfrageverfahrens, das eine besonders brisante Thematik (lebenslängliche Freiheitsstrafe) betrifft, wird eine Position sichtbar. Denn im Anschluß an die Mitteilung des Umfrageergebnisses – 77 Prozent für Beibehaltung der lebenslangen Freiheitsstrafe, 14 Prozent für ihre Abschaffung – heißt es: »Dahinter steht, daß ein Zuwiderhandeln gegen diese Überzeugung der Bevölkerung eine ernstliche Gefährdung insofern bedeuten würde, als der Einzelne sich in einem solchen Staat nicht aufgehoben fühlt. Ein solcher Staat wird eben fremd, und zwar deswegen, weil eine der stärksten, ernstesten Sorgen, die unsere Bevölkerung von Jahr zu Jahr zunehmend beschäftigt, das Gefühl der Bedrohung durch Kriminelle ist. Das heißt also, ein schwerer Druck, wir können sagen, ein psychisches Leiden liegt in diesem Bereich und es ist die Frage, wie weit der Staat auch in solchem Zusammenhang hier in einem Kontakt mit der Bevölkerung neben der Diskussion der Rechtsfragen seinen Wirklichkeitsbezug zu wahren, und ein zu weites Auseinandergleiten dieser Elemente zu verhindern hat«.[14] Diese Sätze enthalten eine Stellungnahme zur Legitimität staatlicher Normen und staatlichen Handelns. Noelle-Neumann nimmt hier einen sehr dezidierten, ernstlich zu diskutierenden Standpunkt ein. Was bedeutet das für die Fülle der anderen, weniger offensichtlich legitimationsbedürftigen Rechtsentscheidungen, denen die Demoskopie zuarbeitet? Hier ist man auf Vermutungen angewiesen: Entweder Noelle-Neumann übersieht, daß sich

13 A. a. O., S. 48.
14 A. a. O., S. 49.

für den Juristen durchweg – auch wenn er »nur« Recht »auslegt« – die Legitimationsfrage stellt.[15] Oder ihre aus Anlaß der Diskussion der lebenslangen Freiheitsstrafe erfolgte Stellungnahme zur Kriminalpolitik ist »hochzurechnen«. Beide Alternativen sind gleichermaßen unbefriedigend. Die erste ist es deshalb, weil sie zu der Folgerung nötigt, daß Noelle-Neumann die elementaren Fragen der Juristen nicht versteht, die zweite, weil sie den Blick auf zahlreiche Differenzierungen versperrt, zu ganz unvertretbaren Verallgemeinerungen zwingt. Geht man mit den Vermutungen noch ein wenig weiter, so spricht viel dafür, daß die beiden Alternativen ungeschieden nebeneinander hergehen, Unwissenheit und normatives Vorurteil (weniger aus typisch sozialwissenschaftlicher Sicht – etliche Sozialwissenschaftler würden hier nämlich widersprechen – als aus merkwürdig unbefangener, vom Wissenschaftsbetrieb losgelöster allgemeiner staatsbürgerlicher Empfindung)[16] in unklarer Mischung zusammenwirken. Das ist keine gute Grundlage für die notwendigen Verständigungsprozesse.

Machen es die Juristen besser? Gunther Teubner[17] skizziert seine Ausgangsbasis so, daß eigentlich kein Zweifel aufkommt. Es geht ihm darum, die bei der Konkretisierung von juristischen Allgemeinbegriffen wirksam werdenden Selektionsmechanismen herauszufinden, und zwar sind nach seiner Auffassung nicht nur »empirische Modelle in Generalklauseln hochselektiv«[18], sondern auch alle anderen Konkretisie-

---

15 Vgl. Anm. 11.

16 Man stößt häufig auf derartige Parallelführungen; bei Psychoanalytikern z. B. haben die Vorstellungen über den normativen Rahmen ihres Krankheitsbegriffs selten etwas mit Wissenschaft zu tun. Bei den Juristen, die natürlich au fond in dieser Hinsicht keineswegs besser dastehen, ist beispielsweise der selbstherrliche Kunstbegriff, mit dem sie in – attackierten Büchern und Filmen geltenden – Strafprozessen hantieren, der wunde Punkt.

17 Gunther Teubner, *Generalklauseln als sozionormative Modelle*, in: *Generalklauseln als Gegenstand der Sozialwissenschaften*, a. a. O. (Anm. 1), S. 13 ff.

18 A. a. O., S. 30.

rungsinstrumente. Das ist allerdings eine Schlußfolgerung, da Teubner die Selektivität der den empirischen Modellen zugesellten prospektiven und operationalen Modelle nicht ausdrücklich erwähnt. Was das operative Modell angeht, so bezeichnet er es als das Modell mit dem höchsten Verkürzungsgrad und der stärksten Manipulation[19]; an anderer Stelle ist von der Variabilität der Konditionierungsdichte die Rede.[20] Über das prospektive Modell fehlen entsprechende Aussagen. Könnte man die nicht als empirisch bezeichneten Modelle normativ nennen, so gäbe es keine Schwierigkeit; denn daß im normativen Bereich selektiert wird, bedarf keiner weiteren Darlegung. Aber es ist nicht ganz sicher, ob diese Interpretation Teubner gerecht wird. Generalklauseln sind – nach Teubner – »in modelltheoretischer Sicht (...) definiert als (...) sozio-normative Modelle.«[21] Auf welche Teile der Kombination der drei Submodelle die normativen Momente entfallen, bleibt ungesagt. Daß Teubner jedenfalls nicht etwa auf der Basis eines Wertempirismus operiert, ergibt sich aus der eindeutigen Abweisung der Auffassung, Generalklauseln seien reine Verweisungsnormen auf »social facts«, also »etwa auf statistische Handlungsregelmäßigkeiten und professionelle Rollen, auf gesellschaftliche Institutionen«.[22] Andererseits ist es irritierend, daß Teubner gerade die in erster Linie interessierenden Methoden der Demoskopie in seiner Modellkonzeption nicht eindeutig und durchgehend lokalisiert. Er weist zunächst darauf hin, daß gemäß einer »direkt-demokratischen Variante (...) die Richter auf die Meinung der beteiligten Verkehrskreise notfalls mittels demoskopischer Umfragen rekurrieren« sollen, während »in der repräsentativ-demokratischen Variante (...) die gerecht

19 A.a.O., S. 23.
20 A.a.O., S. 31.
21 A.a.O., S. 15.
22 A.a.O., S. 16.

und billig Denkenden mit den Richtern als ›organisierten Meinungsträgern‹ identisch seien.«[23] Daran schließt sich die Erwägung, daß »die Formulierung der Generalklauselproblematik im Rahmen komplexerer Demokratietheorien (...) beide Alternativen als plebiszitäres, beziehungsweise als elitäres Mißverständnis zurückweisen« könnte. Die Passage endet mit der Bemerkung, daß auf dieser Basis »Steigerung von Bedürfnissensibilität des Rechtssystems (...) das vorrangige Kriterium« darstelle.[24] Wer diese Kriterien wählt, ruft nicht Fakten ab, bezieht sich auch nicht auf soziale Normen, sondern nimmt eine Legitimation in Anspruch. Für deren Begründung muß man, da das Referat Teubners hier endet, den Kontext bemühen. Dort indessen ist die Rede von Kriterien der Selektivität, die sich für die Submodelle aus den zwischen ihnen bestehenden Relationen ergeben.[25] Ausgeführt wird das aber nur für die Kriterien der Selektivität des empirischen Modells in Generalklauseln.[26] Diese Beschränkung ist – angesichts dessen, daß die normativen Modellgehalte nicht näher bestimmt werden – an sich ganz folgerichtig, und man könnte sich daher mit ihr abfinden, wenn nicht Teubners dezidierte Abweisung einer nur auf empirische Modelle gestützten Konkretisierung juristischer Allgemeinbegriffe gleichsam im Raum stünde und außerdem einige Stellen in seinem Referat anzeigten, daß er die normative Problematik durchaus mitbedenken wollte. Denn er wendet sich gegen die mißverständliche Verquickung des notwendigen Transfers »gesellschaftlicher Wertvorstellungen in das Rechtssystem mit der Rechtsquellenfrage, also mit der Differenz von Norm und Geltung«.[27] Es ist die Frage, bei wem das Mißverständnis

23 A.a.O., S. 33 f.
24 A.a.O., S. 34.
25 A.a.O., S. 30 ff.
26 A.a.O., S. 30 ff.
27 A.a.O., S. 20.

liegt. Wer sich ernsthaft gegen die These wendet, daß Generalklauseln nur auf empirische Modelle verweisen, kann nicht umhin, sich die Frage zu stellen, ob gesellschaftliche Wertvorstellungen etwas beitragen zur Geltung von Rechtsnormen. Wenn die sozialen Normen nicht nur Gegenstand eines rezipierenden Verweises sein sollen, müssen sie in einer legitimierenden Funktion akzeptiert werden, es sei denn, der normative Bereich der Generalklauseln könne mit etwas ganz anderem gefüllt werden. Hier stockt aber jeder, der die erkenntnistheoretischen sowie die politischen, das heißt aus der Einsicht in die Verführbarkeit durch die Macht[28] geborenen Zweifel am Natur- oder Vernunftrecht durchlitten hat. Liest man, was Teubner zwei Seiten später über »Entwicklungstendenzen« und »Prognosen« schreibt, so findet die Vermutung, daß er in der Einschätzung der normativen Sphäre unsicher ist, ihre Bestätigung. Die Entwicklungstendenzen erscheinen im Rahmen des empirischen Modells als Bestandteil der »Vorstrukturierung des Normbereichs«, die »Prognosen« indessen werden erfaßt vom prospektiven Modell.[29] Daß Prognosen mit Blick auf Entwicklungen abgegeben werden, kann leicht plausibel gemacht werden. Und daß Entwicklungstendenzen nicht einfach abgelesen[30], sondern aufgrund von (wertungsabhängigen) Vorverständnissen beurteilt werden, lehrt die jahrhundertealte Historizismusdebatte.[31]

28 Man gibt für Natur oder Vernunft aus, was eigentlich einem vitalen Interesse – das kann auch ein »Klasseninteresse« sein – entspringt.

29 A. a. O., S. 32.

30 Wie das etwa einer vulgären Spielart des historischen Materialismus vorgeschwebt hat; s. dazu Alfred Schmidt, Einleitung zu: *Beiträge zur materialistischen Erkenntnistheorie*, Frankfurt/M. 1968, S. 110 ff. (115).

31 S. dazu die Nachweise bei Klaus Lüderssen, *Strafrecht und Dunkelziffer*, in: Klaus Lüderssen/Fritz Sack (Hg.), *Abweichendes Verhalten* I, Frankfurt/M. 1975, S. 244 ff., 254 (Anm. 48-60); ferner ders., Einleitung zu: Klaus Lüderssen/Fritz Sack (Hg.) *Abweichendes Verhalten* II, Frankfurt/M. 1975, S. 10 (Anm. 24-26), 21 (Anm. 97).

II.

So bleibt nichts anderes übrig als der Versuch, die Problematik der Legitimation von Rechtssätzen, die im Zuge der Konkretisierung juristischer Allgemeinbegriffe entwickelt wird, noch einmal systematisch aufzurollen. Vielleicht können auf diese Weise die interessanten und umsichtig abgestuften Distinktionen Teubners auch für den normativen Bereich nutzbar gemacht werden. Außerdem ist zu hoffen, daß sich die bei Noelle-Neumann unklar gebliebenen Relationen zwischen Legitimation und juristischer Verwertung demoskopischer Forschungen genauer bestimmen lassen.

1) Es handelt sich um die Frage, ob die in den Generalklauseln enthaltenen oder von ihnen intendierten Konzeptionen präzisiert werden können. Diese Konzeptionen unterscheiden sich von Verweisungen dadurch, daß sie für den Inhalt der Generalklausel eine konstitutive Funktion haben. Man kann den Unterschied zur Verweisung besonders klar sehen, wenn man sich die Bereiche vor Augen hält, in denen Recht – bezogen auf Sozialnormen – innovierend eingreift, sozialer Wandel also durch Recht eingeleitet wird.[32] Konzeptionelle Konkretisierungen juristischer Allgemeinbegriffe zeigen mit besonderer Deutlichkeit, welche Legitimationsprobleme Noelle-Neumann und Teubner offengelassen haben. Es wäre voreilig, ohne Umschweife von der Legitimationsbedürftigkeit eines Wertungsprozesses zu sprechen. Wie auch immer Wertungen letzten Endes zustande kommen – es geht ihnen vieles voraus, was diesen Namen nicht verdient. Dazu gehören zunächst die Entscheidungen, die sich beim näheren Zusehen in Zweck-Mittel-Ketten auflösen.[33] Weiter-

---

32 S. dazu Klaus Lüderssen, *Erfahrung als Rechtsquelle*, a. a. O., S. 9 mit Nachweisen.

33 Ausführlicher dazu Lüderssen, a. a. O., S. 69-76; kasuistische Darlegung an Hand der Konkretisierung des juristischen Allgemeinbegriffs »Beschränkung des Wettbewerbs« in § 1 GWB: Lüderssen, a. a. O., S. 109-133.

hin lassen sich aus den – im landläufigen Sinne verstande-
nen – Wertungsprozessen Klärungen ausscheiden, die (sozial)psychologisch zu begreifende Ausgangspositionen und
Entscheidungsattitüden betreffen.[34] Auf diesen Wegen kann
erfahrungsgemäß ein großer Teil als Wertungsdifferenzen
aufgefaßter Kontroversen erledigt werden. Die Legitimationsfrage ist insoweit identisch mit der Frage nach den angemessenen Methoden zur Bewältigung der in den Wertungsprozessen auftauchenden Sachgehalte, und hier bringen die
von Teubner in die Diskussion gebrachten Modelle sicher
wichtige Spezifizierungen und Ausdifferenzierungen. Was
aber den Rest angeht, also die unreduzierbaren, sich als Wertungen im engeren Sinne darstellenden Aussagen, so wird es
schwierig. Da sich die Frage im Rahmen des Generalklausel-
problems erhebt, ist der Ausweg auf Ableitung aus der Norm
selbst versperrt. Zu denken ist freilich an Ableitung aus
höherrangigen Normen, etwa Verfassungsnormen. Aber
selbst wenn das in einigen Fällen möglich sein sollte, für das
Gros der Fälle scheidet diese Lösung aus, denn die Verfassungsnormen sind ja ihrerseits größtenteils Generalklauseln,
das Problem würde also nur auf eine andere Ebene geschoben. Weitere Gedanken über »Ableitung« kann sich nur machen, wer jenseits der Verfassung feststehende – und hinreichend konkrete – Wertungen glaubt mobilisieren zu können.
Indessen ist die Aussicht auf Vorschläge, die auf dieser Basis
durchgesetzt werden können, nicht eben groß.[35] Hier beginnt
nun das Problem. Denn blanker Dezisionismus soll ja auch
nicht stattfinden – anderenfalls erübrigt sich jedes weitere
Wort, auch der bereits gemachte Aufwand wäre entbehrlich.

2) Die moderne Legitimationsdiskussion wendet sich daher mehr und mehr einer Betrachtungsweise zu, die vor allem
darauf abstellt, daß rechtliche Begründungen von den Adres-

---

34 Ausführlicher dazu Lüderssen, a. a. O., S. 76-78.
35 Vgl. schon oben S. 150.

saten akzeptiert werden können. Freilich haben nicht die Juristen, sondern Sozialwissenschaftler hier erneut die Initiative ergriffen.[36] Keineswegs handelt es sich um unangefochtene Positionen; eine starke, auf Kelsen ebenso wie auf Luhmann gestützte Gegenströmung existiert[37], unterstützt durch Skeptiker, die ein konsensorientiertes Recht mit Blick auf mächtige Institutionen und in ihrer Funktion festliegende Strukturen für illusionär halten.[38] Doch zum mindesten um der Arbeitsmöglichkeiten willen, die sich vielleicht durch die Demoskopie eröffnen, möchte ich vorschlagen, die mit den Anerkennungstheorien verknüpfbare Legitimationsbasis einmal näher anzuschauen. Denn wenn auf dieser Basis Konsense in den Rang einer für Legitimation relevanten Größe rücken, spielen Verfahren, die helfen können, solche Konsense zu ermitteln, eine höchst bedeutsame Rolle.

Der gegenwärtige Diskussionsstand[39] ist vor allem von Zweifeln darüber beherrscht, ob man es bei den Anerkennungstheorien eigentlich mit empirischen Theorien oder aber mit praktisch-politischen (also nur postulatorischen) Programmen zu tun habe. Es ist in der Tat für alles weitere wichtig, hierüber Klarheit zu erlangen.

Die Auflistung der abzuschätzenden Posten ergibt eine Gemengelage, für deren Analyse zunächst kein anderer Weg sich zu öffnen scheint als die mehr oder weniger traditionelle Unterscheidung zwischen erfahrbaren Momenten und wertenden Aussagen. Das Empirismusproblem läßt uns also, obwohl jetzt gerade der nicht durch die empirischen Modelle

---

36 S. dazu Klaus Lüderssen, Einleitung zu: Klaus Lüderssen/Fritz Sack (Hg.), *Abweichendes Verhalten III*, Frankfurt/M. 1977, S. 15-18; dort ist auch dargelegt worden, welche – phasenverschobenen – Parallelen zu älteren juristischen Legitimationslehren – zu den »Anerkennungstheorien« nämlich – bestehen.
37 Näheres mit Belegen in: Lüderssen, Einleitung zu: *Abweichendes Verhalten II*, a. a. O., S. 19.
38 Näheres mit Belegen: a. a. O.
39 Vgl. dazu: a. a. O., S. 14-29 mit Belegen.

abgedeckte Bereich der Generalklausel interessiert, noch immer nicht los. Für die Auffassung, daß Recht qua Anerkennung gilt, wird auf die »Rechtstatsache« Bezug genommen, daß die Menschen sich im Grunde nur nach von ihnen akzeptierten Normen richten. Diese Auffassung wiederum wird darauf gestützt, es gehöre in einem System sozialer Normen zum Grundmuster der Interaktion, daß die Beteiligten Begründungen erwarten. »Rechtstatsachen« zählen gemeinhin zu den Gegenständen der empirischen Rechtssoziologie; die Programmierung auf Begründungen jedoch wird teils als transzendentales a priori der Kommunikationsgemeinschaft[40], teils als empirischer Forschung zugängliches Phänomen[41] genommen. »Gelten« schließlich läßt sich noch einmal von »gelten sollen« abheben, ohne daß man mit Sicherheit sagen kann, darin drücke sich der Unterschied zwischen Erfahrbarem und Wertung aus. Denn die Beziehung zwischen der Feststellung, daß Menschen sich nach von ihnen akzeptierten Normen richten, und dem Satz, daß Rechtsnormen unter dieser Voraussetzung gelten, ist vielleicht nicht nur explikativ; vielmehr steckt in der Behauptung »... daher gilt eine Norm« möglicherweise auch ein Anspruch, im Grunde bereits eine Bewertung. Eine Überprüfung dieser Vermutung hätte von der Frage auszugehen, ob sich aus der Aussage: »eine Norm gilt«, Folgerungen ergeben, die nicht nur auf die Tatsache zurückführen, daß Menschen sich lediglich nach von ihnen akzeptierten Normen richten.

Man braucht also vorerst nicht einmal die prinzipiellen Zweifel an der Scheidung von »Sein und Sollen« zu mobilisieren[42], um jetzt schon zu sehen, daß jedenfalls eine nicht

40 Karl Otto Apel, *Transformation der Philosophie* Band 2, Frankfurt/M. 1973, S. 414; 424/425.
41 Jürgen Habermas, *Was heißt Universalpragmatik?*, in: Karl Otto Apel (Hg.), *Sprachpragmatik und Philosophie*, Frankfurt/M. 1976, S. 174 ff. (S. 201 ff.).
42 Hierzu Hubert Rottleuthner, *Marxistische und analytische Rechtstheorie*, in:

weiter differenzierende Verwendung von empirischer und wertender Betrachtungsweise hier versagt. Vielmehr ist es nach den bisherigen Überlegungen erforderlich, vier Typen von Aussagen auseinanderzuhalten.

– Beobachtung kausaler Prozesse: Wer richtet sich wonach, akzeptiert, erkennt an etc., erwartet Begründungen.

– Fixierung anthropologischer oder sozialpsychologischer aprioris.

– Festlegung einer Bedeutung (mit praktischen Konsequenzen): z. B. Geltung liegt vor, wenn Normen anerkannt sind.

– Erhebung von Forderungen: Geltung soll gegeben sein, wenn …

Für den ersten und den vierten Typus von Aussagen stehen anerkannte Rubrizierungen – empirische Hypothese, beziehungsweise rechtspolitische Forderung – bereit, die zweite und dritte hingegen lassen sich in diesen Rahmen nicht ohne weiteres einordnen. Die Problematik der aprioris können wir zunächst wohl ausklammern, nicht aber die Festlegung von »Geltung«. Dies ist vielmehr das zentrale Problem.

Abzuweisen ist der Versuch, seine Lösung sei ausschließlich auf der Ebene der sprachlichen Vermittlung zu suchen. Es handelt sich nicht nur um eine »empirische Behauptung über unsere Sprachverwendung (…) nach der es zur Bedeutung des Begriffs ›geltende Rechtsnorm‹ gehört, daß diese Norm anerkannt ist.«[43] Wer »Geltung« behauptet, möchte daran Konsequenzen knüpfen. Eine Norm, die gilt, soll sich – irgendwie – durchsetzen. Die Aussage ist also keineswegs nur interpretierender Natur. Indessen werden durch sie nunmehr Mißverständnisse – und zwar gleich nach zwei Seiten hin – heraufbeschworen. Durchsetzen – heißt das nicht auch,

ders. (Hg.), *Probleme der marxistischen Rechtstheorie*, Frankfurt/M. 1975, S. 159 ff. (S. 175 ff.).

43 Michael Baurmann, *Anerkennungstheorien des Rechts*, Frankfurt/M. 1976 (Manuskript) S. 2.

gegebenenfalls gegen den Willen der Adressaten, und ist damit nicht die Vorstellung, daß Recht qua Akzeptanz gilt, aufgegeben? Ferner: Deutet das Prädikat »Sollen« nicht darauf hin, daß eine Forderung erhoben wird, und ist damit das ganze Problem nicht bereits endgültig auf die Wertungsebene geschoben? Die Schwierigkeit, diese Mißverständnisse zurückzuweisen, ist nahezu identisch mit dem, was hier geklärt werden soll. Wenn einmal weder kausale Prozesse noch lediglich sprachliche Verständigung gemeint sind, und andererseits nicht nur auf etwas hingewiesen werden soll, das erst erstrebt wird, sondern auf etwas, das bereits existiert, dann bleibt zunächst nur die Vermutung übrig, daß es sich bei der »Festlegung einer Bedeutung mit praktischen Konsequenzen« – so die dritte Ausgangsthese – um einen den gängigen Rubrizierungen widerstrebenden Definitionsvorgang handelt. An dieser Stelle erhebt sich die Frage, ob »Geltung« leichter fixiert werden könnte, wenn sie nicht an Anerkennung geknüpft, sondern in etwas anderem gesehen würde. Man kann nun ohne weiteres annehmen, daß in diesem Falle (möglicherweise erst recht) mindestens auch »Durchsetzbarkeit« zur Geltung gehören würde. Damit steht aber schon fest, daß wir es wiederum weder mit einer Beschreibung noch mit einer Wertung zu tun hätten. Es geht also gar nicht, wie zunächst vermutet, nur darum, in Bezug auf empirische und bewertende Betrachtungsweise zu differenzieren; vielmehr scheint der Kern der Sache jenseits davon zu liegen. Prüft man, was hier Beschreibung und Wertung gleichermaßen ausschließt, so kommt man – übereinstimmend für alle Geltungsbegriffe – auf die daran geknüpften jeweils gegenwärtigen praktischen Folgen. Womöglich genügt das als Ausgangspunkt und bedarf es keiner zusätzlichen positiven Kategorisierung, nachdem die Abgrenzung gegenüber den nicht einschlägigen Kategorien (Beschreibung und Bewertung) vollzogen ist. Gleichwohl sollte der Versuch, eine genauere positive Bestimmung vorzunehmen, nicht von vornherein unterlassen werden.

Es handelt sich um eine Aussage über einen Zustand (freilich vielleicht auch über eine Entwicklung). Da die bloße Sammlung von Daten diese Aussage nicht trägt, sondern ein Urteil hinzukommen muß – etwa: welchen Durchsetzungsgrad einer Rechtsnorm man genügen läßt, um zu sagen, eine Rechtsnorm gilt, oder welche formalrechtlichen Voraussetzungen erfüllt sein müssen (zum Beispiel Zuständigkeit der die Norm erlassenden Stelle) –, kommt es darauf an, den Charakter dieses Urteils näher zu bestimmen.

Hierfür muß vielleicht noch eine weitere Unterscheidung eingeführt werden. Bei den bisher in diesem Text angestellten Versuchen, die Festlegung der Bedeutung von »Geltung« zu substantiieren, sind diejenigen Momente, die zu den Bedingungen für Geltung gehören, von denen, welche die spezifische Aussage »Geltung« charakterisieren, nicht getrennt worden. Die Möglichkeit einer solchen Trennung muß geprüft werden, ehe man darauf antwortet, daß es sich insoweit um dasselbe handele. Kelsen etwa meint, mit Geltung komme zum Ausdruck: »Irgendetwas soll oder soll nicht sein oder getan werden.«[44] Er gesteht sodann zu, daß »ein Minimum an sogenannter Wirksamkeit (...) eine Bedingung« der Geltung von Rechtsnormen sei.[45] Danach wäre einmal das Urteil zu charakterisieren, daß irgend etwas sein soll etc., zum anderen das Urteil, daß die Bedingungen für die Richtigkeit dieser Aussage erfüllt seien. Nach dem bereits Gesagten scheint es ausgeschlossen, daß das zweite Urteil auf eine empirische Behauptung hinausläuft; die Kriterien dafür, welche Bedingungen man genügen lassen könnte und welche nicht, erschöpfen sich nicht in erhebbaren Daten. Was das erste Urteil angeht, so kann erst recht nicht von einer empirischen Behauptung

44 Hans Kelsen, *Reine Rechtslehre*, 2. Auflage, Wien 1960, S. 10.
45 Kelsen, a. a. O.

die Rede sein. Kelsen sieht hier eine unreduzierbare Definition.[46] Wer sich damit nicht zufrieden geben will, also nach Maßstäben für das Urteil, »dieses soll sein etc.« sucht, stößt dabei zunächst auf eben die Maßstäbe, die für die Auswahl und Bewertung der Bedingungen für Geltung in Frage kommen, also wiederum auf Intensität und Breite der Durchsetzbarkeit (rechnet man zu den Bedingungen der Durchsetzbarkeit auch Akzeptanz, so wird auch auf diese Weise die mögliche Beziehung zwischen Genese von Rechtsgeltung und Rechtsinternalisierung sichtbar) oder auf die formal-rechtlichen Voraussetzungen der Zuständigkeit der erlassenden Stelle. Diese beiden Kriterien bezeichnen also nicht die Unterscheidung zwischen Geltung und Wirksamkeit, sondern treten im Rahmen der Bedingungen für Geltung auf. Es kommt also – will man den Gedanken Kelsens, daß die Kategorie Geltung nicht weiter reduzierbar sei, überwinden – darauf an, jenseits dieses Rahmens Maßstäbe zu finden. Allerdings steht zu vermuten, daß die Unterscheidung zwischen Geltung und ihren Bedingungen keine andere praktische Bedeutung hat, als Spannungen zwischen den Kriterien der Zuständigkeit für Normsetzung und der Durchsetzung von Normen zu fixieren. Ich sehe im Grunde vorerst keine Veranlassung, der Frage, wie man die Bedeutung von Geltung unabhängig von ihren Bedingungen genauer herleiten könnte, weiter nachzugehen. Es bleibt danach bei der Konzentration – wie es jetzt präzise heißen muß – auf die Bedingungen der Geltung. Wer den Standpunkt vertritt, zu diesen Bedingungen gehöre nur, daß die Normsetzung unter Einhaltung bestimmter Zuständigkeiten erfolgt, muß den Prozeß zu charakterisieren versuchen, durch den diese Zuständigkeiten sich darstellen und ausgefüllt werden. Dieses Geschäft unterliegt den allgemeinen Voraussetzungen, unter denen Recht konkretisiert wird. Wir wissen inzwischen, daß

46 A. a. O.

Ableitungslogik, Datenerhebung, Wertungsprozesse dabei in schwer entwirrbarer Mischung im Spiel sind.[47] So gesehen würde an der Frage nach dem Charakter des Urteils über die Bedeutung von Rechtsgeltung gar nichts Besonderes sein, einschließlich der Elemente von Konsensorientierung, die im Bereiche der Dogmatik längst ihren festen Platz haben.[48] In völliger Reinheit wird diese Position nicht vertreten. Der Versuch, die Aussagen zu sammeln, die – auf dem Hintergrund der Konsensorientierungen – zur Festlegung der Bedeutung von Geltung führen, ist also nicht nur von der in diesem Text eingenommenen Position aus wichtig. Diese Position unterscheidet sich von der sozusagen zuständigkeitsorientierten Position bei Licht besehen nur durch das Maß der Konsensorientiertheit. Wie sehr die Positionen dabei zusammenwachsen können, wird an der Unbefangenheit deutlich, mit der bereits konsensorientierte Dogmatik betrieben wird.[49] Jedenfalls hat die Einbeziehung der primär nicht an Anerkennung orientierten Geltungstheorie in die Versuche, den Prozeß der Festlegung der Bedeutung von Geltung zu charakterisieren, deutlich gemacht, daß der Charakter des Festlegungsprozesses auch im Falle der hier interessierenden Anerkennungstheorien cum grano salis demjenigen gleichzusetzen ist, der allgemein die Rechtskonkretisierung ausmacht. Damit ist auch die Basis geschaffen für die Klärung des Verhältnisses dieser Aussagen zu den anderen drei eingangs genannten Aussagetypen. Eine genauere Bilanzierung der geltungsrelevanten Daten und Theorien kann also nicht, wie anfangs vermutet, auf dem Wege der schlichten Unterscheidung zwischen empirischen und wertenden Momenten geleistet werden. Vielmehr sind

47 S. hierzu die Belege bei Klaus Lüderssen, *Abweichendes Verhalten II*, a. a. O., S. 215 ff. (S. 226 ff., dort vor allem Anm. 11).
48 A. a. O., S. 216 ff.
49 A. a. O.

die Legitimationsprobleme ebenso kompliziert wie die allgemeinen Rechtskonkretisierungsprobleme, möglicherweise mit ihnen identisch.

3) Das bedeutet, daß die *systematische* Formulierung des Rechtsgeltungsproblems gar nicht möglich ist ohne die Berücksichtigung der wichtigsten Ingredienzen der modernen Rechtsentwicklung. Sie ist durch die Diskussion über eine Reihe offener Fragen gekennzeichnet.

a) An der Spitze steht das »Adressatenproblem«.[50] Sollen die Rechtsnormen nicht nur an Behörden oder Institutionen, sondern an alle Bürger adressiert werden?[51]

Wer einen Rechtssatz setzt, tut das auf der Basis von – natürlich unterschiedlich starker – Macht. Aber er beschränkt die Macht in dem Maße, wie er selbst an die von ihm ausgesprochene Regel gebunden ist. Wird diese Bindung ihrerseits nur durch Macht garantiert, so ist der Rechtssatz ein Teil des technischen Instrumentariums der Machtausübung und damit ohne eigenständige Bedeutung. Bedarf es der Bindung nicht, weil spontane und stets sich erneuernde Partizipation aller an allem stattfindet, wird der Rechtssatz gegenstandslos. In den für uns überschaubaren Gesellschaftssystemen – wobei freilich die mitteleuropäischen stillschweigend im Vordergrund stehen – ist keine der beiden Alternativen eine gewichtige Realität. Die erste scheitert an der nachweisbaren Existenz machtgleicher Rechtssetzungsinstanzen; die zweite an den Defiziten von Freiheit und Gleichheit. Das Fehlen totaler Macht einerseits, totaler Partizipation andererseits kann nicht durch Rekurs auf unbekannte Größen erklärt werden. Vielmehr muß man sich an die am Rechtsentstehungs- und Realisierungsprozeß Beteilig-

50 Überblick bei Uwe Krüger, *Der Adressat des Rechtsgesetzes*, Berlin 1969.
51 Hierzu Gerd Kleinheyer, *Vom Wesen der Strafgesetze in der neueren Rechtsentwicklung*, (in: *Recht und Staat* H. 358), Tübingen 1968, S. 13 ff; s. auch Klaus Lüderssen, *Die strafrechtsgestaltende Kraft des Beweisrechts*, in: *Zeitschrift für die gesamte Strafrechtswissenschaft* Bd. 85 (1973), S. 288 ff. (317).

ten halten. Sie sind durch wechselseitige Autonomie voneinander abgegrenzt. Nur bei totaler Macht oder totaler Partizipation entfällt diese Abgrenzung. (Entweder sie existiert noch nicht oder nicht mehr, je nachdem, welche Entwicklungsgeschichte man annimmt). Die offene Frage nach der quantitativen und qualitativen Verteilung dieser Autonomie ist zugleich die nach der näheren Charakterisierung einer *Rechts*gesellschaft; man muß sie zunächst durch die Untersuchung der Interaktionsstruktur beider Seiten zu beantworten suchen.

aa) Auf der Seite der – herrschenden – rechtssetzenden Subjekte und Institutionen müssen dabei die folgenden – womöglich – machtbegrenzenden und daher rechtserzeugenden Phänomene näher betrachtet werden. Im Rahmen etablierter Ordnung geht es um
– die Abweichung von Willkür
– die Begrenzung der Gewalt[52]
– die Begründung von Pflichten[53]
– die Rücksichtnahme auf Gewissensfragen[54]
  Mit Blick auf neue (Teil)ordnungen geht es um

52 S. Ulrich Matz, *Politik und Gewalt. Zur Theorie des demokratischen Verfassungsstaates und der Revolution*, Freiburg/München 1975, S. 56 ff. (»Die ›Gewalt‹ des Gesetzes«); Wilhelm Hennis, *Legitimität*, in: *Merkur* 30. Jahrgang (1976) S. 17 ff. (S. 27 ff.); zur strukturellen Gewalt s. die Nachweise bei Klaus Lüderssen, in diesem Band S. 259 (Anm. 25).

53 Grundlegend hierzu Hans Ludwig Schreiber, *Der Begriff der Rechtspflicht*, Berlin 1966; sehr instruktiv auch H. L. A. Hart, *Der Begriff des Rechts* (*The Concept of Law*, 1961), Frankfurt/M. 1973, S. 123 ff.

54 Ekkehard Stein, *Gewissensfreiheit in der Demokratie*, Tübingen 1971; Udo Ebert, *Der Überzeugungstäter in der neueren Rechtsentwicklung*, Berlin 1975; Günther Beckstein, *Der Gewissenstäter im Strafrecht und Strafprozeßrecht*, Erlanger Dissertation 1975; Hans-Joachim Rudolphi, *Die Bedeutung eines Gewissensentscheides für das Strafrecht*, in: *Festschrift für Hans Welzel zum 70. Geburtstag*, Berlin 1974, S. 605 f.; Paul Bockelmann, *Zur Problematik der Sonderbehandlung von Überzeugungsverbrechern*, in: *Festschrift für Hans Welzel zum 70. Geburtstag*, a.a.O., S. 543 ff.; s. auch die Angaben in: Klaus Lüderssen, Einleitung zu: *Abweichendes Verhalten II*, a.a.O., S. 30 (Anm. 65).

– Änderungen durch revolutionäre Akte und Stabilisierung von revolutionären Akten[55]
– »Widerstandsrecht«[56]

bb) Auf der Seite der vom Recht Beherrschten sind diejenigen Zustände und Prozesse zu begutachten, die den rechtsetzenden Subjekten und Instanzen mit autonomer Macht gegenübertreten und daher ihrerseits zur Entstehung von Recht beitragen. Das sind im wesentlichen die Voraussetzungen für die Relevanz der Internalisierung rechtlicher Vorschriften. Dazu müssen geklärt werden

– die allgemeine Struktur der Internalisierungsprozesse[57]
– das Verhältnis von Internalisierung und Kenntnis[58]
– das Verhältnis von Internalisierung und Effektivität der Rechtsnormen[59]

55 Ernst-Rudolf Huber, *Rechtsfragen der Novemberrevolution – die Anerkennung der revolutionären Staatsgewalt und Staatsordnung der deutschen Rechtsprechung nach 1918*, in: *Festschrift für Friedrich Schaffstein zum 70. Geburtstag*, Göttingen 1975, S. 53 ff. (dort auch Nachweise des älteren Schrifttums).

56 Nachweise bei Lüderssen, in diesem Band S. 275, Anm. 76; s. ferner das in seiner Bedeutung weit über die amerikanische Szene hinausgehende Buch von Mortimer R. Kadish und Sanford H. Kadish, *Discretion to Disobey. A Study of Lawful Departurees from Legal Rules*, Stanford, California 1973.

57 Grundlegend Peter L. Berger/Thomas Luckmann, *Die gesellschaftliche Konstruktion der Wirklichkeit*, Frankfurt/M. 1974, S. 139 f.; Peter Orban, *Subjektivität*, Wiesbaden 1976.

58 Theo Meyer-Maly, *Rechtskenntnis und Gesetzesflut*, Salzburg/München 1969; Spiros Simitis, *Gesellschaftspolitische Implikationen juristischer Dokumentationssysteme*, in: *Datenverarbeitung im Recht* Band 3 (1974), S. 1 ff. (Stichwort: »Informationskrise des Rechts«); hierher gehören auch Publizitätsprobleme ganz bestimmter Regelungsbereiche, dazu materialreich Michael Kloepfer, *Information als Intervention in der Wettbewerbsaufsicht; (Recht und Staat* H. 427), Tübingen 1973; zum gleichen Thema: Lüderssen, *Erfahrung als Rechtsquelle*, a. a. O., S. 207 f.; wiederum zur allgemeinen Problematik s. noch Wolfgang Naucke, *Über Generalklauseln und Rechtsanwendung im Strafrecht*, Tübingen 1973, S. 24 (Stichwort: »Auslegungsrisiko bei ungenauem Strafrecht«); ferner Lüderssen, a. a. O., S. 152-197.

59 Thomas Cornides, *Normsetzung und Entscheidungstheorie*, in: *Rechtstheorie* 5. Band (1974), S. 11 ff.

– Entwicklung, Umfang und Intensität der Internalisierung[60]

b) Jenseits des »Adressatenproblems« geht es – stichwortartig – um:

– die strukturelle Gleichheit oder Ähnlichkeit von Gesetzgebungs- und »Rechtsanwendungs«-Prozessen[61]

– die Aufteilung der Normen in Handlungsanweisungen (Imperative) oder hypothetische Urteile[62]

– den Charakter der Handlungsanweisungen (»Verhaltens«- oder/und »Aufgaben«-Normen)[63]

– die Ausdehnung des Anwendungsbereiches von Recht (»Verrechtlichung« von Aufgaben, die früher anderen sozialen oder individualethischen Regelungsmechanismen zugeschrieben worden sind).[64]

4) Bei dieser Sachlage kann es gar nicht darum gehen, eindeutige, verallgemeinerungsfähige und endgültige Lösungen vorzuschlagen. Es scheint lediglich an der Zeit zu sein, die wegen der phasenverschobenen juristischen und sozialwis-

60 Jean Piaget, *Das moralische Urteil beim Kinde*, Frankfurt/M. 1973; Lawrence Kohlberg, *Zur kognitiven Entwicklung des Kindes*, Frankfurt/M. 1974; Helmuth Fend, *Sozialisierung und Erziehung*, 6. Auflage, Weinheim/Basel 1973, S. 164 f.

61 Vgl. dazu Klaus Lüderssen, in: *Abweichendes Verhalten II*, a. a. O., S. 215 ff.

62 S. hierzu Uwe Krüger, a. a. O., S. 41 ff. mit Nachweisen.

63 Der Begriff Aufgabennorm ist vor allem für das Recht in bereits bestehenden sozialistischen Staaten formuliert worden (vgl. dazu Norbert Reich/Hans-Christian Reichel, *Einführung in das sozialistische Recht*, München 1975, S. 44 ff.); auch in den nichtsozialistischen Ländern gibt es aber eine große Anzahl von Normen, die diesem Begriff entsprechen (vgl. dazu Norbert Reich, *Alternative Rechtsformen. Von Rechtsnormen und subjektiven Rechten zu Aufgabennormen und Mitgestaltungsrechten – Eine Skizze*, in: Erhard Blankenburg, Ekkehard Klausa, Hubert Rottleuthner (Hg.), *Alternative Rechtsformen und Alternativen zum Recht (Jahrbuch für Rechtssoziologie und Rechtstheorie*, Band VI), Opladen 1980, S. 410 ff.

64 Hauptanwendungsfall ist das Sozialrecht; dies wird deutlich, wenn man die Entwicklung dieses Rechtsgebietes studiert (vgl. dazu Michael Stolleis, *Quellen zur Geschichte des Sozialrechts*, Göttingen/Frankfurt/Zürich 1976. Auf dem Gebiete des Strafrechts gibt es die Kontroverse, ob – mit Rücksicht auf die emanzipative Komponente – »Resozialisierung mit Mitteln des Rechts über-

senschaftlichen Forschungen einander überlagernden und dadurch jeweils entstellten Bilder (wieder?) zur Kongruenz zu bringen. Dabei kann man vielleicht feststellen, daß Herrschende und Beherrschte einen Schritt aufeinander zu gemacht haben, anders ausgedrückt, die Autonomie der Rechtsadressaten gewachsen ist. Mindestens kann man versuchen, die Bedingungen für eine solche Entwicklung zu formulieren. Freilich setzt auch das die Mitteilung gewisser geschichtsphilosophischer Maßstäbe[65] voraus, die gleichzeitig das Bewertungsmoment enthalten, das in der Aussage steckt, »dies sind gegenwärtig hier und dort die Bedingungen für die Geltung dieser und jener Rechtsnormen«. Gegenstand des Interesses ist also eine Tendenz. Methodologische Bedenken sollten sich daher vor allem auf diesen Punkt konzentrieren. Was daran gewagt ist, liegt auf der Hand. Umgekehrt verbindet sich mit der Vermutung einer – bloßen – Tendenz aber auch die beruhigende Feststellung, daß es gar nicht darauf ankommt, gewisse Wahrnehmungen und Beurteilungen zu strapazieren, das heißt, das Gefälle zu leugnen, welches zwischen Geltung qua Zuständigkeit (inklusive gewaltsamer Durchsetzung) und Geltung qua Anerkennung noch besteht, und sich einerseits mit der These zu quälen, es könne ein vor dem positiven Recht gegebenes autonomes Rechtsbewußtsein gar nicht angenommen werden[66], Normgenese und Norminternalisierung könnten also nie zusammenfallen, und andererseits sich den Blick dafür zu versperren, daß Rechtssetzungen Einstellungsänderungen bewirken können.

Wichtig ist vielmehr, die mannigfachen Mischverhältnisse,

haupt erstrebt werden kann«) vgl. dazu Lüderssen, Einleitung zu: *Abweichendes Verhalten II*, a.a.O., S. 8ff.; ders., Einleitung zu: *Abweichendes Verhalten III*; a.a.O., S. 20ff.

65 S. hierzu Anm. 31.

66 S. Nachweise bei Lüderssen, *Erfahrung als Rechtsquelle*, a.a.O., S. 201/ 202.

auf die wir hier stoßen und deren Existenz die verschiedenen Rechtsgeltungstheorien mit Rücksicht auf den »kraftsparenden Trieb nach Einheitlichkeit des Vorstellens«[67] nicht wahrhaben wollen, daraufhin zu untersuchen, in welchen sozialen Situationen das Bedürfnis, den Gesichtspunkt des Rechts einzuführen, eigentlich jeweils auftaucht. Von paradigmatischer Bedeutung scheint mir da die Situation nach revolutionären Veränderungen zu sein. Wie lange etwa war in der Weimarer Zeit der an die konstitutionelle Monarchie fixierte Legitimitätsglaube »nationaler Leute« relevant? Relevant in dem Sinne, daß man Gegenargumente brauchte. Bezeichnend und untersuchungswürdig ist der Wechsel der Argumentationsebenen; ein durchgehendes politisches Interesse sucht sich das jeweils stärkste »rechtliche« Argument aus – zunächst Berufung auf neues positiv gesetztes Verfassungsrecht, später Berufung auf Anerkennung oder Massenloyalität –, ohne daß man sagen könnte, die Umorientierungen im Verfassungsbewußtsein hätten keine eigenständige, einen Rechtszustand legitimierende Bedeutung; wie verkehrt das wäre, zeigt die Tatsache, daß erst mit Einsetzen der Massenloyalität die Verfassung sich als Schutzobjekt der Hochverratsbestimmungen entwickelt hat.[68] Weitere Beispiele liefert das Völkerrecht.[69] Auch im rechtlichen Alltag einer in ihren Grundlagen nicht in Frage gestellten Ordnung stößt man auf höchst unterschiedliche Benutzung »rechtlicher« Argumente.[70] So sehr dies alles der Klärung bedarf – man sieht bereits, daß für das Einführen rechtlicher Argumente vielleicht

67 Die Wendung stammt von Georg Simmel, *Einleitung in die Moralwissenschaft* 1. Band, 3. Auflage, Stuttgart/Berlin 1911, S. 90.
68 S. hierzu Ernst Rudolf Huber, a. a. O.
69 S. hierzu jetzt Wilhelm Wengler, *Rechtsvertrag, Konsensus und Absichtserklärung im Völkerrecht, Juristenzeitung* (1976), S. 193 ff.
70 Ein nach der Rechtsquelle vielleicht etwas entlegenes, in der Sache aber sehr treffendes und keineswegs praxisfernes Beispiel bietet § 17 des Hessischen Gesetzes über die juristische Ausbildung vom 12. März 1974 (Stichwort: Bildung der Abschlußnote).

eine zusätzliche Kategorie bemüht werden muß. Die Juristen sprechen daher auch längst von der Darstellungsfunktion juristischer Argumente und räumen ein, daß es für die – im Dunkeln bleibende – Herstellung der Argumente eine eigenständige juristische Methode nicht gibt.[71] Darstellung zielt auf Akzeptanz (freilich eines ausgewählten, für die Legitimation der Entscheidung relevanten Publikums). Solange die Herstellung der Argumente indessen von der Akzeptanz ausgeschlossen ist, bleibt insoweit ein Legitimationsdefizit. Das Schwinden dieses Defizits ist also in dem Maße indiziert, wie Herstellung und Darstellung identisch werden.

Man muß bei der Analyse des Spannungverhältnisses zwischen Normgenese und Norminternalisierung sicher auf jene Versatzstücke aus dem reichen Arsenal, das zunächst die Rechtsphilosophie, später die Rechtssoziologie und zuletzt die Rechtstheorie einerseits, Sozialphilosophie und Politikwissenschaft andererseits zusammengetragen haben, zurückgreifen. Auf eine fleißige Fortführung der verzettelten, manchmal wie zufällig nebeneinandertretenden Ansätze unterschiedlichster Provenienz sollte man sich aber nicht zu sehr kaprizieren. Nicht nur kompilatorische Schwierigkeiten wären zu besorgen. Es wären auch zu viele rein akademische Fragestellungen mitzuschleppen. Ganz vitale, in der Tagespolitik deutlich in Erscheinung tretende Bedürfnisse sind es, die in der Gegenwart meines Erachtens Anlaß zur Frage nach der Rechtsgeltung geben. An sie muß direkt angeknüpft werden. Es bestehen dringende Bedürfnisse nach

– Wahrheitsfähigkeit politischer Entscheidungen
– Balancierung zwischen Planung und Selbststeuerung
– Organisation kommunikativer Interaktion
– Aufarbeitung und Kompensation von Sozialisation.

71 Auch hierfür ist der erwähnte § 17 des Hessischen Gesetzes über die juristische Ausbildung aufschlußreich (Stichwort: »Gesamteindruck« versus subtile Berechnungstechnik mit mehreren, voneinander unabhängigen kleinen, in der Summierung dann noch beachtlichen Ermessensspielräumen).

Diese Bedürfnisse können nicht von heute auf morgen erfüllt werden; aber ihre schrittweise Realisierung setzt auch nicht etwa umstürzende gesellschaftliche Änderungen voraus – wenn man bereit ist, Zugeständnisse an schon in Gang gesetzte, besonders diskussionsfähige Entwicklungen zu machen.

III.

Wenn demnach bei der Konkretisierung von Rechtsnormen, insbesondere juristischer Allgemeinbegriffe Konsense sogar konstitutive Bedeutung haben, so muß nicht nur ihrer Existenz, sondern auch ihrem Zustandekommen besondere Aufmerksamkeit gelten. Hier eröffnet sich möglicherweise ein breites Feld für demoskopische Tätigkeit. Wie die Konsense beschaffen sein müssen, wer sie tragen muß etc. – kurz, unter welchen Bedingungen Konsens legitimierenden Charakter hat, müßte wohl vor der Befragung schon feststehen. Freilich könnten diese Bedingungen, unter denen Konsens legitimieren kann, Gegenstand einer anderen demoskopischen Erhebung sein. Es liegt ja in der Natur des Konsensprinzips, daß dem Konsens entzogene Vorgaben nur Vorschläge für weitere Einigungsprozesse sein können. Der unendliche Regreß, in den man dabei gerät, muß natürlich irgendwie abgebrochen werden. Er teilt dieses Schicksal mit allen anderen nicht absoluten Konzeptionen im Forschungsbetrieb, desavouiert also nicht etwa das ganze Konsensverfahren.

Wie eine Befragung auszusehen hätte, die Aufschluß über allgemeine Bedingungen der legitimierenden Funktion von Konsensen geben soll, ist in der hier erforderlichen Kürze nicht darstellbar. Daher soll die Praktikabilität der vorgetragenen Auffassung zur Relevanz von Konsens nur auf einem Terrain gezeigt werden, das in Bezug auf die allgemeinen Bedingungen der legitimierenden Funktion von Konsens schon eine gewisse Vorklärung erfahren hat. Von einer solchen Vorklärung könnte vielleicht dann die Rede sein, wenn nicht die legitimierende Funktion vorhandenen Konsenses, sondern die entlegitimierende Wirkung fehlenden Konsenses zur Debatte steht. Die Rechtsordnung kennt solche Beispiele. Am plausibelsten liegt es, wenn beim Fehlen eines Konsenses über soziale Normen von Strafverfolgung abgesehen wird, wie etwa bei der freiwilligen Sterilisation oder dem, was man früher »Verlobtenunzucht« genannt hat.[72] In Fällen von dieser Art wäre es Aufgabe der Demoskopie, das Vorliegen unterschiedlicher Überzeugungen nachzuweisen. Dafür müßte nun sicher ein »design« erarbeitet werden. Das soll hier aber nicht zur – endgültigen – Klärung praktisch schon entschiedener Rechtsfragen geschehen, sondern mit Blick auf noch offene Probleme.

Schon vor ein paar Jahren hat Wolfgang Däubler gefordert, man möge mit Hilfe demoskopischer Gutachten die Voraussetzungen für die Strafbarkeit von Arbeitskämpfen klären.[73] Die normative Ausgangslage wäre wie folgt: Bei fehlendem Konsens darüber, ob ein Verhalten im Arbeitskampf generell gebilligt wird, entfiele die Legitimation für Strafe. Das wäre aber noch nicht speziell genug. Die Verhaltensweisen müßten genauer benannt werden, desgleichen die Strafrechtssätze, um deren Legitimation es geht. Mit einem Beispiel aus dem Druckereigewerbe könnte man die Frage konkretisieren: War die Weigerung von Arbeitern in der Frankfurter Societätsdruckerei, einen – während der aufgrund eines Vermittlungsversuchs erfolgten Streikaussetzung in Satz gegebenen – den Streik scharf kritisierenden Artikel des Chefredak-

---

72 Theodor Lenckner, *Wertausfüllungsbedürftige Begriffe im Strafrecht und der Satz »nulla poena sine lege«*, in: *Juristische Schulung* (1968), S. 304 ff. (308 f.)

73 Wolfgang Däubler, *Strafbarkeit von Arbeitskämpfen?* In: Jürgen Baumann/ Gerd Dähn (Hg.), *Studien zum Wirtschaftsstrafrecht*, Tübingen 1972, S. 91 ff. (113, 118).

teurs[74] zu drucken, ohne Gelegenheit zu einer Erwiderung zu haben, strafbare Nötigung im Sinne des § 240 Strafgesetzbuch? Das heißt, war dieses Verhalten als verwerflich anzusehende Anwendung von Gewalt oder Drohung mit einem empfindlichen Übel?

Zunächst sei noch einmal daran erinnert, daß für die Konkretisierung dieser juristischen Allgemeinbegriffe nicht sogleich auf die Suche nach Konsens gegangen werden muß, sondern zunächst andere Wege beschritten werden können.[75] Gesetzt, auf diesem Wege – insbesondere durch konkretisierende Komparation[76] – ist ein eindeutiges Ergebnis nicht zu erzielen, vielmehr erweist sich, daß unreduzierbare Wertentscheidungen konfligieren, entfällt dann die Straflegitimation nicht schon aus diesem Grunde? Ist das in diesem Fall ebenso plausibel wie in den zunächst erwähnten Fällen? Erst wenn man darüber Klarheit hat, ist der Weg für die demoskopisch zu beantwortende Frage frei, ob die entlegitimierenden Bedingungen (Dissens) auch vorliegen. Däubler meint, »sobald eine gesellschaftlich relevante Gruppe eine bestehende Übung« durchbreche, »ihre Verbindlichkeit (...) oder ihre Legitimität in Zweifel« ziehe, könne »keine eine Verurteilung tragende soziale Norm mehr angenommen werden«.[77] Es

74 Die Passage, an der besonders Anstoß genommen wurde, lautet: »Bis jetzt kann niemand plausibel machen, zu wessen Nutzen eigentlich gestreikt worden ist. Was die im Druckereigewerbe Beschäftigten an Erhöhung herausholen können, wird sicherlich nicht das phantastische Ziel von neun Prozent Lohnsteigerung erreichen. Denn dies wäre gegen alle volkswirtschaftliche Vernunft, gegen die Stabilitätspolitik der Regierung und auch gegen die gewiß zähneknirschend, aber doch mit viel Überlegung und Mäßigung vereinbarten Tarifabschlüsse« (zit. n.: *Analyse des Arbeitskampfes 1976 in der Druckindustrie* [hg. v. der Industriegewerkschaft Druck und Papier, Hauptvorstand], Stuttgart 1977 [H. 27 der Schriftenreihe *Industriegewerkschaft Druck und Papier*,] S. 93).

75 S. oben S. 59; ferner Klaus Lüderssen, *Rechtstheorie*, in: Axel Görlitz (Hg.), *Handlexikon für Rechtswissenschaft*, München 1972, S. 350ff. (351ff.).

76 So hat Peter Noll, *Gesetzgebungslehre*, Reinbek bei Hamburg 1973, S. 127ff. das die »eigentlichen« Wertungen entlastende Verfahren genannt; ihm folgend Thomas Sambuc, *Folgenerwägungen im Richterrecht*, Berlin 1977, S. 96.

77 Däubler, a. a. O., S. 113.

gibt eine emphatische Stellungnahme zu der Reaktion auf das Verhalten der Frankfurter Drucker in der gewerkschaftlichen Zeitschrift *Druck und Papier*:[78]

»Streik ist arbeitsniederlegung. Streik ist von anfang an die reinste form des gewaltlosen widerstandes. Seit wann ist gewaltloser widerstand ›gewalt‹ oder ›drohung mit einem empfindlichen übel‹?

Im vergangenen jahrhundert waren die gewerkschaften verboten; gewerkschafter wurden polizeilich verfolgt. Streikende landeten im gefängnis. Dieser frühkapitalistische zustand der unterdrückung konnte seit ende des vergangenen jahrhunderts überwunden werden. Mit der weimarer verfassung gehört das recht zum gewerkschaftsbeitritt und zur gewerkschaftsarbeit zu den grundrechten. Die streikfreiheit ist ein international geschütztes menschenrecht. Soll dies alles abgebaut und zurückgeschraubt werden? Wie schon einmal nach 1933 durch das gesetz zur nationalen ordnung der arbeit?

Und dann fällt einem auf einmal ein, daß schon mehrmals die kripo erschienen ist, wenn gestreikt wurde. So nach metallarbeitsstreiks in Baden-Württemberg. Oder, daß in Reutlingen und Aalen strafverfahren eingeleitet worden sind, weil durch sitzstreiks die auslieferung von notzeitungen verhindert werden sollte.

Bis heute ist dagegen nichts bekannt, daß der staatsanwalt auch nur gegen einen einzigen hessischen unternehmer ermittelt, weil er unter verletzung der hessischen verfassung die belegschaft ausgesperrt und damit brotlos gemacht hat. Ganz zu schweigen von den hinlänglich bekannten gewalttätigkeiten einzelner unternehmer und leitender angestellter, die mit ihrem Pkw auf streikposten losgefahren sind, ja einzelne streikposten angefahren und verletzt haben.«

Hat hier eine gesellschaftlich relevante Gruppe gespro-

78 Heft 20 (1977).

chen? Abschließend beantworten kann man das auf dieser Grundlage nicht. Aber es ist eine dahingehende Vermutung eröffnet, die durch eine demoskopische Untersuchung überprüft werden könnte. Sie müßte sowohl darauf gerichtet sein, endgültig herauszubekommen, ob hier eine gesellschaftlich relevante Gruppe sich geäußert hat, als auch darauf, was sie im einzelnen meint. Dazu wären weitere Operationalisierungen erforderlich, vor allem müßte die normative Vorstellung von der gesellschaftlichen Relevanz einer Gruppe noch im einzelnen entwickelt und dann in die entsprechenden Erhebungsfragen umgesetzt werden. Die Relevanz dieser Erhebungen hinge aber noch davon ab, ob der Standpunkt einer gesellschaftlich relevanten Gruppe wirklich für die Legitimation einer Norm von Bedeutung sein kann. Die zunächst vorgetragene These, daß Dissense entlegitimierend seien, müßte – bezogen auf den hier ausgewählten Streikfall – noch einmal präzisiert und verfestigt werden. Wenn gesellschaftlich relevante Gruppen meinen, ein Verhalten wie das der Frankfurter Drucker sei keine verwerfliche Gewaltanwendung oder Drohung mit einem empfindlichen Übel – warum soll der Richter daraus eine Konsequenz ziehen? Däubler meint, bei einem solchen Meinungsstand fehle die soziale Norm, auf die der Richter für eine Bestrafung angewiesen sei. In dieser Bemerkung steckt zweierlei; einmal, daß im Falle eines Dissenses der Bestand einer sozialen Norm tangiert sei, und zum anderen, daß bei einer Erschütterung der sozialen Norm das Recht zu strafen entfalle. Beide Aussagen verstehen sich nicht von selbst. Die erste impliziert, daß es für die Abschaffung einer sozialen Norm offenbar keiner Mehrheit der Betroffenen bedarf. Denn eine gesellschaftlich relevante Gruppe ist noch keine Mehrheit. Freilich geht mit der Abschaffung einer sozialen Norm meist die Etablierung einer neuen sozialen Norm einher. Wenn mit Bezug auf Arbeitskampf die Vokabeln Gewalt, Drohung mit empfindlichem

Übel oder Verwerflichkeit ausscheiden sollen, so gilt uno actu, daß der Kreis der nicht strafrechtlich verfolgbaren Handlungen, also der erlaubten Handlungen, größer wird. Doch diese neue soziale Norm ist mit der abgelösten insofern nicht gleichzusetzen, als sie keine gesamtgesellschaftliche Reaktion (Bestrafung) mehr deckt (und auch keine Äquivalente dafür bereitstehen). Der Akzent liegt also auf der Ablösung einer Sozialnorm, die zu ganz bestimmten Machtentscheidungen führt. Was behauptet wird, ist also, daß Sozialnormen, die so weitreichende Konsequenzen haben, im Grunde einhellig sein müssen. Im Ergebnis läuft das auf den traditionsreichen Standpunkt hinaus, das Strafrecht dürfe nur ganz elementare (d.h. aber immer schon: für jedermann offensichtliche) Verstöße ahnden, und hat daher zunächst viel für sich. Aber damit darf die Überprüfung der zweiten Aussage (bei fehlender Sozialnorm ist Bestrafung ausgeschlossen) nicht vorweggenommen werden. Der Richter ist nur dem Gesetz unterworfen. Soll die Bestrafung durch Sozialnormen gedeckt sein, müssen sie als Bestandteil des Gesetzes begriffen werden; im Falle einer Generalklausel muß auf sie verwiesen sein. Ob das für die Merkmale des § 240 gilt, ist indessen die Frage. Däubler hat sie stillschweigend mit ja beantwortet und kann sich mit einem gewissen Recht auf die Formulierung des § 240 Abs. 2 berufen. Daß auch der Gewaltbegriff etwa in einer so direkten Abhängigkeit von sozialen Normen stehen soll, leuchtet hingegen nicht ohne weiteres ein. Die liberale Maxime, »ich finde das zwar nicht richtig, man soll aber in eine so kontroverse Situation nicht mit dem Strafrecht hineinplatzen«, mag einer sozialen Norm entsprechen, vielleicht auch der öffentlichen Meinung – wenn man (mit Noelle-Neumann) darunter alles das versteht, was man sagen kann, ohne fürchten zu müssen, isoliert zu werden[79] –,

---

79 A.a.O., S. 17. Zum Stand der Diskussion über diesen Begriff vgl. jetzt Hans Mathias Kepplinger, *Probleme der Begriffsbildung in den Sozialwissenschaften:*

kann aber gleichwohl mit dem Legitimationsanspruch staatlicher Stellen – also auch der Gerichte – in Kollision geraten, wenn diese sich gezwungen sehen, Entkriminalisierungsinteressen gesellschaftlich relevanter Gruppen unterschiedlich zu beurteilen. Hier ergibt sich eine Differenz zwischen der Legitimation durch soziale Normen und einer Legitimation, die auf ein zusätzliches oder auch abweichendes Konzept angewiesen ist. Das dokumentieren beispielsweise die Bemühungen des Bundesverbandes der Deutschen Industrie e. V., die Kriminalisierung von Verstößen gegen das Kartellrecht, das heißt, die Überführung der Ordnungswidrigkeiten in Kartellstraftatbestände zu verhindern.[80] Es besteht gar kein Zweifel, daß hier eine gesellschaftlich relevante Gruppe tätig wird, und doch wird man nicht leicht Gründe finden, die dem Staat verwehren könnten, unabhängig von diesen Gruppeninteressen zu prüfen, ob im Zuge der auch sonst erwogenen und teilweise vollzogenen Ausdehnung des Wirtschaftsstrafrechts ein Kartellstrafrecht einzuführen sei.[81] Äußerliches Zeichen dafür, daß hier um juristische, durch bloße Abrufung von Sozialnormen nicht zu bewältigende (weil teilweise auch innovativ gemeinte) Konzeptionen gerungen wird, ist die Lokalisierung der Problematik im Verfassungsrecht. Nimmt man den Streit um die Strafbarkeit der Abtreibung noch hinzu, so verlangen auf verfassungsrechtliche Kriminalisierungsgebote[82] und verfassungsrechtliche

Begriff und Gegenstand Öffentlicher Meinung, in: *Kölner Zeitschrift für Soziologie und Sozialpsychologie* 29. Jahrgang (1977), S. 233 ff. (242 ff.).

80 S. die auf Anregung des Bundesverbandes der Deutschen Industrie e. V. entstandene Studie von Peter Selmer, *Verfassungsrechtliche Probleme einer Kriminalisierung des Kartellrechts*, Köln, Berlin, Bonn, München 1977; zusammenfassendes Ergebnis S. 50.

81 Klaus Thiedemann, *Kartellrechtsverstöße und Strafrecht*, Köln, Berlin, Bonn, München 1976; zusammenfassendes Ergebnis S. 199 ff.

82 Vgl. Heinz Müller-Dietz, *Zur Problematik verfassungsrechtlicher Pönalisierungsgebote*, in: *Festschrift für Eduard Dreher zum 70. Geburtstag* (hg. v. Hans-Heinrich Jeschek und Hans Lüttger), Berlin/New York 1977, S. 97 ff.

Kriminalisierungsverbote[83] gestützte Auffassungen gleichermaßen Gehör. Aber auch in der Substanz haben es die Verfassungsrechtler hier nicht nur mit der Abwägung sozialer Normen zu tun. Was konsensorientierte Verfahren zu den juristischen Entscheidungsgrundlagen beitragen könnten, deckt sich also nicht mit der Verständigung über soziale Normen. Die normativ-legitimierenden Voraussetzungen für eine auf die Ermittlung rechtssatz-konstitutiver Konsense gerichtete Demoskopie harren noch der Erforschung. Die nötigen Vorarbeiten sind noch nicht geleistet worden und können auch hier nicht gleichsam eingeschoben werden. Die Einschaltung der Demoskopie kann also nicht so rasch vor sich gehen, wie Däubler sich das vorstellt. Auch sein Hinweis darauf, daß in Wettbewerbs- und Warenzeichenprozessen demoskopische Gutachten seit Jahrzehnten anerkannt seien[84], verfängt nicht. Denn in diesen Prozessen handelt es sich ja um die Ermittlung von Fakten (z. B. »Verkehrsgeltung«), bei denen statistische Quantitäten den Ausschlag geben und über deren juristische Relevanz bereits klare Vorentscheidungen vorliegen. Daß Däubler das nicht so genau wahrnimmt, liegt wohl daran, daß er nicht zwischen Sozialnormen abrufenden Rechtsnormen und konzeptualisierenden Rechtsnormen zu unterscheiden scheint. In die Gefahr, diese Differenz zu verkennen, gerät freilich nur, wer sich überhaupt darauf einläßt, die empirische Forschung für die Ermittlung von Konsensen heranzuziehen. Insofern sollten Däubler nicht Vorwürfe gemacht werden, die anderen nur deshalb erspart bleiben, weil sie sich gar nicht auf das Glatteis begeben haben. Zivilrechtler wie Esser, Steindorff und Kübler[85], die eine konsensorientierte Dogmatik fordern und praktizieren, haben die Frage, welche empirischen Erfordernisse sich aus dieser Konzep-

83 Selmer, a. a. O.
84 A. a. O., S. 113.
85 S. schon oben S. 159 f.

tion eigentlich ergeben und damit auch den Unterschied zwischen soziale Normen abrufenden Normen und konzeptualisierenden Normen in diesem Zusammenhang wahrscheinlich gar nicht bedacht. Gerade das offenbart, daß der Schritt zu einer Dogmatik, die ihre Argumente darauf einrichtet, daß auf Anerkennung abzielende Rechtssätze verbindlich konkretisiert werden können, relativ leicht gemacht wird. Schwierig aber wird es, wenn man dabei exakter werden, insbesondere empirische Verläßlichkeit etablieren will. Die Bemühungen, die Noelle-Neumann und Teubner in dieser Richtung unternommen haben, gehen an den eigentlichen Legitimationsproblemen vorbei. Meine Aufgabe konnte es nur sein, diesen Abstand zu überbrücken, zu zeigen, welche Vorbedingungen für eine demoskopische Überprüfung konzeptueller Programme von Generalklauseln erfüllt sein müssen. Ich hoffe aber auch, deutlich gemacht zu haben, welche Möglichkeiten exakter Arbeit hier schlummern, wenn man sich entschließt, die mannigfachen Anregungen, Geltung und Anerkennung zu konfundieren, aufzugreifen.

Recht, Strafrecht und Sozialmoral

I.

Die altkluge Bemerkung, daß Recht und Moral nicht dasselbe sind, daß sich hier sogar Gegensätze auftun, geht jedermann leicht von der Zunge – aber dazu paßt überhaupt nicht, was Tag für Tag zu brisanten Problemen wie Umweltschutz, Kernkraftwerke, Gen-Manipulation, Neurochirurgie, Euthanasie und ähnlichem geäußert wird. Vielmehr dominiert dabei – ob Verhältnisse kritisiert, Forderungen erhoben oder Aktionen empfohlen werden – ein moralisches Pathos, obwohl im selben Atemzuge an den Gesetzgeber, die Justiz, kommunale oder überregionale Behörden appelliert wird, an Instanzen also, deren Tätigwerden auf rechtlichen Grundlagen beruht, an rechtlich fixierten Zielsetzungen orientiert ist. Man muß sich klar machen, was das bedeutet. Die Juristen in diesen Ämtern sind es nicht gewohnt, so komplexe Aufgaben gestellt zu bekommen. Die Kunstregeln, nach denen zu entscheiden sie gelernt haben, sehen vielerlei Ausgrenzungen, ja Immunisierungen vor; gerade damit hängt das zusammen, was viele Menschen – ob zu Recht oder Unrecht – als die »Überlegenheit« des »geschulten« Juristen empfinden, der während seiner Ausbildung dazu angehalten worden ist, das Wühlen im Stoff, das Ringen um die Substanz anderen – den Volkswirten oder den Philosophen vielleicht – zu überlassen. Der »scharfe« Jurist bohrt das Brett an der dünnsten Stelle, nur das ist elegant, bringt Macht und Bewunderung ein.

Zu den wichtigsten, schon bei den ersten Schritten auf diesem – hochmütig von den einen, servil und achtungsvoll von den anderen so bezeichneten – spiegelnden Parkett beigebrachten Maximen gehört nun die »strenge« Unterscheidung von Recht und Moral. Die Öffentlichkeit registriert das und sieht doch gleichzeitig, daß von den Juristen inzwischen etwas ganz anderes verlangt wird. Unsicherheit oder sogar Mißtrauen in die persönliche Integrität oder doch wenigstens in die sachliche Kompetenz sind die Folgen. Das ist eine verhängnisvolle Entwicklung, deren Ende keineswegs abzusehen ist. Wenn man ihr entgegentreten möchte, so müßte vieles aufgeklärt werden im Verhältnis zwischen Bügern und Juristen. Vordringlich indessen scheint zu sein, erneut und etwas anders als bisher über die traditionsreiche Dichotomie »Recht und Moral« nachzudenken. Denn sieht man genauer hin, so liegt es längst nicht so arg, wie man zunächst vermuten muß. Es gibt Wandlungen im Verständnis des Rechts, seiner Methode und seiner Legitimation einerseits, der Ethik andererseits, die darauf hindeuten, daß die beiden Gebiete näher aneinanderrücken, daß die Regelungsbereiche einander durchdringen und bedingen. Dergleichen kommt nicht über Nacht, sondern bahnt sich allmählich an. Wer daran interessiert ist, Klarheit darüber zu gewinnen, ob das Dilemma, dem die Juristen – vor allem die jüngeren – zunehmend ausgesetzt scheinen, wirklich diesen zugespitzten Charakter hat, wird es vielleicht begrüßen, Genaueres über die Entwicklungslinien zu erfahren.

1) Man braucht dabei keineswegs weit in die Vergangenheit zurückzugreifen. Eine gute Anschauung bietet etwa die letzte Debatte über die Verjährung von NS-Verbrechen. Juristisch sei ja »nichts mehr zu machen«, hörte man dann wohl, aber moralisch und politisch gesehen könne gar nicht zweifelhaft sein, daß eine Verjährung nicht eintreten dürfe. Dem Fachmann fällt es relativ leicht, darauf hinzuweisen, daß dieses Nebeneinander der Gesichtspunkte durchaus nicht im Sinne der Juristen ist, sie vielmehr danach trachten, Probleme dieser Art auf eine Politisch-Moralisches und Juristisches miteinander verbindende Linie zu bringen, daß eine die poli-

tisch-moralischen Aspekte vernachlässigende, sozusagen »rein« juristische Lösung nicht befriedigen könne, das Ergebnis schlechter Jurisprudenz sein müsse.

2) Andere Diskussionen allerdings lassen sich nicht in dieser Weise auflösen. Die Lockerung der Abtreibungsverbote etwa hat, worüber man sich leicht Gewißheit verschaffen kann, die Sensibilität vieler Frauen – und auch wohl Männer – gegenüber dem Vorgang, den man »Abtötung der Leibesfrucht« nennt, ziemlich unberührt gelassen. Man beobachtet dies nicht etwa nur bei denjenigen Frauen und Männern, die gegen die Lockerung der Verbote sind, sondern durchaus auch bei deren Befürwortern. Diese nämlich machen eine doppelte Rechnung auf. Sie tun das vielleicht nicht immer von vornherein, neigen zunächst dazu, aus einem Gesichtspunkt zu urteilen, verlieren diese Unbefangenheit aber bald, weil es – damit greife ich indessen weit vor – einen tieferliegenden Zusammenhang zwischen moralischer Sensibilität und dem Bedürfnis nach zurückhaltender Kriminalisierung durch staatliche Verbotstätigkeit gibt. Schon jetzt ist jedenfalls festzustellen, daß – anders als bei der Verjährung – gar keine Veranlassung besteht, eine persönliche Abneigung gegen Abtreibungen, die ganz sicher etwas mit Moral zu tun hat, mit der juristischen Lösung in dem Sinne äußerlich zu harmonisieren, daß entweder nun auch die Kriminalisierung gefordert wird, oder aber – bei entfallender Kriminalisierung – ein Druck in Richtung moralischer Desensibilisierung besteht, die Abneigung gegen Abtreibung ihrerseits nun auf einmal nicht mehr »erlaubt« sein soll.

3) Das sind Beispiele für zwei diametrale Tendenzen in der – freilich zunächst nur alltäglichem Verständnis folgenden – Beurteilung des Verhältnisses von Recht und Moral. Nimmt man weitere Beispiele hinzu, so zeigen sich aber auch der eindeutigen Rubrizierung (im Sinne entweder der Einheit von Moral und Recht oder der scharfen Trennung) sich ent-

ziehende Akzentuierungen. Es ist noch nicht lange her, da nannte man das, was heute Sexualdelinquenz genannt wird, Verbrechen gegen die Sittlichkeit, also gegen die Moral auf dem Gebiet des Geschlechtslebens. Die Kritik an diesem Strafrecht entzündete sich sowohl daran, daß das Recht hier »moralisiere«, wie auch daran, daß es eine überholte oder falsche Moral schütze. Mit den Reformen des Sexualstrafrechts ist diese doppelte Kontroverse zwar in concreto mehr oder weniger eingeebnet, nicht aber strukturell beseitigt. Denn auf anderen Feldern erneuert sich das Problem mit umgekehrten Vorzeichen. Im Namen der Moral wird kritisiert, daß das Recht zu wenig Schutz gewähre gegen Umweltverschmutzung, Gefährdung von Leib und Leben durch Kernkraftwerke, Mißhandlung von Kindern (wobei die subtilen Formen seelisch-sozialer Vernachlässigung mitgemeint sind). Wieder verläuft die Argumentation auf zwei Ebenen. Das Recht hat – das ist die Basis – sich an der Moral auszurichten, und außerdem muß es sich für die »richtige« Moral entscheiden. Wer hat nun recht? Die erste Antwort auf diese Frage, mit der hier zu rechnen ist, lautet wahrscheinlich, daß der Wandel der Ansichten sich nur auf den Wandel der Moral beziehe, und hier kann man mit guten Gründen auf – wie auch immer zu legitimierende – Umwertungen verweisen: Die relevante Moral ist nicht die verstaubte Sexualmoral, sondern die Fähigkeit, gesundheitliche Schädigungen richtig zu würdigen. Die Moral bleibt, von diesem Standpunkt aus gesehen, also die Präferenzordnung. Das bedeutet freilich, daß bei der Kritik am Sexualstrafrecht, sofern sie fortgesetzt wird (etwa mit Blick auf die Entkriminalisierung der Homosexualität mit Jugendlichen) das Argument, das Recht moralisiere hier, fallen gelassen werden muß. Ich habe aber große Zweifel, ob die Kritiker des Sexualstrafrechts sich diese Waffe nehmen lassen; sie werden mindestens aus strategischen Erwägungen auf das Argument nicht verzichten, und die Notwendigkeit strategischer Kalkulation indiziert das Fortbestehen eines Moral und Recht strukturell unterschiedlich bewertenden Bewußtseins der Adressaten von Normen, Richtersprüchen, Verwaltungsentscheidungen etc. Die Empfehlung, darauf Rücksicht zu nehmen, wäre keine, wie Soziologen vielleicht sagen würden, positivistische Anpassung. Denn daß die Abweisung moralischer Einflüsse auf das Recht etwa falsch sei, bedürfte ja ebensosehr des Beweises wie die entgegengesetzte Auffassung. Das Ergebnis der Betrachtung dieser dritten Gruppe von Beispielen ist also, daß es neben eindeutigen Aussagen pro oder contra einer gemeinsamen Fundierung von Recht und Moral auch Fälle ausgesprochener Ambiguität gibt (jedenfalls solange es erst einmal nur auf Evidenz oder Plausibilität des ersten Anscheins ankommt).

Allerdings beschränkt sich in diesen Fällen die Feststellung der Ungewißheit darauf, unter welchen Voraussetzungen überhaupt »moralisiert« werden darf. Daß einige Sätze als für das Recht relevante moralische Sätze gelten und andere nicht, scheint ungeachtet inhaltlicher Kontroversen unproblematisch.

4) Auch diese Sicherheit schwindet – spätestens – bei Betrachtung einer vierten (und vorläufig letzten) Gruppe von Fällen.

Es sind dies Fälle, in denen ganz allgemeine Begriffe, die in Gesetzen vorkommen und daher Rechtsbegriffe genannt werden, unter Rückgriff auf – wie man sagt – moralisierende Merkmale konkretisiert werden. Als »niedrige Beweggründe« für eine Tötung etwa (§ 211 StGB) gelten Motive »die nach allgemeiner sittlicher Wertung auf tiefster Stufe stehen und deshalb besonders verwerflich, ja verächtlich sind‹. Der Täter ›verleugnet die sittliche Verantwortung, vor die jedermann gestellt ist, bewußt so stark, daß der Antrieb seines Tuns keinerlei Verständnis mehr verdient, sondern nur noch Verachtung‹. Zorn und Wut können niedrige Beweggründe sein, ›wenn sie auf einer niedrigen Gesinnung beruhen‹. Der Täter muß sich bei Begehung der Tat derjenigen Umstände bewußt gewesen sein, ›die den Antrieb zum Handeln zu einem besonders verwerflichen machen‹«.[1] Mit Bezug auf ›Habgier‹ heißt es, daß sie ein Gewinnstreben ist, »›das in seiner Rücksichtslosigkeit das gewöhnliche Maß weit übersteigt‹. Der Täter geht in ›rücksichts- und gewissenloser Weise darauf aus, seine Vermögenslage zu verbessern‹«.[2] »Als grausam erscheint die Tötung, wenn sie Ausdruck ›gefühlloser, unbarmherziger Gesinnung‹ (ist). Die Vernichtung eines Menschenlebens in Verdeckungsabsicht wird als ›besonders verwerflich‹ charakterisiert, weil eine solche Tat ›im höchsten Maße gewissenlos und verabscheuungswürdig ist‹.«[3] Dies sind von der höchstrichterlichen Rechtsprechung gegebene Begründungen. Sie werden kritisiert unter Hinweis darauf, daß es im pluralistischen Gemeinwesen keine moralische Autorität gebe, welche Angelegenheiten der Sozialethik für alle verbindlich »regele«. Es gebe auch keinen unverbildeten Beobachter, der allgemein anerkannte sittliche Anschauungen offenbare. Der Richter selbst erkläre sich »unbewußt oder bewußt« zum unverbildeten Beobachter und seine eigenen moralischen Anschauungen zum Bestandteil des Rechts. »Es ist aber auf die Dauer in einem pluralistisch angelegten Rechtsstaat unerträglich, daß die so wichtige Abgrenzung zwischen Mord und Totschlag mit allen daran geknüpften schwerwiegenden Folgen davon abhängen soll, mit welchem weltanschaulichen Inhalt der jeweils berufene Richter die sittlichen Blankettbegriffe ausfüllt. Ziel jeglicher Rechtsprechung in Strafsachen sollte der Rechtsgüterschutz, nicht die moralische Verdammnis sein.«[4]

1 Horst Woesner, *Moralisierende Mordmerkmale*, in: *Neue Juristische Wochenschrift* 1978, S. 1025 ff. (1026) – mit Nachweisen aus der Rechtsprechung des Bundesgerichtshofs in Strafsachen.

2 A.a.O.

3 A.a.O.

4 A.a.O.

So sehr man dieser Kritik vielleicht spontan zustimmen möchte, es fragt sich doch, welcher Begriff von Moral hier eigentlich zugrunde liegt. Die Worte ›verwerflich‹, ›sittlich‹ wiederholen nur in adjektiver Form die Definition, sind also tautologisch. Die im übrigen verwandten Ausdrücke – niedrig, rücksichtslos, gewissenlos, gefühllos, unbarmherzig, verabscheuungswürdig – besagen gar nichts über die Zuordnung. Die Kritik hebt hervor, daß diese Argumentation in der Rechtsprechung irrational, gefühlsbetont und bar jeder festen Kontur ist. Auch das trifft sicher zu – aber man erfährt mit keinem Wort, weshalb das typisch sei für moralisierende Begründung. Auch aus der Sache selbst ergibt sich das keinesfalls ohne weiteres: weder ist undenkbar (vielmehr historisch belegbar), daß das Recht irrational, noch daß Moral rational bestimmt ist. Dies scheint freilich die unausgesprochene Prämisse der Kritik zu sein, denn gerade mit der Devise »rational bestimmte Lösungen« macht sie Vorschläge namhaft, die dem Trend des Moralisierens angeblich entgegenwirken. Auf die Sozialschädlichkeit der Handlung und entsprechende Gefährdung komme es bei rational bestimmten Lösungen an; Indikatoren für diese Gefährlichkeit seien unter anderem ein krasses Mißverhältnis zwischen Mittel und Zweck, wie es sich etwa bei jemandem zeige, der aus übermäßigem Gewinnstreben töte. Auch vorhergehende »*Überlegung*« deute auf diese Gefährlichkeit. Weshalb diese Gesichtspunkte so besonders typisch juristisch sein sollen und die Zäsur zu moralisierenden Merkmalen markieren, bleibt ganz dunkel, darüber hinaus freilich auch, mit welchem Rationalitätsbegriff gearbeitet wird. Unklarer und kriterienloser kann kaum etwas sein. Ist das – im letzten Viertel des 20. Jahrhunderts – ein praktisches Ergebnis der endlosen Bemühungen um Klärung des Verhältnisses von Recht und Moral? Jedenfalls legt der Befund, daß es so sein könnte, bereits die Frage nahe, ob zur Klärung dieses Verhältnisses eigentlich schon alles Erforderliche getan ist.

Angesichts der Vielzahl der zusammengetragenen Gesichtspunkte und der eindrucksvollen Versuche, sie zu systematisieren, muß es jedem schwerfallen, mit Nein zu antworten. Man sieht bald, daß die eingangs vorgestellten Fallgruppen ja nur einen Teilbereich des Problemfeldes betreffen. Ist im übrigen alles in Ordnung? Ist es also eigentlich mehr als ein Zufall aufzufassen, daß hier die schwachen Stellen zur Sprache gekommen sind? Das ist nicht gerade sehr wahrscheinlich, aber selbst wenn es so wäre, müßte man der Qualität eines Teilsystems mißtrauen, das nicht ganz unerheblichen Fragen eines anderen Teilsystems gegenüber so indolent ist. Wie man es auch wendet, es empfiehlt sich, nunmehr das Ganze in Augenschein zu nehmen.

II.

Die inzwischen schon klassisch gewordenen Unterscheidungen bewegen sich – stichwortartig ausgedrückt – in folgenden Bahnen: Die Moral bezieht sich auf innere Vorgänge, das Recht auf äußere Vorgänge. Für die Moral entscheiden Motive, für die Befolgung des Rechts ist dagegen das Motiv nicht von Interesse. Die Moral ist der Freiheit des Einzelnen überlassen, das Recht ist mit Gewalt vorgeschrieben und durchsetzbar. Die Moral erfaßt alle Feinheiten des menschlichen Lebens, das Recht ist das ethische Minimum. Die Moral ist nicht an Verfahren gebunden, das Recht ist – vielleicht sogar nur – durch Verfahren legitimierbar. Die Moral ist vor allem eine verpflichtende Instanz, das Recht ist in erster Linie eine Quelle für Berechtigungen. Die Moral hat einen Anteil an aktiver Sozialgestaltung, das Recht ist ausschließlich ein Instrument für die Sicherung bürgerlicher Freiheit. Die Moral ist kompromißlos, das Recht lebt von Kompromissen. Das Recht ist ein Mittel, allgemein anerkannte ethische Forderungen durchzusetzen, die Moral spricht für sich. Das Recht ist eine Institution, welche die Freiheit moralischer Handlungen sichert. Die Moral bedarf solcher Institutionen nicht. Das Recht ist unabhängig von der öffentlichen Meinung, die Moral bedient sich der öffentlichen Meinung. Zu den Geltungsvoraussetzungen des Rechts gehört auch ein gewisses Quantum an Wirksamkeit. Für die Geltung der Moral kommt es darauf nicht an; möglicherweise scheidet der Begriff der Geltung für sie sogar ganz aus.[5]

Über diese Charakterisierungen ist sehr viel geschrieben worden[6], und fast alle sind umstritten. Man kann wahrscheinlich bei kaum einer rechtsphilosophischen Frage so deutlich sehen, welche Rechtskonzeption jeweils impliziert ist. Das gilt für die größere Nähe oder Ferne zwischen Recht und Moral allgemein wie auch für einzelne Unterscheidungskriterien. Methodische, politisch-konzeptionelle oder politisch-realistische Positionen sind dabei gleichermaßen, manchmal kumulativ, manchmal auch jede für sich definiert.

Die Vorstellung etwa, um damit zu beginnen, das Recht dürfe sich nicht auf die Funktion, Freiheitsgarantie zu sein, beschränken, sondern müsse auch in die – nach verbreiteter Auffassung – der Moral vorbehaltenen Bereiche der Sozialgestaltung vordringen, entwickelte sich nur auf der Basis eines Staatsrechtsverständnisses, welches das Sozialstaatsprinzip als Satz des geltenden Rechts begreift und nicht nur als Programmsatz.[7] Ein anderes Beispiel – der Streit über die Rolle

5 Diese Aufzählung ist nicht einmal erschöpfend; beispielsweise gibt es auch Betrachtungen über den spezifisch logischen status von rechtlichen Normen, s. Hubert Rottleuthner, *Marxistische und analytische Rechtstheorie*, in: ders., *Probleme der marxistischen Rechtstheorie*, Frankfurt/M. 1975, S. 159 ff. (166-175).

6 Immer noch besonders informativ: Hans Nef, *Recht und Moral in der deutschen Rechtsphilosophie seit Kant*, St. Gallen 1937.

7 S. die Belege in Anm. 62.

des subjektiven Moments im Recht – berührt alle drei Ebenen. Methodenbewußt und universalistisch ist die Diskussion zwischen Natorp, Cohen, Stammler und Radbruch.[8] Nur auf der methodischen Ebene bewegt sich die Diskussion um den logischen Status der Rechtsnorm.

Eher generalisierend als auf einzelne Aspekte abhebend, stellt sich das Problem Recht und Moral von der Warte bestimmter Grundrichtungen der Rechtsphilosophie dar. Für die »Anerkennungstheorien« des Rechts etwa ist eine Annäherung zwischen Recht und Moral[9], für die Machttheorie eine besonders scharfe Trennung typisch – mit entsprechenden Schattierungen – je nachdem, mit welcher Eindeutigkeit die Positionen vertreten werden.

Die Forderung nach Aufhebung oder erheblicher Minderung des Gegensatzes zwischen Moral und Recht findet sich aber auch in Konzeptionen mit totalen Ansprüchen in bezug auf die Gestaltung des menschlichen Zusammenlebens. Freilich handelt es sich hier immer nur um Tendenzen, und sie erstrecken sich auch nur auf einen Teilbereich. Für die katholische Rechtsphilosophie sind Rechtspflichten im Grunde genommen echte sittliche Pflichten.[10] Förmlichkeit des Verfahrens und Rechtszwang bleiben indessen unangetastet. Ähnliches kann man für die sozialistisch orientierten Gesellschaften und Rechtskonzeptionen feststellen[11] – als Vorstufe zur Überwindung des Gegensatzes von Egoismus und Aufopferung und damit der Moral als Sollensordnung.[12] Aber auch weniger konsistente, nicht totalen Lösungen verschriebene Systeme neigen zu Konfundierungen, wobei sich deren

8 Genauer dazu Nef, a.a.O., S. 29 ff.
9 Genauer darüber unten S. 190 f.
10 Darüber Nef, a.a.O., S. 123 ff.
11 Iring Fetscher, *Zum Problem der Ethik im Lichte der Marx'schen Geschichtstheorie*, in: Gert Günther Grau (Hg.), *Probleme der Ethik*, Freiburg/München 1972, S. 15 ff. (31 ff.).
12 Fetscher, a.a.O.

Schwerpunkte oft – und ziemlich willkürlich anmutend – verschieben. Das hängt damit zusammen, daß die – das Recht determinierende – Moral dieser Systeme oft kurzlebig, heterogen und subjektiv oder willkürlich ist.

Man mag finden, daß es bei soviel Relativierung ganz sinnlos ist, noch nach Klassifizierungen und Legitimationen zu suchen. Aber es ist nicht leicht, hier Abgrenzungen zwischen dem vorzunehmen, was man nur schlecht findet, und dem, was dem Begriff von Recht und Moral in keiner Weise genügt. Wird Moral und Recht gar nicht mehr intendiert, scheint die Sache klar zu sein. Fast immer – auch in den schlimmsten Fällen von Tyrannei – wird aber im Rahmen von Moral und Recht argumentiert, und zwar nicht nur strategisch, sondern aus – wie auch immer pervertierten – Überzeugungen heraus. Je radikaler und intensiver das geschieht, desto stärker liegt nach allen Erfahrungen der Akzent auf der Moralisierung des Rechts. Dabei gibt es unterschiedliche Schwerpunkte. Das schillerndste Bild bietet die NS-Herrschaft:

Der Kampf gegen die Juristen findet an mehreren Stellen statt. Maßgebend ist die Vorstellung, daß sich alles auf die Favorisierung der höherstehenden nordischen Rasse zu konzentrieren habe. Auf der Basis einer neuen »Moral« wird das jeder Eigenständigkeit entsagende Recht gefordert. Hierher gehört auch, daß die Vorstellung, das Recht sei nur an äußeren Handlungen interessiert, aufgegeben oder abgeschwächt wird; auch und gerade Gesinnungen und Motive sollen der Sozialkontrolle und ihren Sanktionsmöglichkeiten nicht entzogen sein. Damit hängt eine Abkehr von der Idee zusammen, daß nur die Moral kompromißlos sein dürfe; dies wird vielmehr auch vom Recht erwartet, keine Grenzmoral also als Maßstab des Rechts, keine Beschränkung auf das ethische Minimum. Alles Recht geht vom Führer aus – das ist zugleich die Etablierung der höchsten moralischen Autorität als

Rechtsquelle. Auch eine Umkehrung der Gesichtspunkte wird sichtbar: Gerade für die Moral soll keineswegs Autonomie gelten; vielmehr ist das Führerprinzip natürlich ein heteronomes Prinzip. Damit ist der Verbindlichkeitsbegriff des Rechts für die Moral reklamiert. Und selbstverständlich verpflichtet die Moral auch, nicht nur das Recht. Das gleiche gilt für die Gemeinschaftsbezogenheit, die nach bürgerlichen Begriffen eine Sache vorwiegend des Rechts war, jetzt eine Sache (vielleicht sogar in erster Linie) der Moral ist. Wiederum anders verhält es sich mit der Rolle der öffentlichen Meinung, von manchen als Vehikel ausschließlich der Moral begriffen. Sie hat in der NS-Ideologie eine ganz wichtige Funktion für die Rechtsentwicklung, wobei natürlich noch nicht davon die Rede sein kann, daß es sich dabei um öffentliche Meinung gehandelt hat, wie wir sie heute verstehen.

Je nach Opportunität wird allerdings die Position auch gewechselt, die von dem Moralverständnis abgetrennten Instrumente des Rechts werden wegen der besseren Durchsetzbarkeit (auch mit Blick auf die – Ruhe im Staate verbürgende – Akzeptanz durch die Bevölkerung oder der für wichtig gehaltenen Teile der Bevölkerung) eingesetzt. Das Hauptbeispiel dafür ist die Gesetzesflut. Alles kann im Reichsgesetzblatt verkündet werden, das gilt auch für die Nürnberger Rassengesetze, wenn das ein Weg ist, in »überlebten« Rechtsstaatskategorien lebende Richter gleichzuschalten. In der Dogmatik, also der Konkretisierung von Rechtssätzen mit dem Ziel ihrer unmittelbaren Anwendbarkeit auf einzelne Lebenssachverhalte, gibt es entsprechende Erscheinungen: Zu anderen Zeiten ganz harmlos-unbürokratischen Vorgängen geltende Rechtsbegriffe werden den fürchterlichsten Mordtaten übergestülpt, um ihnen eben diesen, Akzeptation versprechenden, harmlos bürokratischen Schein zu geben. Die Anwendung dieser Techniken bestätigt eigentlich die Ausgangsvermutung, daß in totalitär angelegten Systemen für eine Eigenständigkeit des Rechts kein Raum ist; es ist vielmehr der Moral, d. h. dem, was dafür gehalten wird, ganz und gar nachgeordnet, oder es wird ganz bewußt manipulativ zu Täuschungs- oder Beruhigungszwecken verwendet, wobei die Erwartung, die juristisch (klingende) Argumentation werde akzeptiert, natürlich indiziert, daß eine andere, die Eigenständigkeit des Rechts betonende Vorstellung vom Recht in der Sphäre derer, an deren Adresse sich die juristische Argumentation richtet, noch lebendig ist. Das ist, soweit wir sehen, immer eine Recht*stradition* (so die geschickte Ausnutzung bürgerlich-traditionellen Rechtsdenkens durch die Nazis).[13] Freilich gibt es auch das Umgekehrte. Die Anschauung dafür liefert die Strafgerichtsbarkeit moderner orientalischer Staaten. Was von der islamischen Bevölkerung als rechtens akzeptiert wird, weil es als im Einklang mit elementar-religiös-moralischen Vorstellungen befindlich präsentiert wird, legitimiert sich für die herrschende Elite im Zweifel aus ganz anderen Gesichtspunkten. Dort, wo sie eigentlich westlich-parlamentarisch-rechtsstaatlich-technokratisch agieren möchte, es aber angesichts der unaufgeklärten Bevölkerung nicht kann, ist die Umkehrung komplett. Der Kampf gegen die Tradition – mit den entsprechenden strategischen Zugeständnissen – ist nicht, wie bei den Nazis, der Kampf gegen eine auf bestimmten Differenzierungen zwischen Recht und Moral bestehende Rechtsstaatlichkeit, sondern der Kampf gegen archaisches, für die modernen Differenzierungen der Sozialethik, wie sie sich in den unterschiedlichen Begriffen von Recht und Moral zeigt, noch nicht aufnahmebereites Denken und Fühlen. Dort allerdings, wo einer in frommen Traditionen lebenden Bevölkerung eine nur auf Macht- und Besitzausweitung, lediglich an westlichen *Bedürfnissen* geschulte Elite gegenübersteht, geht es weniger um die Perspektivendifferenz von *Recht* und Moral als um die von

13 Vgl. dazu Bernd Rüthers, *Die unbegrenzte Auslegung*, Tübingen 1968, S. 432 ff.

Macht und Moral. Wie schwer es ist, ein politisches System insoweit richtig zu beurteilen, zeigen die iranischen »Schnellverfahren«. Wenn die iranische Bevölkerung diese Verfahren und ihren Ausgang begrüßt, so geschieht dies sicher in der Meinung, daß alle Förmlichkeit und zweifelnde Vorsicht etwas sei, was der klaren, moralisch-politischen Forderung zuwiderlaufe. Daß der Führungsstab seinerseits aus tiefer, mit den Massen parallel gehender Überzeugung handelt und anordnet, ist hingegen kaum glaubhaft. Aber was ihn statt dessen determiniert, ist wohl schwer zu sagen. Daß ihm nichts ferner liegt als Aufklärung und Rechtsstaatlichkeit, ist jedenfalls gewiß.

Bei alledem muß man sich klarmachen, daß den jeweiligen Einschätzungen des Verhältnisses von Recht und Moral Selbstdefinitionen dessen, was Moral inhaltlich ist, zugrunde liegen, über die man streiten kann. Angesichts der Hinrichtungsgreuel im Namen einer islamischen Revolution, die im Brustton der höheren Moral vorgetragen wird, erscheinen beispielsweise die Skrupel, die hierzulande einige Richter davon abhalten, auf unzulässig (durch Abhörung) erworbenes Material gestützte Beweisanträge zuzulassen, eigentlich viel eher als Anerkennung höherer, besserer Moral und nicht – obwohl dies die offizielle Lesart ist – als Frucht einer sehr spezifischen und gerade von moralischen Normen abgehobenen Rechtskultur.[14]

Daß es so schwer ist, wie man sieht, sowohl subjektive Vorstellungen von der Moralität eines Handelns wie die Verwendung des Begriffs Moral mit der Folge zu kontrollieren, bestimmte inhaltliche Vorstellungen und Begriffsverwendungen zurückzuweisen, hängt miteinander zusammen; es fehlt ein übergeordneter Gesichtspunkt. Das ist in der langen

14 Es ist nicht ohne Ironie, daß sowohl über die Schnellverfahren im Iran wie die Ablehnung jener Beweisanträge auf einer Seite der *Frankfurter Rundschau* vom 11.4.1979 (S. 3) berichtet wird.

Tradition der Abgrenzung von Moral und Recht meines Erachtens nie richtig klar geworden, weil alle an der Diskussion Beteiligten sich mit gleichsam mittlerer Plausibilität mit der von ihnen zugrunde gelegten Moral begnügt und untereinander in Ruhe gelassen haben. Das mußte sich auf die Diskussion des Gesamtproblems auswirken. Die oben geäußerte Vermutung, daß die eingangs (I) skizzierten Schwierigkeiten in bezug auf die Einschätzung des Verhältnisses von Recht und Moral nicht nur isolierbare, besonders problematische Einzelfragen eines im übrigen klare Abgrenzungen bereithaltenden Systems betreffen, sondern auch Indizien für die Misere des ganzen Komplexes sind, ist damit zur Gewißheit geworden.

III.

Eine Wiederaufnahme der Versuche, das Verhältnis von Recht und Moral zu klären, erscheint nur unter bestimmten Voraussetzungen sinnvoll. Zunächst sind die neueren Forschungen auf dem Gebiet der Ethik daraufhin in Augenschein zu nehmen, ob es überhaupt möglich ist, die Relativität der inhaltlichen Anschauungen und Begriffsverwendungen im Bereich der Ethik zu überwinden (A). Sodann muß etwas gesagt werden über diejenigen Ansätze moderner Rechtsentwicklung, die in den bisherigen Diskussionen noch keine Berücksichtigung gefunden haben und größtenteils, weil die meisten das geläufige Bild des Verhältnisses von Recht und Moral bestimmenden wissenschaftlichen Beiträge schon relativ weit zurückliegen, auch gar nicht berücksichtigt werden konnten (B). Es sind dies (a) die durch das Grundgesetz der Bundesrepublik Deutschland befestigte und bei vielen Einzelfragen sichtbar werdende Dialektik zwischen Rechtsstaatsprinzip und Sozialstaatsprinzip, (b) die einerseits durch interventionistisch orientierte Gesetzgebung, andererseits durch Wandlungen der sozialen Kommunikation inaugurierten alternativen Rechtsformen (kritisch begleitet durch die Debatte über die Leistungsfähigkeit der »Rechtsform« überhaupt), (c) die Zunahme konsensorientierten Rechtsdenkens auf dem Hintergrund sich in vielen Einzelbereichen konkretisierender Demokratie, begleitet durch erkenntnistheoretisch motivierte Zweifel an objektiven »Rechtswahrheiten«.

(A) Die »neuere Ethik« hat sich von den traditionellen Bemühungen auf diesem Gebiet nach zwei Seiten hin fortentwickelt und (teilweise) neu etabliert.

a) An die Stelle der Bemühungen, trotz radikaler Erkenntniskritik bestimmte ethische Inhalte verbindlich zu formulieren, sind Theorien getreten, die den ganzen Komplex in lösbare und nichtlösbare Probleme aufgeteilt haben.

aa) Zu den lösbaren Problemen wird

(1) zunächst das gerechnet, was – sieht man genauer hin – gar nicht die Frage nach der Wertung auslöst, sondern nichts weiter als Zweckmäßigkeitskontrolle ist.[15] Sehr viele mit einem Anspruch an die philosophische Ethik auftretende Fragen erledigen sich auf diese Weise.[16]

(2) Sodann wird für lösbar, d. h. mit wissenschaftlichen Methoden beantwortbar gehalten eine sich ständig erweiternde Klasse von Fragen, die nur der Klärung der beim Sprechen über ethische Probleme verwendeten Begriffe gilt. Diese Klärungen stellen überwiegend die Leistung einer sehr subtil gewordenen Sprachphilosophie dar und werden als der wichtigste Beitrag der analytischen Philosophie auf dem Gebiete der Ethik begriffen.[17]

15 Instruktiv Oswald Schwemmer, in: Paul Lorenzen/Oswald Schwemmer, *Konstruktive Logik, Ethik und Wissenschaftstheorie*, Mannheim/Wien/Zürich 1975, S. 149 ff. (166/167).
16 S. die Belege in Anm. 44.
17 Norbert Hoerster, Einleitung zu: William K. Frankena, *Analytische Ethik*, München 1972, S. 7 ff.

(3) Hinzu kommen Beschreibungen; ferner Vergleiche ethischer Aussagen und der Struktur ethischer Normen sowie ihrer systematischen Anwendungen und der Folgen beziehungsweise Wirkungen ethischen Argumentierens, ethischer Systeme etc. Eigentlich sind dies Fragen, die eher in das Gebiet einer Soziologie der Ethik gehören; sie stellen aber gewissermaßen das empirische Pendant zu den semantisch-analytischen Ethik-Aussagen dar und bilden mit ihnen einen Zusammenhang, der insgesamt das ausmacht, was man analytische[18] Ethik nennt.

(4) Den Rahmen für alle diese Typen von Aussagen schließlich bildet eine ausgefeilte Metaethik[19], d. h. eine systematische Aufarbeitung der Möglichkeiten, auf dem Gebiet der Ethik wissenschaftlich zu arbeiten.

bb) Als vergeblich hingegen gelten alle Versuche, bestimmte Inhalte ethischer Normen mit wissenschaftlichen Methoden für verbindlich zu erklären. Hier gibt es aber Grenzbereiche, von denen nicht immer leicht zu sagen ist, ob sie nicht doch noch lösbare Probleme enthalten. Die Rekonstruktion der psychologischen Prozesse, die den Wertungsprozeß begleiten, hat soziologisch sehr bald interessiert.[20] Aber sie führt ebenfalls nur zu einer Wertbegründung, die sich in der Analyse und Bewertung der bei der Wertung angewandten Verfahren erschöpft. Es gibt insoweit auch in der analytischen Philosophie wichtige Ansätze[21], die aber nicht ausgebaut worden sind.[22]

18 Der Begriff »analytisch« wird hier in einem sehr weitläufigen Sinne verwendet. Er bezeichnet gleichsam das Milieu, in dem sich philosophische Richtungen bewegen, die – unerachtet vieler sonstiger Unterschiede – einig sind in der Ablehnung von Dialektik, Existentialismus, klassischer Ontologie und »Wesensschau«.
19 Hoerster, a. a. O., S. 12 f.
20 Max Weber, *Die »Objektivität« sozialwissenschaftlicher und sozialpolitischer Erkenntnisse*, in: *Gesammelte Aufsätze zur Wissenschaftslehre*, Tübingen 1951, S. 146 ff. (151).
21 S. dazu die Nachweise bei Klaus Lüderssen, *Erfahrung als Rechtsquelle*, Frankfurt/M. 1972, S. 76 ff.

b) Vielmehr ist der prozedurale Legitimationstyp im Bereich der Ethik inzwischen Sache jener zweiten, ebenfalls von der Tradition der materialen Wertphilosophie sich ablösenden Richtung geworden, die sich von der unter a) geschilderten im Prinzip dadurch unterscheidet, daß sie – weil ihr die Fragwürdigkeit der Wahl des Ausgangspunktes stärker bewußt ist – die Welt nicht ab ovo in wissenschaftlich erkennbare und nicht erkennbare Anteile aufspaltet. Wenn man will, kann man darin ein dialektisches, d. h. die Unauflösbarkeit der Subjekt-Objekt-Beziehung reflektierendes Prinzip sehen. Dieses Prinzip jedenfalls ist es, das diese Richtung, ohne daß feste Erkenntnisgrenzen fixiert werden[23], davor bewahrt, in traditionelle, material orientierte Begründungsstrukturen zurückzufallen. Gemieden wird aber auch die – schon bei Kant auftretende – Zirkularität der Erkenntnisbegrenzung.[24] Dieser – (selbst)kritische – Zug ist es, der einen (von beiden Richtungen freilich nicht gewollten und zurückgewiesenen) gemeinsamen Nenner sichtbar werden läßt, jedenfalls in dem Maße, wie theoriegeleitete Konventionen (Festsetzungen) einerseits, kommunikative Kompetenz andererseits als unreduzierbare Größe erscheinen.[25]

aa) Die Vorschläge, ethische Normen im Diskurs zu ermitteln, genauer: zu konstituieren und alle wissenschaftlichen Bemühungen darauf zu richten, die Bedingungen für einen Diskurs, der diese Aufgabe erfüllen kann, zu ermitteln, wird in Deutschland vor allem mit den Arbeiten Karl Otto

---

22 Das hat wahrscheinlich etwas zu tun mit der in der analytischen Philosophie (im Sinne von Anm. 18) emsig kultivierten Abneigung gegen die Verbindung von Genesis und Geltung.

23 Was nicht etwa gleichbedeutend ist mit einem Universalitätsanspruch oder der Vorstellung, man könne »Letztbegründungen« liefern.

24 Jürgen Habermas, *Erkenntnis und Interesse*, Frankfurt/M. 1968, S. 14 ff.

25 S. die Nachweise bei Klaus Lüderssen, Einleitung zu: Klaus Lüderssen/Fritz Sack (Hg.), *Abweichendes Verhalten II*, Frankfurt/M. 1975, S. 19 und die Belege auf S. 32 (Anm. 86).

Apels und Jürgen Habermas' verknüpft.[26] Hierüber ist so viel geschrieben worden[27], daß auf die Wiedergabe der Argumente pro und contra verzichtet werden kann.[28]

bb) Im folgenden kommt es daher nur darauf an, einen Standpunkt zu beziehen. Dabei sind vor allem[29] (1) die kritischen Überlegungen zu würdigen, die sich an eine Konfundierung von Konsenstheorien der Wahrheit und Konsenstheorien der Begründung ethischer Normen knüpfen[30], (2) das Problem der Legitimierung einer die Aufgaben der Normenbegründung erfüllenden Kommunikation – entweder normative Voraussetzungen[31] oder infiniter Regreß (Konsens über die Bedingungen des Konsenses über die Bedingungen ...)[32] –, (3) die Schwierigkeiten, die sich aus den evidenten

26 Vor allem: Jürgen Habermas, *Vorbereitende Bemerkungen zu einer Theorie der kommunikativen Kompetenz*, in: Jürgen Habermas/Niklas Luhmann (Hg.), *Theorie der Gesellschaft oder Sozialtechnologie*, Frankfurt/M. 1971, S. 101 ff.; derselbe, *Legitimationsprobleme im Spätkapitalismus*, Frankfurt/M. 1973; derselbe, *Was heißt Universalpragmatik?*, in: Karl-Otto Apel (Hg.), *Sprachpragmatik und Philosophie*, Frankfurt/M. 1976, S. 174 ff.; Karl-Otto Apel, *Transformation der Philosophie*, Band 2, *Das a priori der Kommunikationsgemeinschaft*, Frankfurt/M. 1973; ders., *Sprechakttheorie und transzendentale Sprachpragmatik zur Frage ethischer Normen*, in: Karl-Otto Apel (Hg.), a. a. O., S. 10 ff.

27 Umfassende Orientierung bei Herbert Schnädelbach, *Reflexion und Diskurs*, Frankfurt/M. 1977, S. 135 ff.

28 Unter der kritischen Literatur ist vor allem hervorzuheben (aus der Perspektive der analytischen Philosophie:) Hans Albert, *Transzendentale Träumereien. Karl Otto Apels Sprachspiele und sein hermeneutischer Gott*, Hamburg 1975; Anton Leist, *Was heißt Universalpragmatik?*, in: *Germanistische Linguistik* 1977, S. 80 ff.; (aus der Perspektive hermeneutischer Philosophie:) Rüdiger Bubner, *Handlung, Sprache und Vernunft*, Frankfurt/M., S. 50 ff.; Karl Heinz Ilting, *Geltung als Konsens*, in: *Neue Hefte für Philosophie*, H. 10 (1976), S. 20 ff.

29 Die folgende Auswahl beschränkt sich auf Argumente, die im Rahmen dessen, was man eine moderne rationalistische Philosophie nennen könnte, gewechselt werden; außer acht bleiben Einwände, die auf der Basis fundamental anderen Denkens erhoben werden.

30 Karl Heinz Ilting, *Wahrheit und Verbindlichkeit*, in: Kuno Lorenz (Hg.), *Konstruktionen versus Positionen* Band II, *Allgemeine Wissenschaftstheorie*, Berlin/New York 1979, S. 115 f.

31 Otfried Höffe, *Ethik und Politik*, Frankfurt/M. 1979, S. 248.

32 Herbert Keuth, *Erkenntnis oder Entscheidung? Die Konsensustheorien der*

Schwächen realer Kommunikation[33] für eine Evolutionsprognose in bezug auf ideale Kommunikation ergeben[34], und schließlich (4) die Einwände, die sich darauf beziehen, daß die Konsensustheorie nur den Geltungsaspekt, nicht die Konstitutionsproblematik berücksichtige.[35]

(1) Man vergegenwärtige sich noch einmal die Situation. Die Einwendungen gegen die Korrespondenztheorie der Wahrheit sind bekannt und schlechterdings unüberwindlich. Vor allem der seit Franz Brentanos Hinweis auf die Unausweichlichkeit eines Regresses auch hier – nur durch ein wahres Urteil kann das Übereinstimmen eines in einem Satz ausgesprochenen Urteils mit der Wirklichkeit entschieden werden – geläufigen Schwierigkeiten ist zu gedenken. Der Regreß entsteht, »weil wir uns nicht gleichsam zwischen den Satz und die Wirklichkeit stellen können (um so über den Zaun zu gucken), sondern diese sich uns nur sprachlich eröffnet, beziehungsweise verfügbar wird«.[36] Die Kohärenz-Theorie indessen hat so viele indiskutable Folgeprobleme (wie steht es mit dem faktischen Verlauf des Wissensfortschritts, mit dem Problem der Erklärung der technischen Anwendbarkeit des durch Involvierung erworbenen Wissens, überhaupt mit dem Problem des Wissensumfangs)[37], daß man auch bei ihr nicht stehenbleiben kann.

Wenn man »die wahren Protokollsätze unserer Wissenschaft von den falschen eines Märchens unterscheiden kann«, so liegt das vielmehr daran, daß »das von uns als wahr bezeichnete System an Protokollsätzen, auf das wir uns im täg-

Wahrheit und der Richtigkeit von Jürgen Habermas, in: Zeitschrift für allgemeine Wissenschaftstheorie, Bd. 10 (1979), S. 375 ff. (381).
33 Gut zusammengestellt bei Höffe, a. a. O., S. 245-247.
34 Ein Problem, das seltsamerweise nicht direkt gestellt wird, sondern sich nur indirekt durch Verknüpfung mit der Historizismus-Debatte ergibt.
35 Höffe, a. a. O., S. 258.
36 Monika Gerber, Zur Korrespondenz- und Konsenstheorie der Wahrheit, in: Zeitschrift für allgemeine Wissenschaftstheorie, Bd. VII (1976), S. 39 ff. (S. 40).
37 Gerber, a. a. O., S. 41.

lichen Leben und in der Wissenschaft beziehen (...) dasjenige System ist, welches die Menschheit und besonders die Wissenschaft unseres Kulturkreises tatsächlich akzeptiert«.[38]

Jedenfalls gilt das für Akte und Zustände, deren Einschätzung nicht selbstverständlich im Sinne des statements »vier Milliarden Menschen können nicht irren«[39] ist, so daß es auch gar nicht darauf ankommen kann, die Zustimmung aller zu allem zu erlangen – dieses argumentum ad absurdum[40] ist also vielleicht auszuscheiden. Es genügt die potentielle Zustimmung aller anderen[41], im Grunde genügt es schon, die Verfahren verfügbar zu machen, die den Konsens in gewissen historischen Sprachgemeinschaften möglich machen.[42] Für die Beantwortung von »Wahrheitsfragen« auf ethischem Gebiet kann die Brauchbarkeit dieser Methode leicht dargetan werden. Diese Wahrheitsfragen decken sich auf weite Strecken mit dem Vergleich von Zweck-Mittel-Beziehungen. Denn

---

38 Carl G. Hempel, *Zur Wahrheitstheorie des logischen Positivismus*, in: Gunnar Skirbekk (Hg.), *Wahrheitstheorien*, Frankfurt/M. 1977, S. 96 ff. (104).

39 Dieter Mans, *Intersubjektivitätstheorien der Wahrheit*, Frankfurter Dissertation 1974, S. 49.

40 Mans, a. a. O., S. 182/183; Dieter Freundlieb, *Zur Problematik einer Diskurstheorie der Wahrheit*, in: *Zeitschrift für allgemeine Wissenschaftstheorie*, Bd. VI (1975), S. 82 ff. (92).

41 Freundlieb, a. a. O.

42 Da es sich hierbei nicht um etwas Feststehendes handelt, ist ganz eindeutig auf Entwicklungen verwiesen. Selbst wenn man sich mit einer (so gut wie) punktuellen Zeitdiagnose begnügen würde, käme man um Entwicklungsprognosen nicht herum. »Der Zeitdiagnostiker nimmt den fiktiven Standpunkt der evolutionstheoretischen Erklärung einer in Zukunft zurückliegenden Vergangenheit ein« (Jürgen Habermas, *Zum Thema: Geschichte und Evolution*, in: *Geschichte und Gesellschaft* 1976, S. 357). Im einzelnen zu dieser geschichtsphilosophischen Problematik, die sich für die Entwicklung ethischer Sätze in der gleichen Weise stellt wie für die Rechtsentwicklung: Klaus Lüderssen, *Abschaffen des Strafens?*, Frankfurt/M. 1995, S. 113-118. Den dort angeführten Belegen ist noch hinzuzufügen: Jörn Rüsen, *Wie kann man Geschichte vernünftig schreiben? Über das Verhältnis von Narrativität und Theoriengebrauch in der Geschichtswissenschaft*, in: Jürgen Kocka, Thomas Nipperdey (Hg.), *Theorie und Erzählung in der Geschichte (Beiträge zur Historik* Band 3), München 1979, S. 300 ff. (325 f.).

auch für moralisches Verhalten kommt es auf Zielsetzungen an und den Versuch, diese Ziele zu realisieren. Die dabei einzusetzenden »Tatsachen« (Eignung eines Mittels für die Erreichbarkeit eines vorgegebenen Zwecks, Kalkulation der Nebenfolgen) sind, weil es um Erfahrungen und nicht (direkte) Handlungsanweisungen geht, (noch) nicht Gegenstand eines praktischen, sondern eines theoretischen Diskurses.[43]

Angesichts der großen quantitativen und qualitativen Bedeutung dieser durch theoretische Diskurse zustande kommenden Zweck/Mittel-Operationalisierungen für Wertentscheidungen[44] scheint die Frage nach einer einheitlichen Behandlung von Wahrheits- und Richtigkeitstheorien an Interesse zu verlieren. Denn selbst, wenn praktische Diskurse anderen Gesetzen unterliegen sollten, behielte die Konsensustheorie der Wahrheit ein ganz erhebliches Gewicht für die Lösung ethischer Probleme.[45]

43 Keuth, a. a. O., S. 390.
44 Klaus Lüderssen, *Erfahrung als Rechtsquelle*, a. a. O., S. 69 f. (mit weiteren Nachweisen); Peter Noll, *Gesetzgebungslehre*, Reinbek bei Hamburg 1973, S. 125; ders., *Rationale Wertentscheidung in der Gesetzgebung*, in: *Recht und Gesellschaft. Festschrift für Helmut Schelsky zum 65. Geburtstag*, Berlin 1978, S. 353 ff. (354).
45 Anders wäre es, wenn man – umgekehrt – den Standpunkt einnähme, daß vielleicht für richtiges Handeln nicht mehr als Konsens zu fordern sei, Wahrheit hingegen höheren Ansprüchen zu genügen habe. Diese Diskrepanz wäre wegen des hohen Aufkommens theoretischer Diskurse bei der Lösung ethischer Probleme folgenreich. Daher bliebe, wenn man dem Vorschlag folgen würde, man möge sich doch auf die sicher plausible Konzeption beschränken, für praktische Diskurse auf Konsens abzustellen, und die Wahrheitstheorien ausklammern, zu viel offen. (Tugendhat freilich will der Konsensustheorie nicht einmal diese Funktion zugestehen, siehe Ernst Tugendhat, *Zur Entwicklung von moralischen Begründungsstrukturen im modernen Recht*, in: *Archiv für Rechts- und Sozialphilosophie*, Beiheft, Neue Folge, Nr. 14 [1980], S. 1 ff. [10 f.]; allerdings leugnet er nicht, daß »dem Diskurs (...) doch eine Signifikanz bei der Anwendung« des »Prinzips der rationalen Ethik« zukommen könne [11 f.].) Abgesehen davon ist fraglich, ob es für diesen Vorschlag überhaupt eine einsichtige Grundlage gibt. Vielmehr ist – auch wenn man vom praktischen Diskurs ausgeht und erst im Anschluß daran auf die Wahrheitsfrage kommt – eine getrennte Rechnung nicht möglich. Schon sehr früh hat Habermas darauf hingewiesen,

Näher liegt es, weiterzugehen und die Vermutung aufzustellen, daß, wenn sogar Wahrheit (also das, was angeblich
»ist«) nur konsensorientiert ist, erst recht für Richtigkeit (das
was sein soll) kein anspruchsvolleres Kriterium gelten kann.[46]
Dort, wo es sich also nicht mehr um den Vergleich von
Zweck/Mittelketten handelt, wo also Zwecke nicht mehr auf
Mittel für die Erreichung dahinterliegender Zwecke reduziert werden können, beginnt der praktische Diskurs.

(2) Man braucht nicht viel Scharfsinn aufzuwenden, um
zu erkennen, daß die Diskurstheorien ebenso wenig voraussetzungslos sind wie andere Wahrheits- oder Richtigkeitstheorien. Ältere Philosophen haben – in bescheideneren Zusammenhängen – dieses Problem längst gesehen und sich
damit abgefunden. Ich meine den unendlichen Regreß der
Protokollsätze über Wahrnehmungen. Da Identität zwischen
sprachlicher Aussage und Wahrnehmung nicht eintreten
kann, muß dieser Regreß irgendwann abgebrochen werden –
das steht schon bei Carnap.[47] Wichtig ist, wie genau man sich
dieser Voraussetzungen bewußt ist und wie man mit ihnen

daß »der Begriff der idealen Sprechsituation nur im Zusammenhang mit einer
Konsensustheorie der Wahrheit eingeführt werden kann. Die pragmatischen
Universalien, mit deren Hilfe jeder (kommunikativ) kompetente Sprecher die
allgemeinen Strukturen der Rede erzeugt, sind wohl die Mittel, mit denen wir
ideale Sprechsituationen jederzeit entwerfen (und den Diskurs wechselseitig
unterstellen) *können*; sie sind aber nicht der zureichende Grund dafür, daß wir
ideale Sprechsituationen entwerfen (und den Diskursen wechselseitig unterstellen) *müssen*« (Jürgen Habermas, *Einige Bemerkungen zum Problem der Begründung von Werturteilen*, in: *9. Kongreß für Philosophie*, Meisenheim 1972,
S. 89 ff. [98].)

46 Wir verbinden »nicht nur mit Behauptungen, sondern auch mit Normen diskursiv einlösbare Geltungsansprüche. Jene können in theoretischen Diskursen
überprüft werden, diese in praktischen. Eine Konsensustheorie der Wahrheit
wird sich deshalb nicht nur auf die Wahrheit von Aussagen, sondern auch auf
die Richtigkeit von Geboten oder Bewertungen erstrecken müssen«. Jürgen
Habermas, *Wahrheitstheorien*, in: *Wirklichkeit und Reflexion. Walter Schulz
zum 60. Geburtstag*, Pfullingen 1973, S: 211 ff. (220).

47 Rudolf Carnap, *Über Protokollsätze*, in: *Erkenntnis* 3. Band, (1932/33),
S. 215 ff. (223 ff.)

umgeht. Theorien, die das möglich machen, sind Theorien, die das nicht können und daher auch nicht versuchen, überlegen. Für konsensorientierte Theorien sind die Prozesse und Entwicklungen, die an das heranführen, was man nicht mehr erklären kann, zentrales Thema[48] – das unterscheidet sie von anderen Theorien. Wenn es – allerdings unter Beschränkung auf praktische Diskurse – heißt, es bleibe »eine ganz auf der Linie naturrechtlicher Begründungsversuche liegende dogmatische metaphysische Annahme, ein unter idealen Bedingungen zustande gekommener Konsens« erfasse »das an sich Richtige, Gerechte mit untrüglicher Sicherheit«[49], so wird dabei übersehen, daß der Rückzug auf Diskursmodelle ja gerade das Ergebnis skeptischer Betrachtung überkommener metaphysischer Positionen ist. Allenfalls kann man sagen, daß stärker als alle anderen Prinzipien das Prinzip der Demokratie im Hintergrund stehe. Die möglichst gründliche Einigung möglichst vieler Leute ist sozusagen ›the second best‹, wobei aber entweder stillschweigend mitgedacht wird, daß die Freiheit des einzelnen, die sich in der Teilnahme am politischen Entscheidungsprozeß realisiert, das höchste Gut sei, das bei fehlender Einsicht in andere materielle Wahrheiten angestrebt werden müsse, oder aber sogar, daß die Freiheit überhaupt der oberste Wert sei, oder endlich, daß jene nicht erkennbaren materiellen Wahrheiten am ehesten noch durch die Mitwirkung möglichst vieler zu finden seien.[50]

---

48 Psychologie, Soziologie, Linguistik – aber auch Psychoanalyse, kurz alle Disziplinen, die dazu beitragen, deutlich zu machen, was Kommunikation sei, bekommen auf diese Weise eine Bedeutung für die Beantwortung philosophischer Fragen, wie sie sie auf der Basis anderer Wahrheits- und Richtigkeitstheorien nicht erlangen können; eindrucksvoll die Andeutung der interdisziplinären Programme, die hier eigentlich notwendig werden, bei Robert Alexy, *Theorie der juristischen Argumentation*, Frankfurt/M. 1978, S. 28.

49 Arend Kulenkampff, *Rechtspositivismus und marxistische Rechtstheorie*, in: *Archiv für Rechts- und Sozialphilosophie LXIII* (1977), S. 515 ff. (524).

50 Dazu schon Klaus Lüderssen, *Positivismus*, in: Axel Görlitz (Hg.), *Handlexikon zur Rechtswissenschaft*, München 1972, S. 293.

(3) Nur weil die Diskurstheorien ihre eigenen Voraussetzungen so präzis reflektieren, kommt das dritte Problem überhaupt in den Blick, wird die Frage, wie man die Bedingungen für Kommunikation verbessern kann, erst relevant. Sie stellt sich, wie bereits dargelegt[51], in bezug auf Zweck/Mittel-Vergleiche, aber nicht so universal, wie die Kritiker der Konsenstheorien, die der Hierarchie der Gegenstände, auf die sich Diskurse beziehen (von der Frist für Schwangerschaften bis zu Handelsbräuchen)[52], gar keine Aufmerksamkeit schenken, das behaupten. Erst recht gilt das für die praktischen Diskurse. Im einzelnen kann das hier nicht dargelegt werden.[53]

(4) Der Gedanke, daß »mit dem Titel ›Konsensus-Theorie der Wahrheit‹ (...) auch gemeint sein ›könnte‹, daß der Grund der Wahrheit in der intersubjektiven Konstitution von Erkennen liege«[54], liegt in der Tat nahe. Daß damit keine »Differenz zwischen einer transzendentalen und einer nicht-transzendentalen Wahrheitstheorie« bezeichnet wird, ist auch richtig.[55] Daraus folgt aber nicht unbedingt »eine Verschärfung der transzendentalen Konstitutionsproblematik«.[56] Vielmehr ist zu fragen, ob für die »auf einem fortentwickelten Problembewußtsein« beruhende Konsensustheorie der Wahrheit »die herkömmliche Zweiteilung in apriorische und empirische Ideen« überhaupt nocht gilt.[57] Beide sind vielleicht nichts weiter als »Extrempunkte eines kontinuierlichen Spektrums oder einer Skala, die in ihrem ganzen Bereich von den gleichen Grundsätzen bestimmt wird. Die wandelbaren

51 S. oben.
52 Sehr lehrreich auch hierfür Otmar Ballweg, *Zu einer Lehre von der Natur der Sache*, Basel 1963, S. 48/62.
53 Eingehender Klaus Lüderssen, Einleitung zu: Klaus Lüderssen und Fritz Sack (Hg.), *Abweichendes Verhalten II*, a.a.O., S. 19-21.
54 Höffe, a.a.O., S. 259.
55 Höffe, a.a.O.
56 Höffe, a.a.O.
57 Stephen Toulmin, *Kritik der kollektiven Vernunft*, Frankfurt/M. 1978, S. 482.

und vorübergehenden Ideen in den historisch sich ent-
wickelnden Disziplinen und die universalen apriorischen
Ideen der mathematischen und formalen Philosophie erscheinen dann nicht mehr als absolute Gegensätze, sondern
nur als dem Grade nach verschieden. Die theoretischen
Strukturen von Kants ›notwendigen Normen der Vernunft‹,
Lévi-Strauss' ›kulturellen Universalien‹ und Chomskys
›Strukturen der Tiefengrammatik‹ gelten nicht mehr als absolut verschieden von den kurzlebigeren Begriffen und
Grundsätzen der Naturwissenschaften, sondern als augen-
blickliche Endergebnisse einer langen historischen Entwicklung, d. h. als die augenblicklichen Ergebnisse der immer
neuen Reaktionen der Menschen auf Probleme, denen ihre
arithmetischen, logischen und sprachlichen Verfahren in den
Jahrtausenden der Kultur- und Sprachentwicklung gegen-
überstanden«.[58] Näher kann auf diese Perspektive nicht einge-
gangen werden. Bemerkt sei lediglich, daß hier ein Weg sichtbar wird, auch die im Namen einer Logik des reinen Seins
immer wieder geforderte Trennung von Genesis und Geltung aufzugeben und die »Kenntnis des Prozesses der Entwicklung der verschiedensten moralischen Überzeugungen,
die ein Individuum oder eine beliebig große Gruppe von
Individuen besitzt«, für die »Entscheidung der Frage, ob
die betreffenden moralischen Überzeugungen ›richtig‹, das
heißt ›gültig‹ sind«[59], nutzbar zu machen. Damit ist das Problem des logischen Psychologismus benannt. »Die Antino-
mien, in welche ›er‹ mündet«, hat Edmund Husserl »eindrucksvoll (...) dargestellt«. »Aber die unvermittelte absolutistische Gegenposition verwickelt sich in kaum harm-

58 Toulmin, a. a. O., S. 482/483.
59 Gernot Reibenschuh, *Warum moralisch sein? Zur Kritik soziologischer Moral-
begründung*, in: Manfred Riedel (Hg.), *Rehabilitierung der praktischen Philosophie*, Band II: *Rezeption, Argumentation, Diskussion*, Freiburg 1974, S. 85 ff.
(92).

losere.«[60] Es ist daher kein Zufall, daß, was Toulmin aus der transzendentalen Theorie der Konstitution von Erfahrung macht, seine Entsprechung in den Wandlungen hat, die die Ethnomethodologie der reinen Phänomenologie hat angedeihen lassen. Hier schließt sich der Kreis: Konsensustheorie der Wahrheit, Kritik der kollektiven Vernunft und symbolischer Interaktionismus gehören zusammen.

Inhaltlich absolute und uneingeschränkt verbindliche Sätze der Ethik vermag die Wissenschaft also nach wie vor nicht hervorzubringen. Religiöse Orientierung könnte die Sicherheit verleihen, die man braucht, um einen Standpunkt, den man wissenschaftlich nicht beweisen kann, intensiv und konsequent zu vertreten. Der regressus ad infinitum und die bedrückenden Relativierungen würden entfallen, Wesentliches und Unwesentliches wären leicht zu unterscheiden. Auf der anderen Seite ist die Unbedingtheit der Quelle, wie sie durch religiöse Überlieferung verbürgt zu sein pflegt, der Ausgangspunkt für Intoleranz, Fanatismus, Unfähigkeit, neue Bedürfnisse zu entdecken und zu berücksichtigen.

Die Frage ist, ob man wirklich nur jeweils eines haben kann: Freiheit für den Andersdenkenden, Ernstnehmen kontingenter menschlicher Zwecksetzungen einerseits oder »allen Stürmen« trotzende Verbindlichkeit unantastbarer Wertungen andererseits. Nach wie vor scheint die Hauptaufgabe der Philosophie in der Vermittlung von beidem zu bestehen. Aber man muß wohl zurückstecken; »die fortschreitende Säkularisierung und das ethische Moment können nicht mehr im Materiellen liegen, sondern liegen im Formellen, im Ausdiskutieren.«[61]

60 Theodor W. Adorno, *Zur Metakritik der Erkenntnistheorie*, Stuttgart 1955, S. 83.
61 Theodor Viehweg, in: Jürgen Blühdorn und Joachim Ritter (Hg.), *Recht und Ethik*, Frankfurt/M. 1970, S. 30 (Diskussionsbemerkung).

(B) Unter den strukturellen Änderungen, die in der Rechtsentwicklung zu beobachten sind und die Definition des Verhältnisses von Recht und Moral beeinflussen, nehmen a) die Versuche, Rechts- und Sozialstaatsprinzip miteinander zu vermitteln, einen besonders breiten Raum ein. Das diese Prinzipien zugleich Verbindende und Trennende ist das wachsende Bedürfnis der Menschen, keinen Zwängen ausgesetzt zu sein, frei zu handeln.

Allgemein geht es zunächst um die Auseinandersetzung darüber, ob nur das Rechtsstaatsprinzip oder auch das Sozialstaatsprinzip verbindlichen (das heißt nicht lediglich programmatischen) Charakter hat und ob es sich um gegensätzliche oder komplementäre Erscheinungen handelt. Hierüber ist so viel geschrieben worden, daß ich mir an dieser Stelle Begründungen erspare und nur andeuten möchte, daß ich jeweils der zweiten Alternative den Vorzug gebe.[62]

Im einzelnen (ich beschränke mich im wesentlichen auf strafrechtliche Fragen) gibt es hier vor allem die folgenden Aufgaben:

aa) Die Legitimität von Rechtsnormen ist (auch) davon abhängig, ob sie zweckmäßig sind, wobei die Zwecke ihrerseits legitimiert werden müssen. Dieser – an sich längst anerkannte – Teil der Rechtsidee ist unter dem Eindruck zunehmender, im Namen des Sozialstaats erhobener gesellschaftlicher Forderungen an die Aufstellung und Konkretisierung

---

62 Mit diesem Standpunkt und dem, was ich im folgenden bemerke, knüpfe ich an eine Reihe älterer Arbeiten an, die ich hier nur summarisch nennen möchte: Klaus Lüderssen/Fritz Sack (Hg.), *Abweichendes Verhalten*, Frankfurt/M. 1975-1977, I, S. 15 ff., 23 f.; II, S. 7 ff., 215 ff.; III, S. 21 f., 381 ff.; Erhard Denninger/Klaus Lüderssen, *Polizei und Strafprozeß im demokratischen Rechtsstaat*, Frankfurt/M. 1978, S. 42 ff., 64; *Wie rechtsstaatlich und solide ist ein sozialwissenschaftlich-juristisches Grundstudium*, in: *Juristische Schulung* (1974), S. 132/133; Klaus Lüderssen, *Abschaffen des Strafens?*, a. a. O., S. 99 f., Klaus Lüderssen/Fritz Sack (Hg.), *Vom Nutzen und Nachteil der Sozialwissenschaften für das Strafrecht*, Frankfurt/M. 1980, S. 434, 443, 439 ff., 742, 750.

mit Mitteln des Rechts zu erreichender Zwecke wieder problematisch geworden.[63] Man spricht auch von »Folgenorientierung«.[64] Dieser topos ist etwas weiter, weil er auch die unerwünschten Begleiterscheinungen zweckmäßigen Handelns erfaßt und – wieder mit Blick auf Fürsorgepflichten, die der Sozialstaat auferlegt – entsprechende Handlungsanweisungen zu Rechtsinhalten macht.

bb) Damit hängt eng zusammen das – gesondert behandelte – Problem, der »Rechtsform« nicht nur die Funktion zuzuschreiben, freiheitsgefährdende Mächte abzuwehren, sondern sie für die aktive Lösung sozialer Probleme verfügbar zu machen.

cc) Im materiellen Strafrecht geht es zunächst um die Auflösung der Komplementarität von Dogmatik und Strafe. Nicht nur dieser besonders schwere Eingriff in die menschliche Existenz schärft das Gewissen für die Präzision bei der Formulierung der Tatbestände; das heißt, die sozialstaatliche Forderung nach Abschaffung der Strafe impliziert keineswegs den Verzicht auf rechtsstaatliche Abgrenzung der Eingriffsvoraussetzungen – das ist die einheitsstiftende Funktion des Freiheitsbedürfnisses. Es geht aber auch um die Auflösung der Komplementarität von Schuld und Strafe. Zurechenbares Verhalten zieht nicht notwendig die Hinzufügung eines Übels (Strafe) nach sich, sie kann auch andere Rechtsfolgen legitimieren. Auch Prävention (generelle oder spezielle) ist eine Kalkulation von Motivation. Motivation aber hat gegenwärtig und hier immer etwas mit Verantwortlichkeit zu tun. Für die Analyse dieser Verknüpfung im allgemeinen und ihre Fixierung in casu sind die Sozialwissenschaften (Soziolo-

63 Wolfgang Naucke, *Die Aufhebung des strafrechtlichen Analogieverbots 1935*, in: *NS-Recht in historischer Perspektive. Kolloquien des Instituts für Zeitgeschichte*, München 1981, S. 73 ff; s. dazu auch Hans Hattenhauer, *Juristenzeitung* 1980, S. 583.
64 Guter Überblick bei Thomas G. Wälde, *Juristische Folgenorientierung*, Königstein/Taunus 1979.

gie, Psychologie, Psychoanalyse, Ökonomie) heranzuziehen – das fordert schon die Tradition des gelehrten Juristen; aber die Verstrickung des Rechtssystems in soziale Aufgaben tut ein übriges. Im Detail heißt das beispielsweise unter anderem: Heranziehung Sachverständiger für die Erkundung des Unrechtsbewußtseins[65] ebenso wie für die – im Rahmen der Strafzumessung gebotene – Sozialprognose.

dd) Im Strafprozeß ist das Zusammentreffen rechtsstaatlicher und sozialstaatlicher Ziele durch das Erfordernis gekennzeichnet, die Abwehr von Desozialisierung (in Gestalt von unter dem Eindruck des Verfahrens eintretender Stigmatisierung) und Ungleichheit (in Gestalt von Klassenjustiz) mit der Wahrung der Freiheitsgarantien zu verbinden. Ein Anwendungsfall ist beispielsweise die Schwierigkeit, ohne Mißachtung der Unschuldsvermutung in der Untersuchungshaft mit dem Gefangenen pädagogisch oder gar therapeutisch zu arbeiten. Oder der Vorschlag, jeden Angeklagten (außer in Bagatellfällen) auf Kosten der Staatskasse einen – gleichwohl unabhängigen – Verteidiger wählen zu lassen.[66]

ee) Im Vollzug schließlich steht für Rechtsstaat und Sozialstaat die Verrechtlichung der inzwischen ziemlich sorgfältig abgestuften Ansprüche, die man den Gefangenen nach langem Zögern zugestanden hat. Hier gibt es Konflikte mit Blick darauf, daß gute Resozialisierung Elemente einschließt, die mit hergebrachten Rechtsformen schwer zu regeln sind (darüber unten b).

65 Hierzu grundlegend Herbert Jäger, *Subjektive Verbrechensmerkmale als Gegenstand psychologischer Wahrheitsfindung*, in: *Monatsschrift für Kriminologie und Strafrechtsreform* (1978), S. 297 ff. (auch abgedruckt in: Herbert Jäger (Hg.), *Kriminologie im Strafprozeß*, Frankfurt/M. 1980, S. 173 ff.).
66 Günther Bemmann u. a., *Die Verteidigung. Gesetzentwurf mit Begründung*, Karlsruhe 1979 (§ 1 Abs. 2 in Verbindung mit § 3 Abs. 1, s. auch die dazugehörigen Begründungen); s. ferner Lüderssen, *Aus der grauen Zone zwischen staatlichen und individuellen Interessen. Die Funktion des Strafverteidigers in einer freien Gesellschaft*, in: *Festschrift für Werner Sarstedt*, Berlin 1981, S. 145-168.

ff) Noch auffallender ist das, wenn man dem – an sich naheliegenden – Wunsch nachgibt, Prozeß und Vollzug als Einheit aufzufassen. Schweigebefugnis gegenüber dem Richter und Kommunikationsbereitschaft mit dem Sozialarbeiter sind nicht leicht zu vereinbarende Positionen, auch wenn manchmal das Umgekehrte sinnvoll sein mag, also im Prozeß zu reden, im Gefängnis zu schweigen. Hier offenbart sich das vielleicht schwierigste psychologische Dilemma, das das gegenwärtige Justizsystem seinen Klienten zumutet.

b) Auch der intensivste Gebrauch, den der Gesetzgeber und die Gerichte von den Möglichkeiten rechtsförmigen Vorgehens machen, scheint noch eine Lücke zwischen formalrechtlichen und informell-gesellschaftlichen Programmen für die Regulierung von Konflikten zu lassen. Daher wird zunehmend über »alternative Rechtsformen« und »Alternativen zum Recht« nachgedacht.

Entgegen dem ersten Anschein handelt es sich hierbei nicht um klar voneinander abgrenzbare oder gar gegensätzliche Erscheinungen. Vielmehr entwickelt sich so etwas wie ein komparativer Rechtsbegriff.[67] Damit ist gemeint, daß das Ensemble von Merkmalen, das einer Regel oder einem Verfahren Rechtscharakter verleiht, nicht mehr universal ist, sondern gruppenbezogen wechselt. Natürlich hängt es von einer vorweggehenden Annahme über den Rahmen ab, innerhalb dessen diese Verschiebungen passieren[68], ob überhaupt noch von Recht die Rede ist. Für ein exklusiv liberales Modell der Rechtsform etwa wäre die »Verrechtli-

---

67 Erhard Blankenburg, Ekkehard Klausa und Hubert Rottleuthner (Hg.), *Alternative Rechtsformen und Alternativen zum Recht (Jahrbuch für Rechtssoziologie und Rechtstheorie*, Band VI), Opladen 1980, S. 8.

68 Erhard Blankenburg, *Recht als gradualisiertes Konzept – Begriffsdimensionen der Diskussion um Verrechtlichung und Entrechtlichung*, in: Blankenburg, Klausa, Rottleuthner, a. a. O., S. 83; Hubert Rottleuthner, *Alternativen in Arbeitskonflikten*, in: Blankenburg, Klausa, Rottleuthner, a. a. O., S. 263 ff. (264).

chung« der Zweckprogramme eines Wohlfahrtsstaates schon außerhalb des Rechts[69], also eine (echte) Alternative zum Recht; um eine – vergleichbar mit früheren Zuständen – alternative Rechtsform hingegen handelt es sich nach dem hier eingenommenen Standpunkt (Rechtsstaat *und* Sozialstaat gleichermaßen verfassungsrechtliche Grundprinzipien [s. oben unter a]).

Aber es gibt Fälle, die jenseits dieses Rahmens liegen. Natürlich werfen gerade sie die Frage auf, ob dann nicht generell der Begriff des Rechts weiter zu fassen ist. Zunächst gilt es, die Phänomene zu registrieren. Sie reichen vom einen Extrem zum anderen. Es gibt andererseits Tendenzen der Verrechtlichung, die – im angelsächsischen Rechtskreis – als overlawyering bezeichnet werden[70] (beispielsweise im Bereich der Ehe und Familie)[71], andererseits Vorgänge von Entrechtlichung (etwa Ersetzung des Justizverfahrens durch Verwaltungsautomation;[72] Ablösung von Regeln, die die wahren Besitzer als Rechtssubjekte einander gegenüberstellen durch technische Organisationsregeln)[73], die gelegentlich durchaus von rechtsfeindlichen Erkenntnisinteressen[74] geleitet werden.

Dazwischen liegen Mischformen, die – bezeichnenderweise – durch den Verweis auf Gesellschaften, die vom privatwirtschaftlich-staatsinterventionistisch-westlichen Typus in der Grundstruktur abweichen, anschaulich gemacht werden. »Ethnologie und sozialistische Staaten« nennt sich daher eine Arbeitsgruppe, die sich dieses Themas angenommen

---

69 Ekkehard Klausa, »*Alternativen zum Recht*«, *Reifeprüfung eines Themas*, in: Blankenburg, Klausa, Rottleuthner, a. a. O., S. 492 ff. (496).

70 Klausa, a. a. O., S. 494.

71 Blankenburg, a. a. O., S. 84.

72 Klausa, a. a. O., S. 494 (mit Nachweisen).

73 Norbert Reich, *Alternative Rechtsformen – von Rechtsnormen und subjektiven Rechten zu Aufgabennormen und Mitgestaltungsrechten – eine Skizze*, in: Blankenburg, Klausa, Rottleuthner, a. a. O., S. 410 ff. (412).

74 Klausa, a. a. O., unter Bezugnahme auf Röhl.

hat.[75] »Der alte Soziologentraum«[76] einer Konfliktlösung, die es vermeidet, »unspontan, emotionsfern, bevormundend und abgehoben zu sein vom Lebensbereich, wo der Konflikt entstand«[77], nimmt hier Gestalt an;[78] es sollen die Ursachen, nicht die Symptome des Konflikts Gegenstand der Rechtsfindung sein[79] (das ist zum Beispiel von zentraler Bedeutung für ein therapieorientiertes Rehabilitationsrecht)[80].

Ziemlich schwer ist es, dabei auseinanderzuhalten, was à conto des Inhalts der Regeln geht und was sich auch auf die Garantie ihrer durchgängigen Benutzung bezieht. Wenn etwa die Bedeutung von »Neighbourhood Justice Centers« betont wird[81], so drückt sich darin die Hoffnung aus, daß größere Flexibilität der materiellen Regelungen erreicht wird, wenn die verfahrensmäßige Abwicklung einen informellen Status hat. Noch deutlich ist das in bezug auf die Empfehlung, unterstützende, entförmlichende Verfahren zur Verfügung zu stellen.[82] Handgreiflich geworden ist dieses Bedürfnis in dem Ruf nach Betriebsjustiz[83] und in der respektvollen Betrachtung von Gesellschaftsgerichten in sozialistischen

75 Klausa, a. a. O., S. 495.
76 Sabine Röhl, Klaus F. Röhl, *Alternative zur Justiz?*, in: *Deutsche Richterzeitung* (1979), S. 33 ff. (34).
77 Nils Christie, zitiert bei Klausa, a. a. O., S. 494.
78 Richard Rosellen, *Mediation: Verfahren zwischen Gesprächstherapie und Hard-Selling*, in: Blankenburg, Klausa, Rottleuthner, a. a. O., S. 215.
79 S. dazu Gert Spittler, *Konfliktaustragung in akephalen Gesellschaften: Selbsthilfe und Verhandlung*, in: Blankenburg, Klausa, Rottleuthner, a. a. O., S. 142 ff.; Uwe Wesel, *Zur Entstehung vom Recht in frühen Gesellschaften*, in: *Kritische Justiz* (1979), S. 232 ff.; kritisch dazu Wolfgang Müller, *Entstehung von Recht und Staat und frühes griechisches Recht*, in: *Kritische Justiz* (1979), S. 253 ff., dagegen wiederum Uwe Wesel, *Eine Entgegnung*, in: *Kritische Justiz* (1980), S. 52 ff.
80 Rosellen, a. a. O.
81 S. Röhl, K. F. Röhl, a. a. O., S. 35.
82 Klausa, a. a. O., S. 494.
83 Richard Rosellen, Gerhard Metzger-Pregizer, *Betriebsjustiz und Strafjustiz als alternative Formen der Normendurchsetzung*, in: Blankenburg, Klausa, Rottleuthner, a. a. O., S. 219 ff.

Staaten.[84] Dort gibt es übrigens auch noch andere alternative Rechtsformen. Vor allem ist auf eine Erscheinung aufmerksam zu machen, für die sich der Ausdruck »Aufgabennorm« eingebürgert hat.[85] Aufgabennormen sind nicht »Verhaltensanordnungen«, sondern strukturelle Steuerungen; in freiheitlichen Ländern können sie auch als Marktimpulse auftreten[86] (freilich ziehen sie bestimmte Verhaltensanordnungen nach sich).[87] Ein Bedürfnis für diese Art Normen ist – überall – in dem Maße festzustellen, wie »individuelle Handlungen (...) ›externe Effekte‹« haben, »das heißt soziale Wirkungen, deren Verteilung auf die Gesellschaftsmitglieder mit zunehmender gesellschaftlicher Interdependenz aller Lebensbereiche zu einem zentralen Problem rechtlicher Regelung geworden ist«. Es gibt Vorschläge, »diese sozialen Risiken und Kosten zu monetarisieren und damit teilbar und umverteilbar zu machen«.[88]

Eine abschließende Rubrizierung dieser Entwicklungen wird sicher irgendwann fällig. Unerachtet der dabei zu erwartenden Abgrenzungsschwierigkeiten kann man aber jetzt

---

84 Frank Rotter, *Die gesellschaftlichen Gerichte in der DDR und das Problem der Alternativen zum Recht*, in: Blankenburg, Klausa, Rottleuthner, a.a.O., S. 462ff.

85 Reich, a.a.O., S. 416.

86 Gert Winter, *Über neuere Rechtsformen*, in: *Informationsbrief der Sektion Rechtssoziologie* Nr. 11 (1976), S. 45ff.

87 Darauf hat vor allem Klaus F. Röhl aufmerksam gemacht (mündlicher Diskussionsbeitrag bei der Berliner Tagung für Rechtssoziologie vom 9.-10.4.1976).

88 Ullrich K. Preuss, *Die Internalisierung des Subjekts*, Frankfurt/M. 1979, S. 33. Instruktiv dazu auch die folgenden Bemerkungen: »eine Folge dieser sich herausbildenden neuen rechtlichen Formen der Rettung einer frühliberalen Subjektivität und der Bedingungen politisch-administrativer Herstellung sozialer Ordnung ist die Notwendigkeit einer Neuformulierung der Kriterien für soziale Gerechtigkeit. Der gesellschaftliche Wert des Individuums muß gleichsam politisch fixiert werden, obwohl das bürgerliche Pathos des Subjekts impliziert, daß es prinzipiell einen Anspruch auf Alles hat, sofern es zur privaten Aneignung in der Lage ist. In diesem Widerspruch liegen die tieferen Gründe des ungelösten Problems, auf der Grundlage individueller Präferenzen ein System sozialer Präferenzen zu entwickeln.« (A.a.O.)

schon sehen, daß der Rechtsbegriff differenzierter und heterogener geworden ist und diese Veränderungen keineswegs
zum Stillstand gekommen sind. Das muß sich auf die Beurteilung des Verhältnisses von Recht und Moral ebenso auswirken wie die beschriebenen Wandlungen in der Moralphilosophie.

c) Wesentliche, schon seit längerer Zeit sichtbare Verände-
rungen im Rechtsbegriff ergeben sich schließlich unter dem
Aspekt, daß auch bei der inhaltlichen Konkretisierung von
Rechtsnormen der prozedurale Legitimationstypus stärkere
Anteile als bisher zu beanspruchen scheint. Gerade die so-
eben geschilderten Entwicklungen sind ein Beleg dafür. »Alle
Alternativen (scil: Zum Recht oder innerhalb des Rechts)
nutzen Konsensstrukturen«.[89] Der Abschied von dem, was
ältere Methodenlehren »Auslegung« nennen, also von der
Illusion, über deduktiv-analytische Verfahren zu verfügen
einerseits[90], und die Unwiederbringlichkeit überpositiver
Orientierungen andererseits haben den Blick auf diese letzte
Zuflucht, blankem Dezisionismus zu entgehen, freigegeben.
In allen Gesellschaften, auch bei noch so viel Tyrannis, wird
mit Begründungen gearbeitet; die Mächtigen wollen verstanden und akzeptiert werden, so daß man wirklich versucht
sein könnte, insofern eine anthropologische Konstante zu
vermuten.[91] In freiheitlich-demokratischen Gesellschaften ist
dieser Stil beherrschend, einmal, weil der Glaube an von In-

---

89 S. Röhl, K. F. Röhl, a. a. O., S. 38.
90 Gute Zusammenfassung dieses Diskussionsstandes bei Alexy, a. a. O., S. 17 f.;
   wichtig auch der Abschnitt über juristische Dogmatik (307 ff.); s. aber auch
   schon Klaus Lüderssen, *Erfahrung als Rechtsquelle*, a. a. O., S. 97 ff.; derselbe,
   *Wie rechtsstaatlich und solide ist ein sozialwissenschaftlich-juristisches Grund-
   studium?*, a. a. O., S. 132/133.
91 S. dazu Klaus Lüderssen, in diesem Band S. 154 mit Nachweisen; s. ferner
   Alexy, a. a. O., S. 230 f. Zu der Kontroverse darüber, ob man den »Status einer
   Diskurstheorie (…) mit Habermas durch den *universellen* oder mit Apel durch
   den *transzendentalen* Charakter der Sprachpragmatik definiert«, vgl. Schnädelbach, a. a. O., S. 137.

teraktionen unabhängige Wahrheiten und Werte demokratische Entscheidungen überflüssig machen würde, zum anderen, weil der Rekurs auf die Autonomie des Einzelnen, von dem die Demokratie lebt, gar nicht anders valutiert werden kann. Die strukturellen Ähnlichkeiten mit der Ethik-Diskussion sind frappant – für die Einzelheiten möchte ich expressis verbis auf meine Bemerkungen dazu verweisen, und es ist bezeichnend – wenn ich das an dieser Stelle nachtragen darf –, daß Jürgen Habermas in seiner berühmten Schrift über die Legitimationsprobleme des Spätkapitalismus sich überhaupt keine Mühe gibt, für die Anwendbarkeit des von ihm verkündeten Diskursprinzips einen Unterschied zwischen Rechtsnormen, Sozialnormen und ethischen Normen zu machen.

Natürlich kann das so nicht richtig sein. Es muß einen Unterschied geben. Das tägliche Rechtsleben darf doch nicht mit denselben feinen Maßstäben gemessen werden wie das moralische Verhalten der Menschen – alle noch so windungsreichen Überlegungen ändern daran nichts. Doch wo öffnet sich die Schere? Im Recht endet die Relevanz von Anerkennung, so heißt es immer wieder, dort, wo der Entscheidung des einzelnen um der Ordnung der gesamten Gesellschaft willen nicht freier Lauf gelassen werden kann. Das Recht habe – im Gegensatz zur Ethik – nun einmal diese Aufgabe. Daher müsse man sich auf Zuständigkeiten und Kompetenzen festlegen, die nicht in jedem Einzelfall in Frage gestellt werden dürften. Aber gehört es nicht zur Verantwortungsethik, für die Max Weber erneut den Sinn geweckt hat, daß dergleichen auch moralisches Gewicht hat? Und haben jene Zuständigkeiten und Kompetenzen der Rechtsgemeinschaft nicht immer mit ihrer inhaltlichen Legitimität ringen, um Überzeugungen buhlen müssen, um sich nicht dem Vorwurf auszusetzen, Macht gehe vor Recht? An dieser Stelle beginnen wir uns im Kreis zu drehen. Die Einsicht in die Gleichheit der Begründungsstrukturen von Recht und Moral beseitigt eine

Reihe traditioneller Abgrenzungen. Indessen darf sie nicht blind machen für die verbleibenden Differenzen. Sie müssen freilich neu definiert werden.

IV.

1) Ausgangspunkt ist die Einsicht, daß Moral und Recht näher aneinander gerückt sind, weil
– Diskursabhängigkeit einerseits die Moral – verglichen mit traditionellen Ansprüchen – relativiert, andererseits dem Recht – verglichen mit der Tradition des Gesetzespositivismus mehr Substanz gibt (s. oben III, (A), (B) c))
– an die Stelle eines absoluten, hermetischen Rechtsbegriffs ein komparativer, offener Rechtsbegriff zu treten beginnt (vorbereitet durch das Sozialstaatsprinzip, fortgeführt durch die »Alternativen … Diskussion«; s. oben III, (B) a) und b)).

Die verbleibenden Unterschiede – das ist meine These – bestehen darin, daß für die interessierenden Regeln nicht dieselben Konsensmöglichkeiten bestehen und daß eine mehr oder weniger starke Kongruenz von Konsens und Geltung angenommen wird. Mit steigender Kongruenz wächst die Wahrscheinlichkeit, daß es sich (auch) um Moral handelt, mit sinkender, daß (nur) Recht vorliegt, wobei – was hier freilich nicht zur Debatte steht – irgendwo (je nach historischem Bewußtsein) der Konsensanteil so minimal wird, daß die Abgrenzung zur Macht erreicht ist. Allerdings erfaßt diese Skala, das muß noch einmal betont werden, lediglich »Regeln«, worunter hier Sätze verstanden werden, die nicht nur höchstpersönlich gemeint sind. Das, was man »private Moral« nennt, ist also ebensowenig Thema wie die Macht. Vielmehr geht es um ein Kontinuum von Moral und Recht, das dazwischen liegt.

Ist eine Norm vollständig (im Sinne der idealen Sprechsituation) konsentiert, so fallen Moral und Recht zusammen. In der Tat hätte eine Gesellschaft, die ideale Sprechsituationen garantieren könnte, sicher nicht mehr das Bedürfnis, rechtliche und moralische Regeln zu unterscheiden.

Wenn jedoch eine Zielsetzung und die für deren Realisierung eingesetzten Mittel nicht völlig auf Konsens rechnen können, so muß man nicht gleich jede Legitimation verneinen und von nackter Macht oder Privatmoral sprechen. Vielmehr muß man prüfen, ob ein angemessener Konsensanteil ausgemacht werden kann.[92] Für diese Angemessenheit[93] gibt es keinen absoluten Maßstab, sondern nur einen Rekurs auf die historische Situation. Ich weiß, daß hier ein Zirkel lauert. Wieviel Konsens hier und jetzt für moralische Regeln, wieviel für rechtliche Regeln gefordert werden darf, ist ja gerade die Frage. Der Verweis auf die historische Situation ist demnach nur sinnvoll, wenn man dabei eine dem strikten Begründungszusammenhang entzogene Vorannahme in Kauf nimmt.

Es kann sein, daß auch für moralische Regeln nicht der totale, sondern nur ein angemessener Konsens verlangt werden

92 Genauere Rubrizierung des Arguments: Festlegung einer Bedeutung – weder a priorisch noch empirisch noch postulatorisch, sondern hermeneutisch-prognostisch – bei Klaus Lüderssen, in diesem Band S. 155 ff. ferner Klaus Lüderssen, *Erfahrung als Rechtsquelle*, a. a. O., S. 181 (Rechtskonkretisierung als Rechtssatzprognose); Otto Pöggeler, *Die ethische-politische Dimension der hermeneutischen Philosophie*, in: Grau (Hg.), Probleme der Ethik, a. a. O., S. 45 ff. (52) (»Der Mensch muß die Kränkung hinnehmen, daß seine Symbole zugleich Idole sind und in ihrer listenreichen Doppelsinnigkeit nur zu oft nicht in der Selbstreflexion, sondern allein in der kommunikativen Interpretation entschleiert werden können«). Auch die »Angemessenheit« entschleiert sich nicht durch »einsame semantische Ermittlungen«, sondern in der »Redesituation auf der Suche nach Verständigung« (Theodor Viehweg, *Topik und Jurisprudenz*, München 1974, S. 115).

93 Der Begriff wird hier also – das sei, um Mißverständnissen vorzubeugen, ausdrücklich gesagt – nicht in dem Sinne gebraucht wie bei Habermas, wenn er von »angemessener Sprache« als Voraussetzung der idealen Sprechsituation spricht (*Wahrheitstheorien*, a. a. O., S. 251/252).

darf. Doch diese Grenzziehung soll uns hier nicht interessieren. Es geht nur um die Linie, jenseits derer die Konsenslegitimation nur noch für rechtliche Regeln ausreicht.

An Einschränkungen von der Art, wie sie mit der Vokabel »angemessen« bezeichnet werden könnten, ist natürlich nur für die praktischen Diskurse zu denken. Der theoretische Diskurs oder, wie man auch sagen kann, die empirische Argumentation[94], ist – auch wenn es sich nicht um Verifikation, sondern nur um Falsifikation handeln kann – nicht disponibel. Wenn Juristen – man erlebt es häufig – im Lichte »höherer«, als spezifisch juristisch bezeichneter Wertprinzipien der Operationalisierung von Zweck-Mittel-Beziehungen eine besondere Wendung geben, so muß man vorsichtig sein. Man hat es dann nicht mit der von moralischen oder anderen Regeln abgehobenen eigenständigen Welt des Rechts, sondern nur mit schlechter Jurisprudenz zu tun. Angesichts des hohen Anteils, den theoretische Diskurse, wie dargelegt, am juristischen Entscheidungsprozeß haben, ist das eine Feststellung von großer Tragweite. Moral und Recht sind hier auf weite Strecken an dieselben Bedingungen gekettet.

Die im praktischen Diskurs verbleibenden Spielräume sind demgegenüber aber keineswegs bedeutungslos. Man sieht das sogleich, wenn man sich die Anforderungen, die an gelungene Diskurse gestellt zu werden pflegen, im einzelnen vor Augen führt.

Es gibt negative und positive Kataloge. Die negativen Kataloge sind eindrucksvoller, denn es ist leicht zu begreifen, was einer guten Kommunikation entgegensteht, selbst wenn die Grundregeln (etwa: »kein Sprecher darf sich widersprechen«, »jeder Sprecher darf nur das behaupten, was er selbst

---

94 So Alexy, a. a. O., S. 285 f., der, was hier noch hinzugefügt werden darf (s. schon Anm. 44), das Gewicht dieser Argumentation keineswegs verkennen möchte, sie indessen doch zu global charakterisiert (um sie aus der weiteren Darstellung dann auszuklammern und damit im Ergebnis doch die Gefahr einer falschen Einschätzung eröffnet).

glaubt« – natürlich gibt es viel mehr derartige Regeln)[95] beachtet werden und darüber hinaus versucht wird, »Zustände in der Grauzone zwischen Unverständnis und Mißverständnis, beabsichtigter und unfreiwilliger Unwahrhaftigkeit, verschleierter und offener Nicht-Übereinstimmung einerseits, Vorverständigtsein und erzielter Verständigung andererseits«[96] aufzuhellen. Ich greife – im Anschluß an Höffe[97] – die folgenden negativen Gesichtspunkte heraus.

– Die Unmöglichkeit, in einer komplexen modernen Gesellschaft alle Interessierten, Betroffenen etc. an allen Entscheidungen zu beteiligen.

– Die Unmöglichkeit, die Zeit aufzubringen, die – gerade, wenn man mit den psychologischen, sprachlichen und sozialen Problemen einer Kommunikation vertraut geworden ist – erforderlich ist, einen Konsens vorzubereiten, zumal wenn Entscheidungszwang besteht.

– Die Unmöglichkeit, die Präsenz aller Beteiligten im Konsens zu garantieren (Informationsstand, Auffassungsgabe, Lernfähigkeit, Konzentrationsfähigkeit, argumentative Kompetenz divergieren zu stark).

– Die Unmöglichkeit, Verzerrungen der Kommunikation (durch Selbsttäuschungen, emotionale Barrieren, strukturelle Vorurteile, ideologische Befangenheit etc.) zu vermeiden.

Der Versuch, das Gemeinsame dieser Einwendungen zu finden, führt zur Bildung zweier Gruppen.

Eingeschränkt ist entweder der am Konsens beteiligte Personenkreis oder die Qualität des Konsenses. So sehr es der Sinn der Antizipation idealer Sprechsituationen ist, den Diskurs schon zum Entwicklungsfaktor zu machen[98], so wenig empfiehlt es sich, reale Sprechsituationen, weil sie der idealen

95 Ausführlich dazu Alexy, a. a. O., Anhang, S. 361.
96 Jürgen Habermas, *Was heißt Universalpragmatik?*, a. a. O., S. 177.
97 A. a. O., S. 245 ff.
98 Hierzu Klaus Lüderssen, Fritz Sack (Hg.), *Abweichendes Verhalten* II, a. a. O., S. 21.

Sprechsituation noch nicht nahe genug sind, zur quantité négligeable zu erklären. Der Verzicht auf sozusagen halbe Legitimationen öffnet stets den Weg zur Macht, wenn ich mir diese politisch-historische Bemerkung gestatten darf. Gegenwärtig beruht diese halbe Legitimation nicht mehr nur auf der Autorität eines Gesetzgebers und der logischen Entwicklung seiner allgemeinen Regeln zu Konsequenzen für den Einzelfall; die direkte Akzeptanz von Normen spielt eine zusätzliche Rolle. Das ist, wenn man dabei an meßbare Wirkungen im juristischen Entscheidungsprozeß denkt, eine empirische Behauptung, die nachgeprüft werden muß. Damit sind alle diejenigen beschäftigt, die über die Theorien diskutieren, denen zufolge das Recht qua Anerkennung gilt (Anerkennungstheorien). Über diese Diskussion kann hier nicht im einzelnen berichtet werden.[99] Ich kann nur die Ergebnisse referieren. Danach ist – empirisch – davon auszugehen, daß bei der Begründung von Rechtssätzen die Meinung »relevanter« Gruppen[100] im Rahmen höchst komplexer Kommunikationssituationen Gewicht hat, daß es entlegitimierende Wirkungen fehlenden Konsenses und sehr verschieden starke Zustimmungen zu Rechtssätzen gibt – von widerstrebender, vielleicht sogar nicht ohne Druck zustande gekommener Anpassung über schlicht oberflächlich-indolente Akzeptanz, bewußte und kenntnisreiche Anerkennung bis hin zu auch Tiefenstrukturen erfassenden habituellen oder reflektierten Internalisierungen (und dies alles nicht etwa nur in bezug auf – unstreitig durch Anerkennung generierte – Sozialnormen, die in rechtlichen Vorschriften lediglich abgerufen wer-

99 Auch hier knüpfe ich an eigene Arbeiten an, die ich nur summarisch aufführen möchte: *Erfahrung als Rechtsquelle*, a. a. O., S. 85 f.; *Rechtstheorie*, in: Axel Görlitz (Hg.), *Handlexikon zur Rechtswissenschaft*, München 1972, S. 350 ff.; Einleitung zu: *Abweichendes Verhalten* II, S. 14 ff.; S. 216 ff.; *Abschaffen des Strafens?*, S. 99 ff. und in diesem Band S. 151 ff.
100 Unter welchen Voraussetzungen sie »relevant« sind, welche Aufgaben dabei vielleicht sogar die Demoskopie übernehmen könnte, ist allerdings noch wenig geklärt (vgl. Klaus Lüderssen, in diesem Band, S. 170 ff.).

den).[101] Der Streit beschränkt sich auf die Legitimität dieser Vorgänge, denen zur Perfektion auf dem Gebiet der Kommunikation vieles fehlt. Die Antwort kommt, das räume ich unumwunden ein, ohne politisch-historische Stellungnahme nicht aus. Ich wüßte freilich nicht, mit welchem Recht man das Rad zurückdrehen oder doch wenigstens die Tendenz stoppen dürfte. Die moderne Demokratie muß bedacht sein auf Ausdehnung des »Innovationspotentials«, Berücksichtigung neu definierter Bedürfnisse, Balancierung des Verhältnisses von Planung und Selbststeuerung, Randgruppen- und Minderheitenschutz, Ergänzung der bisherigen Repräsentanzen durch direkte Mitbestimmung oder doch zusätzliche Mediatisierungen in Staat, Wirtschaft und Gesellschaft – kurz, auf mehr Gleichheit als Voraussetzung der Freiheit. Eine juristische Dogmatik muß das berücksichtigen.

Das geschieht in Gestalt wachsender Ablösung autoritätsorientierter Aspekte durch Konsensorientierung. Wer sich politisch etwas anderes wünscht – was könnte es sein, ein konstitutionelles System etwa mit wieder erneuerter hermetischer Gewaltenteilung, ausschließlicher Orientierung des Richters bis in die letzten Details an einem, wie schwer auch zu ermittelnden Gesetzgeberwillen – könnte auch nur politisch argumentieren und müßte obendrein noch für erhebliche institutionelle Veränderungen werben.

Damit ist die eine Seite der differentia specifica zwischen rechtlichen und moralischen Regeln deutlich geworden: Die Konsensmöglichkeiten im Recht sind geringer. Im übrigen –

---

101 Dazu Klaus Lüderssen, in diesem Band S. 173 f. Ob im Strafprozeß ein Beweisantrag zulässig ist auf Durchführung einer demoskopischen Repräsentativumfrage (über die Reaktion der Bevölkerung auf eine Strafaussetzung zur Bewährung) hat das Oberlandesgericht Celle geprüft und die Frage mit Nein beantwortet (*Juristische Rundschau* 1980, S. 256 ff.); dazu die – im Ergebnis zustimmende, durch sorgfältige Abwägung des pro und contra sich auszeichnende – Anmerkung von Wolfgang Naucke (a. a. O., S. 257 ff.).

das ist die andere Seite – bildet der (eingeschränkte) Konsens nur ein Teilstück im Geflecht der juristischen Argumentation. Die überlieferten Methoden der Rechtssatzkonkretisierung sind nicht etwa verschwunden; allerdings ist ihre Bedeutung entsprechend reduziert. Wie das im einzelnen aussieht, hat Alexy in einer großangelegten Untersuchung, die juristische Dogmatik mit Blick auf die Relevanz praktischer Diskurse zu rekonstruieren, dargelegt.[102] Darauf muß ich an dieser Stelle verweisen.

2) Abschließend möchte ich wenigstens skizzieren, wie ich auf der Basis meines Vorschlages, moralische und rechtliche Regeln voneinander abzugrenzen, die eingangs geschilderten Fälle sehe. Dabei bitte ich zu beachten, daß sich aus einer Analyse des Rechts unter dem Aspekt der Moral nicht etwa eine Lösung aller Probleme ergibt. Viele offene Fragen der juristischen Methodologie sind von diesem Aspekt ganz unabhängig. Außerdem bitte ich um Verständnis dafür, daß ich mich bei diesem Versuch, praktische Konsequenzen meiner Auffassung zu zeigen, nicht Stück für Stück damit auseinandersetze, was sich bei Anlegung der – im zweiten Teil kursorisch mitgeteilten – traditionellen Abgrenzungskriterien ergeben würde.

a) Verjährung von Mord.

Je nachdem, ob die Strafe Vergeltung bzw. Sühne sein oder ausschließlich präventive Funktion haben soll, ergeben sich unterschiedliche Argumentationsreihen. Beide enthalten Gründe pro und contra Verjährung. Daher mag es mir erlaubt sein, mich auf die Folgerungen aus dem Präventionsansatz zu beschränken. Hier konzentriert sich alles auf die Frage, ob der Verzicht auf die Eindruckskraft der Strafe nach Ablauf einer gewissen Zeit sinnvoll ist, wenn man dadurch den Ergebnissen von Lernprozessen rechtzeitig Rechnung tragen

102 A. a. O., S. 307 ff.

kann.[103] Das setzt voraus, daß die Täter haben lernen können, die Sprache des Verzichts auf den Vollzug der Strafe zu verstehen. Die empirische Behauptung ist nun, daß es Tätergruppen gibt, die dazu nicht in der Lage sind, für die es nur Macht oder Ohnmacht, Druck oder Gegendruck, Gewinnen oder Verlieren gibt. Diese Behauptung muß natürlich konkretisiert und überprüft werden – aber nicht im Rahmen eines praktischen Diskurses, sondern eines theoretischen Diskurses; Erfahrungen sind zu vergleichen. Das Problem berührt also insoweit die Unterscheidung von rechtlichen und moralischen Regeln gar nicht, es stellt sich immer – gleichviel ob die Strafbarkeit eines Verhaltens aus einer moralischen oder einer rechtlichen Regel abgeleitet wird.

b) Abtreibung

Können Paragraphen das schlechte Gewissen abschaffen? Das ist – auf eine allgemeine Formel gebracht – hier die Frage. Solange die inneren Widerstände gegenüber einer Schwangerschaftsunterbrechung nicht dazu drängen, eine Regel einzuführen, also etwa einen Konsens darüber herzustellen, daß Schwangerschaftsunterbrechungen eben doch ohne Einschränkung zu verbieten seien, taucht überhaupt kein Abgrenzungsproblem auf; Rechtsregeln konkurrieren nur mit anderen Regeln, nicht mit privater Moral. Damit ist das Problem für viele Menschen gelöst, aber nicht für alle. Denn nicht nur einzelne Personen wollen sich durch die gesetzlichen Lockerungen nicht ihre Gewissensskrupel nehmen lassen, sondern die katholische Kirche etwa fordert ja dazu auf, allgemein diese Haltung einzunehmen. Was für eine Regel wird hier gefordert? Eine moralische Regel kann nur zustande kommen – vorsichtig gesagt – wenn die Qualität des Konsenses und sein Anteil an den Geltungsbedingungen der

---

103 Genauer Klaus Lüderssen, *Politische Grenzen des Rechts, rechtliche Grenzen der Politik. Zur Debatte über die Verjährung von NS-Morden*, in: *Juristenzeitung* 1979, S. 449 ff. (454 f.).

Regel wesentlich höher ist als bei Rechtsregeln. Ob eine solche Behauptung – sie wäre wiederum empirisch und möglicherweise sogar der Demoskopie zugänglich[104] – der Überprüfung standhielte, ist sehr zweifelhaft. Wahrscheinlicher ist, daß sich der Streit zwischen katholischer Kirche einerseits und der politischen Legislative und der Judikative andererseits sich nur auf Regeln bezieht, die allenfalls der Rechtsform genügen könnten. Also liegt auch hier kein Abgrenzungsproblem vor.

c) Sexualdelikte, Umweltverschmutzung, Kindesmißhandlung

Die Änderungen, die sich mit der Liberalisierung des Sexualstrafrechts vollzogen haben, beruhten auf der entlegitimierenden Funktion des Wegfalls eines Konsenses (ohne daß ein entsprechender positiver Konsens über etwas anderes nachweisbar war und ohne daß es darauf angekommen wäre). Des Verzichtes der Legislative und Judikative auf »Moralisieren« bedurfte es also gar nicht. Wenn jetzt von diesen Instanzen verlangt wird, nicht zu »moralisieren«, sondern die Strafbarkeit auf sexuellem Gebiet erneut einzuschränken, so ist das entweder die Berufung auf private, das heißt nicht zur Regel für andere tendierende Moral, also widerspruchsvoll und unbeachtlich, oder aber – wie bei dem Kampf um die Strafbarkeit der Schwangerschaftsunterbrechung, nur mit umgekehrten Fronten – der Versuch, im Rahmen eines rechtlichen Diskurses etwas durchzusetzen, denn auf hochkarätigen und andere Geltungsingredienzen verdrängenden Konsens – das Zeichen für moralische Regeln – können sich diese Strömungen ebenfalls nicht berufen. Hieran und nicht an der Frage, ob bei einem Teil der noch existierenden Sexualdelikte schutzwürdige Rechtsgüter fehlen, scheiden sich rechtliches und moralisches Argumentieren. Solange der gegenwärtige Stand an strafbewehrten Verboten bestimmter sexuell moti-

104 Vgl. Anm. 101.

vierter Verhaltensweisen noch von einem Konsens getragen wird, der zwar nicht die für moralische, wohl aber die für rechtliche Regeln erforderliche Qualität hat, und auch die übrigen, die Frage der Moral nicht berührenden Voraussetzungen für das Vorliegen von Recht erfüllt sind, stellt sich das Rechtsgutproblem nicht. In diesem Rahmen ist die Berufung darauf, der Gesetzgeber und die Gerichte dürften nicht »moralisieren«, nur schlechte Polemik.

Mit den strafrechtlichen Verboten der Umweltverschmutzung und Kindesmißhandlung verhält es sich ganz entsprechend. Starke Impulse drängen zur Schaffung und Durchsetzung neuer Regeln. (Von Äußerungen nur privater Moral würde ich hier nicht sprechen.) Aber man kann wiederum nicht sagen, daß Qualität und Anteil des Konsenses am Legitimationspotential den Forderungen für moralische Regeln schon genügt. Daher reicht es nur zum Recht, dessen es freilich gerade deshalb bedarf.

d) Abgrenzung von Mord und Totschlag

Generell kann man wohl sagen, daß die Strafdrohungen für Tötungen von einem moralische Regeln hervorbringenden Konsens gedeckt sind. Die Frage, weshalb es dann überhaupt noch des Rechts bedarf, ist daher gar nicht leicht zu beantworten. Norminternalisierung und Normentreue sind – erfahrungsgemäß – nicht dasselbe. Diese Differenz fängt das Recht auf. Mit anderen Worten: wenn der Konsens zwar total ist und alles andere überflüssig macht – soweit es sich um die Anerkennung des Rechtsguts, seiner Schutzwürdigkeit und auch die Ächtung der Angriffswege handelt, nicht aber, was die praktischen Konsequenzen, also das Unterlassen von Angriffen auf dieses Rechtsgut angeht, so muß das – mit geringeren Konsensanteilen auskommende – Recht auf den Plan treten.

Bei den Mord und Totschlag erfassenden Strafgesetzen ist diese Diskrepanz sehr auffällig, bei anderen weniger, bei vielen genügt bereits die Rechtsgüteranerkennung nur rechtlichen Maßstäben. Ob niedrige Beweggründe eine Tötung zu einem besonders strafwürdigen Fall machen, betrifft – bei umfassender, den intentionalen Bereich einbeziehender Betrachtung – die Beurteilung des Angriffsweges. Es ist nicht leicht zu sagen, ob es hierüber bereits einen moralischen Konsens gibt. Wäre es anders, so würde nicht immer wieder – wie auch jetzt am Berliner Juristentag – die Frage aufgeworfen, ob überhaupt »innerhalb der vorsätzlichen Tötung tatbestandlich differenziert werden« soll.[105] Ich selbst neige der Auffassung zu, daß auch dieses Problem bereits ein moralisches ist, kann das aber jetzt nicht im einzelnen begründen (es ist dies vielleicht ein Anschauungsfall für die bereits angedeutete Möglichkeit, daß auch bei der Entscheidung über moralische Regeln nicht erst der perfekte und allumfassende Konsens abgewartet werden muß). Ist das richtig, dann haben die Kritiker des Bundesgerichtshofs zwar recht, wenn sie ihm moralisches Argumentieren attestieren, im Prinzip ist daran etwas Anstößiges aber beim besten Willen nicht zu erkennen. Anstößig ist lediglich, das aber ganz gewiß, *wie* moralisch argumentiert wird. Dem Ethiker, nicht dem Juristen, muß sich hier der Magen umdrehen. Wer anderer Meinung ist, das heißt bei den Tötungsdelikten die Beurteilung der Angriffswege schlechthin oder jedenfalls deren intentionale Seite für nicht moralisch, sondern nur rechtlich entscheidbar hält, muß die juristische Methode kritisieren. Damit ist klar: auch bei diesem Problem haben die Schwierigkeiten – wie man es auch wendet – nichts mit der Konkurrenz von Recht und Moral zu tun.

---

105 Albin Eser, *Empfiehlt es sich, die Straftatbestände des Mordes, des Totschlags und der Kindestötung (§§ 211-213, 217 StGB) neu abzugrenzen?*, Gutachten D für den 53. Deutschen Juristentag, München 1980, S. 20.

Anerkennungsprobleme im Völkerrecht

I.

In der langen Geschichte der Versuche, nicht nur die Realität, sondern auch die Legitimität des Völkerrechts durchweg zu leugnen, scheint die auf die Hegelsche Rechtsphilosophie gestützte Position einen besonderen Platz einzunehmen. Das seit Hobbes geläufige Argument, die Souveränität der Staaten schließe überstaatliche Bindungen aus[1], erreicht seinen Kulminationspunkt – in einer für den ganzen Hegelianismus, soweit er sich nicht auf die endlich errungene Weisheit der unlösbaren Dialektik von Subjekt und Objekt beschränkt, typischen Mischung aus Staatsverherrlichung, Nationalismus und Gewißheit über den Gang der Weltgeschichte.[2]

Dieses im wesentlichen auf die Arbeit von Gustav Adolf Walz[3] gestützte Urteil ist, soweit ich sehe, nie angezweifelt worden, obwohl die Theorie, auf die es sich bezieht, zu einer Zeit entwickelt worden ist, für die eine außerordentliche Zunahme formalisierter, auf Friedenssicherung bedachter Beziehungen zwischen den Völkern zu registrieren ist.[4] Die Frage, weshalb das bisher nicht als Problem empfunden worden ist, liegt im Rahmen eines Beitrages zu der Festgabe für

1 Darüber zuletzt Wilhelm G. Grewe, *Vom europäischen zum universellen Völkerrecht; zur Frage der Revision des ›europazentrischen‹ Bildes der Völkerrechtsgeschichte*, in: *Zeitschrift für ausländisches öffentliches Recht- und Völkerrecht* Band 42, 1982, S. 449 ff. (465).

2 Vgl. Arthur Nussbaum, *Geschichte des Völkerrechts*, München, Berlin 1960, S. 263.

3 Gustav Adolf Walz, *Wesen des Völkerrechts und die Kritik der Völkerrechtsleugner*, in: *Handbuch des Völkerrechts*, 1. Band: *Grundbegriffe und Geschichte des Völkerrechts*; 1. Abt. A, Stuttgart 1930, S. 32 ff., 138 ff.

4 Max Huber, *Die soziologischen Grundlagen des Völkerrechts*, Berlin 1928 (zuerst erschienen 1910), S. 39.

Wolfgang Preiser besonders nahe; denn er ist es vor allem, der nicht müde wird, in der Völkerrechtsgeschichte festgestellte Unvereinbarkeiten von Theorie und Praxis daraufhin zu untersuchen, ob man eigentlich richtig hingesehen hat.[5]

Die für das Verhältnis zwischen Hegels Völkerrechtstheorie und der Staatenpraxis seiner Zeit fällige Rekonstruktion muß vor allem an die Arbeiten von Adolf Lasson[6] anknüpfen. Liest man dessen Buch »Prinzip und Zukunft des Völkerrechts«[7], so finden sich darin in der Tat alle Belege, auf die sich Walz bezieht. Aber es steht auch einiges darin, wovon Walz nicht spricht.

Lasson läßt zunächst seine Begeisterung für den unabhängigen Staat voll in die Zügel schießen. Darunter versteht er eine rechtliche Ordnung, die »schlechthin ungebunden und unbeschränkt« ist, »mit Bezug auf alles, was außer ihr vorhanden ist«.[8] Zwischen den Staaten sei also jede rechtliche und sittliche Verbindung unmöglich.[9] Vielmehr sei der Zustand, der zwischen den Staaten obwalte, ein vollkommen rechtloser[10], mehr noch: »zwischen Staat und Staat, zwischen Volk und Volk herrscht Feindschaft, ein durchaus gemütloses Verhältnis des Wettstreits um alle Güter der Erde und um das Bestehen selber«.[11]

Gleichwohl bezeichnet Lasson es als »Problem, eine Ordnung zwischen Staaten herzustellen«.[12] Das überrascht. Liest

---

5 Vgl. insbesondere: Wolfgang Preiser, *Die Völkerrechtsgeschichte; ihre Aufgaben und ihre Methode*, in: *Sitzungsberichte der Wissenschaftlichen Gesellschaft an der Johann Wolfgang Goethe-Universität Frankfurt/M.*, Band 2 Nr. 2, Wiesbaden 1964, S. 20 ff.

6 1832-1917. Bekannt geworden – durch eine Gesamtausgabe der Werke Hegels – ist auch der Sohn Georg Lasson (1862-1932).

7 Berlin 1871.

8 Adolf Lasson, *Prinzip und Zukunft des Völkerrechts*, Berlin 1871, S. 22.

9 Ebd., S. 28.

10 Ebd., S. 22.

11 Ebd., S. 8.

12 Ebd., S. 56.

man weiter, so scheint freilich alles wieder ins Geleise zu kommen, denn Lasson sieht hier nur eine Aufgabe der »Mechanik«; allerdings sei diese sehr verwickelt.[13] Mit dieser Charakterisierung hat sich Walz[14] offenbar begnügt und entweder nicht weitergelesen oder – was wahrscheinlicher ist – den Rest des Buches anders interpretiert.

Wie das passieren konnte, ist freilich einigermaßen rätselhaft, denn was bei Lasson jetzt folgt, ist die Schilderung eines bestens ausgewogenen Systems möglicher Vertragsbeziehungen zwischen den Staaten, endend mit einer detaillierten Apotheose des »Gleichgewichts«, die es verdienen würde, in die gegenwärtigen politischen Kontroversen Eingang zu finden.[15] Sachgemäß Verträge zu schließen, schreibt Lasson, sei die höchste Kunst, die ein Mensch üben könne. Denn es

13 Ebd., S. 56.
14 Walz, a. a. O., S. 35.
15 Vielleicht ist die Erklärung für die einseitige Rezeption in Walz' ›wenig später einsetzenden lebhaften Bekenntnis zum Nationalsozialismus zu suchen‹ (vgl. die Belege bei Michael Stolleis, *Gemeinwohlformeln und nationalsozialistisches Recht*, Berlin 1974, S. 81, 218). Immerhin gibt es für das, was Walz »als ›rassisch bestimmte, geschichtlich und zukunftsgewillte Lebensgemeinschaft‹ definierte« (Stolleis, a. a. O., S. 218), bei Lasson durchaus Anknüpfungspunkte. Er war der Meinung, ein nach außen nicht völlig unabhängiger Staat nehme einem Volk die Möglichkeit, »sich nach den in seiner Eigenart liegenden Richtungen zu entwickeln und eine seinem inneren Wesen entsprechende Rechtsordnung zu bewahren« (Lasson, a. a. O., S. 22). Es gehöre zur »Gesundheit des Volkslebens«, daß »ein Volk dem anderen ›abgeneigt‹« sei, daß diese Abneigung »im Widerstreit der Interessen zum erbitterten tödlichen Haß« werde (a. a. O., S. 34). Wer schon im 19. Jahrhundert in der Lage war, so etwas zu schreiben, müßte – so könnte Walz das gesehen haben – rechtzeitig für die im Aufsteigen begriffene »völkische Sache« reklamiert werden. Die dazu gar nicht passende Lassonsche Gleichgewichtsphilosophie war demgemäß zu verdrängen oder ganz zu ignorieren. Interessant ist, daß diese Art, das eigene Konzept störende Literaturstellen wegzulassen, ihre Fortsetzung gefunden hat in der kritischen Auseinandersetzung mit den Wurzeln des Nationalsozialismus: Lasson wird zitiert – wiederum mit derselben Auswahl (Hubert Kieswetter, *Von Hegel zu Hitler*, Hamburg 1974, S. 184ff.), obwohl es doch wenigstens jetzt näher gelegen hätte, seine nationalistischen Gefühlsausbrüche zu relativieren – à conto eines Zeitgeistes, der sich gleichmäßig über ganz Europa verteilt hatte (vgl. dazu: Friedrich Meinecke, *Weltbürgertum und Nationalstaat*, München 1962 (1. Auf-

heiße nichts anderes, »als sich mit dem eindringlichsten Scharfblick in die Lage der Dinge versenken, die Natur der individuellen Staaten, ihre geschichtlichen Bedürfnisse, ihr gegenseitiges Machtverhältnis im tiefsten durchdringen und in lauterer Gewinnung mit Drangabe alles Wünschens und aller persönlichen Neigungen oder Interessen die Natur der Tatsachen in seinem Tun realisieren«. Je mehr von »solchem Vertrag den zunächst betroffenen Völkern und weiter allen menschlichen Gemeinschaften auf Erden Heil und Verderben kommen« könne, um so höher müsse man die politische Weisheit stellen, die den vernünftigen und zweckmäßigen Vertrag hergestellt habe.[16] Auch wenn von einer Vervollkommnung des Völkerrechts nicht in dem Sinne die Rede sein könne, daß die Staaten in Freundschaft und Liebe miteinander verbunden seien, könne man doch anstreben, daß mehr als bisher das wahre Interesse der Staaten, welches ein friedliches Nebeneinander erfordert, gewahrt werde und daß dieses auf berechtigten Eigennutz sich gründende Verhältnis der Ehrlichkeit und Gegenseitigkeit weiter ausgebaut und befestigt werde.[17]

Auf dieser Grundlage formuliert Lasson die nach seiner Ansicht wichtigsten Maximen für die Verbesserung des bestehenden Völkerrechts: Es müsse über die Natur der Beziehungen der Staaten zueinander größere Klarheit der Erkenntnis und Offenheit in der Aussprache eintreten.[18] Man werde vor allem das durch die Natur der Dinge gebotene Gerechte suchen müssen.[19] Es müsse das Völkerrecht mehr und

lage 1907). Da dies ein Indiz dafür ist, wie Nazis und Nazigegner in der gleichen Weise mit Hegel umgegangen sind, sollte man auch vorsichtiger sein mit der wohlfeilen Einfügung Hegels in die Genealogie des Nationalsozialismus (wie sie sich etwa findet in Ernst Topitsch, *Die Sozialphilosophie Hegels als Heilslehre und Herrschaftsideologie*, Neuwied/Berlin 1967).

16 Lasson, a. a. O., S. 64.
17 Ebd., S. 84/85.
18 Ebd., S. 86.
19 Ebd., S. 91.

mehr zu allgemein anerkannten Grundsätzen in der Form des Gesetzes durchgebildet werden.[20] Die Unterhandlungen zwischen Staaten seien mit möglichster Offenheit und möglichst unter Kontrolle der Öffentlichkeit zu betreiben.[21]

Bereits Bergbohm hat die Frage gestellt, wie es möglich sei, daß Lasson für ein Recht, das seiner Ansicht nach gar nicht existieren könne, ein Prinzip suche und eine Zukunft finde in einem Regelsystem, welches das Nebeneinanderbestehen der Staaten ohne ewigen Krieg garantieren solle.[22] Beantwortet hat die Frage offenbar bis heute niemand.

Sieht man hier vor allem ein Problem des Hegelianismus – und dafür spricht viel, wenn man den Werdegang Lassons und seiner Arbeiten als Ganzes ins Auge faßt[23] –, so könnte man zunächst vermuten, daß die Eingruppierung des Hegelianismus unter die das Recht mit unbeschränkter Staatsmacht identifizierenden »Völkerrechtsleugner« falsch ist (II 1). Es könnte aber auch sein, daß aus der Sicht des Hegelianismus jedenfalls die internationale Vertragspraxis des 19. Jahrhunderts den Namen »Völkerrecht« (noch) nicht verdient (II 2). Oder es verbirgt sich in der Arbeit von Lasson eine bisher nicht richtig begriffene, »ganz andere« Theorie (II 3).

20 Ebd., S. 93.
21 Ebd., S. 95.
22 Carl Bergbohm, *Staatsverträge und Gesetze als Quellen des Völkerrechts*, Dorpat 1876, S. 10.
23 S. die biographischen Skizzen bei Rudolph Eisler, *Philosophenlexikon*, Berlin 1912, S. 386 ff.; Traugott Konstantin Oesterreich, *Die deutsche Philosophie des XIX. Jahrhunderts und der Gegenwart* (4. Teil des von Friedrich Überweg begründeten Grundrisses der Geschichte der Philosophie), Berlin 1923, S. 562 f.; Werner Ziegenfuß/Gertrud Jung, *Philosophenlexikon*. Berlin 1950, S. 23 ff.; sehr aufschlußreich – im Sinne der in Anmerkung 15 angedeuteten Abhängigkeit Lassons vom »Zeitgeist« – auch die Nachrufe von Josef Kohler in: *Archiv für Rechts- und Wirtschaftsphilosophie* Bd. XI (1917/1918), S. 293 ff. und Georg Lasson, ebd. Bd. XII (1918/1919), S. 1 ff.

II.

1) Die Überprüfung der ersten Vermutung muß ihren Ausgang nehmen von Hegels Rechtsbegriff und sich auf die Frage konzentrieren, welche Bedeutung danach das Rechtsbewußtsein der Normadressaten hat. Denn ein ganz wichtiger Indikator für machtorientiertes Recht ist seine Unabhängigkeit von der Anerkennung durch den Normadressaten, und die konstitutive Funktion der Anerkennung für die Geltung des Rechts wiederum ist in einem gewissen Umfang daran erkennbar, daß der Normadressat vom Risiko fehlender Normkenntnis mehr oder weniger befreit wird. Da man gewohnt ist, Hegel als Kronzeugen für die Irrelevanz fehlenden Unrechtsbewußtseins zu zitieren, scheint der Ausgang dieses Tests gewiß zu sein.

Indessen gibt es neuere Untersuchungen, die andere Akzente setzen. Auch Hegel rechne das Unrechtbewußtsein des Täters zu den Voraussetzungen einer Straftat, empfehle aber, sofern der Täter frei gehandelt hat, nicht darauf zu achten, da es sich von selbst verstehe. Lediglich bei Polizeiübertretungen sei das anders, bei ihnen müsse das Unrechtsbewußtsein nachgewiesen werden. Ihre Existenz zeige, daß, was Gesetz sei, in seinem Inhalte noch von dem verschieden sein könne, was an sich Recht sei. Dieses aber sei so substantiell, daß man seine Kenntnis bei jedem, sofern er nicht ein Kind oder geisteskrank sei, unwiderleglich vermuten dürfe.[24]

Wenn – selbst für Hegel – zur Normübertretung also das Unrechtbewußtsein des Handelnden gehört und die Kategorie der Anerkennung mithin nicht vollständig verbannt wer-

24 Georg Wilhelm Friedrich Hegel, *Grundlinien der Philosophie des Rechts oder Naturrecht und Staatswissenschaft im Grundrisse*, Werke (hg. v. Eva Moldenhauer und Karl Markus Michel), Frankfurt/M. 1969-1971, Bd. 7 § 212; § 132 Anm. (in der Interpretation von: Peter Böning, *Die Lehre vom Unrechtsbewußtsein in der Rechtsphilosophie Hegels* [*Frankfurter kriminalwissenschaftliche Studien* Bd. 1], Frankfurt/M., Bern, Las Vegas 1978, S. 83, 84).

den kann, der Staat »nach innen« vielmehr Abstriche von seiner (ursprünglichen) absoluten Macht vornimmt, ist für das Völkerrecht zu fragen, ob bei der Souveränität nicht in ähnlicher Weise Begrenzungen mitgedacht sind. Die wechselseitige Souveränität, mit der Staaten einander gegenübertreten und respektieren, basiert, könnte man sagen, auf einem stillschweigenden (weil – traditionell oder fundamental – für selbstverständlich gehaltenen) Katalog von Gemeinsamkeiten, die kein Souverän sich berechtigt sieht außer Kraft zu setzen. »Die Einzelnen begegnen sich immer schon im Verhältnis des Anerkanntseins.«[25] Das gilt eben auch für die Souveräne, ließe sich folgern.

Gleichwohl ist Vorsicht geboten. Denn dieses Anerkennungsverhältnis wird bei Hegel doch recht seltsam begründet: »Das Ich weiß sich als allgemeine Person, worin alle identisch sind.«[26] Man vermißt den klaren Wechsel auf die unreduzierbare Autonomie des Subjekts. Daß Hegel an ihr in der Tat wenig gelegen war, ergibt sich aus seiner Ablehnung des kantischen Rechtsbegriffs. Nach Kant ist »das Recht (…) der Inbegriff der Bedingungen, unter denen die Willkür des einen mit der Willkür des anderen nach einem allgemeinen Gesetz der Freiheit zusammen vereinigt werden kann«.[27] Hegel kritisiert an dieser Definition, daß der Wille »nicht als an und für sich seiender, vernünftiger, der Geist nicht als *wahrer* Geist, sondern als *besonderes* Individuum, als Wille des Einzelnen in seiner eigentümlichen Willkür, die substantielle Grundlage und das erste sein« solle.[28] Nur der vernünftige Wille des Individuums sei relevant. Daran ändert sich auch dann nichts, wenn – nach Hegel in vielen Fällen – kein Anlaß besteht, an dieser Vernünftigkeit des individuellen Willens zu

25 Böning, a. a. O., S. 81.
26 Hegel, a. a. O., § 209 Anm.
27 Immanuel Kant, *Metaphysik der Sitten* (1797), Hamburg 1966, S. 34.
28 Hegel, a. a. O., § 29 Anm.

zweifeln, das heißt, ein Verbot auf ein damit konformes Rechtsbewußtsein trifft, die Verletzung des Verbotes also vom Unrechtsbewußtsein begleitet ist. Denn für alle diese Fälle gilt nach Hegel, daß »nur der eine Geist, dieselbe Wahrheit, das Rechtsbewußtsein des Individuums als auch das Recht selbst prägt«.[29] Daher kann einer der einflußreichsten Hegelianer unter den Strafrechtlern sagen: »Es lebe in uns Allen nur *Ein* Geist, *Eine* Wahrheit, denn es gibt nur *Eine* Wahrheit (...), dieselbe Wahrheit nun, die im Menschen zum Bewußtsein kommt, ist es auch, die sich in der Gesetzgebung herausstellt«.[30] Diese Identifizierung macht es unmöglich, mit Hilfe der Relevanz des individuellen Rechtsbewußtseins, der Anerkennung, das Recht von der politischen Macht, die hinter jeder Gesetzgebung steht, zu unterscheiden. Da – mangels einer Oberhoheit – für *Recht* zwischen Staaten die Anerkennung als Kriterium unverzicht-

---

29 Böning, a. a. O., S. 81 unter Bezugnahme auf Albert Friedrich Berner, *Grundlinien der criminalistischen Imputationslehre*, Berlin 1843.
Aufschlußreich sind auch die einschlägigen Stellen der von Karl Heinz Ilting (G. W. F. Hegel, *Vorlesungen über Rechtsphilosophie 1818-1831*, Stuttgart 1973 ff.) edierten Vorlesungsnachschriften, vgl. etwa »ich muß die Gewißheit der Richter anerkennen, und diese Anerkennung kommt nur durch mein Eingeständnis zu Stande, da ich (dadurch) die Einheit meines Bewußtseins mit dem Richter objektiv mache« (a. a. O., Band III, S. 683), oder »Die eine Seite« (scil. der Einstimmung des Täters mit dem vom Gericht Eruierten) »ist, daß seine Einstimmung mit dem Gesetz gefordert wird, diese liegt darin, daß er das Gesetz kennt und die Anwendung muß von der Art sein, so klar, daß sie für sich selbst folgt, so ist seine Übereinstimmung gesichert nach dieser Seite durch die Bekanntmachung der Gesetze, es ist so sein Gesetz wodurch er gerichtet wird, er selbst könnte sich subsumieren«. »Die zweite Seite ist die Festsetzung des Tatbestandes, daß die Einstimmung des Täters erfordert wird mit dem was von dem Geist erkannt, gewußt wird von dem einzelnen Fall. Da ist sein Selbstbewußtsein, seine Freiheit respektiert, indem auch hier seine Übereinstimmung gefordert wird. Er bekennt sich selbst schuldig der Handlung und darin erscheint die Überzeugung des Richters und seine Überzeugung identisch.« (A. a. O., Band IV, S. 579); s. zum Ganzen Wolfgang Schild, *Das Gericht in Hegels Rechtsphilosophie*, in: *Überlieferung und Aufgabe. Festschrift für Erich Heintel zum 70. Geburtstag*, Wien 1982, zweiter Teilband, S. 267 ff. (vor allem 282 f.).
30 Berner, a. a. O., S. 61; dazu Böning, a. a. O., S. 38 f.

bar ist[31], kann es – so gesehen – für den Hegelianer somit doch kein Völkerrecht geben, solange die wechselseitige Anerkennung der souveränen Partner nicht identisch ist mit der Anerkennung seines einen wahren Geistes.

2) Für die zweite These könnte sprechen, daß das bloße Schließen eines Vertrages, wenn – was niemand bestreitet – zum Recht Verbindlichkeit gehört, noch nicht ausreicht. Vielmehr bedarf es einer Norm, die den Vertrag seinerseits für verbindlich erklärt. Auch das steht schon bei Hegel: »Das Verhältnis von Staaten ist das von Selbständigkeiten, die zwischen sich stipulieren, aber zugleich über diesen Stipulationen stehen.«[32] Lasson beschreibt dieses Problem von der praktischen Seite: »Daß die Klausel ›rebus sic stantibus‹ bei allen Staatsverträgen selbstverständlich hinzuzudenken ist, wird ganz allgemein zugestanden. Und nun die Tragweite jeder Bestimmung solchen Vertrages zu bezeichnen (...), ist immer kein anderer Richter da als der Staat selber; er fällt im Streit das Urteil in der eignen Sache und führt das Urteil auch selber aus, soweit seine Kraft reicht. So ist es von je bis heute, und daß es je anders werden kann, ist schlechthin undenkbar.«[33]

Es überrascht daher nicht, daß das Argument auch schon in der ersten Generation der Völkerrechtsleugner auftaucht, etwa bei Pufendorf: »Die internationalen Staatsverträge setzen eine objektive internationale Rechtsquelle voraus, können aber niemals selber als solche angesehen werden.«[34] Der (in der Theorie jedenfalls) sehr lange während und mächtige Universalismus – »die Menschheit ist die ursprüngliche Ganzheit, Staaten sind nur Glieder, Ableitungen, sekundäre

31 Wolfgang Preiser, *Frühe völkerrechtliche Ordnungen der außereuropäischen Welt. Ein Beitrag zur Geschichte des Völkerrechts*, Wiesbaden 1976, S. 9f.
32 Hegel, a. a. O., § 330; dazu Lasson, a. a. O., S. 168.
33 Lasson, a. a. O., S. 65.
34 Walz, a. a. O., S. 30, mit Belegen.

Erscheinungen«[35] – hat allerdings diesen Rigorismus immer wieder aufgefangen oder wenigstens teilweise verdeckt.[36] Auch als im 19. Jahrhundert die Umkehrung (Staatsabsolutismus und -individualismus) Oberhand gewann[37], hat es – entgegen dem Verdikt Lassons – an Versuchen, den Völkerrechtscharakter von zwischenstaatlichen Verträgen zu retten, nicht gefehlt. Es wird eine »Selbstbindungslehre« entwickelt: Der Staat bleibt die oberste Ordnung, kann sich dennoch im Verhältnis zu anderen Staaten so binden, »daß er nicht mehr in der Lage ist, seinen Willen rechtlich einseitig abzuändern«.[38]

Die Kritik an dieser Lösung läuft immer wieder darauf hinaus, daß hier etwas nicht richtig zu Ende gedacht sei: Entweder man mache »mit dem Individualismus ernst«, bleibe »also dabei, daß die Einzelnen (Menschen und Staaten) die obersten Einheiten bilden, die Gesellschaft und ihre Rechtsordnung dagegen nur etwas von den Einzelnen Abgeleitetes sei, dann« gebe »es keine gegenseitige echte Bindung, sondern für jeden« bleibe »sein Interesse sein oberstes Gesetz«. Er werde »sich daher nur so lange an die vereinbarte Ordnung halten, als sie seinem Interesse entspreche«. Der »folgerichtige Individualismus« werde »daher immer zur Devise ›der Einzelne und sein Eigentum‹ zurückführen«. Oder aber man betrachte »die vereinbarte Ordnung als *verbindlich*«, dann gebe man jedoch, »wenngleich unbewußt, den Individualismus preis« und kapituliere »vor dem Universalismus.« Denn nur dann könne »der Einzelne an die vereinbarte Regel gebunden sein, wenn eine *über dem Einzelnen stehende Ordnung vorausgesetzt*« werde, die bestimme, »daß sich die Einzelnen nicht

35 Alfred Verdross, *Die gesellschaftswissenschaftlichen Grundlagen der Völkerrechtstheorie*, in: *Archiv für Rechts- und Wirtschaftsphilosophie* Bd. 18 (1925) S. 413 ff. (416).
36 Zur Bildung der Epochen: Grewe, a. a. O.
37 Verdross, a. a. O., S. 419.
38 Ebd., mit Belegen.

mehr von den von ihnen abgeflossenen Verträgen einseitig lösen können«.[39]

Die Frage ist allerdings, ob diese Überlegungen nicht den Gegensatz von Koordination und Subordination vernachlässigen. Für die Subordination kommt es – rechtlich – darauf an, zwischen dem Rechtsgeschäft und dem Rechtssatz, der ein Rechtsgeschäft für verbindlich erklärt, zu unterscheiden, nicht aber für die Koordination. Vertragliches Völkerrecht aber ist Koordinationsrecht. So argumentiert Erich Kaufmann – in Auseinandersetzung mit der von Heinrich Triepel entwickelten Unterscheidung zwischen Verträgen und Vereinbarungen.[40] Kaufmann ist der Auffassung, daß Rechtssatz und Rechtsgeschäft auf den obersten Stufen der Rechtsordnung zusammenfallen müssen, »da jede Hierarchie an ihrer Spitze ein Ende hat«.[41] Das klingt wirklich überzeugend. Treffen gleichwertige Hierarchien aufeinander, so kann die nicht erzwungene Abstimmung nur Koordination sein. Ob aber diese Koordination rechtlichen Charakter haben kann, bedarf natürlich noch der Klärung.

Sie hängt zunächst davon ab, welchen Rechtsbegriff man zugrunde legt. Nur Sätze, die als Regel für weitere gleichgelagerte Fälle gemeint sind, sind rechtlicher Natur, könnte man sagen.[42] Das, was die Geltung des zwischen den Staaten geschlossenen Vertrages etabliert, müßte also als Regel gedacht sein, die – jedenfalls im Zeitpunkt ihrer Aufstellung – auch für weitere mögliche Verträge gelten soll. Daß die vertragschließenden Staaten jeweils soweit gehen wollen, ist indessen zweifelhaft.[43] Bleibt man dennoch bei diesem Postulat

39 Ebd., S. 419/420.
40 Erich Kaufmann, *Das Wesen des Völkerrechts und die clausula rebus sic stantibus*, Tübingen 1911, S. 160 ff.
41 Ebd., S. 170.
42 Hierzu Peter Frellesen, *Die Zumutbarkeit der Hilfeleistung*, Frankfurt/M. 1980, S. 78 f.
43 Weniger skeptisch Kaufmann, a. a. O., S. 167.

einer – auch nur sehr begrenzten – Verallgemeinerungsfähigkeit, scheint es nicht möglich, die rechtliche Geltung der Koordinationsergebnisse zu begründen.

Es ist nicht leicht, dieses bewährte Charakteristikum des Rechtssatzes hier fallenzulassen. Man muß freilich sehen, daß es mit Blick auf das innerstaatliche Recht entwickelt worden ist. Möglicherweise ist das noch weiter einzuschränken, mit der Folge, daß nur das auf Autorität bezogene Recht an dieses Kriterium gebunden ist; das wäre – in der Terminologie Kaufmanns – Subordinationsrecht. Darauf deutet nicht zuletzt die von der Rechtsethnologie mitgeteilte Beobachtung, »daß die Autoritätsperson beim Fällen einer Entscheidung *intendiert*, daß die in der Entscheidung entfaltete Regel auf alle künftigen ähnlichen oder identischen Situationen angewandt wird (...). Folglich wird hier eine bestimmte Erscheinung, für die es keinen Präzedenzfall gibt, dann als juristische Entscheidung angesehen, wenn in der Entscheidung ein Prinzip enthalten ist, welches die Entscheidung fällende (die entscheidende) Autorität in ähnlichen Fällen zukünftig anzuwenden beabsichtigt.«[44] Die Frage ist, ob das Völkerrecht sich von diesem autoritätsorientierten Rechtsbegriff entfernen kann. Aus der Sicht des Hegelianismus dürfte die Frage, so scheint es, mit Nein zu beantworten sein. Lassons Vorstellungen über Verträge zwischen den Staaten hätten demnach mit Völkerrecht (noch) nichts zu tun.

3. Es bleiben indessen Zweifel. Erliegen wir hier nicht einer zirkulären Argumentation? Ob jenseits dessen, was in

44 Leopold Pospíšil, *Anthropologie des Rechts; Recht und Gesellschaft in archaischen und modernen Kulturen*, München 1982, S. 114. Vgl. auch die Bemerkungen von Wolfgang Preiser, *Zur rechtlichen Natur der altorientalischen Gesetze*, in: *Festschrift für Karl Engisch zum 70. Geburtstag*, Frankfurt/M. 1969, S. 17 ff., S. 33 ff. (jetzt auch in: Wolfgang Preiser, *Macht und Norm in der Völkerrechtsgeschichte. Kleine Schriften zur Entwicklung der internationalen Rechtsordnung und ihrer Grundlegung*, Baden-Baden 1978, S. 159 ff., 173 ff.).

den Staaten geschieht, Recht vorkommen kann, ist doch gerade das Problem, und es stellt sich vor allem für die Beziehungen zwischen Völkern.[45] Das Kriterium, daß ein Satz, der Recht zu sein beansprucht, eine gewisse Verallgemeinerungsfähigkeit aufweisen muß, steht also nach wie vor zur Disposition – jedenfalls in dem Sinne, daß für außerstaatliches Recht seine Geltung zweifelhaft bleibt. Es wäre freilich zu erwägen, ob nicht generell das Recht von dieser Eigenschaft frei zu denken ist. In diesem Falle könnte man auch leicht die Forderung Hans Kelsens beherzigen, daß die Frage, »ob die als Völkerrecht bezeichneten Normen tatsächlich Rechtscharakter haben (...) vor allem in dem Sinne verstanden werden« müsse, »ob und auf welche Weise dieser Normenkomplex in das einheitliche System allen Rechts, in die Rechtswelt einbezogen werden« könne. »Denn nur, wenn diese Normen mit allen anderen als Recht geltenden Normen die Einheit eines und desselben Systems eingehen, können auch sie als ›Recht‹ bezeichnet werden.«[46]

Der versuchsweise Verzicht auf die Verallgemeinerungsfähigkeit eines Satzes als Kriterium für Recht zieht die Frage nach sich, ob das ersatzlos geschehen oder aber ein anderes Kriterium aufgestellt werden soll. Zu vermuten ist, daß hinter der Verallgemeinerungsfähigkeit etwas steckt, das bei ihrer Streichung gleichsam offenbar wird. Es ist dies die Verbindlichkeit von Sätzen.

45 Zu eng daher Huber, a. a. O., S. 12, wenn er von einer »Reflexwirkung höher ausgebildeter Rechtsgebiete auf das Völkerrecht« spricht, und Preiser, wenn er betont, daß »das Völkerrecht seine Rechtsfiguren und juristischen Argumente naheliegenderweise zu allen Zeiten besonders gern dem ihm in der Entwicklung vorangehenden innerstaatlichen Rechte entnimmt« (Wolfgang Preiser, *Die Völkerrechtsgeschichte; ihre Aufgaben und ihre Methode,* a. a. O., S. 52). Anders indessen schon mit Recht Walz, a. a. O., S. 139, der darauf hinweist, daß »es ja gerade die vorgefaßte Meinung, daß alles Recht genau nach dem innersten staatlichen positiven Recht geformt sein müsse«, sei, die dazu führe, »den Bestand eines anders gelagerten internationalen Rechts gänzlich in Abrede zu stellen«.
46 Hans Kelsen, *Staat und Völkerrecht,* in: *Zeitschrift für öffentliches Recht* 4. Band, S. 216.

Im Subordinationsbereich sind verbindliche Sätze leicht daran zu erkennen, daß sie eine Regel darstellen für weitere Fälle. Diese Selbstbindung der Autorität[47] ist das *rechtliche* Element, demonstriert durch Verallgemeinerungsfähigkeit.

Stehen aber gleichwertige (z.B. als Staaten souveräne) Koordinationssubjekte einander gegenüber, so bedarf es dieser speziellen Form der Selbstbindung nicht; Verbindlichkeit entsteht vielmehr mit der direkten Anerkennung. Anerkennung durch die Normadressaten als Kriterium des Rechts reicht aus (und ist erforderlich), wenn man auf andere »Rechtsgemeinschaften erster Ordnung«[48] als den (einzelnen) Staat abstellt. (Verbindlichkeit ist also der Oberbegriff für Verallgemeinerung einerseits, Anerkennung andererseits). Diese – in Rechtstheorie und Rechtsgeschichte geläufige – Theorie der Begründung von Rechtsgeltung hat vielerlei Spielarten hervorgebracht: Am weitesten ist Ernst Rudolf Bierling gegangen. Diesem Gelehrten kommt Erich Kaufmann bei der Entwicklung seines Konzeptes des Koordinationsrechts ziemlich nahe. Bierling läßt als Rechtsgemeinschaft erster Ordnung auch die »zahllosen und bedeutsamen Genossenschafts- und Herrschaftsverhältnisse des deutschen Mittelalters« genügen;[49] Kaufmann denkt auch an die Hanse und andere Städtebünde.[50] In der Tat könne man, meint Kaufmann, »heutigen Tages an die großen, manchen Staaten gelegentlich an Macht nahekommenden Trusts und Wirtschaftsorganisationen als weitere mögliche Subjekte eines Koordinationsrechts denken«.[51] Die Grenze dieser Betrachtungsweise werde aber deutlich, wenn man auch »jedes ver-

47 Grundlegend: Georg Jellinek, *Die rechtliche Natur der Staatsverträge*, Wien 1880.
48 Ernst Rudolf Bierling, *Juristische Prinzipienlehre*, Bd. 2, Aalen 1975 (2. Neudruck der Ausgabe Tübingen 1898), S. 366.
49 Bierling, a.a.O.
50 Kaufmann, a.a.O., S. 155 mit weiteren Belegen.
51 Ebd.

botene Vertragsverhältnis, solange es von sämtlichen Pazis-
zenten im bewußten Gegensatz wider das Staatsgesetz als
bindend anerkannt« werde, hierher rechne.[52] Dabei komme
das »spezifische Wertelement des Rechts zu kurz, eine Rang-
ordnung unter den einzelnen Rechtsgemeinschaften, die (...)
nur in einem komparativen (...) Verhältnis stehen«, werde
unmöglich.[53] »Innerhalb eines geregelten Staatslebens«
könne auch nach Bierling »von anderen Rechtsverhältnissen
erster Ordnung nicht (...) die Rede sein.« Daß der Staat »zu
einem Rechtsverhältnis erster Ordnung« befähigt sei, er-
scheine bei Bierling nur als historischer Zufall. Es gebe bei
ihm keine feste juristische Kategorie, sondern nur psychologische Gesichtspunkte.[54]

In der Tat kann eine spezifisch juristische Kategorie, die es
erlaubt, sich mit der nur psychologischen Orientierung der
Anerkennung zu begnügen, nicht einfach postuliert werden.
Die Schwierigkeit, sie zu fixieren, hat ja gerade zu der Fragestellung – unter welchen Voraussetzungen autoritätsfreie
Vereinbarungen Recht genannt zu werden verdienen – geführt. Was die Prozeduren der Vereinbarung angeht, so fällt es
selbst Kaufmann nicht ein, jenseits psychischer Tatbestände
(etwa der Anerkennung) ein Kriterium zu suchen. So bleiben
die beteiligten Subjekte. Kaufmann fordert »*Universalität*
und *Zentralität der Zwecke* (...), die allein die Zugeschnitten-
heit einer Organisation auf alle berechtigten Interessen und
damit deren Sittlichkeit garantiert. Eine Gestaltung der
Rechtswelt, in der neben oder gar anstelle unserer Staaten
große wirtschaftliche Interessenorganisationen die Subjekte
eines Koordinationsrechts werden, ist undenkbar: Gemeinschaften mit Sonderzwecken sind nur möglich als Rechtssub-

---

52 Ebd., S. 156; Bierling, a.a.O., S. 354 spricht hier von »anormaler Rechtsset-
zung«.
53 Kaufmann, a.a.O., S. 156.
54 Ebd., S. 157.

jekte ›zweiter Ordnung‹, eine ›Rechtsgemeinschaft erster Ordnung‹ muß universale und zentrale Zwecke haben.«[55]

Wann welche Interessen berechtigt sind, und unter welchen Bedingungen eine Organisation ihnen Rechnung trägt, sagt Kaufmann nicht. Daß hier die Schwierigkeiten der Abgrenzung des Rechts von verwandten Erscheinungen erst beginnen, dürfte klar sein.

Aber vielleicht kann das Problem doch etwas eingeengt werden. Man könnte sich mit der Frage nach den Voraussetzungen für das Existenzminimum eines Staates begnügen. Es sei, schreibt Jellinek[56], nicht in das Belieben des Staates gestellt, ob er überhaupt eine Rechtsordnung schaffen wolle und welchen Inhalt diese besitzen solle. Vielmehr sei der Staat durch seine Zwecke, zu welchen auch der gehöre, das rechtsetzende und rechtschirmende Organ des Volkes zu sein, gebunden. Komme der Staat diesen Zwecken nicht nach, oder handele er gar gegen dieselben, so mache er damit einen Angriff auf sich selbst, er suche damit die Bedingungen seiner eigenen Existenz zu vernichten. Zu den Staatszwecken gehöre nun auch die Herstellung und Aufrechterhaltung des Verkehrs mit anderen Staaten. Nur eine die reale Welt total verkennende »Stubenphilosophie« könne dem Staate, besonders dem modernen Staate, Autarkie zuschreiben in dem Sinne, daß es in seinem Belieben stehe, ob er mit anderen Staaten verkehren wolle oder nicht. Denn nicht erst durch die Tatsache der Staatengemeinschaft, schon durch die der Ergänzung bedürftige Natur des Staates selbst sei die Forderung der rechtlichen Anerkennung fremder Staaten und des Verkehrs mit ihnen gegeben.[57]

Es mag irritieren, daß die Natur hier gleichsam das letzte Wort haben soll. Auch wenn man Jellineks Text nicht im

55 Ebd., S. 156.
56 Jellinek, a. a. O., S. 38.
57 Ebd., S. 42.

Sinne einer – ontologisch-apriorische Strukturen wie tägliche Empirie gleichermaßen einbeziehende – Lehre von der Natur der Sache als Rechtsquelle auffaßt (so daß eine breite Palette von Abstufungen mitzudenken wäre), sondern nur als Rekurs auf eine letzte, notwendig zu machende Voraussetzung, bleibt das odium, daß der Kern der Sache vom »naturalistischen Fehlschluß« bestimmt wird. Seine Unwiderleglichkeit scheint so gewiß, daß eine Argumentation, wenn sie bei ihm endet, sozusagen vogelfrei, wertlos wird.

Daher ist es an dieser Stelle vielleicht hilfreich, die Assoziation auf ein zunächst scheinbar ganz anders gelagertes Phänomen zu lenken. Der Sprachphilosoph John R. Searle hat versucht, für die Sprechakttheorie eine Metakritik am Argument des naturalistischen Fehlschlusses anzubringen. Jemand, der einen Satz der Art äußere: »hiermit verspreche ich, daß ...«, verpflichte sich zugleich, dieses Versprechen auch zu halten, da der Sprechakt andernfalls einfach sinnlos wäre.[58] Das ist nach Searle eine institutionelle Tatsache.[59] Zwar ist dem von maßgebender sprachtheoretischer Seite widersprochen worden. Nach Karl Otto Apel liegt nur eine Reflexion auf universale Regeln vor, die lediglich konventionell realisiert sind.[60] Indessen müssen sie immer schon a priori akzeptiert sein, wenn sprachliche Kommunikation möglich sein soll.[61] Enthält nun ein Sprechakt ein Versprechen, so ist – bei ernstlicher Verwendung des Wortes – jeder an dessen (Verpflichtungen einschließende) logische Folgen gebunden. Denn wer ein ernst gemeintes Versprechen leiste, der habe die Norm der Institution des Versprechens damit anerkannt.[62]

58 John R. Searle, *Sprechakte*, Frankfurt/M. 1971, S. 262 ff.
59 Ebd., S. 277.
60 Karl Otto Apel, *Sprechakttheorie und transzendentale Sprachpragmatik zur Frage ethischer Normen*, in: Karl Otto Apel (Hg.), *Sprachpragmatik und Philosophie*, Frankfurt/M. 1976, S. 10 ff. (S. 55).
61 Ebd.
62 Ebd., S. 155.

Blickt man nicht auf die natürliche Person, die einen Sprechakt vornimmt, sondern auf die Äußerungen einer juristischen Person – des Staates –, so offenbaren sich Parallelen, die um so verblüffender sind, als sie wie eine längerfristige Vorwegnahme der Sprechakttheorien der Sprachforscher durch pragmatisch orientierte Juristen erscheinen. Sofern man die Staatsgewalt in abstracto als eine einheitliche denken müsse, lesen wir wiederum bei Jellinek, liege in jeder Norm des öffentlichen Rechts ein Moment der Selbstverpflichtung. Man könne dieses Bild zwar verwischen, indem man darauf abstelle, daß die Ausführung des Staatswillens verschiedenen Organen überlassen werde, die eine gewisse Selbständigkeit gegeneinander hätten und in welcher auch zumeist die Garantien des öffentlichen Rechts zu suchen seien; im Verhältnis zur Gesetzgebung seien diese Tätigkeiten sogar nachgeordnet. Gegenüber der Verpflichtung der Gesetzgebung durch diese selbst sei jedoch diese Selbsttäuschung nicht möglich. Man könne sich hier nicht mehr darauf berufen, daß der Staatswille sich spalte und sich innerhalb seiner selbst ein von ihm verschiedenes Objekt schaffe; vielmehr ergreife sich der Wille selbst. Man müsse entweder alle die Sätze, welche den Willen des Gesetzgebers binden, aus dem Rechte eliminieren oder die den Willen des Gesetzgebers bindenden Bestimmungen aus dem Rechte hinauswerfen. Das laufe aber auf eine Negierung des ganzen Verfassungsrechts hinaus.[63] In jedem Rechtssatze liege die Selbstunterwerfung des Staates unter den eigenen Willen.[64] In der Erkenntnis, daß es Recht gebe, welches ausschließlich in dem Willen des Staates bestehe, daß jedem Rechtssatze eine solches Moment, von dem seine ganze Existenz abhänge, innewohne und das nicht durch Zwang verwirklicht werden könne, sei bewiesen, daß das innerstaatliche Recht sich in einer seiner wichtigsten Be-

63 Jellinek, a. a. O., S. 24/25.
64 Ebd., S. 28.

ziehungen vom Völkerrecht nicht strukturell unterscheide. Der Unterschied bestehe darin, daß die moralischen Garantien des Staatsrechts stärkere seien als die des Völkerrechts, daß das Bewußtsein der Staatsgewalt, dem selbstgesetzten Recht verpflichtet zu sein, dem Volk gegenüber mächtiger sei als gegenüber fremden Staaten.[65] Der Nachweis, daß staatliche Selbstverpflichtung Recht schaffe, sei also von prinzipieller Bedeutung für den Rechtsbegriff überhaupt.[66] Das Befremdende, welches in der Idee der Rechtserzeugung durch »autonomisches« Binden des Willens liege, schwinde also bei näherer Betrachtung. Für völkerrechtliche Verträge bedeute das, daß der Satz »pacta sunt servanda« bereits aus dem vertragschließenden Willen folge, denn es sei unmöglich, etwas zugleich zu wollen und nicht zu wollen. Und da alles Wollen sich auf die Zukunft beziehe, so erkenne der vertragschließende Wille durch den Akt des Vertragschlusses sich für die Zukunft als gebunden an, sonst wäre der Vertrag an sich unmöglich.[67]

So evident diese Logik des individuellen wie staatlichen Selbstbindungsprozesses auch sein mag – nichts kann darüber hinwegtäuschen, daß auch sie mit substantiellen Vorannahmen arbeitet. Eine Person, von der man ein ernsthaftes – das heißt unter Anerkennung dessen, was Versprechen sozial bedeutet, zustande gekommenes – Versprechen erwartet, ist mit allerhand Eigenschaften ausgestattet, deren hervorstechendste wohl die sein dürfte, daß sie sich nicht nur als Instrument für die Erreichung fremder Zwecke, sondern als für ihren Eigenwert keiner Vermittlung bedürftig, als Zweck an sich begreift, als Quelle eigenen Handelns und nicht nur kausaler Durchgänge. In den zahlreichen Grundrechten und -pflichten des Menschen, welche die modernen Verfassungen

65 Ebd., S. 37.
66 Ebd., S. 33.
67 Ebd., S. 57.

nach und nach entwickelt haben, ist diese Grundposition entfaltet worden.

Die ernstgemeinte Selbstbindung des Staates setzt dementsprechend einen Staat voraus, der seinen Zweck in sich trägt. Das darf freilich nicht im Sinne der alten Souveränitätslehren mißverstanden werden. Auch hier kann man wieder auf Jellinek verweisen, der hervorhebt, das Naturrecht habe die Souveränität im Sinne der Willkür aufgefaßt und nicht erkannt, daß Unabhängigkeit und Autonomie keine Gegensätze, sondern »correlata« seien. Aus dem Wesen des Menschen, aus der Natur der Rechtsordnung ergebe sich nicht nur die Denkbarkeit, sondern auch die reale Notwendigkeit der Selbstgesetzgebung.[68] Im Grunde konzentriere sich die ganze Aufgabe der Rechtsphilosophie auf die Frage, weshalb der Wille sich als gebunden ansehen müsse.[69]

Die in Anschluß an Kaufmanns Theorie[70] formulierte Frage nach dem Maßstab und der Rechtfertigung der Zwecke, deren Universalität und Zentralität eine Organisation zum Staate mache, hat sich mithin auf die Realität und Legitimität einer bestimmten Erscheinung von Autonomie reduziert. Da sich diese Position im Zusammenhang mit der Vorstellung des durch eine bestimmte Autonomie ausgezeichneten Einzelmenschen herausgestellt hat, liegt es nahe, für ihre Rechtfertigung auf die Modelle, die für diese Zweckbestimmung des Menschen gegeben werden, zurückzugreifen.

Es ist dies in erster Linie die kantische Lehre, daß die vernünftige Natur als Zweck an sich existiere.[71] Aber selbst diese Position ist inzwischen ja mit dem Verdikt des naturalistischen Fehlschlusses belegt worden.[72] Wer diese Kritik über-

68 Ebd., S. 18.
69 Ebd., S. 17.
70 A.a.O., S. 143 f.
71 Immanuel Kant, *Grundlegung zur Metaphysik der Sitten*, Hamburg 1965, S. 51.
72 Karl Heinz Ilting, *Der naturalistische Fehlschluß bei Kant*, in: Manfred Riedel

trieben oder schon im Ansatz verkehrt findet, kann hier die Sache als traditioneller Kantianer abschließen.

Wer indessen vor einer grundlegenden Kritik nicht haltmacht, muß nach einer anderen Lösung suchen. Sie könnte auf der Linie der Skepsis liegen, die Jürgen Habermas gegenüber einer anthropologischen Konstanten begegnet, wie sie in Karl Otto Apels a priori der Kommunikationsgemeinschaft zum Ausdruck kommt. Mit Recht fordert Habermas, jede Konstruktion eines grundbegrifflichen Systems möglicher Erfahrung müsse als hypothetischer Vorschlag betrachtet werden, der anhand neuerer Erfahrungen getestet werden könne. Man brauche gleichwohl nicht auf den Anspruch, transzendental zu arbeiten, zu verzichten, denn transzendental könne man die in »allen kohärenten Erfahrungen wiederkehrende begriffliche Struktur« nennen, solange die Behauptung ihrer Notwendigkeit und Universalität nicht widerlegt sei. In dieser schwächeren Version werde der Anspruch fallengelassen, daß man dafür einen Beweis a priori antreten könne.[73]

Daß sich diese Argumentation, wiewohl das nicht ausdrücklich geschieht, auch gegen Kant richtet, erhöht ihr Gewicht nicht unbeträchtlich. Die Konsequenz ist (mit Habermas): wir schließen nicht mehr aus, »daß unsere Begriffe von

(Hg.), *Rehabilitierung der praktischen Philosophie* Band I, Freiburg 1972, S. 113 ff. (125); noch deutlicher wird das in einem anderen Artikel von Ilting, *Gibt es eine kritische Ethik und Rechtsphilosophie Kants?*, in: *Archiv für Geschichte der Philosophie*, 63. Band (1981), S. 325 ff.: »Denn daß Menschen, insofern sie vernünftige Wesen sind, einander als Personen behandeln *sollten*, hat nach Kants Auffassung (...) seinen Grund in der Tatsache, daß sie Personen *sind*«. Nach Kant liege ihre Auszeichnung also darin, daß sie vernünftig seien, und der Grund dieser Auszeichnung werde in einem an die Existenz des Vernunftswesens gebundenen Wert an sich gesucht. »Aber wie wir berechtigt sein könnten, die Natur als eine Werte an sich setzende Instanz zu deuten, ist nach den Grundsätzen der transzendentalen Analytik (...) unerfindlich«. Interessant dazu auch: Hasso Hofmann, *Legitimität und Rechtsgeltung*, Berlin 1977, S. 42.
73 Jürgen Habermas, *Was heißt Universalpragmatik?*, in: Karl Otto Apel (Hg.), *Sprachpragmatik und Philosophie*, Frankfurt/M. 1976, S. 174 ff. (199).

Gegenständen möglicher Erfahrung nur unter kontingenten Randbedingungen, die beispielsweise durch Naturkonstanten bisher regelmäßig erfüllt worden sind, aussichtsreich appliziert werden können«.[74]

Für die Autonomie und Unabhängigkeit des modernen Staates liegen jene Randbedingungen sogar noch unter dem Niveau von Naturkonstanten, sind Ergebnis historischer Entwicklungen, der Ausdruck bestimmten Handelns und Denkens in abgrenzbaren Epochen. Wer es genauer sagen möchte, muß sich Gedanken machen über die Möglichkeit, gesellschaftliche Entwicklungen zu beurteilen. Die Beschäftigung mit »Evolutionstheorien« ist freilich außerordentlich frustrierend.[75] Gibt man gleichwohl nicht auf, so wäre zunächst jedenfalls – mit Luhmann – die Hypothese aufzustellen, »daß die Vorstellung der Einheit des universalhistorischen Prozesses als Prämisse der Theorie zunächst entbehrt werden kann«.[76] Es kommt also auf eine »Analyse des Selektionsmechanismus der soziostrukturellen Evolution« an.[77]

74 A. a. O., S. 200; über die Parallelen zur Relativierung der Konstitutionsproblematik auf dem Gebiete der Erkenntnistheorie vgl. Klaus Lüderssen, in diesem Band S. 200 ff. mit Belegen (insbesondere den Hinweis auf Stephen Toulmin). Daß die Probleme der praktischen Philosophie auf derselben Ebene wie die Probleme der theoretischen Philosophie diskutiert werden dürfen, ergibt sich nicht zuletzt daraus, daß Kant überzeugt war, die »Wahrheit« oder die »Realität« des Sittengesetzes beweisen zu müssen« (Ilting, Der naturalistische Fehlschluß bei Kant, a. a. O., S. 128).

75 Gute Klassifizierung bei Wolfgang Schluchter, Die Entwicklung des okzidentalen Rationalismus, Tübingen 1979, S. 1 ff.; wenig ergiebig – wider Erwarten – der Artikel Entwicklung, Evolution, in: Otto Brunner, u. a. (Hg.), Geschichtliche Grundbegriffe, Band 2, Stuttgart 1975, S. 199 ff.; Übersicht der Literatur bei Schluchter, a. a. O.; vergleiche auch die Belege bei Lüderssen, in diesem Band S. 196, Anm. 42; die interessantesten Ansätze jetzt wohl bei Niklas Luhmann, Geschichte als Prozeß und die Theorie soziokultureller Evolution, in: Soziologische Aufklärung Band 3, Opladen 1981, S. 178 ff.

76 Luhmann, a. a. O., S. 185.

77 Ebd., S. 186. Die Notwendigkeit der Selektion wird klarer gesehen nach Aufgabe metaphysischer Illusionen. Wenn Karl R. Popper ganz allgemein sagt, daß jede wissenschaftliche Beschreibung von Tatsachen im höchsten Ausmaß selektiv sei, daß sie stets von Theorien abhänge (Die offene Gesellschaft und ihre

Wenn nicht alles täuscht, so ist gegenwärtig »kommunikativer Erfolg (...) der Selektionsmechanismus sozialer Systeme, denn die dafür geltenden Bedingungen sichern, daß Sinngehalte nicht psychisch eingekapselt werden und verschwinden, sondern soziale Resonanz und Breitenwirkung gewinnen«.[78]

Eine solche Entwicklung registrieren, heißt freilich noch nicht, sie unbedingt begrüßen. Soviel aber kann man sagen: wenn es richtig ist, daß die Chancen für die Zunahme kommunikativer Strukturen in der Gesellschaft steigen, ist jedenfalls das Argument, wenn nicht vom Tisch, so doch in den Hintergrund gedrängt, daß kommunikative Modelle an der Realität scheitern. Man müßte, um darzutun, daß man dieser Tendenz der Epoche nicht zustimmen, geschweige denn sich mit ihr identifizieren möchte, andere Rechnungen aufmachen, etwa daß die Zielkonflikte der modernen Gesellschaft im Ergebnis dabei doch auf unbefriedigende Weise gelöst würden, weil das Maß der Leiden nicht gemildert, sondern sogar gesteigert werde, unverzichtbare Positionen gefährdet seien etc. Leicht wäre diese Beweisführung nicht. Maßstäbe, die der intersubjektiven Verständigung entbehren können, sind rar oder fehlen ganz; an die Stelle der Unsicherheit über die Relevanz guter Kommunikation träte eine andere, noch größere Unsicherheit. Es bleibt vorerst der Konsens als die letzte Instanz. Natürlich geht es nur um etwas »in the long run« Erkennbares: Real wäre erst das, »worin alle Wissenden endgültig übereinstimmen«.[79] Damit ist zweierlei gesagt.

Feinde Band 2, Stuttgart 1958, S. 320ff.), so hat das sicher auch mit dieser Verzichtsleistung etwas zu tun.
78 Luhmann, a. a. O.; es scheint, als hätten sich die alten Fronten in ihr Gegenteil verkehrt – wenn man der Deutung von Gunther Teubner, *Reflexives Recht*, in: *Archiv für Rechts- und Sozialphilosophie* 1982, S. 13 ff. (42) folgt, wonach bei Habermas (in: *Theorie des kommunikativen Handelns*, Frankfurt/M. 1981) nicht mehr die diskursive Durchdringung der Gesamtgesellschaft, sondern die Verteidigung kommunikativer Strukturen der Lebenswelt vor dem Zugriff der System-Rationalität im Vordergrund stehe.
79 Gunnar Skirbekk, *Rationaler Konsens und ideale Sprechsituation als Geltungs-*

Einmal, »daß der normative Sinn des ›wahren Konsenses‹«
nicht »auf den deskriptiven Sinn des jeweils ›faktischen Konsenses‹ reduziert werden darf«. Zum anderen, daß ein gewisser Mangel an Bestimmtheit »bezüglich dessen, wie der
wahre Konsensus beschaffen ist«, nicht zu leugnen ist.[80] Man
muß dem faktischen Konsens den idealen Konsens gegenüberstellen, aber außerdem doch den »kontinuierlich zu ver-
bessernden Konsensus, der den tatsächlichen Konsensus
jeweils überschreitet«, ins Auge fassen. »Das wäre die real-
mögliche Verbesserung desjenigen Konsensus, der zum jeweiligen Zeitpunkt erreicht ist. Dieser Konsensusbegriff enthält die Verpflichtung zu der je verwirklichbaren Rationalität
fortzuschreiten. Diese Verpflichtung aber ist nicht denkbar
ohne die regulative Idee eines idealen Konsenses.«[81]

Bei dieser Sachlage kann man sagen, daß die Relevanz eines
Autonomiestatus, der sich vor allem in der Fähigkeit zeigt,
Selbstbindung ernst zu nehmen, im Wachsen begriffen ist.
Das gilt für natürliche wie für juristische Personen, also auch
für den Staat.[82] Es mag daher nicht zuletzt dieser Begriff von

grund?, in: Wolfgang Kuhlmann/Dietrich Böhler (Hg.), Kommunikation und
    Reflexion, Frankfurt/M. 1982, S. 54 ff. (60).
80 Skirbekk, a. a. O.
81 Skirbekk, a. a. O., S. 73 – gegen Otfried Höffe, Kritische Überlegungen zur Kon-
    sensustheorie der Wahrheit, in: Ethik und Politik, Frankfurt/M. 1979, S. 245 ff.;
    kritisch zu Höffe auch schon Lüderssen in diesem Band S. 215 ff.
82 Auf diese Entwicklung deutet auch die Beobachtung Luhmanns (Selbstlegiti-
    mation des Staates, in: Archiv für Rechts- und Sozialphilosophie, Beiheft Nr. 15,
    Wiesbaden 1981, S. 65 ff. [68]), daß sich die Entschlossenheit, Selbstreferenz zu
    vermeiden, spätestens seit den zwanziger Jahren dieses Jahrhunderts deutlich
    gelockert habe; (als die Versuche, internationale Probleme durch Völkerrecht
    zu lösen, einen erneuten Aufschwung nahmen, so daß sogar die Einrichtung
    neuer wissenschaftlicher Institute damit begründet wurde, vgl. die interessan-
    ten Mitteilungen Carlo Schmids [Erinnerungen, Bern/München/Wien 1977, S.
    119 ff.] über die entsprechenden Motive Viktor Bruns, des ersten Direktors des
    Kaiser-Wilhelm-Instituts für ausländisches öffentliches Recht und Völkerrecht
    in Berlin.) Die Gegenposition wird zur Fiktion: »Selbstrechtfertigung sei nicht
    möglich, also müsse es Naturrecht, kollektiv-bindende Vernunft oder ähnliches
    geben« (Luhmann, a. a. O., S. 67).

Autonomie und Unabhängigkeit der Staaten gewesen sein, der das Ethos der modernen völkerrechtlichen Vertragspraxis heraufbeschworen hat.

Die gegenwärtige Epoche ist erfüllt von der Vorstellung, man könne mit völkerrechtlichen Verträgen Menschenrechte sichern.[83] Möglicherweise findet doch das statt, was Jellinek vor hundert Jahren als Vision vorgeschwebt hat: »Wenn das sittliche Bewußtsein die Höhe erklommen haben wird, welche zur unbedingten Achtung internationaler Verpflichtungen nötig ist, dann werden dem Völkerrechte dieselben Garantien zu Gebote stehen, die heute das Staatsrecht der zivilisierten Völker schützen. Mit dem positiven Charakter des Völkerrechts steht es daher in diesen Punkten ebenso wie mit irgendeinem Bestandteil des innerhalb des Staates geltenden Rechts, dessen Verwirklichung in letzter Instanz immer von Momenten abhängt, welche außerhalb des Rechtes liegen.«[84]

Für die Analyse der Lassonschen Völkerrechtslehre ergibt sich aus diesen retrospektiven und prospektiven Betrachtungen: Lasson hat mit seiner Gleichgewichtslehre eine Koordinationsform beschrieben, für die bereits wenig später – Jellinek 1883 – das Etikett »Recht« zur Verfügung gestellt wurde. In größeren Abständen folgten weitere Klärungen (Kaufmann 1911, Verdroß 1926), schließlich die vorliegende Skizze. Kein genuiner Widerspruch durchzieht also Lassons Werk. Es sind vielmehr nachträglich möglich gewordene Interpretationen, welche die Einheit seiner Konzeption sprengen.

83 Zusammenfassende Würdigung etwa bei Ulrich Scheuner, *Die Schlußakte von Helsinki vom 1.8.1975 und der Schutz der Menschenrechte*, in: Peter Fischer u.a. (Hg.), *Völkerrecht und Rechtsphilosophie. Internationale Festschrift für Stephan Verosta zum 70. Geburtstag*, S. 163 ff.; Bruno Simma, *Fragen der zwischenstaatlichen Durchsetzung vertraglich vereinbarter Menschenrechte*, in: Ingo von Münch (Hg.), *Hans Jürgen Schlochauer zum 75. Geburtstag*, Berlin, New York 1981, S. 635 ff.
84 Jellinek, a.a.O., S. 37.

III.

Konkretisierung durch Individualisierung

Dialektik, Topik und »konkretes Ordnungs-
denken« in der Jurisprudenz

Wer gegenwärtig in die Diskussion über Dialektik und Topik in der Jurisprudenz eintritt, braucht das nicht besonders zu begründen; aber was haben wir noch mit dem »konkreten Ordnungsdenken« Carl Schmitts[1] zu tun, diesem durch seine enge Verbindung mit der nationalsozialistischen Ideologie doch wohl eindeutig diskreditierten Phänomen? Die Antwort darauf gibt zunächst Hans Welzel, der die Behauptung aufgestellt hat, bis in den Wortlaut hinein wiederhole sich im Kampf der Topik gegen das System der Kampf des konkreten Ordnungsdenkens gegen das abstrakte Trennungsdenken.[2] Mit dieser Behauptung (von der ich nicht weiß, ob die Protagonisten der Topik sie inzwischen zur Kenntnis genommen haben) verbindet sich mehr, als man im ersten Anflug von Irritation wahrnimmt.

Man sieht das verhältnismäßig schnell, wenn man einen weiteren Begriff einschaltet, nämlich den Begriff der Natur der Sache. Die Natur der Sache wird einerseits als topische Techne, welche die Lösung im Problem sieht, aufgefaßt[3] und hat andererseits mit manchen sogenannten konkreten Ordnungen – läßt man das offenkundig Ideologische daran erst einmal beiseite – eine mehr als zufällige Ähnlichkeit. Man spricht von der Natur der Ehe, des Verhältnisses von Eltern und Kindern, der Bedürfnisse eines bestimmten Standes,

---

1 Carl Schmitt, *Über die drei Arten des rechtswissenschaftlichen Denkens*, Hamburg 1934, S. 11 ff.
2 Hans Welzel, *Das deutsche Strafrecht*, Berlin 1969, S. 116; dazu die Rezension des Welzelschen Buches von Claus Roxin, *Zeitschrift für die gesamte Strafrechtswissenschaft* 80 (1968), S. 713 ff.; s. ders., *Kriminalpolitik und Strafrechtssystem*, Berlin 1973, S. 6.
3 Ottmar Ballweg, *Zu einer Lehre von der Natur der Sache*, Basel 1963, S. 68.

etwa des kaufmännischen Gewerbes, der Natur des geistigen Eigentums, der Natur des Staates als sozialer Machtorganisation eines Behördenapparates etc. – und bezeichnet damit eben die Phänomene, die auch als Beispiel für »konkrete Ordnungen« auftauchen. Sind zwei Größen einer dritten gleich, so sind sie auch untereinander gleich – könnte man also sagen, so naiv die Anwendung der mathematischen Formel hier auch erscheinen mag. Versucht man, den gemeinsamen Nenner näher zu beschreiben, so ist es der antipositivistische Aspekt des konkreten Ordnungsdenkens und die Skepsis der Topik gegen längere Ableitungszusammenhänge, die im Begriff der Natur der Sache zusammentreffen. Natürlich stößt man nicht stets, wenn von Natur der Sache die Rede ist, auf diese Koinzidenzen; doch auch insoweit darf man sich nicht täuschen. Beispielsweise wird man zunächst geneigt sein, die Natur der Sache jedenfalls in der Gestalt, die sie gerade bei Welzel angenommen hat – der sachlogischen Struktur –, nicht mit der Topik in Zusammenhang zu bringen, bei näherem Hinsehen aber merken, daß das von Welzel selbst verwandte Bild – daß jene Strukturen punktförmig den Rechtsstoff durchziehen[4] – seine Apologetik des großen geschlossenen Systems Lügen straft. Ebenso fragwürdig ist aber auch, ob sich Welzels Begriff von der Natur der Sache so sehr vom konkreten Ordnungsdenken unterscheidet, wie man nach seiner Polemik dagegen annehmen möchte. Wiederum ist es ein tertium comparationis, das diese Parallele erhellt. Ich meine den Begriff des Typus. Seine Verwandtschaft mit der sachlogischen Struktur als Erscheinungsform der Natur der Sache ist wohl bekannt. Die Natur der Sache ist die »Erscheinung eines Allgemeinen im Besonderen, eines Werthaften im Faktischen«, schreibt Arthur Kaufmann[5], und ist

4 Hans Welzel, *Naturrecht und Rechtspositivismus*, in: *Festschrift für Hans Niedermeyer*, Göttingen 1953, S. 279-294 (S. 290).
5 Arthur Kaufmann, *Analogie und »Natur der Sache«*, Karlsruhe 1965 (Juristische Studiengesellschaft, Schriftenreihe, Heft 65/66), S. 36.

somit eine Erscheinungsform des Typus, der ganz allgemein die »Mittelhöhe zwischen Allgemeinem und Besonderem bildet, in der Jurisprudenz also die Mitte hält zwischen Rechtsidee und Lebenssachverhalt«.[6] Wie aber auch Typus und konkretes Ordnungsdenken zusammenhängen, ist ebenfalls besonders klar von Kaufmann erkannt worden. Er verweist für seinen Typusbegriff unter anderem auf Ernst Jünger[7], dessen Vorstellungen vom Typus sich in dem Bilde der »Gestalt« niedergeschlagen hat, etwa in der Gestalt des Arbeiters (in seinem berühmten Buch *Der Arbeiter*) und diese Vorstellungen sind wiederum – zu Recht – mit dem konkreten Ordnungsdenken Carl Schmitts auf eine Linie gebracht worden.[8] Man kann also tatsächlich mit Roxin[9] sagen, daß Welzel, dessen Ausgangspunkt – wie er etwa in seinem Buch *Naturalismus und Wertphilosophie im Strafrecht* (1935) fixiert ist: Das Sein gehört zur Materie jeden Wertes – große Ähnlichkeit mit dem Begriff des Typus hat, gegen den Schatten seiner Jugend kämpft.

Man mag finden, daß dies etwas leichtfertige Assoziationsketten sind. Indessen wird der erste Eindruck bestätigt, wenn

6 Ebd., S. 37. Um die Klärung der logischen Gestalt des Typusbegriffes haben sich besonders verdient gemacht Carl G. Hempel und Paul Oppenheim, *Der Typusbegriff im Lichte der neuen Logik. Wissenschaftstheoretische Untersuchungen zur Konstitutionsforschung und Psychologie*, Leiden 1936. Eine kurz und leicht faßliche Darstellung der Problematik findet sich in dem Aufsatz von Karl G. Hempel, *Typologische Methoden in den Sozialwissenschaften*, in: *Logik der Sozialwissenschaften* (hg. v. Ernst Topitsch), Köln/Berlin 1967, S. 85 ff. Eine gründliche und kritische Darstellung der weit verzweigten Ansätze typologischen Rechtsdenkens enthält jetzt die Arbeit von Lothar Kuhlen, *Typuskonzeptionen in der Rechtstheorie*, Frankfurt/M. 1975. Schnelle und zuverlässige Orientierung über den neuesten Stand bietet im übrigen die prägnante Skizze Rudolf Wiethölters im Rahmen seiner Besprechung des Buches von Walter Ott (*Die Problematik einer Typologie im Gesellschaftsrecht*), in: *Neue Juristische Wochenschrift* 1973, S. 273 f.
7 Arthur Kaufmann, a. a. O., S. 38, 39.
8 Siehe Christian Graf Krockow, *Die Entscheidung, Untersuchungen über Carl Schmitt, Ernst Jünger und Martin Heidegger*, Stuttgart 1958, S. 107.
9 Claus Roxin, a. a. O., S. 713.

man tiefer gräbt. Vom Typus als Abbreviatur für die Natur der Sache führt nicht nur über Ernst Jünger, sondern auch über Heidegger ein Weg zu Carl Schmitts konkretem Ordnungsdenken.[10] Denn es zielt ja auf eine substanzhafte Ordnung und ist daher vom »Wesenswillen« (Heidegger) geprägt.

Weiter läuft von der Lehre vom Typus auch über den sogenannten konkret-allgemeinen Begriff (Hegel) eine Verbindungslinie zum konkreten Ordnungsdenken; Hegels Philosophie wird von Carl Schmitt ja als Höhepunkt des konkreten Ordnungsdenkens gefeiert.

Von daher ist es nun nur noch ein Schritt zu weiteren Kongruenzen. Der konkret-allgemeine Begriff, wie er insbesondere von Larenz in das Recht eingeführt worden ist, entsteht – als Element der »konkreten Totalität«[11] – dialektisch. Wir können also konstatieren, daß auf diese Weise eine Verbindung nun auch zwischen konkretem Ordnungsdenken und Dialektik hergestellt ist. Und nicht genug damit. Wird Dialektik – allerdings unter stillschweigender Bezugnahme auf einen bis vor Hegel herrschenden Sprachgebrauch – mit Topik gleichgesetzt[12], so gibt es gleichsam als »Rückkoppelung« eine weitere Beziehung zwischen konkretem Ordnungsdenken und Topik. Bleiben wir aber erst noch einmal unmittelbar bei der Dialektik. Ihre Beziehung zum konkreten Ordnungsdenken wird noch deutlicher, wenn man sich vergegenwärtigt, daß die Dialektik auch als das Instrument verstanden wird, mit dem man in der Jurisprudenz die ausschließlich analytische Dogmatik überwinden zu können glaubt. Denn auf diese Weise könnte das Politische in die Rechtsanwendung hineinkommen. Die Jurisprudenz politisch zu machen,

10 Wie Krockow ebenfalls nachgewiesen hat, a. a. O., S. 98 f.
11 Karl Kosik, *Die Dialektik des Konkreten*, Frankfurt/M. 1967, S. 7.
12 Wilhelm Hennis, *Politik und praktische Philosophie*, Neuwied/Berlin 1963, S. 93 ff.

war nun auch das wichtigste Ziel, das Carl Schmitt mit seinem konkreten Ordnungsdenken verfolgt hat. Man wird hier natürlich sofort einwenden, daß *dieser* Nenner – das Politische – nun doch von vornherein zu mehrdeutig sei, als daß er eine Brücke zwischen Dialektik und konkretem Ordnungsdenken im Recht bilden könne. Indessen ist es betrüblich zu sehen, mit welcher Zwangsläufigkeit es in den letzten 150 Jahren dahin gekommen ist, daß im allgemeinen Bewußtsein die Möglichkeiten, Rechtsanwendung und Politik zu verbinden, als auf die von Hegel inspirierten reduziert erscheinen. Alle praktische Philosophie, welche bis vor Kant zu einem großen Teil Rechts- und Sozialphilosophie war [13], ist durch Kant sowohl nach der spekulativen wie nach der naiv empirischen Seite hin in Frage gestellt worden. Übrig blieb einmal diejenige kantische Tradition, die über Fries, Friedrich Albert Lange und Peirce bis hin zu Popper führt; sie bescherte in materiellen Disziplinen wie Ethik und Recht nur Metatheorie (und ist insoweit einer der Gründe für die Entstehung des Gesetzespositivismus gewesen, nicht der einzige freilich, wie Franz Neumann gezeigt hat). Vor allem stand sie mit leeren Händen vor dem die Juristen in erster Linie bedrückenden Problem der Prämissensuche; »wir wissen nicht, wir raten«, dieser Satz Poppers ist es, welcher dieser Tradition ja dann auch den Vorwurf, sie arbeite mit »Denkverboten«, eingetragen hat. Von wem aber kommt dieser Vorwurf? Von den Nachfahren der anderen auf Kant sich beziehenden Tradition – der auf Hegel gestützten Philosophie. Hegel radikalisierte zunächst die Kantsche Erkenntniskritik; sein Versuch, den Gegensatz zwischen Subjekt und Objekt aufzuheben – um der Aporie zu entgehen, das Erkenntnisvermögen zu erkennen, ehe man erkennt[14] –, wurde als die wahre Fortsetzung

13 Franz Wieacker, *Privatrechtsgeschichte der Neuzeit*, Göttingen 1967, S. 249.
14 Dazu äußert instruktiv Jürgen Habermas, *Erkenntnis und Interesse*, Frankfurt/M. 1968, S. 15 ff.

von Kants Philosophie empfunden. Alles, was Hegel und nach ihm dann Marx sagte, blieb auf diese Weise nicht nur unberührt von dem Verdikt Kants über Schulmetaphysik und naive Empirie, sondern erschien im nachhinein durch den kantischen Kritizismus geradezu provoziert, so daß diese Philosophie – aber eben nur diese – die Naturrechtskritik überlebte, ohne dafür den Preis zahlen zu müssen, formal, bloß analytisch, positivistisch, das heißt – auf das Recht bezogen – gesetzespositivistisch zu sein, auf Rechtspolitik zu verzichten.[15] So konnte fürderhin Hegel von nahezu allen politischen Richtungen bemüht werden, insbesondere freilich von konservativen, faschistischen und sozialistischen Parteien.[16]

Das Modell des konkreten Ordnungsdenkens, wie es Carl Schmitt entworfen hat, ist nun für die Umsetzung aller dieser Richtungen in das Rechtsleben geeignet und auch so aufgefaßt worden.

Das braucht für den Faschismus nicht weiter begründet zu werden; lediglich ein Hinweis auf die erneute Parallele zu Heidegger ist angezeigt.[17] Was das Konservative angeht, so bieten die sich wiederholenden Bezugnahmen Carl Schmitts auf germanisches Rechtsdenken, auf Savignys Lehre von den Rechtsinstituten, auf Lorenz von Stein (der sich, wie Schmitt meinte, aber schon nicht mehr gegen Liberalismus und Parlamentarismus habe durchsetzen können) genügend Anhaltspunkte.

15 Siehe dazu auch Klaus Lüderssen, *Erfahrung als Rechtsquelle*, Frankfurt/M. 1972, S. 26 f.
16 Dazu Ernst Topitsch, *Die Sozialphilosophie Hegels als Heilslehre und Herrschaftsideologie*, Neuwied/Berlin 1967; kritisch dazu freilich Iring Fetscher, Vorwort zu *Hegel in der Sicht neuerer Forschung*, Darmstadt 1973; zum ganzen siehe auch Klaus Lüderssen, a. a. O., S. 192 ff.
17 Dazu Jürgen Habermas, *Mit Heidegger gegen Heidegger denken. Zur Veröffentlichung von Vorlesungen aus dem Jahre 1935*, in: *Frankfurter Allgemeine Zeitung* vom 25. 7. 1953. Interessantes Material hierzu bei Guido Schneeberger, *Nachlese zu Heidegger. Dokumente zu seinem Leben und Denken*, Bern 1962.

Weniger deutlich scheint die Verbindung zwischen konkretem Ordnungsdenken und Sozialismus zu sein, und doch ist auch sie da, mindestens unter dem Gesichtspunkt, daß der Staat durch die Bindung an das Recht »unfrei« wird, ferner in Hinblick auf das System konkreter und ständig wechselnder Anweisungen in der Gestalt von Programmen, Produktions- und Distributionsplänen.[18] Im übrigen muß man natürlich sehr sorgfältig differenzieren. Für die Parallelen zwischen Carl Schmitt und kommunistischen Theoretikern der zwanziger Jahre etwa gibt es Belege.[19] Was die demokratischen Formen des Sozialismus angeht, so muß man prüfen, in welchem Maße die »richtige Ordnung« faktisch (nicht der Theorie nach) auf die Gesellschaft als die Summe vieler Einzelner bezogen wird, oder auf ein höheres Ganzes, wie es am sichtbarsten wird in einem von der Gesellschaft abgesetzten Staatsbegriff. Daß ein Teil der westeuropäischen Linken – von dieser Unterscheidung aus gesehen – in fatale Nähe des Schmittschen Ordnungsdenkens gerät, ist mir bewußt. Aber ebenso bewußt ist mir, daß es eben nur ein Teil ist, und daß man insbesondere diejenigen Richtungen in der gegenwärtigen deutschen Jurisprudenz, die nachdrücklich eine politische Rechtstheorie fordern, nicht ungeprüft zusammenwerfen darf. Das tut beispielsweise Wilhelm Hennis, wenn er etwa von der Empfehlung zweier Frankfurter Autoren, man möge sich nicht nur um die formalen Organisationsformen, sondern auch um die materiellen Prinzipien der Grundrechte kümmern, sagt, das sei »reiner Carl Schmitt frankfurterisch«.[20]

Es ist keine Frage, daß die Parallelen und Kongruenzen zwischen Dialektik, Topik und konkretem Ordnungsden-

18 Friedrich A. von Hayek, *Rechtsordnung und Handelsordnung*, in: *Zur Einheit der Rechts- und Staatswissenschaften*, Karlsruhe 1967, S. 195 ff. (228).
19 Ebd.
20 Wilhelm Hennis, *Verfassung und Verfassungswirklichkeit*, Tübingen 1968, S. 35.

ken, die ich bisher angedeutet habe, mehr oder weniger ungefähr sind, locker assoziierte Hypothesen, mit dem vollen Risiko ihrer Widerlegung, Hypothesen, die auch als solche noch nicht völlig eindeutig sind, weil ich bei ihrer Aufstellung von ganz weiten Begriffen ausgegangen bin, mit denen zu arbeiten unweigerlich zu Inversionen führt.

Aber alle diese Hypothesen existieren und entfalten große, zum Teil verhängnisvolle Wirkung. Deshalb muß man ihnen nachgehen.

Es ist eine gute Tradition der Auseinandersetzung mit dem konkreten Ordnungsdenken, dabei einzelne Probleme ins Auge zu fassen. Diese Tradition beginnt mit den beiden Marburger Professoren Schwinge und Zimmerl, die 1937 (!) das aufkommende konkrete Ordnungsdenken im Strafrecht kritisch unter die Lupe genommen haben[21], und reicht bis hin etwa zu den heftigen Angriffen Ernst Wolfs[22] und Bernd Rüthers[23] gegen die dem konkreten Ordnungsdenken verwandte Methode von Larenz[24], in Fragen des Ehescheidungsrechts aus dem Wesen der Ehe zu argumentieren. Ich möchte aber diese allgemein bekannte Kontroverse hier zunächst nicht weiter verfolgen, sondern das Verhältnis zwischen Dialektik, Topik und konkretem Ordnungsdenken anhand eines anderen, gegenwärtig ebenfalls sehr umstrittenen Phänomens zu erklären versuchen, nämlich des an vielen Stellen der Rechtsordnung auftauchenden Begriffs der Gewalt. Erschei-

---

21 Erich Schwinge, Leopold Zimmerl, *Wesensschau und konkretes Ordnungsdenken im Strafrecht*, Bonn 1937.

22 Ernst Wolf, *Zur »Institution Ehe«*, in: *Juristenzeitung* 1967, S. 749 ff.; ders., *Zwang zur Ehe – »Institution Ehe«* (Erwiderung), in: *Juristenzeitung* 1968, S. 172 ff.; ders., *Dogmatische Grundlagen zur Reform des Ehescheidungsrechts*, in: *Juristenzeitung* 1970, S. 441 ff.

23 Bernd Rüthers, *Institutionelles Rechtsdenken im Wandel der Verfassungsepochen*, Bad Homburg v. d. H./Berlin/Zürich 1970, S. 49 ff.

24 Karl Larenz, *Allgemeiner Teil des deutschen bürgerlichen Rechts*, München 1967, § 9 I, S. 111 ff., ders., *Zur »Institution Ehe«* (Erwiderung), in: *Juristenzeitung* 1968, S. 96 f.

nungsformen und Ursprünge der Gewalt und die mit ihr verbundenen Zielsetzungen scheinen mir wie kaum etwas anderes heute die Fragen nach Inhalt und Form des Rechts, von
Gesamtordnung und Einzelfallentscheidung. Reflexion und
Empirie, Erhaltung oder Veränderung gesellschaftlicher Zustände herauszufordern, Fragen, auf die sich die politischen
Implikationen des Rechts verteilen und zu deren Beantwortung Dialektik, Topik und konkretes Ordnungsdenken gleichermaßen Antworten bereithalten.

In erster Linie denkt man wohl an das Strafrecht, wenn
man nach einschlägigen Vorschriften sucht, etwa an die §§
240 oder 249ff. StGB. In der Tat gibt es hier eine sich zuspit-
zende Kontroverse über den Gewaltbegriff aus Anlaß eines
BGH-Urteils[25], das eine lebensgefährdende Drohung, durch
die ein Schock mit Todesfolge ausgelöst worden ist, als Ge-

---

25 BGHSt. 23, S. 126ff.; kritisch zu diesem Urteil Gerd Geilen, *Lebensgefähr-
   dende Drohung oder Gewalt in § 251 StGB?*, in: *Juristenzeitung* 1970, S. 521ff.
   Umfassende Orientierung über die moderne Diskussion des strafrechtlichen
   Gewaltbegriffs ebenfalls bei Gerd Geilen, *Neue Entwicklungen beim strafrechtlichen Gewaltbegriff*, in: *Beiträge zur gesamten Strafrechtswissenschaft.
   Festschrift für Hellmuth Mayer zum 70. Geburtstag*, Berlin 1966, S. 445ff.
   Einen ersten und sehr eindrucksvollen Versuch der Einbeziehung allgemein sozialwissenschaftlicher Gesichtspunkte in die Auseinandersetzungen über den
   strafrechtlichen Gewaltbegriff hat Bernhard Haffke gemacht (*Gewaltbegriff
   und Verwerflichkeitsklausel*, in: *Zeitschrift für die gesamte Strafrechtswissenschaft*, 84. Band (1972), S. 37ff.). Materialreiche Fortsetzung und Erweiterung
   dieser Bemühungen bei Heinz Müller-Dietz, *Zur Entwicklung des strafrechtlichen Gewaltbegriffs*, in: *Goltdammer's Archiv* 1974, S. 33ff. und Rolf-Peter
   Callies, *Der Begriff der Gewalt im Systemzusammenhang der Straftatbestände*,
   Tübingen 1974 (*Recht und Staat*, Heft 430/431). Zur politischen Dimension
   des Gewaltbegriffes vgl. die überlegenen Betrachtungen von Günther Stratenwerth, *Recht und Gewalt*, in: *Freiheit und Bindung* (Akademische Vorträge gehalten an der Universität Basel 7), Basel 1970, S. 81ff. Über die staatsrechtliche
   Problematik informiert Erhard Denninger, *Gewalt, innere Sicherheit und demokratischer Rechtsstaat*, in: *Zeitschrift für Rechtspolitik* 1973, S. 268ff. Die kritische Rezeption der politologischen Gewaltdiskussion durch die Juristen hat
   begonnen; hier ist indessen noch viel zu tun. Einblick in das Spektrum der politologischen Argumente auf diesem Gebiet gewähren die Arbeiten von Wolf-
   Dieter Narr, *Gewalt und Legitimität*, in: *Leviathan* 1 (1973), S. 7ff. (wiederab-
   gedruckt in: *Gewaltverhältnisse und die Ohnmacht der Kritik* [hg. v. Ramstedt],

walt einstuft. Doch ich möchte nicht einen so speziellen Ausgangspunkt wählen – ein Politologe, dem ich das Problem
unlängst geschildert habe, meinte, das seien ja doch nur »mar-
ginale Fragen« (eine Meinung, die ich nicht teile) –, sondern
auf eine Vorschrift des Grundgesetzes zurückgreifen.

Der durch die Notstandsgesetze eingeführte Art. 20 Abs. 4
bestimmt, daß gegen jeden, der unsere verfassungsmäßige
Ordnung zu beseitigen unternimmt, alle Deutschen das
Recht zum Widerstand haben, wenn andere Abhilfe nicht
möglich ist. Ausdrücklich kommt das Wort »Gewalt« hier
zwar nicht vor; aber da ja legale Rechtsausübung – sei sie
noch so kämpferisch – nie Widerstand ist[26], wird man jedenfalls als Grundform des Widerstands Ungehorsam und Gewalt vermuten müssen.

Geht man nach dem traditionellen Katalog der Auslegungsregeln vor, so lassen sich wohl aus der Entstehungsge-
schichte einige Argumente für die Abgrenzung von erlaubter
und nicht erlaubter Gewalt herleiten. Aber es bleibt dann
noch ein großer Spielraum, den man nur durch Rekurs auf
von der auszulegenden Vorschrift unabhängige Quellen ausfüllen kann (freilich spricht man dabei noch immer häufig
ganz ungeniert von teleologischer Auslegung).

Die wenigsten Umstände macht das Vorgehen nach den
Regeln der Topik. Man stellt zunächst einen topoi-Katalog
auf, denn Topik – das ist ihr erstes Charakteristikum – ist ra-
tionalisierte Prämissensuche. Es ist hier vielleicht anzumer-
ken, daß Aristoteles – der erste Topiker – nirgends definiert
hat, was topoi seien. Man folgt daher allgemein der Lesart Ci-
ceros, wonach der topos eine Art »sedes argumenti« ist, also
»ein Ort, an dem man Argumente finden kann (...), ein Stich-

Frankfurt/M. 1974, S. 9 ff.); Sven Papcke, *Progressive Gewalt, Studien zum sozialen Widerstandsrecht*, Frankfurt/M. 1973; Johan Galtung, *Strukturelle Gewalt, Beiträge zur Friedens- und Konfliktforschung*, Hamburg 1975.

26 Josef Isensee, *Das legalisierte Widerstandsrecht*, Bad Homburg v.d.H./Ber-
lin/Zürich, 1969, S. 58.

wort, bei dem einem geeignete Prämissen einfallen oder unter dem man in einem schriftlich ausgearbeiteten Katalog nachschlägt, um Passendes zu finden«.[27]

Sucht man nun einmal nach topoi zur »Gewalt«, so fallen zunächst etwa Formulierungen auf wie die:

Unmittelbarer körperlicher Angriff auf jemanden ist unter allen Umständen Gewalt.

Etwas vorsichtiger dann:

Andere Verhaltensweisen sind wahrscheinlich dann Gewalt, wenn sie eine körperliche spürbare Zwangswirkung haben.

Noch vorsichtiger:

Lebensgefährdende Drohungen sind vielleicht Gewalt.

Und verneinend:

Herbeiführen von Unfreiheit ist für sich genommen noch nicht Gewalt.

Und erst recht:

Illegalität ist noch nicht Gewalt.

Man spürt nun freilich, daß diese Aussagen zu isoliert und abstrakt sind, als daß sie schon ausreichen könnten, Problemlösungen vorzubereiten. Deshalb empfiehlt es sich, nach Gesichtspunkten Ausschau zu halten, die auf konkrete Erscheinungen bezogen sind.

Da ist etwa der politische Streik; gewaltsamer Widerstand nimmt, wie man auch in Deutschland seit der Niederschlagung des Kapp-Putsches weiß, nicht selten diese Form an.

Einschlägige topoi zunächst zum Verhältnis von Gewalt und Streik allgemein lauten dann:

»Solche politischen Streiks lähmen den gesamten Verkehr und das Leben der Bevölkerung. Sie sind deshalb auch ein körperliches Einwirken, kön-

27 Gerhard Otte, *Dialektik und Jurisprudenz*, Frankfurt/M. 1971, S. 186.

nen jedenfalls so empfunden werden. Das erfüllt das Merkmal der Gewalt.«[28]

Oder – extensiver und schon auf bestimmte Normzwecke anspielend:

»Eine Auslegung, die für den Begriff der Gewalt im Sinne des § 80 StGB (der frühere Hochverratstatbestand) körperliche Kraftentfaltung fordert, würde also die praktische Bedeutung der Vorschrift weitgehend entwerten. Entscheidend kann nur die Zwangswirkung sein.«[29]

Mit der Frage, ob überhaupt beim Streik von Gewalt gesprochen werden kann, ist natürlich noch nicht geklärt, in welchen Fällen ihre Anwendung gerechtfertigt ist. Suchen wir nun *dafür* – beim Streik bleibend – nach topoi, so lesen wir etwa:

Bedingung für den sozialadäquaten Streik ist, daß er um »die Gestaltung von Arbeitsbedingungen« gegen die »Sozialpartner«, die allein in der Lage sind, die Forderungen auch zu erfüllen, geführt werden muß.«[30]

Die Gegenposition dazu ist dann:

»Politischer und arbeitsrechtlicher Streik sind objektiv voneinander gar nicht zu trennen, … ein Streik, der immer öffentliches Handeln ist, beeinflußt notwendig die Öffentlichkeit und daher auch die Staatsgewalt. Er kann zudem zu Schäden führen, die alle mittelbar treffen. Ein Streik hat daher immer auch eine politische Wirkung.«[31]

Das alles ist natürlich ganz fragmentarisch und obendrein sehr breit gestreut und heterogen; eine zwingende Logik für die Aufstellung von topoi gibt es ja nicht (dafür wird neuerdings übrigens auch die analytische Wissenschaftstheorie zi-

---

28 BGH 2 StR 431/53.
29 BGHSt. 8, S. 103.
30 H. C. Nipperdey, *Die Ersatzansprüche für die Schäden, die durch den von den Gewerkschaften gegen das geplante Betriebsverfassungsgesetz geführten Zeitungsstreik vom 27.-29. Mai 1952 entstanden sind* (Rechtsgutachten), Köln 1953, S. 43.
31 Wolfgang Abendroth, *Streik und Verfassungsrecht*, in: Herbert Sultan, Wolfgang Abendroth, *Bürokratischer Verfassungsstaat und soziale Demokratie*, Frankfurt/M. 1955, S. 74.

tiert).[32] Etwas anderes behaupten zwar Dialektiker – nicht diejenigen, die Dialektik wie Aristoteles begreifen, also den rhetorischen Umgang mit den topoi, nicht die ars inveniendi darunter verstehen[33] –, sondern diejenigen, welche die Trennung von Apódeixis und Dialektik rückgängig gemacht haben, mit anderen Worten Hegel und die Hegelianer, die – so oder so – den Satz rezipiert haben, daß »das Dialektische das Prinzip aller Bewegung, alles Lebens und aller Betätigung in der Wirklichkeit« sei[34], so daß die These die Antithese *hervorbringt* usw. Aber wer sich dieser »Mystik des schöpferischen Begriffs«, wie Gurvitch die Hegelsche Dialektik einmal charakterisiert hat[35], nicht verschreiben kann[36], muß sich mit Fragmenten abfinden.

Was macht also nun der Topiker? Er bemüht sich, herauszufinden, welche Sätze, die im Katalog der erst einmal aufgestellten topoi enthalten sind, den Charakter eines *éndoxon* haben. Ein *éndoxon* ist »was alle für wahr halten oder die meisten oder die Weisen und unter diesen entweder alle oder die meisten oder die Bekanntesten und Hervorragendsten,

32 Gerhard Otte, *Zwanzig Jahre Topik-Diskussion: Ertrag und Aufgaben*, in: *Rechtstheorie* 1. Band (1970), S. 183 ff. (185).

33 Dazu Giorgio Tonelli, *Der historische Ursprung der kantischen Termini »Analytik« und »Dialektik«*, in: *Archiv für Begriffsgeschichte* 7 (1962), S. 120 ff. (122); dort auch Hinweis auf Cicero, der sich dagegen gewandt habe, daß die Dialektik nur das iudicare und nicht das invenire behandele.

34 G. W. F. Hegel, *System der Philosophie*, 1. Teil, Ausgabe Glockner, Band 8, S. 190; dazu Karl Popper, *Was ist Dialektik*, in: *Logik der Sozialwissenschaften* (hg. v. Ernst Topitsch), Köln/Berlin 1965, S. 262 ff. (281); siehe auch Hans Georg Gadamer, *Hegel und die antike Philosophie*, Hegeljahrbuch 1966, S. 180; für die neueren Hegelianer nenne ich nur Adorno als Beispiel, der meint, daß die Dialektik ihre »raison d'être« in der Erfahrung von der »Vermitteltheit alles Einzelnen durch die objektive gesellschaftliche Totalität« habe (Theodor W. Adorno, Einleitung zu: *Der Positivismusstreit in der deutschen Soziologie*, Neuwied/Berlin 1969, S. 16).

35 Gurvitch, *Dialektik und Soziologie*, Neuwied/Berlin 1965, S. 107.

36 Über die Verwandtschaft der Hegelschen Triade mit dem dreiteiligen Erlösungsschema der alten Gnosis siehe Ernst Topitsch, *Über Leerformeln*, in: *Probleme der Wissenschaftstheorie. Festschrift für Viktor Kraft*, Wien 1960, S. 233 ff. (246).

oder was ein Fachmann auf seinem Gebiet (...) aber auch was der, mit dem man diskutiert, oder der, der urteilt, für wahr hält«.[37] Auf wessen Anerkennung kommt es an? Zunächst ist nur eine partielle, »d. h. auf den Diskussionspartner beschränkte Verbindlichkeit« gemeint[38], etwa »die Anerkennung durch die Gegenpartei, soweit dadurch der Richter gebunden wird, sonst (...) die Anerkennung durch den Richter[39], anderenfalls scheitert eine Lösung von vornherein z. B. daran, daß »ein Satz von den meisten für wahr, von den Weisen aber für falsch gehalten wird«.[40] Freilich ist Anerkennung ja gleichsam nur der Schlußstrich. Es interessieren die *Gründe* für die Anerkennung eines topos. Aristoteles dachte nur an Evidenz.[41] Hier ist der Berührungspunkt mit der »Natur der Sache« gegeben; alles, was sich in der Hierarchie der Sachen, etwa von den Naturalien über die Realien und Vitalien[42] bis zu Gebilden »konkreter Ordnung« als selbstverständlicher Bezugspunkt anbietet, motiviert eine solche Anerkennung. Sieht man daraufhin unseren Topoikatalog über Gewalt durch, so findet sich weniges, woran ganz eindeutig angeknüpft werden könnte. In Betracht kommt allenfalls die auf unmittelbare körperliche Angriffe oder körperliche Wirkung abstellende Gewaltdefinition. Die Evidenz erstreckt sich hier auf die leichte Abgrenzbarkeit und Beschreibbarkeit des Phänomens *und* auf eine gefestigte, lange sprachliche Tradition.[43] Abgrenzbarkeit und Beschreibbarkeit scheinen ausschließlich etwas unmittelbar Wahrnehmbares zu sein, und

37 Boethius, zitiert nach Otte, *Zwanzig Jahre Topik-Diskussion*, S. 188.
38 Otte, a. a. O., S. 190.
39 Otte, a. a. O., S. 189.
40 Otte, a. a. O., S. 188.
41 Was Otte mit Recht hervorhebt, a. a. O., S. 184.
42 Ballweg, a. a. O., S. 47 ff.
43 Hierzu Jürgen Habermas, *Der Universalitätsanspruch der Hermeneutik und Dialektik*, Band I, Tübingen 1970, S. 73 ff. (76); Rolf-Peter Callies, *Eigentum und Institution*, in: *Zur Theorie der Institution* (hg. von Helmut Schelsky), Gütersloh 1970, S. 120 ff. (123).

doch muß man bald erkennen, daß die Konsequenzen aus dieser Wahrnehmung für den Gewaltbegriff von der Vorstellung diktiert sind, daß leichtere Abgrenzbarkeit und Beschreibbarkeit *gute* Kriterien seien. In bezug auf die sprachliche Tradition aber fehlt der Wahrnehmung jede selbständige Bedeutung; *materielle* Vorstellungen darüber, warum Gewalt so und nicht anders aufzufassen sei, sind es, welche die Kontinuität der sprachlichen Tradition verbürgen. Bei diesen Vorstellungen könnte es sich um *Ordnungs*vorstellungen handeln, um Vorstellungen einer Ordnung etwa, die physischen Zwang prinzipiell ausschließt. Obwohl an dieser Stelle schon die »Realien« verlassen sind und man von »Sachen« nur noch mit »metaphorischer Bedeutung« reden kann[44], ist wohl noch Konsens anzunehmen. Allerdings beruht er darauf, daß bei Lösungen, auf die heterogene Gruppen sich einigen, eine gewisse Gewähr der Richtigkeit bestehe. »Was von sehr verschiedenen Standorten aus als annehmbar erscheint, kann (...) nicht ganz unvernünftig sein.«[45] Hier macht sich also ein bestimmtes Bild von den Menschen und ihren Beziehungen untereinander geltend, ein Bild, das man bereits als Inhalt einer bestimmten Ordnungsvorstellung auffassen könnte. Aber es ist bezeichnend, daß der Ausdruck »konkrete Ordnung« sich dafür faktisch noch nicht eingestellt hat. Das kann nicht daran liegen, daß hier eine ziemlich allgemeine, vielleicht die allgemeinste Ordnung anvisiert ist; vor dieser Allgemeinheit war es den Befürwortern des konkreten Ordnungsdenkens nicht bange, wie die Apostrophierung des Staates als die höchste konkrete Ordnung durch Carl Schmitt zeigt. Vielmehr liegt es so, daß erst, wenn die Kriterien der *Anerkennung* des topos zweifelhaft werden, dieser Ausdruck – oder ein gleichwertiger – auftaucht. Die Probe auf das Exempel kann man machen, wenn man einmal etwas von Natu-

44 Ballweg, a. a. O., S. 51.
45 Günther Stratenwerth, *Recht und Gewalt*, a. a. O., S. 81 ff. (88).

ralien und Realien weit Entferntes, z. B. die Vorstellungen, die Georges Sorel zu Anfang unseres Jahrhunderts über die Gewalt entwickelt hat, unter dem Gesichtspunkt der Anerkennung betrachtet, also alles das, was in der Metapher vom »Streik als dem Heldengedicht der sozialistischen Bewegung« zum Ausdruck kommt.[46] Hier ist bis auf den heutigen Tag die Anerkennung – gelinde gesagt – eine mehr als heikle Sache, und deshalb berufen sich diejenigen, die diesen Mythos des Generalstreiks[47] pflegen, auf eine vom Konsens unabhängige (historische) »Wahrheit«, deren Ideologiecharakter schwer zu übersehen ist.[48] Und zwar gilt das auch dann, wenn behauptet wird, man müsse nur »nachweisen, daß die Mehrheit, gegen die man sich wendet, ein falsches Verständnis ihrer eigenen Interessen habe (…) (infolgedessen zwar frei zu sein vermeine, in Wahrheit aber unfrei handele, mißleitet durch ein ›falsches‹ Bewußtsein)«[49], so daß man auf diese Weise doch über die wahre Anerkennung der meisten verfüge. Denn dafür, daß das Bewußtsein falsch sei, müssen ja Gründe angegeben werden. Natürlich könnte man in diesem Zusammenhang – um noch einen Versuch zu machen, nach den Regeln der Topik zu Rande zu kommen – auf die Anerkennung der Weisen abstellen; aber das liefe auf ein Mißverständnis insofern hinaus, als die Feststellung, daß die Anerkennung durch die Weisen gegeben sei, ja keine darüber hinausgehende Bedeutung hat, keine Vermutung der Richtigkeit – etwa kraft eines Prinzips aristokratischer Vernunft – damit verbunden ist. In diesem Punkt unterscheidet sich der Geltungsanspruch der *Topik* also ganz deutlich von einer Auffassung, die sich »präsumtiv mit einem in Zukunft hervorzubringenden Bewußtsein aufgeklärter Mas-

46 Georges Sorel, *Über die Gewalt* (1928), Frankfurt/M. 1969.
47 Sorel, a. a. O., S. 145.
48 Siehe dazu Hannah Arendt, *Macht und Gewalt*, München 1970, S. 16.
49 Dazu kritisch Stratenwerth, a. a. O., S. 27.

sen«[50] identifiziert. Wohl aber ist, wenn die Richtigkeit der konkreten Ordnung mit Berufung auf den materialistisch-dialektisch zu begreifenden Gang der Geschichte – was bei Sorel mit Händen zu greifen ist – behauptet wird, die Kongruenz von Dialektik und *konkretem Ordnungsdenken* indiziert. So sehr betont werden muß, daß dieser Begriff für die faschistische Ideologie erfunden worden ist, die Strukturen des Geltungskriteriums gleichen sich hier, denn es ist kein Unterschied, ob im Namen der konkreten Ordnung Bücher »artfremder« Autoren verbrannt oder Kaufhäuser angesteckt werden.

Das alles ist wohl offenkundig, wenn man jenen »Mythos des Generalstreiks« vor Augen hat. Je stärker nun aber ein Gesichtspunkt anerkannt wird, um so schwerer wird es, Topik bzw. rhetorische Dialektik einerseits und konkretes Ordnungsdenken bzw. ontologische Dialektik andererseits auseinanderzuhalten. Man nehme etwa – auf der einen Seite – den bereits genannten Gesichtspunkt, daß Streik wegen der Gestaltung von Arbeitsbedingungen sich nur gegen die Sozialpartner richten könne, weil diese allein in der Lage sind, die Forderungen zu erfüllen und – auf der anderen Seite – den Gesichtspunkt, daß politischer und arbeitsrechtlicher Streik objektiv gar nicht voneinander zu trennen seien, ein Streik, der immer öffentliches Handeln sei, notwendig die Öffentlichkeit und daher auch die Staatsgewalt beeinflusse. Wie gelangt man hier zum Konsens? Ein breiter Konsens – wenn man ihn hat, braucht man kein konkretes Ordnungsdenken oder was auch immer – ist entweder dadurch erreichbar, daß man ein Problem auf Tatsachenunsicherheit zurückführt, so daß man diese Unsicherheit nur zu beheben braucht, oder aber dadurch, daß man sich über oberste Werte einigt.[51] Diese

---

50 Dazu kritisch Jürgen Habermas, *Die Scheinrevolution und ihre Kinder*, in: *Die Linke antwortet Habermas*, Frankfurt/M. 1968, S. 5 ff. (15).

51 Siehe Niklas Luhmann, *Zweckbegriff und Systemrationalität*, Tübingen 1968,

zweite Möglichkeit scheidet hier sicher von vornherein aus, nicht aber die erste. Hier kann man – etwa durch »Operationalisierung« von Unterzwecken[52] – Zweckrationalität empirisch ermitteln[53] und zur Anerkennung bringen. Ich habe hier zunächst das bekannte Argument auf der Arbeitgeberseite im Zeitungsstreik 1952 herausgegriffen, daß die Sozialpartner, gegen die der Streik sich wendet, nur in der Lage seien, Forderungen, die sich auf die Gestaltung von Arbeitsbedingungen richten, zu erfüllen. Dieses Argument beruht auf einer Zweck-Mittel-Erwägung. Der Zweck – Gestaltung der Arbeitsbedingungen – ist deshalb limitiert, weil das verfügbare Mittel – Druck auf die Sozialpartner – nur diesen und keinen anderen Zweck anzustreben ermöglicht. Das ist empirisch überprüfbar und insofern konsensfähig. Sieht man näher zu, so erkennt man freilich, daß hier die mittelbare Wirkung – Einfluß auf das Parlament, das im Begriff ist, ein Betriebsverfassungsgesetz zu erlassen, das den Gewerkschaften nicht gefällt – unterschlagen worden ist, die Tatsachenfeststellung also unvollständig ist und die Zweckmäßigkeitsfrage daher richtigerweise lauten muß, ob auf diesem Wege – Bestreikung der Sozialpartner (hier der Zeitungsbetriebe) – jene mittelbaren Wirkungen erzielt werden können. Diese Frage ist klar zu bejahen, und somit fällt das zunächst in Erwägung gezogene, empirisch fundierte Argument in sich zusammen. Die Frage, die sich nun erhebt, ist die, ob es den Streikenden erlaubt sein kann, die Sozialpartner für die Erreichung dieses Zweckes – besseres Betriebsverfassungsgesetz – als *Mittel* zu benutzen. Diese Frage führt zur Abwägung der hier betroffenen Güter, das heißt zu einer auf Tatsachen gegründeten Gegenüberstellung von Schaden und Vorteil. Das

S. 185; siehe dazu auch Klaus Lüderssen, *Erfahrung als Rechtsquelle*, a.a.O., S. 67 ff.

52 Luhmann, a.a.O., S. 216.

53 Dazu Jens Michael Priester, *Rationalität und funktionale Analyse*, in: *Jahrbuch für Rechtssoziologie und Rechtstheorie*, Band 1 (1970), S. 457 ff.

empirische Moment liegt jetzt nicht mehr in einer Zweck-Mittel-Beziehung, sondern in einem Vergleich der Wirkungen. Einen solchen Vergleich kann ich natürlich hier und jetzt nicht im einzelnen anstellen. Ich greife deshalb nur eine besonders krasse Situation heraus: den unmittelbaren Angriff auf ein gesetzgebendes Organ, etwa durch Umstellen des Parlamentsgebäudes. Wäre es im Zeitungsstreik dazu gekommen, hätte man sicher leicht eine Rechnung aufmachen können, wonach der angerichtete Schaden größer gewesen wäre als der erstrebte Vorteil. Jedenfalls ist dies im Ergebnis sogar von einem der Gutachter der Gewerkschaft[54] eingeräumt worden.

Empirische Überprüfbarkeit ist in dem Maße wahrscheinlich und damit der Anerkennung zugänglich, wie nicht zu große Zusammenhänge anvisiert werden, bei denen man zu viele Abstraktionsstufen durchschreiten muß und die Details, von denen man abstrahiert, allmählich aus den Augen verliert. *Das* ist der systemfeindliche Aspekt der Topik. Die Reserve gegenüber Abstraktionen hat also ganz andere Gründe als Welzel – wie seine Identifizierung der Topik mit dem konkreten Ordnungsdenken zeigt – vermutet. Denn die Ablehnung des abstrakten Trennungsdenkens durch das konkrete Ordnungsdenken à la Carl Schmitt geschieht ja nicht im Namen von Erfahrung, sondern von Ideologie, so sehr das auch entweder historizistisch – etwa durch den Hinweis auf Savigny – oder durch gewalttätige Konstruktionen – z. B. durch den von Hegel inspirierten konkret-allgemeinen Begriff – verbrämt wird.

Aber das Fatale ist, daß sich das eben im Einzelfall so schwer feststellen läßt. Denn es existieren ja – um zu unserem Beispiel zurückzukehren – auch andere Argumente für die

54 Ludwig Schnorr v. Carolsfeld, in: *Die Berechtigung gewerkschaftlicher Demonstrationen für die Mitbestimmung der Arbeitnehmer in der Wirtschaft* (Zwei Rechtsgutachten), Düsseldorf 1953, S. 23.

Ablehnung einer gewaltsamen Beeinflussung des Parlaments durch Streikende, Argumente, die sich aus der Ablehnung des politischen Streiks schlechthin ergeben und die nichts mit durch empirische Nachprüfbarkeit indizierter Anerkennung von topoi zu tun haben. Hierfür nur ein Beispiel aus dem Forsthoffschen Gutachten: »Es muß sich jetzt entscheiden, ob der Staat zum Sinn und Wortlaut seiner Verfassung steht oder ob die Prognose Werner Webers zutrifft, daß der Staat vor der Macht ›oligarchischer Herrschaftsgruppen‹ kapitulieren muß.«[55] Nach Thilo Ramm zeigt sich hier eine in der Arbeitsrechtswissenschaft vorherrschende Tendenz, die Gewerkschaften zu »entpolitisieren«.[56] Das mag jetzt einmal dahinstehen; jedenfalls ist die Äußerung Forsthoffs nur so zu erklären, daß er verfassungsmäßige Ordnung und Träger der Staatsgewalt im Begriff »Staat« zusammenfassen möchte.[57] Der Staat – der sein Recht notfalls gegen die Gesellschaft behauptet[58] – als höchste konkrete Ordnung – das ist Carl Schmitt par excellence – auf den sich Forsthoff überdies auch ausdrücklich bezieht.[59] Es ist also keineswegs willkürlich, diese Argumentation Forsthoffs für die Arbeitgeberseite im Zeitungsstreik mit dem Etikett: Konkretes Ordnungsdenken zu versehen.

Sicher kann man eine topische Argumentation von dem soeben Vorgeführten noch klar abgrenzen; die crux ist aber, daß die topische Argumentation, wie unser Beispiel gezeigt hat,

---

55 Ernst Forsthoff, in: *Die politischen Streikaktionen des Deutschen Gewerkschaftsbundes anläßlich der parlamentarischen Beratung des Betriebsverfassungsgesetzes in ihrer verfassungs- und zivilrechtlichen Bedeutung.* (Zwei Rechtsgutachten), Köln 1952, S. 30.
56 Thilo Ramm, *Nationalsozialismus und Arbeitsrecht*, in: *Kritische Justiz* 1968, S. 108 ff. (117).
57 Pointiert festgestellt von Bernd Rüthers, *Streik und Verfassung*, Köln 1960, S. 82.
58 Carl Schmitt, *Über die drei Arten des rechtswissenschaftlichen Denkens*, a. a. O., S. 44.
59 A. a. O., S. 24, 26, 27.

nur zu begrenzten Ergebnissen führt. Denn ganz zweifellos sind die Forsthoffschen Argumente zum politischen Streik – und damit auch zu dessen Extremform – gewaltsame Erpressung des Parlaments – umfassender, und daher ist die Versuchung, sich die Mühsal der Zusammenstellung anerkennungsfähiger topoi zu ersparen und statt dessen gleich nach anderen Argumenten zu greifen, sehr groß.

Die Schwierigkeiten sind auch nicht etwa geringer, wenn nun die Sache von der anderen, der Arbeitnehmerseite her betrachtet wird. »Politischer und (...) arbeitsrechtlicher Streik« seien »objektiv voneinander gar nicht zu trennen«, heißt es da. »Ein Streik, der immer öffentliches Handeln« sei, beeinflusse notwendig die Öffentlichkeit und daher auch die Staatsgewalt. Sucht man in dieser Argumentation nach empirisch überprüfbaren Sätzen, so kann man – analog zur Argumentation der Arbeitgeberseite mit Bezug auf den allein zweckmäßigen Streikadressaten – feststellen, daß hier der Spieß umgekehrt wird: der Sozialpartner allein *kann* die Konsequenz aus dem um Arbeitsbedingungen geführten Streik ja gar nicht ziehen, weil dessen Wirkungen – und das ist eben empirisch feststellbar – weit über den unmittelbaren Effekt für den jeweiligen Betrieb hinausgehen. Daraus ergibt sich, daß man dann aber solche – notwendig eintretenden – Wirkungen auch von vornherein anstreben, also politisch streiken darf. Wie weit man dabei gehen kann, läuft wiederum auf eine empirisch überprüfbare Abwägung von Schaden und Vorteil hinaus. Aber nun passiert auf der Arbeitnehmerseite das gleiche wie auf der Arbeitgeberseite. Man verfolgt das Güterabwägungsproblem nicht weiter, man bemüht sich also nicht länger um durch empirische Maßstäbe vermittelte, anerkennungsfähige topoi, sondern macht den Sprung in das Bekenntnis, das hier etwa lautet: Die Leugnung der »politisch-soziologischen Realitäten der industriellen Massengesellschaft« – also der Verflechtung jener privaten und öffentlichen Wirkungen – dient »praktisch lediglich der Festigung bestehender Vormachtstellungen in Gesellschaft und Staat«.[60]

Der Grund dafür, daß die Bemühungen um die Ermittlung bzw. Herstellung von Konsens in der Regel sehr früh scheitern, liegt nicht nur in der Umständlichkeit, mit der die für den Konsens erforderlichen empirischen Daten erarbeitet werden müssen, sondern vor allem darin, daß »die Komplexität des Gesellschaftssystems (...) und damit auch die Komplexität des Möglichkeitshorizontes der Gesellschaft«[61] so stark zunimmt, daß also gerade, indem endlich die ideologischen Barrieren für die Relevanz von Konsens schwinden, die tatsächlichen Schwierigkeiten für das Anstreben von Konsens wachsen. Niklas Luhmann hat das sehr gut geschildert: Die »Überfülle angezeigter Möglichkeiten« macht »die wechselseitige Abstimmung des Verhaltens problematisch«.[62] »Die Integration von so möglichkeitsreichen Selektionen kann nicht allein im aktuell-gegenwärtigen Bewußtseinsraum, im Verfügungsbereich momentan-evidenter Wahrnehmung geleistet werden; sie setzt einen Zeithorizont von strukturgebenden Reduktionen, setzt Erinnerungen und konsolidierte Erwartungen voraus. Und weiter: Solche Erwartungen können fremde Selektionen nur einbeziehen, wenn sie auch die Erwartungen des anderen einbeziehen, nach denen er auswählt. Zwischenmenschliche Interaktion kann nicht allein über Verhaltenserwartungen, sie muß auch über Erwartungserwartungen gesteuert werden.«[63] »Erwar-

---

60 Wolfgang Abendroth, in: *Die Berechtigung gewerkschaftlicher Demonstrationen für die Mitbestimmung der Arbeitnehmer in der Wirtschaft* (Zwei Rechtsgutachten), Düsseldorf 1953, S. 16.
61 Niklas Luhmann, *Institutionalisierung – Funktion und Mechanismus im sozialen System der Gesellschaft*, in: *Zur Theorie der Institution*, (hg. von Helmut Schelsky), a. a. O., S. 27 ff. (36).
62 Ebd., S. 29.
63 Ebd., S. 29/30.

tungserwartungen sind einem potenzierten Enttäuschungsrisiko ausgesetzt.«[64] Luhmann demonstriert das, indem er von einem zunächst einmal, wie er sagt, »möglichst einfachen Sozialsystem« ausgeht.[65] Schon in einem solchen System sind »Aufmerksamkeit und damit Kommunikationschancen knapp«.[66] Unter der Rahmenbedingung ›ein Thema und mehrere Partner‹ kann jeweils nur einer der Teilnehmer die Aufmerksamkeit der Teilnehmer auf sich lenken, nur einer kann im Mittelpunkt der Situation stehen und für seine Darstellung Gehör finden. Er kann abgelöst werden, aber wiederum nur durch einen anderen. Das Talent, zur Mitte vorzustoßen und Aufmerksamkeit zu gewinnen, ist nicht gleichmäßig verteilt (...) Dazu kommt, daß die Implikationen und Verweisungen sinnhaft vorgestellter Themen, wie wir wissen, nicht ausgeschöpft werden können. Das Gemeinte wird sachlich und sozial unscharf identifiziert und wird in dieser unbestimmten Bestimmtheit zu einer das System bindenden Geschichte. Jeder Teilnehmer hat am Anfang die Möglichkeit, zu protestieren, diesen oder jenen Punkt anders zu setzen, aber niemand kann, wenn er überhaupt an Interaktionen teilnehmen will, unaufhörlich gegen alles Implizierte explizit protestieren.«[67]

Luhmann deutet nun die drei Alternativen an, die sich aus dieser Situation ergeben. Entweder man bestimmt »die selektive Themenentwicklung« selbst, man wird also »Führer«.[68] Dies ist die Art und Weise, wie die konkreten Ordnungen des Faschismus beispielsweise aufgestellt zu werden pflegen; insbesondere das konkrete Ordnungsdenken Carl Schmitts hatte – trotz aller Verweise auf Evolution – diesen dezisionistischen Charakter. Die zweite Möglichkeit, von der Luh-

64 Ebd., S. 30.
65 Ebd., S. 31.
66 Ebd., S. 31.
67 Luhmann, a. a. O., S. 31.
68 Ebd., S. 31.

mann spricht, ist der Protest; aber, wie gesagt, »niemand kann, wenn er überhaupt an Interaktionen teilnehmen will, unaufhörlich gegen alles Implizierte explizit protestieren«. Das ist also die Absage an den Anarchismus. Die dritte Möglichkeit ist die, »sich auf das Geschehen einzulassen (also Konsens zu erteilen)«.[69] Für die Handelnden stellt sich das freilich als fortlaufende Konsensunterstellung dar. Luhmann meint nun, daß man diese – wie man auch sagen könnte – »Generalisierung von Konsens«[70] durch Institutionalisierung erreichen könne. »Durch Institutionalisierung werden die minimalen natürlich-begrenzten Chancen zu aktuellem Konsens ausgeweitet.«[71] Institutionalisierung – das Ergebnis sind Institutionen und damit wären wir insofern wieder beim konkreten Ordnungsdenken, als ja bekannt ist, daß Carl Schmitt sich für das konkrete Ordnungsdenken auch auf die Institutionslehre von Maurice Hauriou stützt, also auf eine Lehre, die auch die unabhängig vom konkreten Ordnungsdenken Carl Schmitts entstandenen Institutionslehren beeinflußt hat.[72]

Hier haben wir meines Erachtens einen Schlüssel für die Lösung des Problems, in jenem Bereich zwischen ganz eindeutiger Anerkennung der verwandten topoi einerseits und der ganz eindeutigen Ideologie andererseits die beiden Argumentationsweisen klar zu trennen. Das Denken in konkreten Ordnungen, oder wie wir jetzt auch sagen können, Institutionen, auf das wir stoßen, ist dahingehend zu überprüfen, ob es in seinen Intentionen und Resultaten Konsensgeneralisierung darstellt. Konkreten Ordnungen, die diesem Test stand-

69 Ebd., S. 31.
70 Ebd., S. 30.
71 Ebd., S. 30.
72 Maurice Hauriou, *Die Theorie der Institution und zwei weitere Aufsätze. Mit Einleitung und Biographie*, hg. v. Roman Schnur, Berlin 1965; zum ganzen auch den ebenfalls von Roman Schnur herausgegebenen Sammelband, *Institution und Recht*, Darmstadt 1968; ferner Rüthers, a. a. O., S. 32 ff.

halten, kann man dann bescheinigen, daß die Normen, die sie nach sich ziehen, denen verwandt sind, die aus einer topischen Argumentation hervorgehen. Was die Dialektik betrifft, so hängt ihre Einbeziehung in diesen Prozeß davon ab, ob sie auf dem Hintergrund einer »Geschichtsphilosophie mit ontologischem Gewißheitsanspruch«[73] stattfindet – in diesem Falle scheidet sie aus – oder nicht; dann kann sie aber wieder zu dem werden, was sie vor Hegel war, so daß kompliziertere Abgrenzungsprobleme zur Topik nicht auftauchen.[74]

Es bleibt – im Rahmen dieses kurzen Beitrags – die Aufgabe, die Institution des Widerstandsrechts nun einmal daran zu messen, inwieweit die Konsensgeneralisierung gelungen ist. Hier stößt man auf die eigentümliche Schwierigkeit, daß die für die Konsenserteilung maßgebenden Gesichtspunkte, die man – um generalisieren zu können – präsumieren muß, sich häufig gleichsam erst in der Konfliktsituation einstellen. Die Funktion des Widerstandes bringt es mit sich, daß er gegenüber der institutionalisierten Gewalt des Bestehenden notwendig illegal bleibt.[75] Ein legalisiertes Widerstandsrecht ist also eigentlich eine contradictio in adiecto.[76] Denn solange noch legale Mittel gegeben sind, ist kein Raum

73 Ablehnend Jürgen Habermas, *Protestbewegung und Hochschulreform*, Frankfurt/M. 1969, S. 44.

74 Vgl. hierzu Otto Pöggeler, *Dialektik und Topik*, in: *Hermeneutik und Dialekt. Aufsätze II*, hg. v. Rüdiger Bubner u. a., Tübingen 1970, S. 273 ff. (283 ff.; zur geschichtsphilosophischen Problematik siehe S. 291 ff. und 305 ff.; zur juristischen Topik-Diskussion siehe S. 294 ff.). Über Versuche empirisch orientierter Geschichtsphilosophie vgl. Klaus Lüderssen, in: *Abweichendes Verhalten II* (hg. v. Klaus Lüderssen, Fritz Sack), Frankfurt/M. 1975, S. 10 und 21 mit weiteren Nachweisen).

75 Herbert Marcuse, *Das Problem der Gewalt in der Opposition*, in: *Psychoanalyse und Politik* 1968, S. 54 ff. (62).

76 Siehe dazu Isensee, a. a. O.; ferner Klaus Kröger, *Widerstandsrecht und demokratische Verfassung*, Tübingen 1971 (*Recht und Staat*, H. 399) und – besonders tiefdringend – Arthur Kaufmann, in: *Widerstandsrecht*, hg. v. Arthur Kaufmann, Darmstadt 1972, Einleitung.

für Widerstand. So sehr sich also ein Widerstandsrecht einer Institutionalisierung prinzipiell zu entziehen scheint, so wenig kann man doch übersehen, was für eine lange und vielfältige Tradition es hat, daß – wie Marcuse es ausdrückt – »›civil disobedience‹ zu den ältesten und geheiligtesten Elementen der westlichen Zivilisation gehört«, daß wir »ohne dieses Widerstandsrecht, ohne dieses Ausspielen eines höheren Rechts gegen das bestehende Recht heute noch auf der Stufe der primitivsten Barbarei stünden«.[77] Man muß also doch wohl versuchen, Regeln aufzustellen. Weil die Maßstäbe – wie bereits angedeutet – situationsbedingt sind, können diese Regeln erst bei der *Lösung* des Falles manifest werden. Das ist indessen nicht so ungewöhnlich, wie es klingt. Man weiß inzwischen längst, daß die tatbestandlichen Voraussetzungen eines Rechtssatzes meistens unvollständig sind und des Sachverhaltes bedürfen. Dies ist vor allem von Hassemer sehr deutlich herausgearbeitet worden. »In der Sachverhaltsentscheidung stellt der Auslegende den Tatbestand erst her, so wie er ihn zur Entscheidung braucht.«[78] In der Tat – die Vorstellung, daß die gesetzliche Norm gleichsam etwas Statisches sei, ist illusionär, man muß gestehen, »daß sich die Norm durch die Entscheidung, die sich auf sie gründet, verändert, daß die Norm durch die Entfaltung neu konstituiert wird«.[79] Der genetische Zusammenhang zwischen Regel und Fall macht freilich eine weitere Legitimierung des Ergebnisses nicht entbehrlich. Das heißt, man muß fragen, ob es – bei nicht einholbarem Konsens – unter Bemühung um Konsensgeneralisierung gefunden worden ist. Richtschnur für diese Bemühung ist, daß »das Miterwarten fremder Erwartungen es dem Erwartenden ermöglicht, Anpassungen als Reaktion

77 Marcuse, a. a. O.
78 Winfried Hassemer, *Tatbestand und Typus*, Köln/Berlin/Bonn/München 1968, S. 118.
79 Ebd., S. 99/100; siehe ferner Klaus Lüderssen, *Erfahrung als Rechtsquelle*, Frankfurt/M. 1972, S. 85 ff., 109 ff.

auf *eigene* Zustände, also schneller und leichter zu vollziehen«.[80]

Was das bedeutet, läßt sich wohl nur anhand eines Beispieles andeuten. Bei dem Beispiel des Streiks gegen das Betriebsverfassungsgesetz möchte ich wegen der Schwierigkeit, die Einzelheiten der damaligen rechtspolitischen Situation anschaulich zu machen, nicht bleiben; vielmehr halte ich es für nützlicher, die uns noch nähere Situation des mannigfach geforderten, freilich dann doch nicht zur Ausführung gelangten Generalstreiks gegen die Notstandsgesetze im Frühjahr 1968 genauer zu betrachten. Ich möchte behaupten, daß Konsens präsumiert werden konnte: erstens insoweit, als die Kritik an den Notstandsgesetzen keine Reaktion von Massen war, eine »Aufklärung« – wie es Habermas in einem anderen Zusammenhang ausgedrückt hat – den Parolen gegebenenfalls hätte vorangehen müssen[81]; zweitens insoweit, als »Gewalt (...) nur in dem Maße gewollt und emanzipatorisch wirksam werden« kann, »in dem sie durch die drückende Gewalt einer als unerträglich *allgemein* ins Bewußtsein tretenden Situation *erzwungen* wird«.[82] Gesetzt aber, es wäre gleichwohl zum Generalstreik gekommen, so wäre – das ist die dritte Konsensunterstellung – ein Widerstand nunmehr gegen diesen Streik nicht als angemessen empfunden worden. Denn mit Recht ist eine »Reduktion des Widerstandsrechts auf Widerstand gegen die öffentliche Gewalt« verschiedentlich damit begründet worden, »daß die gesellschaftlichen Aktionen nur so lange dem gesellschaftlichen Bereich angehören, wie sie sich im Versuchsstadium befinden; so lange jedoch ist regelmäßig die den Widerstand ausschließende ›an-

80 Niklas Luhmann, *Normen in soziologischer Perspektive*, in: *Soziale Welt* 20 (1969), S. 28 ff. (34).
81 Jürgen Habermas, in: *Antworten auf Herbert Marcuse*, Frankfurt/M. 1968, S. 9 ff. (16).
82 Ebd.

dere Abhilfe‹ möglich«.[83] Wiederum einschränkend ist – immer noch in Hinblick auf eine Konsensgeneralisierung – zu sagen, daß die Grenzen des Streiks sicher erreicht gewesen wären, wenn infolgedessen etwa Renten nicht hätten ausgezahlt oder ein Brand nicht hätte gelöscht werden können oder Verkehrsopfer hätten verbluten müssen[84]; kurz – man kann wohl sagen, daß der Weg der Konsensgeneralisierung dort verlassen ist, wo sich Gewalt »in der radikalen Absage an die Vermittlung durch Vernunft konstituiert«.[85] Die zu vermutende Ablehnung aller irrationalen Kräfte in der Gesellschaft wie etwa Haß, Nationalismus und auch eine bestimmte Art der Generationsauflehnung[86] erstreckt sich meines Erachtens beispielsweise auch auf die Vorstellung, daß der »Klassenkampf« ein konstantes Faktum der industriell-kapitalistischen Gesellschaft sei, also auch hier und jetzt andaure, daß also die Prämisse, unter der die sogenannten Septemberstreiks (1969) legitimiert werden sollten[87], dem Kriterium der Konsensgeneralisierung nicht standhält, mithin keine ausreichende Grundlage für die Rechtfertigung eines Generalstreiks abgegeben haben würde. Ebensowenig allerdings wäre Konsenserwartung indiziert gewesen etwa in bezug auf eine Auffassung, der Hans Schneider[88] Ausdruck gegeben hat – »es wird nicht der Widerstand gegen die Staatsgewalt der Bundesrepublik Deutschland legalisiert, sondern staatsbürgerliche Verfassungshilfe gestattet« – hier bleibt ja

83 Otto Ernst Kempen, *Widerstandsrecht*, in: *Kritik der Notstandsgesetze*. Kommentierungen, Beiträge von Dieter Sterzel u. a., Frankfurt/M. 1968, S. 65 ff. (78).
84 Ingo v. Münch, *Rechtsgutachten zur Frage des Streikrechts der Beamten*, Hilden 1970, S. 46 f.
85 Stratenwerth, a. a. O., S. 95.
86 Eckstein, *Aspekte der Gewalt/Nimmt die Aggressivität zu?* in: *Frankfurter Hefte*, 24. Jahrgang (1969), S. 798 ff. (804).
87 Siehe dazu Michael Schumann u. a., *Am Beispiel des Septemberstreiks – Anfang der Rekonstruktionsperiode der Arbeiterklasse?*, Frankfurt/M. 1971.
88 Hans Schneider, *Widerstand im Rechtsstaat*, Karlsruhe 1969 (Juristische Studiengesellschaft [Hg.], *Karlsruher Schriftenreihe*, H. 92), S. 13.

ein ganz wesentlicher Anlaß für Widerstand, die Korruption der die Staatsgewalt ausübenden Organe, offenbar unberücksichtigt.

Ich muß natürlich mit dem Einwand rechnen, das alles sei nur meine persönliche Meinung, und daß ausgerechnet diese einer Tendenz zur »Konsensmaximierung« entspreche, sei nicht beweisbar. In der Tat – eine empirische Untersuchung kann ich jetzt nicht anstellen; es kommt aber auch gar nicht darauf an, ob meine Konsensvermutungen zutreffen. Es geht nur darum, plausibel zu machen, wie das Verfahren der Konsensgeneralisierung funktionieren könnte. Wichtig ist, alle organisierten wie nicht organisierten Interessen, wie das Naschold formuliert hat, an den Zwecksetzungen zu beteiligen. »Dies kann nicht auf dem Weg einer Vollversammlung aller Organisationsmitglieder, sondern nur über ein kompliziertes, tiefgestaffeltes und in sich verschachteltes System der Meinungs- und Willensbildung erreicht werden.«[89] In der Perfektion ist das natürlich nicht möglich; anderenfalls hätten wir ja das Problem der Konsensgeneralisierung gar nicht. Aber die Alternative, jene Verfahren könne es überhaupt nicht geben, ist genauso irrational. Wir kennen Bereiche, in denen diese Wege zur Ergänzung der repräsentativen Demokratie bereits seit längerer Zeit mit Erfolg beschritten worden sind, zum Beispiel in der Bauplanung – freilich finden sich die eindrucksvollsten Fälle auf diesem Gebiet vorerst nur im Ausland, vorwiegend in England und Frankreich. Hearings vor gesetzgebenden Körperschaften haben – ungeachtet dessen, daß sie Experten zu Gehör bringen – ebenfalls die Funktion, die Bedingungen für Konsensmaximierung zu verbessern. Was unser Beispiel – den politischen Generalstreik – angeht, so ist sicher nicht der Gedanke von der Hand zu weisen, daß »die Eigenverantwortung der Arbeitnehmer und

89 Frieder Naschold, *Organisation und Demokratie*, Stuttgart u.a. 1971, S. 75.

ihrer Gewerkschaften« hier ein großes Gewicht[90] hat; in diesem Zusammenhang sind die Satzungen einiger Industriegewerkschaften interessant, die im Prinzip den politischen Streik bejahen und Abgrenzungen versuchen.[91]

Eine solche Legitimation von Rechtsregeln setzt sich freilich der bekannten Kritik aus, welche die sogenannten Anerkennungstheorien verschiedenster Provenienz über sich ergehen lassen mußten, also beispielsweise dem Einwand, daß atomistische Rechtsgeltung und damit Rechtsunsicherheit die Folge seien, daß in dem Maße, wie immer nur die Interessen verhältnismäßig begrenzter Gruppen ermittelt werden können, unversehens deren Deutung der gesellschaftlichen Situation Verbindlichkeit erlange, so daß an die Stelle der Entscheidungen der demokratisch legitimierten Staatsorgane die Entscheidung einer mehr oder weniger »exklusiven Zunftöffentlichkeit« trete.[92] Weiterhin muß man den Einwand gewärtigen, daß eine derartige Anpassungsgeltung »innovationshemmend« sei.[93]

Demgegenüber ist auf neuere Demokratieforschungen hinzuweisen, wonach – so die Formulierungen von Naschold – »Informationsverarbeitungskapazität und das Wertberücksichtigungspotential der Organisationsspitze« schon unter dem Aspekt der Effektivität bisher viel zu hoch veranschlagt worden sind.[94] »Wertsetzung« kann »gar nicht zentralisiert erfolgen«, schreibt Naschold weiter, »wenn sie auch nur in

90 Reinhard Hoffmann, *Beamtenstreik und Verfassungsverständnis vom Sozialstaat*, in: *Kritische Justiz*, 1971, S. 56.
91 Hans Reichel, *Widerstandsrecht und politischer Streik in der neuen Verfassung und im neuen Strafrecht*, in: *Der Betrieb* 21 (1968), S. 1312 ff. (1315).
92 Hartmut Schiedermair, *Die Reform der Wissenschaftsorganisation und das Problem der Demokratisierung*, in: *Wissenschaftsrecht, Wissenschaftsverwaltung, Wissenschaftsförderung* 4 (1971), S. 1 ff. (207).
93 Genauer mit zahlreichen Nachweisen Klaus Lüderssen, in: *Abweichendes Verhalten II*, a. a. O., S. 14 ff. und S. 216 ff.; dort vor allem auch weitere Bemerkungen über die Beziehungen zwischen Topik und konsensorientierter Rechtsgeltung.
94 Naschold, a. a. O., S. 73.

etwa das Wertpotential auszuschöpfen versucht. Es muß vielmehr als eine ›bürokratische Illusion‹ angesehen werden, daß die Interessen von Individuen in komplexen Organisationen bei sozialer und ideologischer Differenzierung der Mitgliedschaft ohne deren eigene Mitarbeit ermittelt werden können.«[95] Zwar bedeutet Konsensgeneralisierung ständige Selektion, und doch fordert Demokratie, wie auch Luhmann betont, »systemstrukturelle Garantien für einen Selektionsbereich der Politik«, wiewohl – »wenn alle Teilsysteme im politischen System ihre legitimen Sprecher haben« – die Politik laufend mit einer Überproduktion von Möglichkeiten konfrontiert wird.[96] »Demokratie heißt Erhaltung der Komplexität trotz laufender Entscheidungsarbeit, Erhaltung eines möglichst weiten Selektionsbereichs für immer wieder neue und andere Entscheidungen.«[97] Hält man das von vornherein

95 Ebd., S. 73/74.
96 Niklas Luhmann, *Komplexität und Demokratie*, in: *Politische Vierteljahresschrift* 1969, S. 314ff.
97 Ebd., S. 319/320. Die moderne Demokratiediskussion ist für die Lösung der Rechtsgeltungsproblematik bisher noch kaum genutzt worden (vgl. die Bemerkungen und Literaturhinweise in Klaus Lüderssen, *Erfahrung als Rechtsquelle*, a. a. O., S. 101 ff.; ders. in: *Abweichendes Verhalten II*, a. a. O.; zum neueren Diskussionsstand siehe etwa Fritz Scharpf, *Demokratietheorie zwischen Utopie und Anpassung*, Konstanz 1970; Deutsche Vereinigung für politische Wissenschaft (Hg.), *Probleme der Demokratie heute*, Opladen 1971 (Sonderheft 2/1970 der *Politischen Vierteljahresschrift*); Winfried Steffani (Hg.), *Parlamentarismus ohne Transparenz*, Opladen 1971; Deutsche Vereinigung für Politische Wissenschaft (Hg.), *Gesellschaftlicher Wandel und politische Innovation*, Opladen 1972 (Sonderheft 4/1972 der *Politischen Vierteljahresschrift*); Karl Otto Hondrich, *Demokratisierung und Leistungsgesellschaft*, Stuttgart/Berlin/Köln/Mainz 1972; Maurice Duverger, *Demokratie im technischen Zeitalter*, München 1973; Martin Greiffenbach (Hg.), *Demokratisierung in Staat und Gesellschaft*, München 1973; Fritz Vilmar, *Strategien der Demokratisierung*, Band I und II, Darmstadt/Neuwied 1973; Udo Bermbach (Hg.), *Theorie und Praxis der direkten Demokratie*, Opladen 1973. – Die Demokratietheorien sagen freilich nicht detailliert genug, wie konsensorientierte Rechtsgeltung gleichsam technisch zustande kommt und sich behauptet, wie insbesondere die sozialpsychologischen Probleme, die in diesem Zusammenhang auftauchen, zu lösen sind. Deshalb muß die politische Theorie mit der soziologischen, psychologischen und soziolinguistischen Kommunikationsforschung verknüpft werden (vgl. dazu auch

für Utopie, so gibt es kein Mittel, sich den technokratischen Anmaßungen von Experten entgegenzustellen, mit anderen Worten, die aus der Technologie mit Wahrheitsanspruch hervorgehenden *neuen* konkreten Ordnungen nachprüfbar zu halten und auf diese Weise einen neuen Dezisionismus zu verhüten.

die Hinweise bei Klaus Lüderssen, in: *Abweichendes Verhalten II*, a. a. O.; im übrigen kann man sich einen Überblick verschaffen durch die Lektüre von: Bernhard Badura, *Bedürfnisstruktur und politisches System*, Stuttgart/Berlin/Köln/Mainz 1972; Bernhard Badura, Klaus Goy (Hg.), *Soziologie und Kommunikation*, Stuttgart-Bad Cannstatt 1972; Wolfgang Klein, Dieter Wunderlich (Hg.), *Aspekte der Soziolinguistik*, Frankfurt/M. 1972; Jörg Aufermann u. a. (Hg.), *Gesellschaftliche Kommunikation und Information*, Band I und II, Frankfurt/M. 1973; Arbeitsgruppe Bielefelder Soziologen (Hg.), *Alltagswissen, Interaktion und gesellschaftliche Wirklichkeit 1 und 2*, Hamburg 1973; Karl Otto Hondrich, *Menschliche Bedürfnisse und soziale Steuerung*, Hamburg 1975). (Weitere Hinweise in diesem Band S. 67, Anm. 146) – Eine Bemerkung schließlich noch zu den Auffassungen Luhmanns, auf die hier u. a. zurückgegriffen worden ist. Sie haben inzwischen, wenn ich recht sehe, eine Wandlung erfahren. Ich glaube nicht, daß Luhmann heute erneut in eine so ernstgemeinte Diskussion mit Naschold eintreten würde (die zitierte Arbeit aus der *Politischen Vierteljahresschrift* – s. oben Anm. 96 – ist eine Erwiderung auf die Abhandlung von Naschold, *Demokratie und Komplexität*, in: *Politische Vierteljahresschrift* 1968, S. 494 ff.). Die Kontroverse mit Habermas jedenfalls (Jürgen Habermas/Niklas Luhmann, *Theorie der Gesellschaft oder Sozialtechnologie*, Frankfurt/M. 1971) hat insofern neue Akzente gesetzt (s. aber auch Luhmanns neueste Arbeiten – etwa: *Die Funktion des Rechts: Erwartungssicherung oder Verhaltenssteuerung*, in: *Die Funktion des Rechts, Archiv für Rechts- und Sozialphilosophie*, Beiheft Neue Folge Nr. 8 Wiesbaden 1974, S. 31 ff. oder *Rechtssystem und Rechtsdogmatik*, Stuttgart/Berlin/Köln/Mainz 1974), denn gerade von dem Habermasschen Konsensusmodell ist ein Aufschwung der Legitimation und Technik demokratischer Entscheidungen zu erwarten (vgl. dazu ausführlich Klaus Lüderssen, in: *Abweichendes Verhalten II*, a. a. O.).

Regel und Fall

Was ich anzubieten habe, ist eine Mischung aus Rechtsphilosophie, Kriminalsoziologie und – Literaturwissenschaft.

Die Probleme sind es, welche die Anstrengungen der verschiedenen Fächer evozieren[1]; keineswegs verhält es sich etwa umgekehrt (ein sich zäh haltender Irrtum). Daher kann man, wenn es schwierig wird, nur noch interdisziplinär weiterkommen.

In der Sache sind es vor allem Anregungen aus der neueren Literatur, die mich veranlaßt haben, das alte Thema wieder aufzugreifen.[2] Ich nenne vor allem Arthur Kaufmann[3], Lorenz Schulz[4] und Klaus Günther[5], soweit es sich um Philosophie und Rechtsphilosophie handelt. Für die Kriminalsoziologie kann ich freilich keinen neuen Namen nennen, wohl aber auf dem Gebiet der Literaturtheorie: hier beziehe ich mich auf die Vertreter (und Kritiker) des »Law-and-Literature-Movement« in den USA.[6]

Außerdem gibt es rechtspolitische Fragen, die sich mit zu-

---

1 Den Juristen fällt es wohl leichter, sich darauf einzustellen; Soziologen hingegen scheinen gelegentlich hermetisch in ihr Fach gebannt.

2 Die Stichworte sind »Abduktion« und »Diskurs«.

3 Arthur Kaufmann, *Rechtsphilosophie in der Nach-Neuzeit*, Heidelberg 1990, S. 12 ff., S. 30 ff.

4 Lorenz Schulz, *Das rechtliche Moment der pragmatischen Philosophie von Charles Sanders Peirce*, Ebelsbach 1988: Zur Abduktion, S. 244 ff.; zum neuesten Stand: Thomas F. Gordon, *An abductive serie of legal issues*, in: *Int. J. Man.-Machine Studies*, Bd. 35 (1991), S. 95 ff.

5 Klaus Günther, *Der Sinn für Angemessenheit: Anwendungsdiskurse in Moral und Recht*, Frankfurt/M. 1988: zu den diskursethischen »Angemessenheitsargumentationen im Recht«, s. S. 309 ff.; zusammenfassend zum Stande der Diskussion: Robert Alexy, *Probleme der Diskurstheorie*, in: *Zeitschrift für philosophische Forschung*, Bd. 43 (1989), S. 81 ff.

6 S. dazu die Nachweise in: Klaus Lüderssen, *Produktive Spiegelungen*, Frankfurt/M. 1991, S. 14 ff. (22 ff.), ferner – mit weiteren Angaben: in diesem Band Seite 328 ff.

nehmender Schärfe stellen und deren Beantwortung, wenn man im Rahmen eines »Faches« bleibt, inzwischen praktisch unmöglich geworden ist. Für die Auswahl dieser Fragen existiert allerdings keine zwingende Regel. Ich folge insoweit den Gegenständen, mit denen ich mich seit längerem vorwiegend beschäftige: das Verhältnis von Rechtsstaat und präventiven Strafzwecken (hier vor allem: Resozialisierung), die Forderung nach Einbeziehung von Sozialwissenschaften in die Strafrechtsdogmatik und schließlich: »symbolische Strafgesetzgebung«.[7] Gemeinsam ist diesen Gegenständen, daß sie den Eindruck vermitteln, das Recht habe sich zu weit vorgewagt.

In dieser Diagnose sind sich seltsamerweise politisch durchaus verschiedene Richtungen – etwa »konservativ-liberale« und »links-liberale« – einig: sie befürchten »Kolonisierung«, sei es einer besser doch fürsorglich verwalteten Lebenswelt, sei es einer sich selbst regulierenden freundlichen Anarchie. Teils möchte ich, das kann ich vorweg sagen, dieser Kritik zustimmen (bezogen auf die symbolische Gesetzgebung), teils nicht: Rechtsstaat und Resozialisierung bilden keinen Zielkonflikt; sozialwissenschaftliche Durchdringung der Strafrechtsdogmatik halte ich für unabdingbar.

Es geht nicht gerade um einen ganz neuen, wohl aber um einen in seinen Schwerpunkten vielleicht etwas verschobenen Rechtsbegriff, gekennzeichnet durch das – klassische – Erfordernis, daß Recht als Regel auftritt, einerseits, und durch das – moderne – Bedürfnis, Recht als kommunikationsorientiert zu begreifen, andererseits.[8] Es ist klar, daß in einen solchen Begriff Vorurteile eingehen, die hier nicht näher begrün-

7 Hierzu Winfried Hassemer, *Symbolisches Strafrecht und Rechtsgüterschutz*, in: *Neue Zeitschrift für Strafrechtswissenschaft* 1989, S. 533 ff.
8 Hierzu Klaus Lüderssen, *Abschaffen des Strafens?*, Frankfurt/M. 1995, S. 132 ff.; ferner: ders., in diesem Band, S. 328 ff.; kritisch Lothar Kuhlen, *Zur Abgrenzung von Recht und Moral*, in: *Analyse und Kritik*, 3. Jahrgang (1981), S. 223.

det werden können. Ich hoffe aber, daß ich sie wenigstens deutlich mache. Freilich werde ich ohne einige Rekonstruktionen wohl kaum zeigen können, wie sich meine Hypothesen von der traditionsreichen Ausgangsfrage »Regel und Fall« her entwickeln lassen.

Ich beginne mit einem Zitat des kürzlich als Oberster Richter an den Supreme Court der USA berufenen Richters David Souter: »Ein Richter muß den dem Gericht vorgelegten Fall entscheiden. Doch die vorgelegte Sache selbst sollte die Reichweite des Prinzips bestimmen, auf das die Entscheidung zu gründen ist.«[9] »Goldene Worte«, sagt der Kommentator.[10] Zugespitzt finden wir die These freilich schon bei Winfried Hassemer: »Es scheint so, als würde sich der Sachverhalt selbst entscheiden, und zwar mit dem Teil der Norm, der dem Tatbestand durch diese Sachverhaltsentscheidung hinzugefügt wird; es scheint so, als sei der Tatbestand bei der Sachverhaltsentscheidung immer um einen Schritt zu spät.«[11]

Wie kann dann eigentlich noch von Regeln die Rede sein? »Die Regel setzt voraus, daß die juristische Beurteilung einen Fall nicht in seiner unwiederholbaren und unvergleichbaren Einzigartigkeit, sondern nur in bestimmten Hinsichten erfaßt. Eine Entscheidungsregel, die auf Individualität der Fälle abstellte, wäre sinnlos, weil sie die Unvergleichbarkeit der Fälle und damit die Nicht-Verallgemeinerungsfähigkeit der Einzelfallentscheidungen voraussetzt. Denn dem Einzelfall in seiner absoluten Individualität könnte per definitionem

---

9 *Frankfurter Allgemeine Zeitung* vom 26.7.90 (Nr. 171), S. 8.
10 Günther Gillessen, in: *Frankfurter Allgemeine Zeitung*, a.a.O. Man ist versucht, hier weiteren Assoziationen nachzuhängen, etwa auf dem Gebiete der Ästhetik mit Blick auf ein berühmtes Diktum Goethes: »(...) denn in dem ächte Kunstwerke ihre eigene Theorie mit sich bringen, und uns den Maasstab in die Hand geben, nachdem wir sie messen sollen (...)«. Auch wäre denkbar, hier ein naives Autopoiesis-Denken am Werk zu sehen (zusammenfassend jetzt: Gunther Teubner, *Recht als autopoietisches System*, Frankfurt/M. 1989; s. auch in diesem Band, S. 135 ff..
11 Winfried Hassemer, *Tatbestand und Typus*, Köln u.a. 1968, S. 102.

kein zweiter Fall gleichen. Das Gebot der Gleichbehandlung gleicher Fälle liefe leer.«[12]

Dazwischen liegt nun die Fixierung, die Karl Engisch seinerzeit dem Problem gegeben hat: »Einerseits werden nur diejenigen Momente in den Obersatz einbezogen, für die der konkrete Lebensfall die Heranziehung anregt, andererseits soll (...) der konkrete Lebensfall erst anhand der juristischen Obersätze beurteilt, innerhalb seiner das Wesentliche vom Unwesentlichen geschieden werden (...) Für den Obersatz ist wesentlich, was auf den konkreten Fall Bezug hat, am konkreten Fall ist wesentlich, was auf den Obersatz Bezug hat.«[13] Und dann kommt das Bild vom Hin- und Herwandern des Blickes zwischen Obersatz und Lebenssachverhalt, womit dann doch sichergestellt sein soll, daß die Forderung, Recht müsse Regeln aufstellen, nicht aufgegeben wird.

Die beiden hier apostrophierten Probleme – Rechtsstaat/Resozialisierung, Sozialwissenschaften in der Strafrechtsdogmatik – erhalten ihre Kontur vor allem durch die Akzentuierung des Wunsches nach individualisierender Gerechtigkeit. Das ist bei dem ersten Problem offenkundig, gilt aber auch für das zweite, denn die Forderung läuft nicht zuletzt darauf hinaus, daß alltagstheoretische Generalklauseln, wie z. B. »Tatherrschaft« oder »Garantenstellung« von empirisch sorgfältiger – also sozialwissenschaftlich orientiert – differenzierenden Kriterien abgelöst werden, und das ist, sieht man näher zu, doch in erster Linie eine genauere Analyse von singulären Sachverhalten oder Sachverhaltsgruppen.[14]

12 Peter Frellesen, *Die Zumutbarkeit der Hilfeleistung*, Frankfurt/M. 1980, S. 78. Viel Material findet sich vor allem in der »Generalklausel«-Diskussion. Dazu aus neuerer Zeit: Franz Bydlinsky, *Möglichkeiten und Grenzen der Präzisierung aktueller Generalklauseln*, in: *Rechtsdogmatik und praktische Vernunft. Wieacker-Symposion zum 80. Geburtstag*, Göttingen 1990, S. 189.
13 Karl Engisch, *Logische Studien zur Gesetzesanwendung*, Heidelberg 1960, S. 14.
14 Genauer dazu: Klaus Lüderssen, *Der Beitrag der Kriminologie zur Strafrechts-*

Im einzelnen wird es nun darauf ankommen, die Legitimation solcher Konkretisierungen darzutun *und* erneut zu prüfen, wie sie im Schema Regel/Fall unterzubringen sind.

In *Die Idee der Konkretisierung in Recht und Rechtswissenschaft unserer Zeit* hat Karl Engisch[15] die philosophischen Grundlagen geliefert.[16] Offen ist in der philosophischen Diskussion freilich immer geblieben, ob es auch *unausgesprochene* Kriterien der Konkretisierung gibt.

Erst in der Soziologie ist dieses Problem entdeckt worden. Den Anfang hat, was die allgemeine Soziologie betrifft, Max Weber gemacht mit seinem »Selektionsprinzip«: »nur durch die Voraussetzung, daß ein *endlicher* Teil der unendlichen Fülle der Erscheinungen allein *bedeutungsvoll* sei, wird der Gedanke einer Erkenntnis *individueller* Erscheinungen überhaupt logisch sinnvoll. Wir ständen, selbst mit der denkbar umfassendsten Kenntnis *aller* ›Gesetze‹ des Geschehens, ratlos vor der Frage: wie ist die *kausale Erklärung* einer *individuellen* Tatsache überhaupt *möglich*, – da schon eine *Beschreibung* selbst des kleinsten Ausschnitts der Wirklichkeit ja niemals erschöpfend denkbar ist? Die Zahl und Art der Ursachen, die irgendein individuelles Ereignis bestimmt haben, ist stets *unendlich*, und es gibt keinerlei in den Dingen selbst liegendes Merkmal, einen Teil von ihnen als allein in Betracht

dogmatik. *Eine Konkretisierung auf die Probleme von Täterschaft und Teilnahme*, in: *Finnisches Strafgesetz. 100 Jahre*, Helsinki 1992, S. 465 ff.; obwohl das nur *eine* Exemplifizierung ist, wird das Problem – Sozialwissenschaftliches in der Strafrechtsdogmatik – daher im folgenden nicht mehr aufgegriffen.

15 Heidelberg 1953.

16 Zu den historischen Entwicklungslinien: vgl. Klaus Lüderssen, *Zum Strafgrund der Teilnahme*, Baden-Baden 1967, S. 36 ff. mit Nachweisen; interessant in diesem Zusammenhang ist die in einer Diskussion geäußerte Bemerkung von Joachim Rückert, die mittelalterliche Jurisprudenz habe das Allgemeinheitserfordernis nicht gebraucht, weil sie sich insoweit ja ganz sicher gewesen sei. Erst die erkenntnistheoretische Reflexion der Neuzeit habe Unsicherheit erzeugt, mit der Folge, daß nunmehr das Bedürfnis nach Verallgemeinerung und System die Diskussion beherrscht habe.

kommend, auszusondern. Ein Chaos von ›Existenzial-Urteilen‹ über unzählige einzelne Wahrnehmungen wäre das einzige, was der Versuch eines ernstlich ›voraussetzungslosen‹ Erkennens der Wirklichkeit erzielen würde. Und selbst dieses Ergebnis wäre nur scheinbar möglich, denn die Wirklichkeit jeder einzelnen Wahrnehmung zeigt bei näherem Zusehen ja stets unendlich viele einzelne Bestandteile, die nie erschöpfend in Wahrnehmungsurteilen ausgesprochen werden können. In dieses Chaos bringt *nur* der Umstand Ordnung, daß in jedem Falle nur ein *Teil* der individuellen Wirklichkeit für uns Interesse und *Bedeutung* hat.«[17] Am Ende steht – vorläufig – Niklas Luhmann: »Die Vorstellung einer Ursache bzw. *einer* Wirkung ist jeweils eine Abstraktion, die eine bestimmte Ordnungsfunktion erfüllt. Die Vielzahl von Ursachen und Wirkungen, die mit jedem faktischen Kausalgeschehen verknüpft sind, ermöglichen erst die abstrahierende Identifikation *einer* Ursache ... .«[18] Speziellere Soziologien, etwa die Ethnomethodologie, dann vor allem der Zweig der Kriminalsoziologie, der das Interpretationsparadigma entwickelt hat[19], sind noch weiter gegangen und haben das Problem Feststellung/Zuschreibung herausgearbeitet. In der Philosophie gibt es dazu zwar auch schon Vorläufer[20], aber im wesentlichen sind es die amerikanischen Kriminologen, die hier dem europäischen Kontinent die Augen geöffnet haben. Wichtig ist dabei vor allem der Unterschied zwischen Zuschreibung im engeren Sinne (»Feststellung« von Sachver-

17 Max Weber, *Die Objektivität sozialwissenschaftlicher und sozialpolitischer Erkenntnis*, in: *Gesammelte Aufsätze zur Wissenschaftslehre*, Tübingen 1968, S. 177/178; erhellend und materialreich hierzu: Wilhelm Hennis, *Max Webers Fragestellung*, Tübingen 1987, S. 159 ff.
18 Niklas Luhmann, *Zweckbegriff und Systemrationalität*, Tübingen 1968, S. 15.
19 Hierzu gibt es viele Synonyma, vgl. dazu Klaus Lüderssen, *Kriminologie*, Baden-Baden 1984, Rdn. 497.
20 Jürgen Habermas, *Analytische Wissenschaftstheorie und Dialektik. Ein Nachtrag zur Kontroverse zwischen Popper und Adorno*, in: *Der Positivismusstreit in der deutschen Soziologie*, Neuwied/Berlin 1969, S. 155 ff. (179 f.)

halten) und Zuschreibung im weiteren Sinne (Hintergründe von Definitionen und Projektionen bei der Festlegung normativer Merkmale).[21]

Ein weiterer, noch modernerer Zugang zum Problem der »Konkretisierung« könnte sich nun, wie mir scheint, durch den Versuch amerikanischer Juristen erschließen, Methoden der neueren Literaturwissenschaft für die Jurisprudenz heranzuziehen. Diese Methoden sind bekannt geworden unter dem Stichwort »Dekonstruktion« und besagen, daß die Strukturen der Sprache, wohlverstanden, mehr über Inhalte[22] mitteilen, als eine extern vorgenommene Orientierung es vermag, was eigentlich nur verstanden werden kann, wenn man sich den großen Anteil, den die Psychoanalyse an diesen Entwicklungen genommen hat (sowohl bei Derrida wie bei Foucault) vergegenwärtigt. Nicht »was Wörter bedeuten, sondern wie sie bedeuten«[23] ist wichtig. Auch der Psychoanalytiker achtet beim Zuhören nicht unbedingt auf das, was sich normalerweise mit dem Inhalt der gesprochenen Worte des Patienten verbindet, sondern folgt anderen, durchaus sprachlich provozierten Assoziationen. Der prominenteste Kritiker des »Law-and-Literature-Movement«, Richard Posner, meint, daß eine solche Methode, auf die Jurisprudenz übertragen, praktisch »the ruledness« außer Kraft setze. In der Tat wird es wohl nie eine vollständige Individualisierung des Einzelfalles geben können, sondern nur ein gewissermaßen graduelles Absehen von dann doch jeweils »Unwichtigem«. Kontrovers bleibt freilich, was das jeweils »Unwichtige« an einem Fall ist. Hier gibt es nun die feste Tradition der

---

21 Lüderssen, a. a. O. Leicht vergessen wird dabei, daß auch der Entscheidungszwang, unter dem die Juristen stehen, zu diesen »Hintergründen« gehört.
22 Der Literaturwissenschaftler Hans Ulrich Gumbrecht, *Who is afraid of deconstruction?* in: Jürgen Fohrmann, Harro Müller (Hg.), *Diskurstheorien und Literaturwissenschaft*, Frankfurt/M. 1988, S. 95 ff. (103) spricht von »Wirklichkeitserfassung«.
23 Paul de Man, *Allegorien des Lesens*, Frankfurt/M. 1988, S. 34.

europäischen Jurisprudenz, die einen hohen Abstraktionsgrad hat (das ist am Ende trivial) *und* (das ist wohl signifikanter) die Abstraktionen in ganz bestimmte Richtungen laufen
läßt: weg von Spontaneität, Vitalität, Originalität, Tiefenstrukturen etc. Die Frage muß erlaubt sein, ob wir an diese
Tradition wirklich ewig gebunden sind. Immerhin hat es die
Freirechtslehre gegeben[24], und wenn jetzt der Vorschlag
kommt, man möge doch einmal versuchen, juristische Texte
anders, eben »as literature« zu lesen[25], sollten die Juristen im
darniederliegenden Betrieb interdisziplinären Arbeitens mit
gutem Beispiel vorangehen und nicht alles a limine abwehren.
Soviel zum gegenwärtigen Standpunkt der Diskussion über
neue Wege zur Konkretisierung und Individualisierung im
Recht.

Wenn man trotzdem »Regeln« finden möchte, haben wir
auch insoweit ein neues Rezept? Klaus Günther hat eines
vorgelegt mit seiner Unterscheidung zwischen Normbegründung und Anwendungsdiskurs.[26] Die Forderung nach
»Bestimmtheit« der Norm zu erfüllen, indem man den Rest
in Anwendungsdiskursen erledigt, setzt voraus, daß eine
entsprechende Zäsur möglich ist. Alle Erfahrung lehrt aber,
daß es sich bei der mit Konkretisierung und Individualisierung auf den Einzelfall wachsenden Unbestimmtheit und
Nichtvorausberechenbarkeit der Norm um ein Kontinuum
handelt, ohne klare Abgrenzung. Will man die Stelle bezeichnen, an der vom schließlich hinreichend konkretisierten Obersatz dazu übergegangen wird, nun den Untersatz – den Sachverhalt – zu subsumieren, dann wird
deutlich, daß sich schließlich doch alles bereits im Obersatz
abgespielt hat. Es ist eben nicht so, daß die der Subsumtion

24 Zu dieser Parallele vgl. Klaus Lüderssen, *Produktive Spiegelungen*, a. a. O.
25 Vgl. dazu genauer Lüderssen, in diesem Band S. 328 ff., ferner: in diesem Band,
    S. 349 ff.
26 S. oben Anmerkung 5.

die Bahn vorzeichnenden Definitionen, Projektionen und Zuschreibungen einen Ermessensspielraum ausfüllen, innerhalb dessen zwischen Obersatz und Untersatz vermittelt werde.[27] Das wird allerdings nur sichtbar, wenn man die Ausgangsnorm für den Obersatz als Bewertungsnorm formuliert, mit einem Tatbestand, der die Voraussetzung für eine Sanktion umschreibt, etwa so: »Wer einen physisch spürbaren Zwang ausübt, wendet Gewalt an.« Die fortschreitende Konkretisierung von Gewalt läßt dann nirgendwo erkennen, wo man zur »Anwendung« der Norm übergehen könnte.[28]

Ich meine nun, daß man aus dem Problem zwar nicht mit einer absoluten, wohl aber relativen Abgrenzung herauskommen kann mit Hilfe der von Charles Sanders Peirce entwickelten Methode der Abduktion. Das ist an sich kein neuer Gedanke, aber durch die Arbeiten von Lorenz Schulz und Arthur Kaufmann und nicht zuletzt durch die von Umberto Eco[29] eingeleitete Peirce-Renaissance doch wieder so aktuell geworden, daß es sich lohnt, ihn noch einmal aufzugreifen. Arthur Kaufmann wird zwar einwenden, daß die Peircesche Abduktion in Wahrheit auf Analogie hinauslaufe (und er hat dazu sehr überzeugende Zitate von Peirce gebracht[30]), so daß man einen schon gewohnten juristischen Denkstil eigentlich nicht zu verlassen brauche. Bekanntlich hat sein Schüler Lorenz Schulz widersprochen[31], und das allein mag schon Grund sein, die Frage erneut zu behandeln. Hinzu kommt,

---

27 Anders nach wie vor Arthur Kaufmann, *Über die Wissenschaftlichkeit der Rechtswissenschaft*, in: *Archiv für Rechts- und Sozialphilosophie* 1986, S. 431.
28 Genauer Lüderssen, *Kriminologie*, a. a. O., Rdn. 221 ff.
29 Umberto Eco/Thomas A. Sebeok (Hg.), *Der Zirkel oder im Zeichen der Drei – Dupin/Holmes/Peirce*, München 1985.
30 Arthur Kaufmann, *Recht und Rationalität*, in: *Festschrift für Werner Maihofer*, Frankfurt/M. 1988, S. 18 ff.
31 Lorenz Schulz, a. a. O. (Anm. 4), S. 69 bei und in Fn 71.

daß das analogische Denken[32], wenn ich recht sehe, das »Regel«-Problem auch nicht befriedigend löst.

Im Verfahren der Abduktion kann die – jeweils den Schluß von der Wirkung auf die Ursache leitende – »Regel« ihrerseits im Fortgang der Prüfung zur Ursache werden, auf die man unter Hinzunahme einer weiteren noch abstrakteren Regel schließt. Der damit eröffnete infinite Regreß ist natürlich so unbefriedigend wie alle diese Regresse. Aber er bewahrt einen vor der Illusion, man könne irgendwo auf das »Wesen« von etwas rekurrieren. Hassemer hat seinerzeit, im Anschluß an Arthur Kaufmann, genau dies getan: seine Vorstellung von der Spirale, deren Form der Entfaltungsprozeß zwischen Sachverhalt und Tatbestand annehme, wird letztlich durch eine Bezugnahme auf Heidegger gerechtfertigt: »Das Entscheidende ist nicht, aus dem Zirkel heraus, sondern in ihn nach der rechten Weise hinein zu kommen. Dieser Zirkel des Verstehens ist nicht ein Kreis, in dem sich eine beliebige Erkenntnisart bewegt, sondern er ist der Ausdruck der existenzialen Vor-Struktur des Daseins selbst.«[33] Das ist nach den Einsichten der modernen Erkenntnistheorie fragwürdig.

Zur endgültigen Desillusionierung trägt möglicherweise jene schon mehrfach erwähnte moderne Literaturtheorie bei. Paul de Man zitiert ausdrücklich Peirce für eine »Zeichentheorie«, die besagt, daß das Zeichen interpretiert werden muß, »wenn wir die Vorstellung, die es zu vermitteln bestimmt ist, verstehen sollen, und zwar deshalb, weil das Zeichen nicht das Ding ist, sondern eine Bedeutung, die von dem Ding bloß abgeleitet ist durch einen Prozeß, der hier Repräsentation genannt wird, aber nicht einfach generativ, also

32 Locus classicus: Arthur Kaufmann, *Analogie und Natur der Sache*, Heidelberg 1982.
33 Martin Heidegger, *Sein und Zeit*, Tübingen 1953, zitiert nach Hassemer, a. a. O., S. 108 Anm. 115.

nicht einfach abhängig von einem universellen Ursprung tätig ist. Die Deutung des Zeichens ist für Peirce nicht eine Bedeutung, sondern ein anderes Zeichen; es ist eine Lektüre und keine Dekodierung, und diese Lektüre muß ihrerseits mit einem weiteren Zeichen gedeutet werden und so ad infinitum. Peirce nennt diesen Prozeß, durch den ein Zeichen ein anderes gebiert, reine Rhetorik im Unterschied zu jener reinen Grammatik, die die Möglichkeit einer unproblematischen dyadischen Bedeutung postuliert, und im Unterschied zur reinen Logik, die die Möglichkeit der universellen Wahrheit von Bedeutungen postuliert. Nur dann, wenn das Zeichen Bedeutung in derselben Weise erzeugte, wie der Gegenstand das Zeichen erzeugt, nämlich durch Repräsentation, wäre es unnötig, zwischen Grammatik und Rhetorik zu unterscheiden.«[34] Hier wird natürlich viel relativiert, und wenn man die auch auf dieser Theorie fußenden Ansprüche der Dekonstruktivisten sich genauer ansieht, die letztlich zu einer vollständigen Freisetzung des ästhetischen Subjekts führen, dann muß man zunächst Posners Kritik[35] recht geben. Festzuhalten ist jedenfalls, daß hier endgültig, wie mir scheint, auch gegen Krypto-Ontologie Entscheidendes vorgebracht wird. Zwar ist es die Sprachphilosophie gewesen, die der Krypto-Ontologie noch einmal eine Chance gegeben hat – verbunden mit der Hoffnung, ein »Wahrheitsgeschehen« zu beobachten. Und daß hier Heidegger im Spiel ist, geht in der scheinbaren Exaktheit der Semiologie unter.

Dennoch kann man mit dem Rüstzeug des Dekonstruktivismus ziemlich schnell die symbolische Gesetzgebung und Rechtsprechung entschlüsseln. Daß die Sprache der Gesetze und Urteile nicht das besagt, was sie – nach einem konventionellen Sprachverständnis – zu sagen vorgibt, sondern etwas

34 Paul de Man, a.a.O., S. 38.
35 Richard A. Posner, *Law-and-Literature*, Cambridge/Mass. und London 1988, S. 216.

ganz anderes, ist der in mühevoller rechtssoziologischer Kritik bereits von vielen Seiten geäußerte Verdacht; für die Dekonstruktivisten ist eine derartige Einsicht nichts Besonderes. Ihre Erfahrung ist, daß es nicht anders sein kann, und sie wären, würde man sie sozusagen auf Gesetze und Urteile ansetzen, schnell bei der Hand.

Will man aber positiv gestaltend mit dem Recht umgehen, versagt der Dekonstruktivismus. Individualisierung *und* Regelerfordernis auf einen Nenner zu bringen, erfordert Verfahren, die den *intendierten Zweck* einer Norm aufspüren, ihn ernst zu nehmen ermöglichen. Diese Aufgabe erfüllt das Peircesche Abduktionsschema, wenn man dort die Begriffe Wirkung und Ursache durch die Begriffe Mittel und Zweck ersetzt. Das heißt, die Setzung des Zwecks wird als die Ursache für die Anwendung eines Mittels zu seiner Erreichung aufgefaßt, dieses ist dann – so gesehen – Wirkung. Chronologisch sieht das so aus: Setzung des Zwecks – Anwendung der Mittel. Unser Problem ist, zu erkennen, welchen Zweck eine Norm haben könnte. Der Sachverhalt, über den entschieden werden soll, induziert ihn möglicherweise, unter der Annahme eines generellen Prinzips. Dieses Prinzip übernimmt die Funktion eines weiteren Zwecks im Verhältnis zum primär anvisierten Zweck, der seinerseits insoweit zum Mittel wird.

Man kann das, für eine – auf dem Gebiet des Strafvollzugsrechts geläufige – Argumentation wie folgt demonstrieren: aus den §§ 46 StGB und 2 StVollzG läßt sich deduktiv-analytisch ohne weiteres ableiten, daß der Strafzweck erreicht wird, wenn der Bestrafte in Zukunft straffrei lebt. Aber der nächste Schritt wird schon schwierig. Um im einzelnen nachvollziehbar zu machen, was geschieht, muß man sich bestimmte Wege der Resozialisierung vorstellen. Gesetzt, sie besteht in einer Rehabilitationspraxis, die sich zunächst nur das »Nahziel« einer Stärkung der »Ichstruktur« setzt. Man könnte dann sagen, diese Ichstruktur ist das Mittel, um »Beziehungsfähigkeit« herzustellen. Diese Beziehungsfähigkeit ihrerseits rückt in den Rang wiederum eines Mittels, nämlich diejenige Stabilität hervorzubringen, die – unter weiteren Rahmenbedingungen (soziostruktureller Natur – etwa Schuldentilgung, Berufsausbildung etc.) dem Bestraften eine Chance gibt, dahin zu gelangen, auf die Begehung von Straftaten nicht mehr angewiesen zu sein. Dies ist ein Anwendungsfall für innovatorische Abduktion[36]: man versucht, einen Rechtssatz produktiv zu machen, mit Sinn zu erfüllen, seine Anwendbarkeit zu optimieren; in diesem Verfahren stehen die zu abduzierenden (Zwischen-) Ziele (einer Norm), verkörpert durch beschreibbare Zustände (also Sachverhalte), noch nicht fest. Davon zu unterscheiden ist die explanatorische Abduktion[37]: man weiß, welche Zwischenziele die Konkretisierung einer Norm leiten, etwa weil man nur nachvollzieht, detailliert rekonstruiert, was ein anderer – ein Autor oder ein Spruchkörper – bereits entschieden hat.

Das Schema der innovatorischen Abduktion garantiert also, daß immer auf dem Hintergrund einer Regel argumentiert wird, daß eine Regel – unausgesprochene – Leitlinie der konkretisierten Norm ist. Die Individualisierung wiederum wird garantiert durch die induktive Funktion des Sachverhalts.

Für das Verhältnis Rechtsstaat/Resozialisierung bedeutet das praktisch: das Erfordernis der Bestimmtheit rechtlicher Regelungen muß mit der Variabilität zweckmäßiger Maßnahmen koordiniert sein; ferner muß durchgehend der Rechtsweg garantiert sein. Das ist nicht die Quadratur des Kreises, wenn man einer sozialwissenschaftlichen Einsicht folgt, die

36 Dazu – mit Nachweisen: Klaus Lüderssen, *Erfahrung als Rechtsquelle*, Frankfurt/M. 1972, S. 65 f.
37 A. a. O.

dem langgehegten Vorurteil, Zweckrationalität und Kommunikationsorientierung, das heißt, die Autonomie des Betroffenen respektierendes Handeln, seien nicht miteinander vereinbar, entgegentritt.[38] Ein in dieser Weise integriertes Modell von Resozialisierung setzt freilich die allmähliche Entwicklung eines kommunikativen Rechtsbegriffs voraus.[39]

Konfliktlösungen, die es vermeiden, unspontan, emotionsfern, bevormundend und abgehoben zu sein von dem Lebensbereich, wo der Konflikt entstanden ist, sollen rechtsförmig werden; es sollen die Ursachen, nicht die Symptome des Konflikts Gegenstand der Rechtsfindung sein. Die bereits in Gang befindlichen Debatten über »alternative Rechtsformen«, aber auch »Alternativen zum Recht« müssen aufgearbeitet werden. In der Rechtssoziologie wird gelegentlich auch in diesem Zusammenhang ein komparativer Rechtsbegriff gefordert. Damit ist gemeint, daß das Ensemble von Merkmalen, das einer Regel oder einem Verfahren Rechtscharakter verleiht, nicht mehr universal ist, sondern gruppenbezogen wechselt. Für ein exklusiv liberales Modell der Rechtsform etwa wäre die Verrechtlichung der Zweckprogramme eines Wohlfahrtsstaates schon außerhalb des Rechts, also eine echte Alternative zum Recht; um eine – vergleichbar mit früheren Zuständen – alternative Rechtsform hingegen würde es sich nach dem hier eingenommenen Standpunkt, der Rechtsstaat und Sozialstaat zusammenführen möchte, handeln. Wesentliche, schon seit längerer Zeit sichtbare, hierher gehörende Veränderungen im Rechtsbegriff ergeben sich schließlich unter dem Aspekt, daß auch bei der inhaltlichen Konkretisierung von Rechtsnormen der prozessuale Legitimationstypus stärkere Anteile als bisher zu beanspruchen scheint.[40] Alle Alternativen (zum Recht oder innerhalb des

38 Klaus Lüderssen, *Abschaffen des Strafens?*, Frankfurt/M. 1995, S. 132 ff.
39 Ebd.
40 Dazu Klaus Lüderssen, a. a. O., S. 323 ff.

Rechts) nutzen Konsensstrukturen. Der Abschied von dem, was ältere Methodenlehren »Auslegung« nennen, also von der Vorstellung, über – alle Probleme lösende – deduktiv-analytische Verfahren zu verfügen, und die Unwiederbringlichkeit überpositiver Orientierung haben den Blick auf diese letzte Zuflucht, blankem Dezisionismus zu entgehen, freigegeben. In sehr vielen Gesellschaften wird mit Begründungen gearbeitet. In freiheitlich-demokratischen Gesellschaften ist dieser Stil jedenfalls herrschend, einmal, weil der Glaube an von Interaktionen unabhängige Wahrheiten und Werte demokratische Entscheidungen überflüssig machen würde, zum anderen weil der Rekurs auf die Autonomie des einzelnen, von dem die Demokratie lebt, gar nicht anders valutiert werden kann. Das kann hier nicht näher ausgeführt werden. Wichtig ist aber, zu registrieren, daß keineswegs eine Konfundierung von Recht und Moral gemeint ist. Das heißt wiederum nicht, daß einer absoluten Trennung von Moral und Recht das Wort geredet wird. Die wesentlichen Anstöße für neuere rechtliche Regelungen oder Veränderungen des Rechts haben, sieht man genauer hin, immer elementar-moralische Gründe. Es geht also nur darum, die Abgrenzungen neu vorzunehmen. Dabei muß man wissen, daß die Diskursabhängigkeit einerseits die Moral – verglichen mit traditionellen Ansprüchen – relativiert, andererseits dem Recht – verglichen mit der Tradition des Gesetzespositivismus mehr Substanz gibt. Die verbleibenden Unterschiede bestehen darin, daß für die interessierenden Regeln nicht dieselben Konsensmöglichkeiten bestehen und daß eine mehr oder weniger starke Kongruenz von Konsens und Geltung angenommen wird. Mit steigender Kongruenz wächst die Wahrscheinlichkeit, daß es sich (auch) um Moral handelt, mit sinkender, daß (nur) Recht vorliegt, wobei irgendwo (je nachdem, wie weit die geschichtliche Entwicklung ist) der Konsensanteil so minimal wird, daß die Abgrenzung zur

Macht erreicht ist. Allerdings erfaßt die Skala lediglich »Regeln«, worunter hier Sätze verstanden werden, die nicht nur höchstpersönlich gemeint sind. Das, was man »private Moral« nennt, ist also ebenso wenig Thema wie die Macht. Vielmehr geht es um ein Kontinuum von Moral und Recht, das dazwischen liegt.

Das Strafvollzugsrecht der Bundesrepublik enthält an verschiedenen Stellen einen Autonomievorbehalt. Wie eindeutig das auf ein fortgeschrittenes Stadium von Konsens- und Kommunikationsanteilen in rechtlichen Regelungen deutet, kann man leicht erkennen, wenn man die Bestimmungen der ehemaligen DDR zum Vergleich heranzieht. Dort fehlte der Autonomievorbehalt ganz; dementsprechend fand sich auch nichts dergleichen in der Literatur. Vielmehr erlaubte Artikel 30 der Verfassung schlicht Eingriffe im Zusammenhang mit strafbaren Handlungen. Sogar die schnell entworfene Verfassung des »runden Tisches« sprach in Art. 12 Abs. 4 von der gesellschaftlichen Wiedereingliederung als Ziel des Strafvollzuges – ohne jeden Hinweis auf das Problem der Freiwilligkeit; eher scheint das Gegenteil vorgesehen gewesen zu sein: in Satz 2 des gleichen Absatzes wird die Auferlegung von Arbeitspflichten für zulässig erklärt. Auch im Strafvollzugsgesetz der ehemaligen DDR hat es keinen Anhaltspunkt für die Mitgestaltungsrechte des Gefangenen gegeben. Ein und derselbe Begriff – Resozialisierung –, in der alten DDR wie in der alten und neuen Bundesrepublik, gleichermaßen etabliert, eröffnet also den Zugang zu zwei sehr voneinander verschiedenen Arten des Rechts.

Das ist offenkundig. Abduktion und Diskurs[41] indessen

---

41 Das Diskurselement im Abduktionsprozeß bewahrt uns vor der Gefahr, am Ende doch »essentiell« zu werden. Hier hat Engisch in der Rezension meines Buches: *Erfahrung als Rechtsquelle* (in: *Zeitschrift für die gesamte Strafrechtswissenschaft* 1976, S. 429) seinerzeit ein Problem gesehen. Zwar habe ich in dieser Arbeit bei dem Versuch, die gemeinsamen Elemente analytischer und dialektischer Philosophie zu finden (Kommunikation über Basissätze; praktischer

machen nicht nur durchsichtig, welche Wandlungen das Verhältnis von Regel und Fall im Zuge längerfristig angelegter rechtspolitischer Entwicklungen erfahren kann, sondern sind – unbewußt befolgt oder bewußt angewandt – auch das agens solcher Entwicklungen. Wirklich zu überzeugen vermag diese These sicher nur, wenn man sie auf dem Hintergrund einer reichhaltigen Kasuistik entfalten kann, worauf hier verzichtet werden muß.

Es sei aber noch ein Exkurs gestattet. Er führt – sachlich – auf ein ganz anderes Gebiet: Befehlsnotstand. Diese Vokabel taucht jetzt immer wieder auf – aus Anlaß der Frage, ob gegen Angehörige der ehemaligen nationalen Volksarmee, die an der innerdeutschen Grenze geschossen haben, strafrechtlich vorgegangen werden kann. Die Dogmatik der Entschuldigungsgründe lehrt, daß jemandem, der »nur« entschuldigt werden soll, mehr konzediert wird als demjenigen, der sich auf einen Rechtfertigungsgrund beruft. Dennoch ist die Gewißheit, Rechtswidrigkeit und Schuld seien durch einen scharfen qualitativen Sprung unterschieden, im Begriffe zu verblassen oder jedenfalls doch einer Skepsis zu weichen.[42] Sicher ist jedenfalls, daß es um die alleräußerste Individualisierung bei der Schuld auch nicht gehen kann; es hat immer objektivierte Schuldmerkmale gegeben[43], und die moderne präventionsorientierte Lehre der Schuld sieht hier ohnehin nur ein Kalkül, das vor der Individualisierung aus Zweck-

und theoretischer Konsens), die Funktion des Diskurselementes für die Konkretisierung von Normen sicher nicht ganz übersehen (deutlicher vielleicht schon der Aufsatz über *Recht, Strafrecht und Sozialmoral*, in diesem Band, S. 176 ff.), wohl aber noch nicht hinreichend genau mit dem Abduktionsverfahren verknüpft. Ich hoffe, daß der vorliegende Text insofern mehr Klarheit bringt.

42 Überblick bei Albin Eser, George P. Fletcher (Hg.), *Rechtfertigung und Entschuldigung*, 2 Bde, Freiburg 1987 und 1988; s. ferner Klaus Lüderssen, *Der Beitrag der Kriminologie*, a. a. O.

43 S. immer noch am besten dazu: Werner Maihofer, *Objektive Schuldmerkmale*, in: *Festschrift für H. Mayer*, Berlin 1966, S. 185 ff.

mäßigkeitsgründen haltmacht.[44] Diese Grenzen freilich sind
– mit Blick darauf, daß auch die Schuldzuschreibung einer
Regel folgen müsse – das Ergebnis der Abstraktionen von
gegebener Ungleichheit[45], die an irgendeiner Stelle abzubre-
chen sind.[46] Auf dieser Linie liegt etwa denn auch die Stellungnahme zum Problem des Befehlsnotstandes an der innerdeutschen Grenze, die in einem Gutachten des Staatsrechtlers
Blumenwitz formuliert worden ist.[47]

Wir argumentieren und argumentieren. Gelingt es uns dabei, die »richtige« Abstraktion vorzunehmen? Gibt es nicht
ganz andere Zugänge, die das Max Webersche Diktum[48] von
der Unendlichkeit der Ursachen in verblüffender Weise über
den Punkt hinaus zu treiben erlauben, dessen Anvisierung
Juristen noch für seriös halten? Die »Darstellung« in einem
juristischen Votum wird sich nie so weit vorwagen, wie die
»Herstellung« einer Meinung das tun würde, gäbe es dafür im
juristischen Kommunikationsprozeß eine Chance. So bleibt
es vorerst dabei, daß andere »fachfremde« Sprecher diese
Chance wahrnehmen. Sie kommen aus der »Literatur«[49]
(nicht im Sinne der wissenschaftlichen Rechtsliteratur zu verstehen). Das – im folgenden (als Anhang) – abgedruckte Do-
kument mag für sich sprechen. Es ist ein eindrucksvoller Be-

44 Nicht direkt in den Umkreis dieser Theorien fällt der klassische Satz: »Die
   Schuld steckt in den Köpfen anderer Leute« (s. Mezger, *Deutsches Strafrecht*,
   1949, S. 249; dazu: Klaus Lüderssen, *Abschaffen des Strafens?*, a. a. O., S. 221 ff.
   mit weiteren Belegen) oder die ganz unmittelbar pragmatische Überlegung, die
   Strafverfolgung könne sich nicht jede Rücksichtnahme auf eventuelles Unvermögen leisten.
45 Vgl. dazu Radbruchs Formel: Gleichheit ist die Abstraktion von gegebener Ungleichheit unter Wertgesichtspunkten, in: Gustav Radbruch, *Rechtsphilosophie*,
   hg. v. Erik Wolf, Stuttgart 1963, S. 126, Allg. Teil § 4.
46 Grundlegend dazu: Frellesen, *Die Lehre von der Unzumutbarkeit*, a. a. O.,
   S. 74 ff. (78).
47 S. *Frankfurter Rundschau* vom 26. 8. 1991.
48 S. oben Anmerkung 17.
49 Das heißt: der relevante Sachgehalt ist durch die – wie immer auch zu definie-
   rende – künstlerische Form verbürgt. Dazu: Klaus Lüderssen, *Produktive Spiegelungen*, a. a. O., S. 11 ff.

leg dafür, daß »Law-as-Literature« vielleicht doch nicht nur in eine falsche Richtung weist. Geht es um Auflösung der Dichotomie von »Regel und Fall«, weil Abstraktion ganz vermieden wird, oder werden nur ganz andere Schnitte gelegt? Eine offene Frage.

Anhang

Immer zu zweit, irgendwo in der Fremde

Ich war ein Grenzer/Ein Frontbericht aus alten Zeiten von Eugen Ruge

Als wir im Mai 1973 nach halbjähriger Ausbildung ins Grenzregiment Blankenburg versetzt wurden, empfing uns der Regimentskommandeur, Oberst Koschke, mit einer Rede. Im Militärstrafgesetzbuch der DDR, sagte er unter anderem, sei für Feigheit vor dem Feind im Krieg oder in kriegsähnlichen Situationen die Todesstrafe vorgesehen. Er betrachte die Grenze als eine kriegsähnliche Situation. Wenn jemand von uns – im Falle eines »versuchten Grenzdurchbruchs« – sich weigern sollte, die Schußwaffe anzuwenden, würde er beim Militärstaatsanwalt die Todesstrafe beantragen. Keiner von uns hatte sich den Grenzdienst ausgesucht. Ich war zunächst für eine ganz andere Waffengattung gemustert worden. Als ich die letzte Entscheidung der Musterungskommission erfuhr, war mein erstes Gefühl Angst – Angst um das eigene Leben.

Ich war neunzehn. Ich hatte unvernünftigerweise geheiratet – natürlich war es die große Liebe, aber sicherlich heiratete ich auch aus Angst vor der bevorstehenden Trennung. Was weiß man mit neunzehn? Mit neunzehn steht einem das Wissen noch bevor. Der Geist beginnt sich zu regen, die Seele ist empfindsam. Manchmal denke ich, einen Menschen in diesem Alter in eine Armee zu schicken, ganz gleich in welche, ist schon ein Verbrechen. In der DDR fühlte man sich durchgehend kontrolliert. Ob Schuldirektoren, Offiziere, Politiker – man hatte das Gefühl, sie steckten alle unter einer Decke. Wer sich in der Nationalen

Volksarmee nicht »bewährte«, dem war die Zukunft, was immer das sein mochte, vermasselt.

Wir wurden weit vom Heimatort entfernt stationiert, wahrscheinlich mit Methode. Urlaub gab es achtzehn Tage für die ganzen eineinhalb Jahre, das sind sechs Tage im halben Jahr, aber diese sechs Tage durfte man in höchstens zwei »Portionen« aufteilen. Die große Liebe konnte ich also nur viermal je Jahr sehen. Ein Jahr, das war nach meinem damaligen Zeitgefühl ein Schuljahr plus große Ferien! Das erste halbe Jahr bleute man uns im Grenzausbildungsregiment preußischen Gehorsam ein. Alles Persönliche war uns am ersten Tag abgenommen worden. Die Haare, die Unterhosen, alles – bis auf den Waschbeutel. Mit der Bemerkung »paßt« wurden uns ein paar Hosen oder Stiefel zugeworfen. Dann wurde geduscht – als wir eingeseift waren, wurde das Wasser abgedreht –, und wir bezogen unsere neuen Quartiere: eines von zwölf Doppelstockbetten in einem kahlen Zimmer. Wir lernten unter der Gasmaske frische Kampflieder zu singen. Wir polierten die Unterseite unserer Schuhe. Wir wurden angeschrien. Wir mußten vor den Unteroffizieren, die uns schikanierten und die wir verachteten, »Ehrenbezeugungen« machen. Und immer kamen die gleichen, sehr einfachen Druckmittel zum Einsatz: Ausgangssperre, Urlaubssperre, eine »vermasselte« Zukunft, im schlimmsten Fall die Militärstrafanstalt in Schwedt, von der man munkelte, daß da noch keiner als normaler Mensch herausgekommen sei.

Andere haben Schlimmeres erlebt, freilich. Was uns, diese Neunzehnjährigen, damals zerbrach, abstumpfte, kaputtmachte, war die Frage: Wozu? Wozu durfte man sein Mädchen nicht sehen, wozu wurde man angebrüllt, wozu mußte man fünfmal an einem (selbst rasch einherschreitenden) Unteroffizier vorbeigehen, bis Blickwendung, Armwinkel und Haltung beim Gruß stimmten? Wozu? Nur um uns zu schikanieren, kleinzukriegen? Ich kenne nur wenige Soldaten, die an einen Wehrauftrag geglaubt haben. Und die überhaupt an etwas glaubten, an den Sozialismus womöglich, an das, was der Lehrer im Staatsbürgerkundeunterricht sagte, – solche waren noch mehr gefährdet. Die Wirklichkeit dieser »Nationalen Volksarmee« war für den Glauben nicht gut. Ich kann mich an einen solchen erinnern – Andreas Schubert, er wohnte in unserer Nachbarschaft. Er sprang nach dem ersten halben Jahr aus dem Fenster.

Ich gebe zu, ich hatte einmal einen ähnlichen Gedanken. Wenn ich mich auch nicht, wie Andreas Schubert, umbringen wollte. Ich dachte eher an ein gebrochenes Bein. Das war am siebzehnten Tag im Grenzausbildungsregiment Halberstadt. Siebzehn Tage – das kam mir unendlich lang vor. Aber es waren noch 527! Ich habe ein Paßfoto aus der Zeit – für den Wehrpaß. Darauf ist ein Kind zu sehen, rundes Gesicht, die Haare stehen irgendwie merkwürdig ab, völlig verschnitten, die Beleuchtung ist unfachmännisch, ich weiß nicht, ob daher die Flecken im Gesicht kommen. Das Kind hat Angst, trotzdem versucht es zu lächeln, eine Art Würde zu bewahren unter diesen Umständen. 527 Tage später war mein Gesicht aufgequollen, geradezu feist, und das Herz war mit großen grauen Steinen vermauert.

Ich kann mich erinnern, wie wir essen gingen – »essen fassen«. Wir wohnten im fünften (oder vierten?) Stock. Die Kompanie hatte vielleicht eine dreiviertel Stunde, um zur Kantine zu marschieren, zu essen und zurückzumarschieren. Bei dieser Gelegenheit wurde Geschwindigkeit geübt – beim Antreten. Vom Kommando »Kompanie raustreten zum Mittagessen!« durfte es, sagen wir, eine Minute dauern, bis die Kompanie stand. Auf jedem Treppenabsatz stand ein Unteroffizier und brüllte Sprüche wie: »Beinchen hoch, Beinchen hoch! Beim Laufen ist der Arsch der höchste Punkt des Körpers!« Wir übten eine halbe Stunde. Dann marschierten wir zur Kantine, bekamen irgend etwas Merkwürdiges auf den Teller geklatscht, aber kaum saßen die ersten, wurde schon wieder Antreten befohlen: »Schlucken Se erst runter, kauen können Se hinterher!«

Nach diesem halben Jahr hörten wir also besagte Rede von Oberst Koschke. Eingeschüchtert, verängstigt, verwirrt. Ein Haufen kleiner Jungens, von deren Persönlichkeit buchstäblich nicht viel mehr geblieben war als ihr Waschbeutel. Das gilt für die Besten. Die Schlechteren begannen das, was sie einmal von einem Menschen in sich hatten, schon einzutauschen gegen – wie soll man es nennen: Gewohnheit? Jetzt war man immerhin kein

»Rotarsch« mehr, keine »Knolle« – so wurden die Neuen genannt –, sondern jetzt war man »Vize«. Die Demütigungen, die Angst, das Bedürfnis, sich in der neuen »Gemeinschaft« zurechtzufinden, sich ihre Werte anzueignen, etwas zu gelten, irgendwie durchzukommen, die zunehmende Unempfindlichkeit gegenüber den Leiden anderer, all das mag dazu geführt haben, daß aus einigen doch noch, zumindest eine Zeitlang, richtige Soldaten geworden sind. Und hinzu kam der Todesschreck von Oberst Koschke.

Man muß sich das einmal vorstellen: Vor uns stand ein reifer Mann, grauhaarig, Kranzglatze, groß, schlank, aufrechte Haltung, laute Stimme. Er wirkte intelligent und gebildet. Beinahe eine Vaterfigur. Dieser Mann war tatsächlich ein Gigant im Vergleich zu den Unteroffizieren, vor denen wir »Männchen gemacht« hatten. Konnte man, was dieser Mann da über die Todesstrafe sagte, so einfach abtun? So schlimm, dachte ich, wird es schon nicht kommen. Aber wer weiß – hundertprozentig sicher war ich mir keinesfalls. In meiner Kindheit ist mir niemals mit Schlägen gedroht worden. Jetzt drohte mir jemand den Tod an.

Hinzu kam noch eine Kleinigkeit: Danebenschießen, so wurde uns damals erklärt, gilt als Verweigerung. Wir hatten sechzig Schuß Munition, wir hatten Schießunterricht gehabt. Im Falle, daß jemand absichtlich danebenschoß, würde man ihm das beweisen.

Und dann lagen wir, immer zu zweit, irgendwo in der Fremde: Nacht, die Bäume knarrten, die Wildschweine grunzten, und über das Grenzmeldenetz kam die Nachricht, ein sowjetischer Soldat mit einem Autobus und sechzig Schuß Munition sei auf dem Weg, die Grenze in unserem Abschnitt zu durchbrechen. Hätte ich geschossen? Ich habe diese Frage nie zu beantworten brauchen. Aber die, die geschossen haben, wie soll man mit ihnen verfahren?

Bei der Gelegenheit: Was macht eigentlich Oberst Koschke heute? Was machen die Vorgesetzten von Oberst Koschke? Und was machen diejenigen, die den Jungen erschossen haben, der mit ihnen auf Posten ging?

Das eine ist sicher: Man brauchte als Grenzsoldat niemanden

zu erschießen, um über die Grenze zu kommen. Wenn sich schon in den täglichen acht Stunden Grenzdienst nicht die Gelegenheit ergeben haben sollte, dem anderen die Waffe wegzunehmen, dann ergab sich doch allemal die Gelegenheit, ihn auf »humanere« Weise kampfunfähig zu machen. Ich bin später illegal aus der DDR getürmt. Womöglich wäre ich schon damals, als Grenzer, getürmt, wenn da nicht meine Eltern gewesen wären und, nun ja, jene große Liebe, von der ich natürlich längst geschieden bin. Ich bin nicht aus Überzeugung Soldat geworden, schon gar nicht Grenzsoldat, sondern infolge der Wehrpflicht.

Natürlich weiß ich es heute besser. Es wäre wohl richtig gewesen, ich hätte mich damals als Bausoldat gemeldet – das war gewissermaßen die »Wehrdienstverweigerung« der DDR. Man trug zwar Uniform, man baute auch an militärischen Objekten herum, aber man trug keine Waffe. Ich habe das nicht getan. Warum? Mancher wird sagen: Die Ausreden kommen mir doch bekannt vor: Die Erziehung in der Schule. Die Angst. Die »vermasselte« Zukunft.

Nein, in der DDR wurde man nicht einmal gleich ins KZ geschickt, wie unter Hitler und Stalin, das ist wahr, und das soll wahr bleiben. Die »falsche« Meinung war noch nicht lebensgefährlich. Aber wer es nicht erlebt hat, der kann sich kaum vorstellen, wie es ist, wenn alle um einen herum behaupten, daß das Quadrat rund ist. Und man sieht, das Ding ist viereckig. Aber sollten sie alle unrecht haben, die Lehrer, die Direktoren, die Professoren, die Staatsmänner? Und ich habe recht? Das kann doch nicht … Und schließlich ging es ja nicht um Quadrate. Sei das Quadrat nun rund oder nicht rund, aber das Große und Ganze, der soziale Fortschritt, der Weltfrieden – war man etwa gegen den Weltfrieden? Um Gottes willen, scheiß auf das Quadrat.

Ich will mich nicht rechtfertigen. Ich hätte es tun sollen. Ich habe es nicht getan. Obwohl ich schon von Natur aus ein Querulant bin, ein Undisziplinierter, ein – wie sagte neulich mein Rechtsanwalt, ehemaliger Juso – Chaot. Und wie sollten erst die braven Udo-Lindenberg-Fans Honi für einen Verbrecher halten, wo ihm Udo doch die Lederjacke geschenkt hatte? Ich nehme das Udo nicht übel. Und vielleicht war es sogar irgendwie richtig. Ich nehme es auch dem Strauß nicht übel, dem Schmidt und dem Mayer, dem Müller, dem Schulze. Aber man sollte die Sträuße und Schmidts und auch die Mayers und Schulzes bedenken, wenn heute die Urteilskraft von Neunzehnjährigen zur Debatte steht, die eingesperrt in einer Welt aufwuchsen, die ihnen die Ausbildung einer Urteilskraft in jeder Beziehung erschwerte.

Und wer sich ins Herz schaut und bereit ist, den Stein zu werfen, der sollte sich zumindest gut überlegen, nach wem er zuerst wirft.

(Aus: Frankfurter Allgemeine Zeitung vom 29. 8. 1991, S. 27; mit freundlicher Genehmigung von Verfasser und Verlag.)

Juristische Topik und konsensorientierte Rechtsgeltung

I.

Vor gut einem Vierteljahrhundert hat Helmut Coing mit großem Nachdruck Theodor Viehwegs *Topik und Jurisprudenz*[1] als einen Beitrag zur rechtswissenschaftlichen Grundlagenforschung bezeichnet.[2] Wer damals noch annehmen mochte, daß diese Geste etwas übertrieben sein könnte, mußte sich in den folgenden Jahrzehnten eines Besseren belehren lassen. Selten ist eine Sache in solcher Breite und so intensiv aufgegriffen worden.

1) Was für eine Sache? Eine Idee, eine Erfahrung, eine Hypothese, eine Entdeckung? Nach wie vor weiß das niemand so recht – vielleicht eine überraschende Behauptung, wenn man das ganze Ausmaß der bisherigen gelehrten Wissensausbreitung sich vor Augen führt.[3] Gehen wir die häufigsten Topoi der juristischen Topik zur Probe einmal durch. Sie ist:
– (nachträgliche) Theorie der Praxis;
– Argumentationslehre, Argumentationsstil;

---

1 Theodor Viehweg, *Topik und Jurisprudenz*, 4. Aufl., München 1954; 5. Aufl., München 1974.
2 Helmut Coing, *Über einen Beitrag zur rechtswissenschaftlichen Grundlagenforschung*, in: *Archiv für Rechts- und Sozialphilosophie* 41 (1954/55), S. 436 ff.
3 Besonders gut der Überblick bei Franz Wieacker, *Zur Topikdiskussion in der zeitgenössischen deutschen Rechtswissenschaft*, in: *Xenion. Festschrift für Panavotis J. Zepos*, I. Band, Freiburg u. a. 1973, S. 391 ff., insbes. Anm. 5; danach erschienene Literatur ist in dem Abschnitt »Topik und Rechtswissenschaft« in dem von Dieter Breuer und Helmut Schanze herausgegebenen Buch: *Topik. Beiträge zur interdisziplinären Diskussion*, München 1981 (S. 55-92) verarbeitet. – In der *Praxis* finden sich, wie Wieacker (a. a. O., S. 395) zutreffend hervorhebt, »... keine wirklich ausgesuchte(n) Exemplifikationen«.

- Handlungs- (Entscheidungs-)Orientierung;
- Am Problem orientiertes Denken;
- Die Denkform der Natur der Sache;
- Umgang mit Meinungen versus Ableitung aus (systematisierten) Axiomen;
- Lehre von den »Gemeinplätzen«, das heißt Erfahrungen und Bewertungen, die breite Plausibilität beanspruchen;
- Konsensgewähr;
- Innovationsinstrument.

Diese Liste ist nicht vollständig, läßt jedoch schon erkennen, daß sie auf verschiedenen Ebenen Liegendes enthält. Ganz untopisch möchte ich versuchen, die Stelle zu finden, von der aus es möglich ist, die Topoi der Topik einander systematisch zuzuordnen. Meine These ist, daß das Stichwort »Konsensgewähr« diese Stelle bezeichnet und die Topik in einer Konzeption der konsensorientierten Rechtsgeltung kulminiert.

2) Der erste Schritt zur Begründung ist vielleicht eine genauere *Beschreibung* und *Analyse* der Funktion, die der Konsens in der Topik übernimmt.

a) Unter denen, die im Anschluß an Viehweg sich mit der Topik auseinandergesetzt haben, ist am deutlichsten Wieacker[4]: »Das Kernstück der Topik ist (...) ein Verfahren zur Herbeiführung des Einverständnisses über vernünftige, d. h. allen, den Sachkundigen oder Besten einleuchtende praktische Wahrheiten.« Viehweg selbst hat erst in seinen späteren Arbeiten diese Linie anvisiert und auch das nur indirekt, indem er betont, daß »alle Argumentation aus der Redesituation verständlich zu machen« sei.[5] Die »situative Denkweise« müsse »in erster Linie versuchen, den intellektuellen Herstel-

---

4 A. a. O., S. 406; s. ferner klärend: Norbert Horn, *Topik in der rechtstheoretischen Diskussion*, in: Breuer/Schantze, a. a. O., S. 57 ff. (62 f.).
5 A. a. O. (5. Auflage), S. 111.

lungsprozeß abzuklären, der sich in der Redesituation auf der Suche nach Verständigung« abspiele.[6] Noch weiter geht sein Versuch »einer höchst komplexen Kommunikationssituation, die sich an Hand von Rechtstexten« entwickle, die Verantwortung für das aufzubürden, »was hier und jetzt im Rechtsfalle als gerecht akzeptiert wird.«[7]

b) Axiomatisierte, abgeschlossene Wahrheiten sind solchen Verständigungsprozessen nicht zugänglich, sondern nur offenbleibende Wertungen und solche Erfahrungen, die sich nicht in Daten erschöpfen, sondern einen Beurteilungsspielraum lassen. So entstehen die Topoikataloge. Fraglich ist, ob diese Kataloge es sind, welche die Verständigungsprozesse herausfordern, oder ob das Bedürfnis nach Verständigung seinerseits die Kataloge hervorbringt. So schwer es sein mag, zwischen diesen Alternativen zu wählen, so wenig darf man die Topik einfach in Denkform, Argumentationsstil oder -technik etc. einerseits, und bestimmte Inhalte andererseits aufteilen.

3) Sie ist also denjenigen Weltverständnissen verwandt, für die Wahrheit, Richtigkeit und Geltung unter den Menschen konstituiert, nicht aber von irgendwoher abgerufen werden. Diese Lehren haben es philosophisch schwer, wie man weiß, und es erhebt sich die Frage, ob die Topik davon unberührt bleibt.

a) Man könnte geneigt sein, ihr das, was Wahrheit und Richtigkeit angeht, zuzugestehen, weil die Topoi doch unstreitig nur Meinungen umschreiben. Sieht man genauer hin, kommen Bedenken. Es liegt im Begriff der Konstitution von Wahrheit und Richtigkeit, daß sie nicht absolut sind. Wodurch unterscheiden sie sich dann eigentlich von Meinungen? Meinungen im übrigen wollen ja auch nicht mit Willkür ver-

6 A.a.O., S. 115.
7 A.a.O., S. 114.

wechselt werden, sondern werden auf Gründe gestützt. Die Probleme liegen also doch wohl näher beieinander. Konsenstheorien der Wahrheit und Richtigkeit – ob mit oder ohne Beschwörung eines *a priori* der Kommunikationsgemeinschaft[8] – setzen sich mit Problemen auseinander, die sich auch für die Topik stellen.

b) Erst recht muß man das für die Theorien der konsensorientierten Geltung annehmen. Sofern sie sich nicht auf ganz spezifische Geltungsansprüche beziehen, ist schon die Abgrenzung zu den konsensorientierten Theorien der Wahrheit und Richtigkeit nicht eindeutig vorzunehmen oder gar unmöglich. Aber darauf kommt es hier nicht einmal an, denn es geht ja um *Rechts*geltung, bei deren Begründung die vielen politischen Relativierungen und Abschwächungen kein Hindernis, sondern Thema sind.

4) Daß hier die Antwort auf eine Frage fehlt, die von der Topik – als bloßer Kunstlehre – gar nicht gestellt werde, kann man ernstlich nicht sagen.

a) Entweder die Topik wird als (herrschende) Praxis vorgestellt – dann ist damit die *Folgerung* verbunden, daß Rechtssätze durch Konsens Geltung erlangen. Oder es wird an die Praxis die Forderung gerichtet, sie möge topisch verfahren – dann ist konsensorientierte Rechtsgeltung die *Prämisse* der Topik. Folgerungen oder Prämissen – an ihnen wird jeweils der Wert der Topik zu messen sein.

b) Daß die Entscheidung darüber gleichsam von außen käme, macht mich allerdings stutzig. Sollten die Topiker (gleichviel, ob sie Anhänger einer schon bestehenden oder Befürworter einer erst zu schaffenden Praxis sind) das nicht gesehen und keine Vorkehrungen gegen diese Gefahr getroffen haben, aus den Angeln gehoben zu werden? Das ist eher

8 Belege bei Herbert Schnädelbach, *Reflexion und Diskurs*, Frankfurt/M. 1977, S. 137.

unwahrscheinlich. Ich möchte daher der Vermutung Raum geben, daß in der Topik die Legitimationsfrage mitentschieden ist, und nach Belegen dafür suchen.

II.

Suchaktionen leben von Vorannahmen über nicht bekannte Zusammenhänge. Es muß also ein Modell dafür angegeben werden, wie eine in der Topik angelegte konsensorientierte Theorie der Rechtsgeltung aussehen könnte. Sie müßte mitteilen, wie man von der Beschreibung der Verständigung (Voraussetzungen, Möglichkeiten und Wege, Ergebnisse) über (rechtlich relevante) Topoi zu der Annahme gelangt, daß auf diese Weise gefundene Sätze rechtlich verbindlich sind.

1) Um es vorweg zu sagen: Einige Formulierungen führen immerhin in die Nähe dieser Verknüpfung, keine aber füllt sie – soviel ich sehe – wirklich aus. Die Überzeugung, es komme auf Konsens an, scheint häufig durch, wird aber nirgends *expressiv verbis gerechtfertigt*.

a) *Esser* etwa glaubt, sich mit dem Hinweis darauf begnügen zu können, »das Abstellen auf den Konsens« habe »in der Dogmatik des Nachmärz als juristische Haeresie« gegolten.[9] Der Rest sind eindrucksvolle Wendungen, die ausdrücken, was ist, aber nicht, warum es so sein soll. »›Topisches‹ Rechtsdenken« ist ein »Argumentationsstil«, der »die klassische Form rationaler Richtigkeitskontrolle darstellt, nämlich die Probe der Konsensfähigkeit mittels Durchgriffs auf die ›Vernünftigkeit‹«.[10] »Topik betont ganz allgemein die Überzeugungskraft dieses Konsens in Fragen der rechtlichen Wer-

9 Joseph Esser, *Vorverständnis und Methodenwahl in der Rechtsfindung*, Frankfurt/M. 1970, S. 154; kritisch dazu Wieacker, a. a. O., S. 391.
10 A. a. O., S. 152/53.

tung, wie überhaupt der konventionellen Anschauung.«[11] Dann ist von der »Technik, durch argumentierbare Evidenzen auf zwingende Konsense zurückzugreifen«[12] die Rede. »Die Eignung solcher Denkweise zur Klärung des Vorverständnisses wird verstärkt durch das Abstellen der Richtigkeitsauskunft auf das ›Einleuchtende‹, d. h. den Konsens.«[13] »Autonome Dogmatik« und »topische Konsensbegründung« werden einander gegenübergestellt.[14] Dazwischen stehen – unvermittelt – Sätze wie: »Worum es mir geht, ist das Herausstellen topischer Denkformen als unverzichtbar für die Einschleusung metadogmatischer Wertungsgesichtspunkte und Richtigkeitsgewähr.«[15] Und »Topische Begründung kann und muß es sich leisten, die Ergebnisse (...) als aus der Sache einsichtig darzustellen.«[16] Konsens hat für Esser also offenbar mit Richtigkeit und Natur der Sache etwas zu tun. Aber wie lautet die Begründung dafür? Man erfährt es nicht.

b) Mit größerer Entschiedenheit geht Struck auf das Problem zu: »Topoi können nur anerkannt werden, soweit ein Konsens darüber besteht, daß sie rechtens sind«[17] – um dann freilich fortzufahren: »Was diese Forderung konkret bedeutet, mag vage bleiben.«[18] »Topik scheint sich nur schwer mit Politik zu verbinden«[19], hat Struck gleich zu Anfang des Kapitels gesagt, und aus dieser Suggestion kann er sich dann nicht mehr befreien. Es reicht nicht aus, mutig zu bekennen: »Jedenfalls liegt (...) offen zutage, daß Topoi nicht unbeeinflußt neben den politischen Grundanschauungen stehen können. Das konstituiert die Problematik, denn letztlich ist

11 A. a. O., S. 152.
12 A. a. O., S. 152.
13 A. a. O., S. 154.
14 A. a. O., S. 154.
15 A. a. O., S. 153.
16 A. a. O., S. 154.
17 Gerhard Struck, *Topische Jurisprudenz*, Frankfurt/M. 1971, S. 105.
18 A. a. O., S. 105.
19 A. a. O., S. 104.

nichts der Notwendigkeit von Konsens entzogen.«[20] Immerhin versucht Struck Topoi namhaft zu machen, »die nur für bestimmte Leute und Gruppen selbstverständlich«, d. h. »anerkannte Wahrheiten« sein können.[21] Aber von einer Analyse, geschweige denn dem Versuch einer Legitimation ist das weit entfernt[22], schlägt keine Brücke zu der Klage, mit der das Buch schließt: »Die Juristen reden oft davon, sie hätten die Demokratie zu bewahren, aber sie müssen wohl bei einem Bismarck'schen Demokratieverständnis stehengeblieben sein. Demokratie wird nicht begriffen als ein Prozeß der immer weiteren Entfaltung und gegenseitigen Stützung von Transparenz und Kontrolle von Macht, von Chancengleichheit und Bildung der Bürger, von Mobilität und Wahrung der essentialen Interessen der Minderheit.«[23]

2) Das ist ein Anspruch. Die Topik, soviel ist jetzt klar, *will* Theorie der konsensorientierten Rechtsgeltung sein. Aber wer hält, was sie vielleicht nur verspricht?

III.

Es sind Philosophen und Wissenschaftstheoretiker – die Juristen müssen es verwinden –, die hier – in welcher Richtung auch immer – mehr sehen. Entweder die Topik steht für sie in der Tradition des Dezisionismus (das ist etwa die Meinung Hermann Lübbes[24], die ganz gut zu seiner in anderen Zusam-

20 A.a.O., S. 105.
21 A.a.O., S. 106.
22 Bezeichnend auch der Satz: »Vernünftige Argumente gelten, ohne daß das einer weiteren Begründung bedürfte als eine Vorentscheidung zugunsten der Rationalität. Das enthält eine völlig ausreichende Rechtsgeltungslehre.« (A.a.O., S. 57 f.)
23 A.a.O., S. 57/8.
24 Hermann Lübbe, *Praxis der Philosophie, praktische Philosophie, Geschichtstheorie*, Stuttgart 1978, S. 68 ff.

menhängen vorgetragenen Kritik an der Relevanz des Konsenses für Normbegründungen paßt).[25] Oder die Topik wird in die Nähe einer modernen Diskurstheorie (wie sie beispielsweise Apel und Habermas vertreten) gerückt[26], die ihrerseits die Frage, wie die – Geltung stiftende – Funktion des Konsenses zu legitimieren sei, zum Gegenstand hat.

Hier stoßen wir auf große sozialphilosophische Kontroversen, und *sie* sind es, die den Sitz des Problems bestimmen: Was hat juristische Topik mit konsensbedingter Rechtsgeltung zu tun?

1) Zunächst ist die jahrhundertealte Tradition der von Juristen entwickelten Anerkennungstheorien des Rechts in Erinnerung zu rufen[27], sodann ihre sozialphilosophisch inspirierte Renaissance und Weiterbildung.[28]

Wer die Gültigkeit eines Rechtssatzes von seiner Anerkennung abhängig machen will, sucht einen Weg zwischen Metaphysik und Willkür. In dem Maße, wie Rechtssätze auf empirische Wahrheiten angewiesen sind, kann man dabei den Einsichten Rechnung tragen, die konsensorientierte Wahrheitstheorien vermitteln.[29] Freilich enden diese theoretischen Diskurse[30] schon bei der Selektion der Zweck-Mittel-Bezie-

---

25 Hermann Lübbe, *Sind Normen methodisch begründbar?* In: Willi Oelmüller (Hg.), *Materialien zur Normendiskussion*, Band 1: *Transzendentalphilosophische Normenbegründungen*, Paderborn 1978, S. 38 ff. (48).

26 Josef Kopperschmidt, *Topik und Kritik*, in: Breuer-Schanze, a. a. O., S. 171 ff. (182).

27 Vgl. Klaus Lüderssen, in: Klaus Lüderssen/Fritz Sack (Hg.), *Abweichendes Verhalten II*, Frankfurt/M. 1975, S. 15-17, mit Nachweisen (auch der kritischen Literatur).

28 A. a. O., S. 17-18, wiederum mit Nachweisen; kritisch: Lothar Kuhlen, *Normative Konsequenzen selektiver Strafverfolgung*, in: Klaus Lüderssen, Fritz Sack (Hg.), *Abweichendes Verhalten IV*, Frankfurt/M. 1980, S. 26 ff. (30-38); ders., *Zur Abgrenzung von Recht und Moral*, in: *Analyse & Kritik* 1981, S. 223 ff.

29 Überblick bei L. Bruno Puntel, *Wahrheitstheorien in der neueren Philosophie*, Darmstadt 1978, S. 142 ff.

30 Dazu Klaus Lüderssen, in diesem Band S. 176 ff.

hungen.[31] Für die bereits in diesem Rahmen beginnenden Diskurse ist die Relevanz des Konsenses also erst recht plausibel, noch evidenter ist das bei überhaupt nicht mehr auf irgendwelche Fakten reduzierbaren Wertungen.[32]

2) Diese philosophischen Strömungen sind flankiert von den Wandlungen eines Demokratieverständnisses, das dem – in hochzivilisierten und technologisch beherrschten Massengesellschaften *au fond* unentbehrlichen – Prinzip der Repräsentation eine Vielzahl zusätzlicher Vermittlungen an die Seite stellen möchte.[33]

3) Das sind Perspektiven auf das politische Leben ganzer Gesellschaften. Ihnen korrespondiert eine Sensibilität des Einzelnen, die gekennzeichnet ist durch eine Zunahme des Verlangens nach befriedigender Kommunikation mit anderen einerseits, nach Selbstbestimmung andererseits. Etliche neue Wissenschaftsgebiete haben sich mit Blick auf diese Bedürfnisse etabliert.[34]

4) Niemand sollte dergleichen registrieren, ohne sich seine Vorverständnisse bewußt zu machen. Sie liegen hier in einem Bereich von Erfahrungen und Erwartungen, der mit den letztlich unlösbaren Problemen der Geschichtsphilosophie zu tun hat.[35] Ich meine zwar, daß ein Teil dieser Probleme auf Fragen an nachprüfbare Erfahrungen heruntergeschraubt werden kann[36], will dem aber nicht weiter nachgehen, son-

31 Niklas Luhmann, *Zweckbegriff und Systemrationalität*, Tübingen 1968, S. 15.
32 Klaus Lüderssen, a. a. O.
33 Immer noch instruktiv: Martin Greiffenhagen (Hg.), *Demokratisierung in Staat und Gesellschaft*, München 1973.
34 Vor allem: Kommunikationsforschung, Sozialisationsforschung, Soziolinguistik.
35 Dazu die Belege bei Lüderssen, a. a. O. in der Anm. 42.
36 Dazu Karl Acham, *Überparteilichkeit und Objektivität in den Gesellschaftswissenschaften*, in: Reinhard Koselleck u. a. (Hg.), *Objektivität und Parteilich-*

dern an die schlichte Tatsache anknüpfen, daß in wechselnden Gewändern auftretende methodologische Schwierigkeiten die Menschen nicht daran hindern, immer wieder ihren
historischen Standort zu bestimmen und danach zu handeln.

a) Es geht darum, die ohne Rücksicht auf die Skrupel der
Philosophie herzudrängende Menge des zu Legitimierenden
erst einmal anzumelden und so deutlich zu machen, welche
Aufgaben eine Topik, um Konsentheorie der Rechtsgeltung
sein zu können, zu bewältigen und wo sie die Anleihen dafür
zu machen hätte.

Mit anderen Worten: Nicht die Luhmann-Habermas-Kon-
troverse etwa oder vergleichbare, an andere Namen oder
Begriffe sich heftende Debatten sind zu rekonstruieren,
sondern die berstende Fülle dahinterliegender täglicher
Orientierungsnöte.

Die abstrakte Spekulation, ob die Bedingungen für die
Existenz und die Ausbreitung idealer Sprechsituationen sich
verbessern oder schlechter werden, ist nicht so interessant;
wissen möchte man vielmehr, was typisch ist für unsere konkreten Verständigungsverhältnisse.

b) Nicht nur der erste Eindruck ist schillernd: für jede
Tendenz, die man namhaft machen kann, scheint es eine Gegenrechnung zu geben.

aa) Wer etwa hervorhebt, daß das Verhältnis der Bürger zu
den sie umgebenden Normen enger geworden sei, daß die
unüberblickbar komplex gewordene Gesellschaft längst zu-
sammengebrochen wäre, wenn nicht in ungezählten Fällen
freiwillige oder sogar engagierte Normbefolgung die Regel
sei, wer ferner darauf hinweist, daß die Instanzen der sozialen
Kontrolle (Zivilgerichte, Strafgerichte, Verwaltungsbehör-
den und Verwaltungsgerichte etc.) ihre Zurechnungsmaß-

---

keit in der Geschichtswissenschaft, München 1977, S. 399 ff. (417 ff.); speziell für
die juristische Argumentation: Helmut Coing, *Grundsätze der Rechtsphilosophie*, Berlin/New York 1976, S. 339 f.

stäbe ständig verfeinern, indem sie mehr denn je – womöglich durch Sachverständige erhärtete – Gründe für die Nicht-befolgung einer Norm respektieren, mindestens aber sich zunehmendem Druck ausgesetzt sehen, die dekretierten Rechtsfolgen den Betroffenen gegenüber zu begründen – wer so spricht, muß sich entgegenhalten lassen, wohin man blicke, mehrten sich doch die Zeichen der Normlosigkeit; ty-pisch für die Gegenwart sei die Ungeniertheit, mit der jeder-mann seinen Vorteil suche, ausschließlich danach sich orien-tiere, ob eine Unregelmäßigkeit *aufgedeckt* werden könne oder nicht (etwa bei den Steuern, bei Subventionen, Versiche-rungsleistungen, öffentlichen Entschädigungen, Schulnoten etc.). Das sei ein Erosionsprozeß, der inzwischen weite Teile auch des sogenannten gutbürgerlichen Lagers erfaßt habe. Und was die Haftungsmaßstäbe angehe, so seien die Kon-strukteure der Zukunft doch längst am Werk, das Zurech-nungsprinzip durch eine Technik pauschalen Schadensaus-gleichs zu ersetzen; das sei schon mit Blick auf die wachsende Beanspruchung von Computern, die man nicht auf individua-lisierende Zurechnung programmieren könne, erforderlich und trete bereits zutage bei – ohne Haftungsübergang voll-zogene – Schadensabwälzungen auf überpersönliche Zu-sammenschlüsse.[37]

bb) Wer von Humanisierung der Arbeitswelt spricht, von Kultivierung des Didaktischen in vielen Lebensbereichen, wachsender Toleranz gegenüber psychischen Problemen und ihrer sachgerechten Behandlung, wachsendem Verständnis für Adoleszenzkrisen, sieht sich Erscheinungen wie rapide steigender Automation, anonymisierten und schematisierten Prüfungen (*multiple choice*), und Brutalisierungen des Lei-stungswettbewerbs gegenüber.

cc) Wer auf die wachsenden Bedürfnisse nach Anerken-

---

37 Vgl. z. B. die Einstellungsverfügung der Staatsanwaltschaft Frankfurt/M. betr. Höchst AG. Az.: 92 Js 23 113/80.

nung von Spontaneität und informeller Regulierung von Konflikten in kleineren, autonomen Gruppen hinweist, Belege dafür beibringt, daß auch schon zunehmend nach diesen Mustern gehandelt werde, wird sogleich mit alles nivellierender, zentral gesteuerter Gesetzes- und Verordnungsflut konfrontiert, gegen deren Exekution und Wirkung niemand erfolgreich opponieren könne.

dd) Wer darauf aufmerksam macht, daß der Verzicht auf Gewaltanwendung zunehme (etwa bei der Reaktion auf Geiselnahmen), die Toleranz gegenüber Demonstrationen wachse, Verhandlungen erfolgreicher seien als Vollstreckungen, wird danach gefragt, was er von effektiven (völkerrechtliche Bedenken beiseite lassenden) Einsatz-Kommandos, Polizeiaufgeboten mit chemischen Waffen, skrupellosen Betriebsschließungen und Massenentlassungen halte.

ee) Wer die Abschaffung von Straftatbeständen, die wachsende Sensibilität der Öffentlichkeit für kriminalpolizeiliche Übergriffe (körperliche Mißhandlungen, heimliches Abhören), bessere Kommunikation im Gerichtssaal, Milde bei der Strafzumessung, Zunahme der Strafaussetzung zur Bewährung, Intensivierung psychologischer und sozialer Dienste im Strafvollzug begrüßt, wird darüber belehrt, daß Entkriminalisierung weitgehend nur Umkriminalisierung sei, weite Bereiche der schweren Kriminalität, vor allem aber Rauschgift- und Waffenhandel im wesentlichen nur im Wege aktiver polizeilicher Provokation aufzuklären seien, in polizeilich abgeschirmten Gerichtssälen die freie Advokatur und der Grundsatz der Öffentlichkeit zu Grabe getragen werde und Domestizierung und Disziplinierung straffällig Gewordener durch Patronalisierung und Pathologisierung sich ausbreite.

c) Man könnte mit dieser Art von Gegenüberstellungen leicht fortfahren. Sie haben – zugegeben – ein bißchen etwas von der aus Schulaufsätzen geläufigen »Fluch und Segen der Technik«-Argumentation (dabei sind die Probleme anderer

Weltgegenden und auf das Ganze gehende Antagonismen ja bereits ausgespart). Aber »Gemeinwahrheiten«[38], auch mit dem pejorativen Beigeschmack ihrer – bis zum Überdruß deutlichen – Selbstverständlichkeit, sind dasjenige, worüber nach den Regeln der Topik allein diskutiert werden kann.[39] Das gilt am Ende auch für die Geschichtsphilosophie.

Die Beispiele haben sämtlich mit der Frage nach dem wechselseitigen Respekt der Menschen vor ihrer Autonomie zu tun, der nur durch Verständigung garantiert werden kann. Die äußeren und inneren Chancen für die soziale Relevanz dieses Respektes werden unterschiedlich beurteilt. *Jede evolutionstheoretische Annahme steht hier vor unendlichen empirischen Problemen.*[40]

IV.

Die Frage, ob diese Probleme wirklich der unschuldigen Topik aufzubürden sind, mag sich erneut stellen. Das wäre vielleicht nicht der Fall, wenn die Auffassung, im Rechtsleben komme es vor allem auf Akzeptanz an, nicht so stark von der politischen Realität abhinge oder diese politische Realität eindeutigere Konturen hätte. Man kann aber nicht nachträglich von einer Logik abrücken, bloß weil einem die Konsequenzen nicht gefallen. Auch eine Beschränkung auf die postulatorische Seite der Topik, die Praxis *soll* konsensorientiert arbeiten[41], in dem Maße, wie es (muß jetzt ergänzt werden)

38 Wieacker, a. a. O., S. 406.
39 Nicht dagegen über Un-Orte; auf U-topievergleiche – etwa Freiheitsverheißungen à la Walden 2 (s. den gleichnamigen Roman von B. F. Skinner) versus apokalyptische Dressurgesellschaften in Clockwork Orange (s. den Roman von Burgess) wird also, wie phantasiefördernd und insofern konkret sie auch sein mögen, verzichtet.
40 Vgl. dazu Anm. 35.
41 S. oben S. 310, 312 f.

gelingt, die politischen Rahmenbedingungen dafür zu schaffen – brächte keine Erleichterung. Denn erstens wäre damit ein wesentlicher Teil der Topik preisgegeben. Ihr Renommé beruht doch vorwiegend darauf, daß die Praxis schon immer topisch verfahre und daß sie dazu *legitimiert* sei. Zweitens ist Rechtsgeltung kein Status, sondern ein Prozeß. Die parlamentarisch verabschiedeten Gesetze sind ein Rahmen; seine Ausfüllung geschieht keineswegs nur deduktiv-analytisch, sondern auch innovatorisch-synthetisch; gerade hier setzt die Topik ein.[42] Aber eben nicht in der Weise, daß sie *völlig* neue Wege geht, sondern in einer schwer entwirrbaren Mischung zwischen Rekonstruktion und Weiterbildung von Rechtssätzen – ein praktisches Beispiel für den (in der Philosophie so bezeichneten) Zusammenhang von Genesis und Geltung.

Es bleibt dabei, daß die Topik sich den schwierigen und weitläufigen Fragen, ob eine geschichtliche Entwicklung angenommen werden darf, die eine auf Konsens basierende Legitimation von Normen nicht als leeren Wahn erscheinen läßt, nicht entziehen kann. Diese Fragen können hier nicht incidenter allgemein beantwortet werden.[43] Vielmehr geht es nur um die Antworten, die von der Topik zu erwarten sind. Befriedigende direkte Stellungnahmen sind, wie dargelegt, nicht zu verzeichnen. Vielleicht aber gibt es indirekte Aussagen. Ein Legitimationskonzept könnte auch überzeugen, indem man vorführt, wie es praktisch gehandhabt wird. Gehen wir also die Stufen einer konsensorientierten Normkonkretisierung einmal systematisch durch (I) und prüfen, wo jeweils ein Beitrag der Topik auftaucht (II-III).

1) Es empfiehlt sich, nach dem folgenden Schema zu verfahren.

a) Zunächst setzt konsensorientierte Normkonkretisie-

---

42 Hierzu Wieacker, a.a.O., S. 400f.
43 S. dazu in diesem Band, S. 176ff.

rung voraus, daß überhaupt Interaktion durch Personen stattfindet.

aa) Sie ist – in unterschiedlicher Mischung – verbale oder nonverbale Kommunikation.

bb) An ihr können alle Bürger beteiligt sein oder nur bestimmte Gruppen und Gremien, z. B. das Parlament, Parlamentsausschüsse, die Kammer eines Gerichts, Prozeßbeteiligte, Berufsgruppen (alle Juristen oder bestimmte Sparten, etwa »die Praktiker« oder »die Wissenschaftler«, Anwälte, Richter, etc.).

cc) Sie kann sehr verschiedene Ausgangsbedingungen haben. (Ideale Sprechsituation, durch Sozialisationsdefizite der Beteiligten gehemmte Sprechsituation, durch institutionelle Barrieren oder situative Konstellationen behinderte Sprechsituation etc.).

b) Ferner hängt konsensorientierte Normkonkretisierung davon ab, zu welcher Verständigung die Interaktion führt. Hier gibt es Unterschiede in bezug auf

aa) Die Ziele (z. B. Verständigung über Abzulehnendes, Hinzunehmendes oder über tätiges Eingreifen), oder

bb) die Intensität[44].

c) Schließlich ist konsensorientierte Normkonkretisierung nur dort möglich, wo Erfahrungen und Bewertungen dem Diskurs nicht entzogen sind. Welche Stufen der Argumentation dabei anzutreffen sind und in welchem Maße sich die Beweisführung hier umkehrt (sofern überhaupt nur Konsensustheorien der Wahrheit und Richtigkeit noch ernstgenommen werden, folgt daraus die Notwendigkeit, Verständigung zu erzielen), ist schon angedeutet worden.[45]

2) Je erfolgreicher die Interaktion (gemessen vor allem an der Zusammensetzung der Beteiligten, der Qualität der

44 Vgl. in diesem Band, S. 133, 216.
45 S. oben S. 309.

Sprechsituation, der Intensität der Verständigung und der Diskursfähigkeit der Erfahrungen und Bewertungen) ist, um so leichter springt dabei gleichsam auch ihre Legitimation heraus – und das scheint mir die Suggestion zu sein, der sich die Topik zur Stützung ihres stillschweigend erhobenen Anspruchs bedient, konsensorientierte Rechtsgeltung zu etablieren.

3) Aber wie überzeugend kann das sein? Wie bilden sich die Leistungen der Topik in einem so ausdifferenzierten Schema der konsensorientierten Rechtsgeltung nun im einzelnen ab?

a) Die erste Stufe – Interaktion – wird in der Tat wenigstens streckenweise gut beschickt.

aa) Hier braucht man, was die verbale Kommunikation angeht, nur die in der Topik steckende Rhetorik-Tradition zu zitieren.[46] Ähnliches gilt für die Sprachpragmatik. Sie wird in der neueren Literatur zur Topik durchaus berücksichtigt.[47] Allerdings muß das in Beziehung gesetzt werden zu dem, was die Kommunikationsforschung inzwischen erarbeitet hat. Durchblättert man nur die bekanntesten Sammelwerke auf diesem Gebiet[48], so fällt der Blick auf Erfahrungsbereiche und theoretische Zusammenhänge, die von der Topik kaum gestreift werden.[49] Erst recht gilt das von der non-verbalen

46 Waldemar Schreckenberger, *Rhetorische Semiotik*, Freiburg/München 1978, S. 317 ff.; Theodor Viehweg, *Schritte zu einer rhetorischen Rechtstheorie*, in: *Kultur, Kriminalität, Strafrecht. Festschrift für Thomas Würtenberger*, Berlin 1977, S. 3 ff.; ders.: *Rhetorik, Sprachpragmatik, Rechtstheorie*, in: *Recht und Gesellschaft. Festschrift für Helmuth Schelsky*, Berlin 1978, S. 717 ff.

47 Vgl. Viehweg, *Rhetorik, Sprachpragmatik, Rechtstheorie*, a.a.O.; Schreckenberger, a.a.O., S. 44 ff., 68 ff., 106 ff. und öfter.

48 Arbeitsgruppe Bielefelder Soziologen (Hg.), *Alltagswissen, Interaktion und gesellschaftliche Wirklichkeit*, 2 Bände, Reinbek bei Hamburg 1973; Jörg Aufermann u.a. (Hg.), *Gesellschaftliche Kommunikation und Information*, 2 Bände, Frankfurt/M. 1973; Manfred Auwäter u.a. (Hg.), *Kommunikation, Interaktion, Identität*, Frankfurt/M. 1976.

49 Bei Schreckenberger, a.a.O., finden sich zwar viele Andeutungen und Assoziationen, aber keine richtige Einlassung; aufschlußreich immerhin S. 40 f.

Kommunikation. Man sage nicht nachträglich, sie spiele für die Rechtssatzkonkretisierung ja auch keine Rolle; das Stichwort »Interaktion vor Gericht«[50] mag genügen. Was die Topik hierzu beisteuert, sind im wesentlichen nur die Beteuerungen des späten Viehweg, daß bei der Rede so viel am Situativen hänge.[51] Sein Schüler Thomas Seibert geht hier weiter, indem er beispielsweise bestimmte Bedingungen der juristischen schriftsprachlichen Verständigung erörtert, aber er tut das, wie mir scheint, weniger als Topik- denn als Semiotik-Forscher.[52]

bb) In bezug auf die Beteiligten beschränkt sich die Topik auf die Kultivierung des »Spezialisten-Dogmas«.[53] Dies allerdings geschieht äußerst kompetent, aus großer Nähe (und müßte nun umgekehrt für Soziologen und Psychologen eine willkommene Ergänzung ihres Materials sein). Die Normadressaten als potentielle Akzeptanten der Rechtssätze kommen hingegen nicht vor, und damit ist die Reichweite des Anspruchs, konsensorientierte Rechtsgeltung zu etablieren, äußerst beschnitten.[54] Die wichtigen Rechtsgeltungsfragen liegen jenseits des Spezialisten-Dogmas.[55]

50 Besonders instruktiv jetzt Fritz Schütze, *Strategische Intervention im Verwaltungsgericht – eine soziolinguistische Analyse zum Kommunikationsverlauf in Verfahren zur Anerkennung als Wehrdienstverweigerer*, in: *Schriften der Vereinigung für Rechtssoziologie*, Band 2, Baden-Baden 1978, S. 19-100.

51 A. a. O. (s. oben Anm. 46).

52 Thomas-M. Seibert, *Juristische Topik*, in: *Zeitschrift für Literaturwissenschaft und Linguistik*, 10. Jahrgang (1980), S. 169 ff.; ders., *Topos und Status im Rahmen einer entwickelten juristischen Pragmatik*, in: Breuer/Schanze (Hg.), a. a. O., S. 80 ff.; ders., *Aktenanalysen*, Tübingen 1981.

53 In Anlehnung an die von Jan Schröder so bezeichnete Lehre Savignys, »daß bei ›steigender Cultur‹ eines Volkes die Fortbildung des Rechts vorwiegend zur Sache der Juristen werde«, Jan Schröder, *Savignys Spezialisten-Dogma und die »Soziologische« Jurisprudenz*, in: *Rechtstheorie*, 7. Band (1976), S. 23 ff.

54 Wieacker spricht vom »exklusiven, traditionalistischen und zunftmäßigen Charakter« der fachjuristischen Topik (a. a. O., S. 406). Eine Gegenrechnung macht Hubert Rodingen (*Pragmatik der juristischen Argumentation*, München 1977, S. 129 ff.) auf. Das logifizierte und institutionalisierte Recht, das ein von anderen Gesellschaftssystemen abgeschichtetes Subsystem sei, habe in den »Be-

cc) Zu den Ausgangsbedingungen juristischer Interaktion findet sich gar nichts. Die Sprechsituation ist kein Thema für die Theoretiker der Topik.[56] Das dürfte mit dem Spezialisten-Dogma zusammenhängen – das Gespräch unter Fachleuten ist leichter als die Verständigung unter Menschen, die mit massiven Sprachbarrieren ringen. Hier bleibt also alles anderen Disziplinen überlassen[57]; besonders hervorzuhe-

reichen sozialer Nahbeziehungen« nichts zu suchen; hier sei »Recht nur als Topos angebracht«. Die Topik sei das Medium, die situative Betroffenheit der Bürger in Recht umzusetzen. Topik ist danach also gerade nicht etwas für Spezialisten. Empirische Belege dafür bietet Rodingen allerdings nicht. Sie wären meines Erachtens auch nur im Rahmen einer Erhebung von Daten der konsensorientierten Rechtsgeltung zu erhalten. Zuvor müßte aber ein entsprechendes Konzept der Rechtsgeltung entwickelt werden, an dem man diese Daten messen könnte.

In der allgemeinen Topikdiskussion wird die Gefahr beschworen, »daß die Topoi so weit verselbständigt sein könnten, daß sie mit der Erfahrung nicht mehr zu ermitteln, und d. h. vor allem nicht mehr zu überprüfen und zu korrigieren« seien (Utz Maas/Dieter Wunderlich, *Pragmatik und sprachliches Handeln*, Frankfurt/M. 1972, S. 273). Es wäre interessant zu untersuchen, ob es dafür in der juristischen Topik eine Entsprechung gibt. Auf den ersten Blick scheint diese Position – auch wenn sie sicher ganz anderer Provenienz ist – auf das hinauszulaufen, was auch Wieacker (s. oben) sagt.

55 Vom Ergebnis her gesehen hat Rodingen (s. oben Anm. 53) also nicht unrecht. Anders wohl Norbert Horn, *Rationalität und Autorität in der juristischen Argumentation*, in: *Rechtstheorie*, Band 6 (1975), S. 145 ff. (158 f.); ders., *Topik in der rechtstheoretischen Diskussion*, in: Breuer/Schanze; a. a. O., S. 57 ff. (62/63).

56 Anders jetzt Seibert, *Aktenanalysen*, a. a. O., S. 18 ff. Auch hier gilt aber das im Text zu Anm. 52 Gesagte.

57 Daß jene anderen Disziplinen gelegentlich ihrerseits auf die juristische Topik verweisen, ändert an diesem Tatbestand nichts. Teils handelt es sich dabei nur um die Information, daß Vergleichbares auch auf dem Gebiete der Jurisprudenz geschieht (Brigitte Schlieben-Lange, *Linguistische Pragmatik*, Stuttgart, Berlin, Köln, Mainz 1979, S. 123 f.; Joseph Kopperschmidt, *Allgemeine Rhetorik*, Stuttgart, Berlin, Köln, Mainz 1973, S. 139; Lutz Huth, *Argumentationstheorie und Textanalyse*, in: *Der Deutschunterricht* 1975, S. 80 ff. [95]). Teils wird zwar das Exemplarische der juristischen Topik besonders betont – aber nur wegen des system-skeptischen, problemorientierten Aspekts (Kopperschmidt, a. a. O., S. 140; Huth, a. a. O., S. 96 f.). Daß die juristische Topik hier sehr förderliche Anregungen gibt, wird indessen durch die Betrachtung dieses Textes überhaupt nicht in Frage gestellt (vgl. dazu auch die früheren Äußerungen des Verfassers: *Zum Strafgrund der Teilnahme*, Baden-Baden 1967, S. 31 ff. in diesem Band S. 251 f.). Im vorliegenden Zusammenhang geht es ja nur um die Valutierung

ben[58] sind die neueren sozialphilosophischen Untersuchungen über Theorie und Praxis des Diskurses.[59]

b) Das Ergebnis der Interaktion – die Verständigung – beachtet die Topik unterschiedlich stark.

aa) Der Entscheidungsbezug steht natürlich im Mittelpunkt ihres Interesses – auch das hängt ganz eng mit dem Spezialisten-Dogma zusammen (wiederum kommt hier ein Material zusammen, das Soziologen und Psychologen nicht zur Verfügung haben).

bb) Für die Intensität der Verständigung gilt das nicht. Erneut muß Fehlanzeige erstattet werden. Die Frage nach den Abstufungen der Zustimmung, die ein Argument erfahren kann, wird nicht gestellt, dementsprechend beschäftigt sich die Topik auch nicht mit dem Problem des Scheinkonsenses.

c) Dem Diskurs zugängliche Erfahrungen und Bewertungen bietet die Topik in Hülle und Fülle. Das ist ihre eigentliche Domäne.[60] Von ihr nimmt jene Suggestion der Topik,

der von der Topik prätendierten »Konsensgewähr«, und darüber gibt die Kritik am axiomatisch-deduktiven Rechtsdenken noch keine hinreichende Auskunft; vielmehr bedarf es zusätzlicher sozialwissenschaftlicher Erkundungen. Nicht nur aus der juristischen Sicht (des Verfassers) stellt sich das übrigens so dar. Brigitte Schlieben-Lange etwa (a.a.O., S. 124 f.) macht ausdrücklich auf Lücken in der Theorie der juristischen Argumentation aufmerksam (diese habe sich bisher ganz auf die »nachträgliche Darstellung und Rechtfertigung fertiger Sachverhalte konzentriert und zu wenig die handlungsmäßige ›Konstruktion‹ der ›Rechtswirklichkeit‹ bedacht«) und formuliert dementsprechend Fragen, die sich eine sprachpragmatische Erforschung des Rechtslebens stellen sollte. Auch Kopperschmidt meldet derartige Desiderate an. »Ohne eine vergleichbare Analyse der praktischen Problembereiche, die für die Diskussion in der heutigen Gesellschaft typisch und relevant« seien, könne man an »die heute so oft geforderte Aktualisierung der Topik« nicht herangehen (a.a.O., S. 144).

58 So auch Detlef Hoerster in seiner Rezension des Buches von Ilmar Tammelo, *Theorie der Gerechtigkeit*, in: Archiv für Rechts- und Sozialphilosophie 67 (1981) S. 261.

59 Guter Überblick bei Herbert Schnädelbach, a.a.O., S. 35 ff.

60 Struck, a.a.O. – von Viehweg als derjenige Autor apostrophiert, der eine »dankenswerte Darstellung« der inhaltlichen Topik übernommen habe, *Topik und Jurisprudenz*, a.a.O., S. 111; auch das ist freilich nicht unbestritten, vgl. Robert Alexy, *Theorie der juristischen Argumentation*, Frankfurt/M. 1978, S. 41 ff.

Konsensgeltung zu schaffen, ihren Ausgang, etwa in dem Sinne, wie Gustav Radbruch von der Stoffbestimmtheit der Idee gesprochen hat.[61]

4) Rhetorik, Spezialisten-Dogma und Topoi-Kataloge – das sind also die Segmente, die von der Topik zu einer Konzeption konsensorientierter Rechtsgeltung beigebracht werden. Sie lassen große Lücken, die von der allgemeinen Rechtstheorie und diversen Sozialwissenschaften geschlossen werden müssen.

V.

Gemessen an den Ansprüchen, denen sich ein konsensorientiertes System der Rechtsgeltung stellen muß, ist die Topik demnach bei Licht besehen recht enttäuschend. Aber man wird am Schluß immerhin fragen müssen, wie denn die Theorie der konsensorientierten Rechtsgeltung vor der Topik besteht. Vielleicht hat die Topik, was die Kritik von den Anerkennungstheorien des Rechts übrig läßt, schon längst unbemerkt und bescheiden auf den Begriff gebracht. Die Diskurse, welche die Topik im Auge hat, sind nicht darauf angewiesen, die ideale Sprechsituation zu antizipieren.[62] Sie halten sich an das hier und jetzt Machbare. Da das materialreich und praxisbezogen geschieht, könnte die Topik, werden ihre Protagonisten sagen, die Donquichotterie der unentwegt kontrafaktisch operierenden Konsensenthusiasten heilsam ernüchtern. Aber wenn man sich in Erinnerung ruft, wie undifferenziert und mit der Selbstverständlichkeit dessen, der

---

61 Gustav Radbruch, *Rechtsphilosophie*, 4. (von Erik Wolf besorgte) Auflage, Stuttgart 1950, S. 98.
62 S. dazu Klaus Lüderssen, in: Klaus Lüderssen/Fritz Sack (Hg.), *Abweichendes Verhalten II*, a. a. O., S. 21.

ein universales Prinzip verwaltet, das Kriterium des Konsenses als Richtschnur topischen Argumentierens vorgezeigt wird, so muß doch konstatiert werden, daß die Topik für die Begrenzung ihres Rechtsgeltungskonzepts den Beweis schuldig bleibt. Sie ist es nicht selbst, die ihren Anspruch niedriger gehängt hat, sondern andere haben das getan. Sie haben dabei aber stets von einer Topik-fremden Position aus operiert.[63] Die Anhänger der Topik hatten alle Hände voll zu tun, diese Generalangriffe abzuwehren, und haben es darüber versäumt, ihr eigenes (latentes) Legitimationspotential zu entfalten. Solange sie das nicht nachholen, kann die Topik nicht Theorie der konsensorientierten Rechtsgeltung sein.

63 Claus-Wilhelm Canaris, *Systemdenken und Systembegriff in der Jurisprudenz*, Berlin 1969, S. 144 f.; eindrucksvolles Resumé der Problematik bei Karl Engisch, *Einführung in das juristische Denken*, 8. Auflage Stuttgart, Berlin, München, Mainz, 1983 S. 193 ff., insbesondere 196 ff.

»Law and Literature« als Herausforderung
von »Law and Economics«

Was verbindet sich mit diesem Doppel-Thema? Law and Economics – das mag angehen. »Wirtschaftliche Betrachtungsweise« ist ein fester topos auch der Rechtspraxis. Allerdings muß gleich gesagt werden, daß der Anspruch von Law and Economics über diese lockere Plausibilität hinausgeht; universalisierende Tendenzen sind unverkennbar. Trotzdem kann man sich, auch ohne näher damit befaßt gewesen zu sein, doch einiges darunter vorstellen. Im übrigen kommt es auf diese werbende Ermunterung wahrscheinlich nicht einmal an, weil die ökonomische Analyse des Rechts, wie man – technisch genauer – sagt, sich auch in Deutschland inzwischen einen Platz im vertrauten Methodenkanon erworben hat.

Law and Literature aber? Und dann noch in bezug auf Law and Economics? Zunächst: was heißt das und woher kommt es? Um mit dem zweiten anzufangen: es handelt sich um eine Strömung, die sich seit etwa 10 Jahren in den USA ausgebreitet hat, unter Beteiligung von Juristen und Literaturwissenschaftlern. Es gibt »Law *in* Literature« und »Law *as* Literature«.

Mit »Law *in* Literature« assoziiert man zunächst Geläufiges: Rechtsprobleme werden in der schönen Literatur besonders intensiv vorgeführt etc. Inwieweit die neue amerikanische Literaturwissenschaft im Vergleich zu anderen Traditionen originelle Töne anschlägt, überblicke ich noch nicht genau. Jedenfalls wird einiges bewußt ausgeklammert, so die Beschäftigung mit Rechtsproblemen zum besseren Verständnis eines literarischen Textes (beispielsweise Studien

über das »Criminal Justice System in Dickensian England –
which is done by literary scholars for the purpose of enhan-
cing appreciation of Dickens in his historical and social con-
text«).[1] Damit wird sicher vermieden, daß das Phänomen
»Law and Literature« an den Grenzen verschwimmt. Trotzdem ist natürlich das Thema immer noch relativ unbestimmt.
Eindrucksvoll ist freilich die breite Palette von Texten, für die
sich die amerikanische Rechtsliteratur unter diesem Aspekt
interessiert. Sie beginnt mit *Antigone, Der Cid, Kaufmann
von Venedig*, dann kommt schon Neueres – etwa die *Pick-
wick Papers, Die Brüder Karamasow, Billy Budd, A Passage
to India*, und *An American Tragedy, Native Son*[2]; das sind
aber nur ganz wenige, zum Teil überraschende Beispiele –
eigentlich gibt es kaum einen Autor, der nicht einschlägig ist.
Im Grunde geht es um das ganz und gar Plausible: »We can
read literature to better understand concrete human elements
to law that conventional legal texts obscure, and thus can use
literature to educate lawyers to deabstract and ›humanize‹
them«.[3] Immerhin wird in dem Zusammenhang schon der
Begriff des »Literary Legalist« geprägt, und die Amerikaner
erinnern sich gern an den stilistischen und rhetorischen
Glanz des »American lawyer as Ciceronian statesman of culture ... which has had a strong historical basis in early repu-
blican America, which had, or fancied it had, a kind of orga-
nic culture in which law and literature were so united that we
could regard leading statesmen as special figures we might
call political artists«.[4]

»Law *as* Literature« hat zunächst auch mit »style *and* rhetoric« zu tun und soll dazu beitragen, daß das Recht ein we-

---

1 Robert Weisberg, *The Law-Literature Enterprise*, in: *Yale Journal of Law and
the Humanities I* (1988), S. 11 ff.
2 Richard A. Posner, *Law and Literature*, Cambridge/Mass. und London 1988,
S. 6.
3 Weisberg, a. a. O., S. 17.
4 A. a. O., S. 9.

nig von seiner Abstraktheit verliert, individualisierende Züge bekommt. Dann aber wird etwas technischer von dem »hermeneutic sub-part« gesprochen.[5] Die Amerikaner versuchen »to subject Law to the malaise ... in modernist and postmodernist theory, traceable to the self-referential quality of literature«.[6] Praktisch gesehen, bedeutet das zunächst »to allow legal authorities to be interpreted as openly and pluralistically as literature«.[7]

Diese Andeutungen mögen genügen, die bange Frage aufsteigen zu lassen, ob man sich denn wirklich auf diese neuen Sachen einlassen muß. Ich glaube, ja. Aber plausibel wird das nur auf dem Hintergrund einer kurzen Retrospektive der bisherigen Methodenentwicklung.

Seit etwa Mitte des vergangenen Jahrhunderts – zusammenhängend mit der zweiten wissenschaftlichen Revolution, nach der ersten zu Beginn der sogenannten Neuzeit – haben wir in der deutschen Rechtswissenschaft (und auch -praxis) eine – gelegentlich unterbrochene oder auch einmal schwächer werdende – Methodendiskussion. Ihre Pointe ist, daß die alte Metaphysik-Frage: Naturrecht oder positives Recht, nicht mehr gestellt wird, sondern nur mehr die Methoden des positiven Rechts interessieren. Anfänglich – bis zum Inkrafttreten der großen Kodifikationen (Reichsjustizgesetze in den späten siebziger Jahren, BGB im Jahre 1900) – scheint freilich das Quellenproblem noch nicht ganz ausgeklammert; aber sieht man näher zu, so ist die Legitimation der alles beherrschenden Pandektistik unbestritten; wir haben eben eher einen wissenschaftlichen Positivismus als einen Gesetzespositivismus. Allerdings ist dieser wissenschaftliche Positivismus, auch nachdem die Kodifikationen da sind, keineswegs funktionslos: Denn die neuen Gesetze sind modern,

5 A.a.O., S. 26.
6 A.a.O., S. 43.
7 A.a.O., S. 47.

das heißt, sie halten eine wohlkalkulierte Mitte zwischen Generalklausel und Enumeration, müssen also – mehr oder weniger – ausgelegt, konkretisiert werden. Die Dogmatik, die dabei entsteht, entfaltet eine wissenschaftliche Eigenständigkeit, die sie freilich bald in einen dauernden Konflikt mit dem Gebot der Gesetzesbindung bringt. Begriffsjurisprudenz – und durch sie provoziert – Freirechtslehre, später dann der Kompromiß der Interessenjurisprudenz sind die frühen Meilensteine dieser Entwicklung, die durch den Einbruch der Naziherrschaft unterbrochen, dann nach einem Interregnum einer Quasi-Naturrechts-Orientierung in den späten fünfziger Jahren dieses Jahrhunderts (vor allem in der Rechtsprechung des Bundesgerichtshofs) wieder auflebt und sich weiter ausdifferenziert. Der Einfluß des amerikanischen Rechtsrealismus macht sich bemerkbar und gibt der an die Forschungen der Weimarer Zeit anknüpfenden Rechtssoziologie eine gewisse Färbung. Die Debatte zwischen Topik und Systemdenken entsteht, und – das sind schon die sechziger Jahre – der Ruf nach Interdisziplinarität wird laut, vorwiegend mit Blick auf inzwischen zu Ansehen gelangte Fächer der empirischen Sozialforschung, dicht gefolgt von revolutionären Vorstellungen einer ganz neuen Wissenschaftlichkeit, der es um Aufhellung latenter politischer Prämissen in der Jurisprudenz und Durchsetzung ganz bestimmter manifester politischer Interessen in der Jurisprudenz geht. (Die damalige DDR ist übrigens an diesen wissenschaftlichen Vorgängen – trotz zunehmender Anwesenheit kleinerer, auf Tagungen und Kongressen den Anschluß an die internationale Rechtsphilosophie suchender Spezialistengruppen – eigentlich nicht beteiligt.) Die nächsten Schritte sind: der Politikbedarf bricht sich am – fortschreitend modernisierten – Wissenschaftsbegriff, der in den besten Köpfen offenbar stärker ist als die Politik. Die Denkmuster der politischen Ökonomie des Marxismus machen – bei denselben Personen – der analytischen Philosophie, der Sprachphilosophie, der kalkulierten Logik Platz, was interessanterweise auch zu einer Art politischen Abkühlung oder gar Indolenz führt. Freilich ist die Methodendiskussion jetzt sehr viel breiter und tiefer. Ausgeblendet indessen bleiben nach wie vor die großen Legitimationsfragen – wir haben eigentlich keine richtige Aufarbeitung der Nürnberger Prozesse gehabt, was uns jetzt, mit Blick auf die strafrechtliche Bewertung der vielleicht in der ehemaligen DDR begangenen »Taten« durchaus fehlt. Und: die Methodendiskussion ergreift nach wie vor nicht so recht die Gesetzgebung. Aber alles andere ist mehr denn je präsent und – wenn auch mit unterschiedlichem und umstrittenem Gewicht – konsequent fortgeschrieben und verfeinert.

An die Stelle der Begriffsjurisprudenz ist der Versuch einer neuen, vage Begriffe meidenden Semantik getreten. Die Topikdiskussion ist zu einem »rhetorical turn in the legal culture«[8] geworden. Interdisziplinarität hat neue Fächer etabliert, die auf ihre Eigenständigkeit pochen, wie Kriminologie und Verwaltungslehre. Der Werturteilsstreit zwischen dialektischer und analytischer Philosophie (und Soziologie) ist durch den Gegensatz zwischen das Individuum herausfordernder Diskurstheorie und die persönliche Entscheidung eliminierender Systemtheorie (und Autopoiesis) abgelöst worden. Der Kampf um anthropologische Konstanten tobt nicht mehr auf dem Felde der Ontologie, sondern der Soziobiologie. Geschichtsphilosophie wird von genetischer Evolutionstheorie verdrängt. Nicht mehr kapitalistische und sozialistische Ökonomie stehen einander gegenüber, sondern ökologische und Wachstums-Politik.

Das alles wird – im Zuge der teleologischen Gesetzesauslegung (je nach der Regelungsmaterie) – dogmatisch relevant.

8 James Boyd White, *Law as Rhetoric, Rhetoric as Law: The Arts of Cultural and Communal Life*, in: *The University of Chicago Law Review*, Vol. 52 (1985), S. 684 ff. (688).

Man hat sich an dieses Arrangement mit wechselnden Valenzen, aber gleichen Argumentationsstrukturen so gewöhnt. Wir wissen (spätestens seit Thomas Kuhns Hinweisen auf die »Paradigmawechsel«): das Aufeinanderfolgen der »Richtungen« beruht nicht darauf, daß die jeweils vorausgegangenen Richtungen wirklich überwunden worden sind, sondern darauf, daß den Streitenden irgendwann die Lust vergeht, und wir wissen auch, daß Innovationen keineswegs notwendig an frühere wissenschaftliche Leistungen anknüpfen, sondern spontan zustande kommen, direkt aus unvorhersehbar sich wandelnden politischen und gesellschaftlichen Verhältnissen hervorgehen – oder sogar beliebig sind. Es bleibt dabei, daß die Rechnungen nie richtig aufgehen, daß es weder eindeutige Ableitungen noch klare Prioritäten gibt. Immer noch paßt die vor zwanzig Jahren von Wolfgang Naucke geprägte Abbreviatur auf das Ganze. Wir entscheiden »mit Hilfe jenes durchgängig akzeptierten hochkomplizierten, objektive Auslegung oder allgemein juristisches Denken ... genannten Gemischs aus Gesetzestreue, Rechtspolitik, eigener und fremder Erfahrung, persönlicher Meinung, Natur der Sache, traditioneller Begründungssprache und Dezisionismus«. Und (noch einmal Naucke): »dieses juristische Verfahren zeichnet sich zwar nicht durch methodische Genauigkeit aus, ist aber überprüfbar, wenn man es distanziert handhabt.«[9]

Wozu sich also weiter quälen? Ist von den neuen Importen wirklich eine neue Qualität zu erwarten? Wir haben offenbar gar kein Motiv dafür, uns eine neue Qualität auch nur zu wünschen.

Es ist nun eben diese Ruhe, in die das »Law and Literature Movement« einfällt. Denn es greift die bisherigen Methoden an, weil die sachlichen Probleme des Rechts prinzipiell an-

9 Wolfgang Naucke, *Über die juristische Relevanz der Sozialwissenschaften*, Frankfurt/M. 1972, S. 46.

dere geworden seien. Der vom »Law-and-Literature-Movement« zu seinen geistigen Führern gerechnete französische
Philosoph Jacques Derrida hat diese Probleme in bewegter
Rede aufgezählt: »Wollte man Beispiele aus unserem Umkreis nennen, so müßte man an die Gesetze denken, welche
die Erziehung und das Reden einer Sprache regeln, an die Legitimierung eines herrschenden Kanons, an die militärische
Benützung wissenschaftlicher Forschung, an die Abtreibung,
an die Euthanasie, an die Probleme der Organverpflanzung,
des Gebärens außerhalb der Gebärmutter, an das Bio-
engineering, an die medizinischen Laborversuche, an den
gesellschaftlichen Umgang mit Aids, an die Makro- oder
Mikropolitik, die den Drogengebrauch, die Homeless usw.
betrifft, ohne freilich die Behandlung dessen, was man als
Tierleben, als Tierheit bezeichnet, zu vergessen.«[10] Hinzu
kommen die unbewältigten Phänomene der Makrokriminalität, speziell der Kriminalität durch staatliches Handeln, im
Rahmen selbstgesetzter, aber anderwärts und später – auf
welcher Grundlage auch immer – nicht mehr respektierter
Regeln. Die Ursachen der Schwierigkeiten sieht Derrida
darin, daß das Recht »als die Gerechtigkeit aber die Allgemeinheit einer Regel, einer Norm oder eines universalen
Imperativs (voraussetzt). Wie soll man den Akt der Justiz
[*acte de justice*], der stets ein Besonderes in einer besonderen
Lage betrifft, Individuen, Gruppen, unersetzbare Existen-
zen, mich, *einen/den/als* anderen, mit der Regel, der Norm,
dem Wert oder dem Imperativ der Justiz in Einklang bringen,
wenn diese zwangsläufig eine allgemeine Form aufweisen,
mag es sich auch um eine Allgemeinheit handeln, die eine jeweils besondere Anwendung vorschreibt?«[11] Dieser Kala-
mität will Derrida zu Leibe rücken durch eine gleichsam un-

---

10 Jacques Derrida, *Gesetzeskraft. Der »mystische Grund der Autorität«*, Frank-
    furt/M. 1991, S. 59.
11 A. a. O., S. 34 f.

endliche Dekonstruktion der Texte, die letztlich dazu führen soll, aus den generalisierenden Bindungen an die Texte herauszukommen – zugunsten einer Annäherung[12] an das, was der Einzelfall wirklich erfordert.

Um das zu verstehen, müssen wir zunächst den Umweg nehmen über die genauere Ausarbeitung dieser Technik der Dekonstruktion in der Literaturwissenschaft, die hier insofern den Anfang gemacht hat. Paul de Man spricht von den *Allegories of Reading*[13], die auf die Eigendynamik des Textes verweisen, der die Intentionen, die zu dem Text geführt haben könnten, unterläuft oder abwandelt. Die Macht des Textes ironisiert den Plan, eine Intention mit Hilfe eines Sprachsystems auszudrücken. Paul de Man demonstriert das an verschiedenen Beispielen, etwa an Marcel Proust.[14] Im ersten Buch von *Auf der Suche nach der verlorenen Zeit* gibt es eine Stelle, die von Licht und Dunkel handelt: der Innenraum »verteidigte zitternd (…) seine durchsichtige, zerbrechliche Kühle gegen die Nachmittagssonne (…) die dunkle Kühle meines Zimmers verhielt sich zur besonnten Straße wie der Schatten zum Lichtstrahl, das heißt, sie war genauso licht«. Paul de Man meint nun, daß eine »von Wahrheit und Irrtum beherrschte Logik« diese Gleichung für widersinnig halten müsse, »da es der unterschiedliche Helligkeitsgrad sei, der Schatten und Licht voneinander trenne«. Im Zitat sei genau das, was nicht gesagt werden könne. Doch die »Logik der Empfindung und der Einbildungskraft bleibt (…) von der Genauigkeit der Passage überzeugt und hat nicht die geringste Schwierigkeit, sie als legitim zu akzeptie-

---

12 Ein infiniter Regress, den man auch als das Problem, die Prüfung des Unentscheidbaren durchzustehen, begreifen kann; hierzu Oliver Hein, *Dekonstruktion und Recht*, unveröffentlichtes Seminarreferat, Frankfurt/M. 1991, S. 13 mit Nachweisen.

13 So der Titel seines 1979 erschienenen Buches. Deutsch: *Allegorien des Lesens*, Frankfurt/M. 1988.

14 A. a. O., S. 91 ff.

ren. Man sollte sich fragen, wie eine solche Blindheit zustande kommt, die eine Feststellung, in der Wahrheit und Falschheit vollkommen verkehrt sind, ohne Widerstand als wahr akzeptiert. Dem, was Tropen sich erlauben können, scheint keine Grenze gesetzt.« Vielleicht ist es hilfreich, sich hier das Verfahren der Psychoanalyse zu vergegenwärtigen. Der Therapeut hört, was der Patient sagt, und knüpft an dessen Sprache seine Deutungen – keineswegs etwa daran, was er sonst von dem Patienten weiß. Aber was er, wenn der Patient spricht, dann assoziiert, geht oft in eine ganz andere Richtung, als das Gesprochene zu indizieren scheint. Man weiß, wie weit ausgreifend, große Zeiträume überspringend, uferlos solche Deutungen sind. Aber die Sprache – des Patienten – ist das Nadelöhr; andere Quellen werden nicht benutzt. Da bekannt ist, wie sehr die neue literaturwissenschaftliche Richtung des Dekonstruktivismus der Psychoanalyse verpflichtet ist, darf man, muß man diese Parallele ziehen.

Angestiftet jedenfalls durch die Interpretationen der Dekonstruktivisten stoßen *Juristen* des Law and Literature Movement nun zu den äußersten Grenzen geläufiger Gesetzesinterpretation vor, wenn sie sich darum bemühen, »to deconstruct legal texts for example by trying to show that the provision in Article II of the constitution (gemeint ist die Verfassung der USA) that one must be least 35 years old to be President of the United States could mean merely that one must have the maturity of the average 35 years old«.[15] Dies ist nun der Punkt, an dem sich die Vertreter von Law and Economics eindeutig – im Namen einer moderaten, nüchternen Vernunft – herausgefordert fühlen. Der Dekonstruktivismus, sagt Richard Posner, vielleicht der prominenteste Vertreter von »Law and Economics« in America, ist »attractive to a movement that is in rebellion against the traditional sources

15 Posner, a.a.O., S. 219.

of authority in law«.[16] Denn: »By showing that law is essentially discretionary and therefore, they argue, political (...) the radicals hope to undermine a powerful force for maintaining the status quo.«[17] Dem entspricht in der Literaturwissenschaft eine ästhetische Subjektivität, die so grenzenlos sein kann, daß sie sich jedweder Inhalte annimmt, anstatt sie zu verbannen. Sie entsteht, indem »das Ich nicht im Text sich ausspricht, sondern sich beim Schreiben als einem Akt der grenzüberschreitenden Imagination allererst erfindet«.[18] Die ästhetische Subjektivität ist also gar nicht entsagungsvoll nur auf das »Schöne« gerichtet, sondern begreift (ganz wörtlich zu nehmen) durchaus die Welt, entzieht sich aber jeder empirischen Nachprüfung – nicht nur der streng wissenschaftlichen.

Hier steht nun die gesamte juristische Methodologie zur Disposition. So sehr es auch geboten erscheinen mag, die Verkrustungen, in die eine strenge juristische Hermeneutik geraten ist, aufzulockern, so wenig darf man dabei beispielsweise die gescheiterte Freirechtslehre vergessen, die – vernunftmüde – auf vitalitas und voluntas setzen zu sollen geglaubt hat, scheinbar radikal diesseitig, in Wahrheit aber in die Untiefen des Spekulativen führend.

Das bedeutet im einzelnen:

Auch ohne sich, wie Posner, veranlaßt zu fühlen, etwas ganz und gar Radikales zurückweisen zu müssen, kann man gegenüber der dekonstruktivistischen Jurisprudenz zunächst einmal auf die triviale Empfindung rekurrieren, daß Recht etwas mit *Regeln* zu tun hat.[19] Es ist nun nicht zu leugnen, daß sich die ökonomische Analyse des Rechts hier ange-

16 A.a.O., S. 216.
17 A.a.O., S. 217.
18 Harro Müller, *Kleist, Paul de Man und Deconstruction*, in: Jürgen Fohrmann/Harro Müller (Hg.), *Diskurstheorien und Literaturwissenschaft*, Frankfurt/M. 1988, S. 81 ff. (85).
19 Vgl. dazu in diesem Band, S. 285 f.

messener verhält. Zwar sieht sie sehr wohl, daß die Ökonomie als Sozialwissenschaft »dort am überzeugendsten« ist, »wo ihre Konklusionen unmittelbar auf empirisch ermittelten Befunden beruhen«.[20] Aber: »Leider werden quantitativ exakte Erhebungen von Vor- und Nachteilen, oder Transaktionskosten und Externalitäten häufig nicht verfügbar sein, da die erforderlichen Untersuchungen schwierig, zeitraubend und teurer sind.«[21] Dann muß auf die Ableitung von Modellen zurückgegriffen werden, die ihrerseits auf das verfügbare empirische Material gestützt sind. Daraus ziehen die Vertreter der ökonomischen Analyse des Rechts die Konsequenz, »die Einsicht, daß Effizienz im Einzelfall nicht mit mathematischer oder naturwissenschaftlicher Präzision zu ermitteln« sei, stehe »der Verwendung rechtsökonomischer Argumente nur dann entgegen, wenn die herkömmliche dogmatische Arbeitsweise in den offenen Problemfeldern Besseres leisten«[22] könne. Man bedenke, daß ökonomische Analyse des Rechts in ihrem »positiven« Teil (der vom »normativen Teil« – Auswahl der ökonomischen Präferenzen – zu unterscheiden ist) ein gerüttelt Maß solider Empirie anbietet: Allokationseffizienz wird sehr sorgfältig definiert. Die Überprüfung geschieht mit Hilfe des Kaldor-Hicks-Theorems, wonach eine Regel oder eine Entscheidung richtig ist, wenn die Gewinne der Begünstigten die Verluste der Benachteiligten übersteigen und die Benachteiligten von den Begünstigten entschädigt werden können. Das entspricht der ja allenthalben geforderten Möglichkeit einer umfassenden Analyse der Folgen einer Entscheidung, wobei im Falle des Nichtwis-

20 Friedrich Kübler, *Vergleichende Überlegungen zur rechtspraktischen Bedeutung der ökonomischen Analyse*, in: Claus Ott/Hans-Bernd Schäfer (Hg.), *Allokationseffizienz in der Rechtsordnung – Beiträge zur ökonomischen Analyse des Zivilrechts*, Berlin u. a. 1989, S. 293 ff. (302).

21 Kübler, a. a. O.

22 Ders., *Effizienz als Rechtsprinzip*, in: *Festschrift für Ernst Steindorff*, Berlin/New York 1990, S. 687 ff. (696).

sens interessante Wege zur Feststellung der Konsensfähigkeit eines Effizienzkriteriums gezeigt werden.

Genügt das nicht schon, um dem Faszinosum des Dekonstruktivismus jedenfalls nicht sofort zu erliegen? *Für* Law and Economics spricht ferner, daß diese Theorie in einem erstaunlichen Maße neuerer Entwicklungen Rechnung trägt. Es handelt sich um eine besonders konsequente Ausprägung von »Verrechtlichung«. Man muß sehen, welchen Vorsprung die USA hier insofern haben, etwa bei den Aktionärsklagen oder den Problemen der Firmenübernahme (vom Kartellrecht ganz zu schweigen). Hier wird, wie das Friedrich Kübler anschaulich ausgedrückt hat, »eine Maxime, die die Entwicklung der modernen Rechtsordnung unmerklich gesteuert hat, in die tagesbewußter Rechtsgestaltung«[23] gehoben. Mit Blick auf allerneueste Entwicklungen im Osten ist es schon interessant zu sehen, wie sich eine politische Ökonomie politisch in ihr Gegenteil verkehrt. Der sowjetische Rechtstheoretiker Paschukanis hat vor einem halben Jahrhundert die These aufgestellt, man brauche das Recht noch so lange, wie von der Revolution nicht erreichte Wirtschaftsformen zu regulieren seien; später werde das Recht absterben und die Wirtschaft sich sozusagen von selbst verstehen. Jetzt weiß man, welche notwendige und bleibende Bedeutung das Recht für das Funktionieren der Wirtschaft hat, und wer die Augen vor dem Gewicht des ökonomischen Faktors nicht verschließt, kann sich insoweit den Verrechtlichungstendenzen (die ja sehr angefochten sind) nicht entziehen. Auf das Beispiel der ehemaligen DDR, in der eine freie Wirtschaft sich ohne eine sie gestaltende Rechtsordnung überhaupt nicht wird entwickeln können, was jedermann jetzt sehen kann, brauche ich ja wohl kaum zu verweisen.

Problematisch wird die Sache erst dort, wo die ökonomische Analyse des Rechts den Anspruch zu erheben scheint,

23 A. a. O.

eine universale Theorie des Rechts zu sein, das heißt für alle Gebiete und Probleme gleichermaßen zu gelten. Die Phantasien, »daß das Geld über eine gewisse Quantität hinaus seine Würdelosigkeit und Unfähigkeit, individuelle Werte aufzuwiegen«, verlieren könnte, ist freilich so neu gar nicht; schon Georg Simmel hat sie in seiner Philosophie des Geldes (erste Auflage 1907) vorgestellt.[24] In der Sprache von Law and Economics hört sich das so an: »Bei den sogenannten einmischenden oder externen Präferenzen könnte das Effizienzkriterium dazu führen, daß es bestimmte subjektive und nicht grundsätzlich zensierbare, unbeachtliche Einstellungen, hinsichtlich derer man bereit ist, sie sich etwas kosten zu lassen (etwa ausländerfreie Zonen), bestimmte Rechte Dritter (Aufenthaltsrecht, Religionsausübung etc.) zu Fall zu bringen vermag.«[25] Es kommt zum Konflikt zwischen Effizienz und persönlichen Freiheitsrechten. Gerade besonders bekannte Vertreter, etwa Posner, gehen hier nun gleichwohl sehr weit. Posner bestreitet etwa diese Berechtigung des Schutzes der Privat- und Intimsphäre mit der Erwägung, das leiste der Irreführung Vorschub und erhöhe dadurch das Risiko der Fehlkalkulation von »human resources«. Das erinnert an die fatale Bemerkung Friedrich von Hayeks vom Atavismus der sozialen Gerechtigkeit.[26] Aber man sollte die ökonomische Analyse des Rechts nicht an diesen ihren Expansionen messen (Kritiker sprechen von einer »Totalisierung der Warenform«)[27] und auch gar nicht den Versuch machen, in die Sprache, die man bei der Kosten-Nutzen-Prü-

24 Georg Simmel, *Philosophie des Geldes*, 5. Auflage, München, Leipzig 1930, S. 424.

25 Assmann, Heinz-Dieter, *Kommentar*, in: *Allokationseffizienz*, a.a.O., S. 45 ff. (47).

26 Friedrich von Hayek, *Drei Vorlesungen über Demokratie, Gerechtigkeit und Sozialismus*, Tübingen 1977, S. 23 ff.

27 Peter Koslowski, *Grenzen der Verkehrsfähigkeit und der Privatrechtsautonomie in der Verfügung über den menschlichen Leib – Kommentar*, in: Ott/Schäfer (Hg.), *Allokationseffizienz*, a.a.O., S. 115 ff. (117).

fung für die Beurteilung der Verkehrsfähigkeit von Gegenständen benutzt, eine Wertethik hinein zu geheimnissen[28]; das wird, wie man gesehen hat (und vielleicht auch mit Recht) übelgenommen.[29]

Man braucht auch vielleicht nicht einmal so weit zu gehen, die etwas weniger radikale Auffassung, die mit einem weiten Begriff von Wohlfahrtsökonomie arbeitet und dabei die Präferenzen der Individuen zum rechtfertigenden Maßstab kollektiver Handlungen, Regeln und Institutionen macht, zu favorisieren (weil dabei dann doch immer noch ein etwas diffuser genereller Vorrang für das Effizienzziel beansprucht wird), sondern kann sich an jene gemäßigte Richtung halten, welche die Kritik an einer auf Effizienz reduzierten Rationalität – so hat es wiederum Friedrich Kübler[30] ausgedrückt – dort für berechtigt erklärt, wo sie auf absolute Grenzen der Effizienzanalyse verweist: »Menschenwürde und individuelle Autonomie sind Rechtsgüter, die sich der Bewertung durch individuelle oder kollektive Nutzenkalküle entziehen.« Denn auch dann gibt es noch genügend Fragwürdiges. Ich muß jetzt freilich auf mein Spezialgebiet, das Strafrecht, verweisen. »Effizienz der Strafrechtspflege« beispielsweise ist nach anfänglicher Freude über diese Kreation doch zunehmenden Zweifeln ausgesetzt. Ich will hier dafür zunächst nur auf neuere Entwicklungen der Rechtsprechung in Wirtschaftsstrafsachen verweisen. Effizienz wird in den einschlägigen Verfahren eigentlich immer so verstanden, daß möglichst viele Anklagen zu einer Verurteilung – und sei sie auch nur »ausgedealt« – führen. Welche Konzessionen man bei Beweisschwierigkeiten zu machen bereit ist, zeigt sich etwa bei der Entscheidung über die Haftung für gefährliche Produkte;

28 Peter Koslowski, a. a. O., S. 115 ff.
29 Vgl. den Diskussionsbericht von Bernd Oppermann, in: Ott/Schäfer (Hg.), a. a. O., S. 120 f.
30 Kübler, a. a. O., S. 701 f.

die neueste Rechtsprechung des BGH läuft darauf hinaus, in der Ermangelung genau fixierbarer Ursachen die Kategorie der Kausalität durch die der Korrelation zu ersetzen[31], und in der Literatur finden sich Tendenzen, den Richtern – mit bewußtem Seitenblick auf den Zivilprozeß – die Zuflucht zum Anscheinsbeweis zu gestatten.[32] Ähnliche Leichtfertigkeiten sind dort zu beobachten, wo Fernwirkungen zur Debatte stehen, etwa bei der Frage, unter welchen Voraussetzungen das Verhalten eines Aids-Infizierten gegenüber einem Nichtinfizierten als Körperverletzung strafbar ist.[33] Das sind Besorgnisse (aus der Sicht des Strafrechts), die sich sogar dann einstellen, wenn man jener gemäßigten Law and Economics-Richtung folgt. Nicht zu reagieren braucht diese Richtung allerdings auf diejenigen Einwände der Strafrechtler, die sich darauf beziehen, daß die ökonomische Analyse des Rechts, sofern sie auch auf das Strafrecht erstreckt werden soll, eine aller Empirie widerstreitende Annahme über die Rationalität von Personen zugrunde legt, die strafrechtliche Normen übertreten. Den homo oeconomicus, der Nutzen und Nachteil einer Bestrafung als Risiko kalkuliert und dementsprechend durch Strafdrohungen und zu befürchtende Verurteilungen motiviert wird, gibt es nicht – auch nicht im Wirtschaftsstrafrecht.

Law and Economics gibt sich gern – und durchaus mit Recht – als besonders erfolgreiche (vielleicht sogar als allein erfolgreiche) Einbeziehung sozialwissenschaftlicher Kenntnisse und Methoden in der Rechtsfindung und möchte insofern auch gern – wiederum zu Recht – die Progressivität des

---

31 Entscheidung vom 6.7.90 (2 Str 549/89) in: *Strafverteidiger* 1990, S. 446 ff.; zustimmend Lothar Kuhlen in: *Strafhaftung bei unterlassenem Rückruf gesundheitsgefährdender Produkte, Neue Zeitschrift für Strafrechtswissenschaft* 1990, S. 566 ff.; kritisch Erich Samson, *Probleme strafrechtlicher Produkthaftung, Strafverteidiger* 1991, S. 182 ff. (183).

32 Kuhlen a.a.O.; s. auch in seiner Monographie: *Fragen einer strafrechtlichen Produkthaftung*, Heidelberg 1989, S. 41, 44 ff.

33 Dazu Klaus Lüderssen, *Abschaffen des Strafens?*, Frankfurt/M. 1995, S. 221 ff.

Interdisziplinären für sich in Anspruch nehmen. Aber es bleiben eben doch starke Zweifel, ob der Anteil der Ökonomie am sozialen Leben nicht überschätzt wird – auch wenn es sicher heilsam ist, daß bei vielen Problemen, die unreflektiert als primär soziale oder ethische aufgefaßt werden, erst einmal der ökonomische Kern herausgeschält wird.

Der entscheidende Punkt aber ist: Die ökonomische Analyse des Rechts verkennt die Bedeutung der Sprache für die Rechtsfindung. Der Erkenntniszuwachs, den insofern die Anwendung der dekonstruktivistischen Literaturtheorie auf Rechtstexte bringen kann, verdient also unser Interesse. Insofern scheinen wir jetzt bei einem non-liquet zwischen »Law and Literature« und »Law and Economics« zu halten.

Vielleicht beruht die Schwierigkeit, die beiden einander bekämpfenden Richtungen abzuwägen, darauf, daß bisher immer nur die mit letztlich traditionell wissenschaftlichen Methoden angestrebten und erreichten Ergebnisse verglichen werden. Law *as* Literature meint aber nun vielleicht auch oder sogar in erster Linie, daß die Juristen bei ihrer Suche nach richtigen Entscheidungen sich der Zugänge versichern sollen, die dem, was Wahrheit sein könnte, durch die Literatur als Kunst geöffnet werden. Die ältere Literaturwissenschaft (vgl. etwa Käthe Hamburger, *Die Logik der Dichtung*[34]) hat sich des Problems »Poesie und Wissen« (so ein ganz neuer Titel von Heinz Schlaffer[35]) angenommen. Ich selbst habe in den vergangenen zehn Jahren in einer Reihe von Arbeiten[36], über Dreiser etwa, aber auch Döblin oder Patricia Highsmith, versucht herauszubekommen, ob die Literatur sowohl bei den Grundfragen des Strafrechts wie auch

---

34 3. Aufl., Frankfurt/M., Berlin 1977.
35 Frankfurt/M. 1990.
36 S. den Sammelband: *Produktive Spiegelungen – Recht und Kriminalität in der Literatur*, Frankfurt/M. 1991.

ihren Details im Grunde mehr weiß als die Wissenschaft.[37] Dabei sind es häufig – das ist auch das, was den Dekonstruktivisten auffällt – Nebensächlichkeiten, die den eigentlichen Aufschluß geben. Bei dem berühmten Krebsessen in Fontanes *Frau Jenny Treibel* sagt Professor Schmidt zu einem Kollegen, der sich gegen das Genrehafte wendet, dessen Blick immer nur dem Großen in der Geschichte gilt:

»Ja und nein, Distelkamp. Das Nebensächliche, so viel ist richtig, gilt nichts, wenn es nur nebensächlich ist, wenn nichts drinsteckt. Steckt aber was drin, dann ist es die Hauptsache, denn es gibt einem dann immer das eigentlich Menschliche«.
»Poetisch magst du recht haben.«
»Das Poetische – vorausgesetzt, daß man etwas anderes darunter versteht als meine Freundin Jenny Treibel –, das Poetische hat immer recht; es wächst weit über das Historische hinaus …«

Man spricht hier gerne von der Autonomie des Ästhetischen, die in die Dinge eine Ordnung bringt, die nicht etwas anderes, sondern mehr ist als diejenige Erfahrung, mit der wir erkenntniskritisch umgehen. Der literaturwissenschaftliche Dekonstruktivismus will, so kann man es vielleicht auch ausdrücken, beim Lesen eines Textes einfach mit den assoziativen Mitteln des Autors weitermachen. Assoziation ist aber nun auch das Stichwort für topisch-rhetorische Methoden, deren Bedeutung für das Recht seit Theodor Viehwegs bahnbrechender Untersuchung ins allgemeine Bewußtsein der Ju-

---

37 Sehr ergiebig in dieser Hinsicht die Arbeit Günter Spendels: *»Wilhelm Tell« und das Recht*, in: *Schweizerische Zeitschrift für Strafrecht*, Band 107 (1990), S. 154ff.; aufschlußreich ferner seine Bemerkungen zum »Wahrheitsgehalt der Autobiographie«, in: *Einführung zu Gustav Radbruch, Biographische Schriften*, in: *Gustav Radbruch, Gesamtausgabe* (hg. von Arthur Kaufmann) Band 16, Heidelberg 1988, S. 1ff. (10f.). »Auffindung des Rechts in der Dichtung und Beachtung der Dichtung für das Recht« sind auch die Stichworte für eine Würdigung Shakespeares »vor dem Forum Jurisprudenz« – so der Titel des berühmten Werks von Josef Kohler, das Spendel in seiner kleinen Biographie, *Josef Kohler – Bild eines Universaljuristen*, Heidelberg 1983, ausführlich analysiert (S. 30ff.).

risten getreten ist[38] (auch wenn neuerdings sehr kluge Rechtshistoriker meinen, die Topikdiskussion habe sich erledigt).[39] Der Einwand, mit Anerkennung der Topik sei die strenge Wissenschaft verlassen, verfängt nicht. In der Tat wird Rationalität in der Gegenwart wesentlich nach dem Vorbild der Wissenschaft bestimmt. Aber es gibt auch andere Stimmen. Rüdiger Bubner[40] hält »die auf Wissenschaft eingeschworene Rationalitätskonzeption für eine entscheidende Verkürzung, auf die nicht mit einer fundamentalen Abwehr von Vernunft, sondern mit einer Flexibilisierung des Vernunftbegriffs zu reagieren« sei. Er schlägt vor, »den Gedanken ernst zu nehmen, daß Rationalität vor aller wissenschaftlichen Disziplin ihre unverwalteten Quellen in lebensweltlichen Dispositionen findet«.[41] Eben dies tue, so Bubner, »die Dialektik in ihrer topischen Gestalt«, nämlich »nichts anderes als die lebensweltlich begründete Rationalität auf den Begriff zu bringen, ohne damit wissenschaftliche Verfahrensanweisungen zu imitieren«.[42]

Kann man den Dekonstruktivismus vielleicht auf diese Weise für die Jurisprudenz salonfähig machen? Einiges scheint dafür zu sprechen. Spätestens jetzt aber muß zur Genese des Dekonstruktivismus in der Literatur und der Jurisprudenz etwas gesagt werden. Politische Kritik des Rechts und die Hoffnung, »ein Wahrheitsgeschehen« zu beobachten, sind gleichermaßen beteiligt. »Die poststrukturalistischen Denker«, so beginnt eine Charakterisierung durch Jürgen Habermas[43],

---

38 Früh erkannt von Günter Spendel, s. seine Rezension, in: *Neue Juristische Wochenschrift* 1955, S. 1351.

39 Dieter Simon in: Vorwort zu Franz Wieacker, *Ausgewählte Schriften*, Bd. 1 u. 2, Frankfurt/M. 1983, Bd. 2, S. VII.

40 Rüdiger Bubner, *Dialektik als Topik*, Frankfurt/M. 1990, S. 7.

41 A. a. O., S. 7 f.

42 A. a. O., S. 8.

43 Jürgen Habermas, *Zur Einebnung des Gattungsunterschiedes zwischen Philosophie und Literatur*, in: *Der philosophische Diskurs der Moderne*, Frankfurt/M. 1985, S. 219 ff.

»geben das letzte noch festgehaltene Moment des in der Neuzeit entwickelten Vernunftkonzepts preis. Sie überwinden
die Subjektphilosophie, indem sie die moderne Weltausle-
gung als das Ereignis eines epochalen, alles innerweltliche
Geschehen zugleich präjudizierenden und ermöglichenden
Diskurses verstehen – ob nun noch als Ereignis innerhalb einer gerichteten Metaphysikgeschichte oder (...) als Ereignis
im kontingenten Auf und Ab der Macht und Wissensforma-
tionen. »Der späte Heidegger«, fährt Habermas fort (es ist ja
wirklich nicht zu leugnen, daß er mindestens für Derrida eine
große Rolle spielt), »konzipierte die Sprache als Haus des
sich schickenden Seins; damit bewahrte er den einzelnen
Etappen des Seinsverständnisses immerhin einen transzen-
dierenden Bezug zu einem Sein, daß es je es selbst bleibt.«
Foucault – den man in diesem Zusammenhang auch nicht
vergessen darf – »eliminiert« – so weiter Habermas – »noch
diese letzte schwache Konstruktion eines geschichtsphilosophischen Wahrheitsbezuges. Alle Geltungsansprüche werden diskursimmanent. Sie werden gleichzeitig eingezogen
in das Ganze jeweils eines der blind sich ereignenden
Diskurse; und ausgeliefert an das Hazardspiel ihrer wechselseitigen Überwältigung. Diese Konzeption verlangt die
Opferung des Erkenntnissubjekts und verdrängt die Wissenschaft durch Genealogie. Diese erforscht den Boden, aus dem
wir stammen, die Sprache, die wir sprechen, und Gesetze, die
uns beherrschen, um die heterogenen Systeme ans Licht zu
bringen, welche unter der Maske des Ich jede Identität unter-
sagen«.

Wer, wie viele Dekonstruktivisten, an der Spitze ganz
sicher Derrida, dem Recht eigentlich gar keine Chance geben
möchte, weil in jeder Generalisierung die Gewalt stecke,
muß – und das meint Derrida ja am Ende auch mit seiner eingangs zitierten Beschwörung der crucial questions der modernen Jurisprudenz – gesellschaftlichen Lösungen jenseits

des Rechts den Vorzug geben. Hier vereinigen sich, das sei jetzt nur noch am Rande bemerkt, die politischen Bestrebungen einer mehr oder weniger großen Gruppe des »Law and Literature Movement« mit denen der sogenannten »critical legal studies«.[44] Insgesamt darf man freilich hier nichts durcheinanderbringen. Das »Law and Literature Movement« ist insgesamt keineswegs so politisiert wie critical legal studies. Aber in dem Maße, wie auch das »Law and Literature Movement« letztlich darauf hinausläuft, Verrechtlichungen auf weite Strecken Absagen zu erteilen, möchte ich zur Vorsicht raten. Hier liegt, wie bereits dargelegt, der bessere Sinn für die Realität dann doch wohl bei »Law and Economics« – auch wenn (sonst hätte man sich den ganzen Aufwand, dem »Law and Literature Movement« nachzugehen, ja vielleicht ersparen können) die ökonomische Perspektive insgesamt zu eng ist. Der (vorläufigen) Weisheit letzter Schluß ist also – vielleicht ein etwas banales Ergebnis: daß man sich – unbeschadet der Lerngewinne – vor beiden Richtungen etwas in acht nehmen muß.

Das Recht bewegt sich an einem – möglicherweise allerdings imaginären – Ort zwischen reiner Macht einerseits und permanenter, sich in den Einzelfällen stets erneuernder vollkommener Verständigung und Partizipation andererseits. Es ist, wie Goethe[45] bezeichnenderweise den Gerichtsrat in der »natürlichen Tochter« sagen läßt,

»das in der Mittelhöhe des Lebens wiederkehrend Schwebende«.

Individualisierung *und* Regelerfordernis (zusammen machen sie das Recht aus) auf einen Nenner zu bringen – dafür reicht die ästhetische Subjektivität, so weit auch die Parallelen im Alltagsbetrieb der Jurisprudenz gehen mögen, doch nicht

---

44 S. dazu die sehr bemerkenswerte Übersicht bei Hein, a. a. O., S. 16 ff.; vor allem aber den Sammelband Christian Joerges/David M. Trubek, *Critical Legal Thought: American-German debate*, Baden-Baden 1989, S. 305 ff.
45 Dazu Klaus Lüderssen, in: *Produktive Spiegelungen*, a. a. O., S. 147 ff.

aus. Hier müssen andere Verfahren der Legitimation bemüht werden. Solche, die den intendierten Zweck einer Rechtsnorm aufspüren, ihn ernst zu nehmen ermöglichen. Es ist nun interessant, aber das kann ich hier nur noch andeuten, daß Methoden, die dies leisten können, eines assoziativen Elementes – also des Elementes, das den Blick der Juristen auf die Literatur lenkt und auch die Philosophen, wie wir gesehen haben, die Ausschließlichkeit einer einem engen Wissenschaftsbegriff folgenden Rationalität bezweifeln läßt – keineswegs entraten können. Man kann das studieren anhand der bekannten Äußerung von David Souter.[46]

Das ist bei Licht besehen nicht etwa eine naive Favorisierung eines anfechtbaren Induktionsprinzips, sondern läuft darauf hinaus, daß, wer von einem Sachverhalt auf ein Prinzip schließt, immer schon eine über diesem Prinzip liegende Regel assoziiert. Man kann diesen Vorgang in fast jeder juristischen Argumentation beobachten, und nun ist es schon sehr interessant, daß ausgerechnet der amerikanische Philosoph Charles Sanders Peirce es ist (der sowohl im »Law and Literature Movement« wie bei »Law and Economics« als geistiger Vater der amerikanischen »techne« des Rechtsdenkens auftaucht und mit dem Anwendungsfall des Detektivromans hantiert, wofür sich kein Geringerer als Umberto Eco interessiert hat)[47], welcher diesem intuitiv befolgten Verfahren seinerseits schon einen wissenschaftlich klingenden Namen gegeben hat. Im einzelnen bin ich dieser Frage an anderer Stelle nachgegangen.[48]

46 S. das Zitat in diesem Band S. 285.
47 Umberto Eco, Thomas A. Sebok (Hg.), *Der Zirkel oder im Zeichen der Drei: Dupin – Holmes – Peirce*, München 1985, S. 288 ff.
48 In diesem Band S. 283 ff.

»Law as Literature« oder
wenn die Wissenschaft zur Kunst wird:
Dekonstruktion in der Jurisprudenz

Juristen haben auf besondere Weise mit Texten zu tun. Diese sind verbindlich, sollen es sein. Insofern ähnelt ihre Position derjenigen der Theologen. Indessen liegt auf der weltlichen Verbindlichkeit doch mehr Druck, schon für sich genommen und durch die ausgedehnte, von zunehmenden Verrechtlichungstendenzen geprägte Praxis. Hinzu kommt die Veränderbarkeit von Rechtstexten durch Gesetzgebung und Rechtsanwendung. Dem entspricht die lange Tradition der Hermeneutik bei den Juristen. Sie ist so ausgeprägt, daß die Literaturwissenschaftler schon vor einigen Jahrzehnten sich darüber beklagt haben, daß sie bei hermeneutischen Symposien neben Theologen und Juristen nur noch die Rolle des armen Verwandten am Tische einnehmen können.[1] Seitdem hat die methodologische Reflexion kontinuierlich zugenommen. Also verdienen neue Methoden, wenn sie sich zeigen, besonderes Interesse.

In Amerika spricht man seit einigen Jahren von »Deconstruction and the Possibility of Justice«. Auf den ersten Blick erscheint das unsinnig: die Rechtstexte stehen doch fest. Wie kann die Devise der Dekonstruktivisten »a present writing is a re-written past writing and not yet re-written future writing«[2] auch für Juristen ein Ausgangspunkt sein? Immer-

---

1 Vgl. dazu mit Belegen Klaus Lüderssen, *Produktive Spiegelungen*, Frankfurt/M. 1991, S. 67/68.
2 Michael Rosenfeld, *Deconstruction and Legal Interpretation: Conflict, Indetermenacy and the Temptations of the New Legal Formalism*, in: *Deconstruction and the possibility of Justice*, in: *Cardozo Law Review* Vol. 11 (1990), S. 1211 ff. (1217).

hin: gerade Rechtstexte werden oft umgeschrieben. Daher könnte sich für ihr besseres Verständnis ein Umgang mit ihnen empfehlen, der diese Bewegungen besonders aufmerksam berücksichtigt. Hier eröffnet sich nun die Parallele zur Literatur. Es muß deren besonderer Charakter der Unintentionalität, ja der Kontingenz, jedenfalls der Unabgeschlossenheit, des Fragmentarischen und Entwicklungsfähigen, mit äußerster Subjektivität Verbundenen gewesen sein, der – im Verlaufe der allgemeinen Hermeneutik-Entwicklung – diese, wie es scheint, vorläufig letzte Blüte der interpretierenden Textbehandlung hervorgebracht hat. Neuere Rechtstexte könnten sich – trotz scheinbar größerer Perfektion – eher als ältere diesen Verfahren öffnen, weil sowohl die Aufgaben, die sie bewältigen sollen, wie die ihr Zustandekommen prägenden Vorgänge der Willensbildung und Entscheidung heterogener sind und damit weniger Konsistenz, das heißt einheitlichen Sinn verbürgen. Dem in diesem Sinne fortgeschrittenen Zustand der Verrechtlichungsprozesse entsprechend ist Law as Literature lesen wirklich einen Versuch wert, wenn das eine neue Authentizität der Konkretisierung verspricht.

Dekonstruktion gibt sich in der Literaturwissenschaft im wesentlichen als Kritik an einer Tradition, deren Ausgangsbegriff für die Interpretation »herkömmliche Totalitätsannahmen« sind, »die ontologische Effekte kaum vermeiden können«.[3] Zugespitzt bedeutet das die Leugnung des Sachbezuges in der Literatur. Die notwendige Durchgangsstufe für die Dekonstruktion ist also zunächst einmal die Konstruktion.[4] Bezogen auf diese Konstruktion ist der zentrale Punkt von Dekonstruktion dann, ob es dieser gelingt, »glaubhaft zu machen, inwiefern im Kunstwerk, sei es ein Gedicht Baudelaires

3 Harro Müller, *Hermeneutik oder Dekonstruktion? Zum Widerstreit zweier Interpretationsweisen*, in: Karl-Heinz Bohrer (Hg.), *Ästhetik und Rhetorik. Lektüren zu Paul de Man*, Frankfurt/M. 1993, S. 98 ff. (110).
4 Zu den diversen Erscheinungsformen des Konstruktivismus vgl. Siegfried J. Schmidt (Hg.), *Der Diskurs des radikalen Konstruktivismus*, Frankfurt/M. 1987.

oder Rilkes, sei es eine Prosa-Passage von Proust, durch eine rhetorisch genau zu bestimmende Weise (Metaphern-Verschiebung) die ideologische Synthese eines diskursiv erfaßten Sinnangebotes verhindert wird (das heißt eine hochzurechnende Referenzbeziehung nicht eintritt)«.[5] Diesen Vorgang muß man von Destruktion sorgfältig unterscheiden.[6]

Den Juristen fällt es nicht leicht, ihre Texte vom Sachbezug zu lösen. Andererseits gibt es natürlich die Kritik an der Relevanz sachlogischer Strukturen für das Recht – jedenfalls in dem Maße, wie sie konstant gesetzt werden. Der Rückzug auf die Sprache als Erkenntnisquelle für das gesetzte, das positive Recht liegt daher nahe und *dann* wiederum die kritische, dekonstruktivistische Durchleuchtung dieser Sprache, weil man längst weiß, daß die Sprache der Gesetze und der Urteile oft nicht das besagt, was sie – nach einem konventionellen Sprachverständnis – zu sagen vorgibt, sondern etwas ganz anderes. Ältere rechtspolitische Strömungen, die geltende Rechtssysteme kritisieren – wie etwa die Critical Legal Studies-Bewegung in Amerika – greifen das Instrumentarium, das nun der Dekonstruktivismus liefert, begierig auf. Allerdings ist das nicht durchgängig so. Bei den Hauptvertretern von Law as Literature[7] etwa wird nicht klar, ob hinter der

5 Karl-Heinz Bohrer, a. a. O., S. 8; ganz im Sinne des – alternativ formulierten – Vorschlags von Christoph Menke, *Absolute Interrogation – Metaphysik-Kritik und Sinnsubversion bei Jacques Derrida*, in: *Philosophisches Jahrbuch* 97 (1990), S. 351 ff. (355): »Dekonstruktion (…) stark« zu lesen, »als Subversion sinnhafter Diskurse« und nicht nur »als Kritik herkömmlicher Metaphysik« (so eher wohl die Position, die Costas Douzinas und Ronnie Warrington, in: *Postmoderne Jurisprudence – The Law of Text in the Texts of Law*, London, New York 1991, S. 74 ff. vertreten).

6 Vgl. dazu Michael Rosenfeld, *The Meaning of Destruction and the Deconstruction of Meaning*, a. a. O., S. 1217.

7 Vgl. dazu unter anderem: Sanford Levinson, *Law as Literature*, in: *Texas Law Review* 1982, S. 373 ff.; Robin L. West, *Adjudications as Law-Interpretation: Some reservations about the Law as Literature Movement*, in: *Tennessee Law Review* 1987, S. 202 ff.; John Fischer, *Reading Literature/Reading Law: is there a Literary Jurisprudence?*, in: *Texas Law Review* 1993, S. 135 ff. (Zur Abgrenzung von Law *in* Literature vgl. S. 139.)

Verabsolutierung der Sprache und der nur auf dieses Material bezogenen Kritik wirklich immer die Abkehr von den Bedeutungen und Strukturen des sozialen Lebens, die man überwinden möchte, steckt, oder nicht vielmehr die Überzeugung von der abgehobenen, selbständigen Funktion der Grammatik, mit vielleicht sogar (unbewußt) ontologisierenden Tendenzen – »die Sprache bezeichnet sich selbst als Wirklichkeit«[8] – ihrerseits. Es könnte auf diese Weise nach wie vor aktuell sein, was schon Friedrich Nietzsche[9] gesagt hat: »Ich fürchte, wir werden Gott nicht los, weil wir noch an die Grammatik glauben«.

Die Probe auf das Exempel dafür sind die Schriften von James Boyd White.[10] Er ist der Meinung, »everything is language and (...) almost anything can be done with language. Communities are formed and reformed by language, not by an intuitive sense of justice or a specific program of a social transformation«. Das ist das Konstruktivistische. Und nun kommt die Dekonstruktion: »The function of legal discourse, which purports to be neutral, to seek only the public good, to be concerned with justice and so on is actually to mask or obscure these realities, clouding them with high-minded talk.«[11] In der Sprache Michael Rosenfelds hört sich

---

8 Ottmar Ballweg, *Entwurf einer analytischen Rhetorik*, in: Helmut Schanze/Josef Kopperschmitt (Hg.), *Rhetorik und Philosophie*, München 1989, S. 229 ff. (233).

9 Friedrich Nietzsche, *Götzendämmerung*; in: *Werke in drei Bänden* (hg. v. Karl Schlechta) Band 2, S. 1939 ff. (1990). In der Tat gibt es ja so etwas wie »dekonstruktivistischen Pluralismus mit Absolutheitsanspruch« (Uwe Japp, *Die Überprüfbarkeit der Interpretation. Hermeneutische Probleme mit Rücksicht auf Goethes Torquato Tasso*, in: Paolo Chiarini/Hans Dieter Zimmermann (Hg.), *Schrift Sinne – Exegese, Interpretation, Dekonstruktion*, Berlin 1994, S. 131 ff. (133).

10 James Boyd White, *Heracles' Bow, Essays on the Rhetoric and Poetics of the Law*, in: *The University of Wisconsin Press*, Madison/Wisc. 1985; *When words lose there meaning*, in: *The University of Chicago Press*, Chicago, London 1984; *The legal Imagination*, in: *The University of Chicago Press*, Chicago, London 1985; s. ferner nächste Anmerkung.

11 James Boyd White, *Justice as Translation*, Chicago 1990, S. XIII.

das so an: »Deconstruction postulates that writing precedes speech. Instead of operating as a mere supplemental speech stresses that every text refers to other texts and emphasizes that discontinuties between the logic and the rhetoric of texts create inevitable disparities between what the author of a text means to say and what that text is nonetheless constrained to mean (…) From the standpoint of Deconstruction every writing embodies a failed attempt at reconceiling identity and difference, unity and diversity and self and other.«[12]

Ohne jede Vorbereitung hat uns in Europa das Law-and-Literature-Movement[13] freilich nicht getroffen. Das konstruktivistische Moment ist in der Rechtsphilosophie präsent in der Gestalt topisch-rhetorischer Methoden. »Alle Argumentation ist aus der Redesituation verständlich zu machen«, schreibt Theodor Vieweg, der für unser Jahrhundert diese früheren Einsichten[14] wieder lebendig gemacht hat.[15] Die »situative Denkweise« müsse in erster Linie versuchen, den intellektuellen Herstellungsprozeß abzuklären, der sich in der Redesituation auf der Suche nach Verständigung

---

12 Rosenfeld, a. a. O., S. 1212.
13 Vgl. dazu in diesem Band, S. 328 ff. mit Nachweisen; s. ferner aus der – unübersehbaren – Literatur: John D. Ayer, *The very Idea of »Law and Literature«*, in: *Michigan Law Review* 1987, S. 895 ff.; Martha C. Nussbaum, *Skepticism about Practical Reason in Literature and the Law*, in: *Harvard Law Review* 1990, S. 714 ff.; Sanford Levinson/Steven Mailloux, *Interpreting Law and Literature; Hermeneutic Reader*, in: *North Western University Press*, Evanston/Ill. 1988; Richard A. Posner, *The Problems of Jurisprudence*, in: *Harvard University Press*, Cambridge/Mass., London 1990, S. 393 ff.
14 Instruktiv jetzt auch die Charakterisierung bei Gerd Ueding, *Klassische Rhetorik*, München 1995, S. 82; s. ferner die interdisziplinäre Übersicht in dem von Gerd Ueding herausgegebenen Sammelwerk: *Rhetorik zwischen den Wissenschaften*, Tübingen 1991; wichtig ferner der Hinweis von Rüdiger Bubner, *Dialektik und Topik*, Frankfurt/M. 1990, S. 9 ff. auf die Herkunft auch der Dialektik »aus kontroversen Redesituationen«; s. ferner Thomas-Michael Seibert, *Topik*, in: *Handwörterbuch zur deutschen Rechtsgeschichte*, hg. v. Adalbert Erler/Ekkehard Kaufmann, 34. Lieferung 1992, Spalte 278 ff.; s. ferner: Katharina Sobota, *Sachlichkeit, Rhetorische Kunst der Juristen*, Frankfurt/M. 1990.
15 Theodor Vieweg, *Topik und Jurisprudenz*, München 1974, S. 111 ff.

abspiele. Noch weiter geht sein Versuch, »einer höchst komplexen Kommunikationssituation, die sich anhand von Rechtstexten entwickle, die Verantwortung für das aufzubürden, was hier und jetzt im Rechtsfalle als gerecht akzeptiert wird«.[16] Diese »rhetorisch-analytische« Befassung mit der Rechtssprache ist es nun wiederum, die – und damit beginnt der Dekonstruktivismus in der Rechtswissenschaft – den Blick schärft für das »externe Erkennen der reinen Rhetorizität solcher Formeln, weil an ihr deren systeminterne dogmatische Funktion, das Außer-Frage-Stellen von Meinungen, deren allzumenschlicher Ursprung, das Ausblenden des Zeitlichen, das Anheben des situativ Passenden ins generell Gültige, das Abheben vom fallweise Zutreffenden ins abstrakt Normative und die Umdeutung des Dezisiv-volitiven ins Rationale besonders sinnfällig und durchschaubar demonstriert wird«.[17]

Daß die kritischen Möglichkeiten, die hier liegen, jetzt durch das Zusammenspiel von Konstruktivismus und Dekonstruktivismus, wie sie das Lesen literarischer Texte lehrt, ergänzt werden, ist zu begrüßen. Will man aber positiv gestaltend mit dem Recht umgehen, so steht man doch etwas ratlos da. Kann da wirklich alles konstruiert werden? Ist die Provokation durch die Sachen selbst nicht evident – ungeachtet aller philosophischen Zweifel daran, wie man sie eigentlich »feststellt«? Aber diese Selbstverständlichkeit, für die man sich sozusagen gerne auf die Evidenz der Natur berufen möchte, wird von den Wissenschaften, die sich mit eben der Natur befassen, keineswegs durchwegs so empfunden. Ich möchte jetzt nicht von den allgemeinen Hypothesen sprechen, die Karl Raimund Popper in der Logik der Forschung[18] seinerzeit aufgestellt hat – Feststellung des factum brutum

16 Viewweg, a.a.O., S. 111ff.
17 Ballweg, a.a.O., S. 234.
18 Karl R. Popper, *Logik der Forschung*, Köln, Berlin 1967, S. 74.

ist nie möglich, es gibt immer nur Verständigung über Basissätze – sondern auf ein Feld der Naturwissenschaft verweisen, das – wie wir gleich sehen werden – ganz eng mit dem Hauptinteresse von Konstruktivismus und Dekonstruktivismus zusammenhängt.

Es handelt sich um den sogenannten Mikrobereich. Hier können Systeme nicht mehr als aus einfachen Teilen zusammengesetzte Systeme aufgefaßt werden, denn der Akt der Beobachtung verändert das Beobachtete, oder noch genauer gesagt, er bringt es erst hervor. Werner Heisenberg hat es an dem Problem der »Bahn« eines Teilchens deutlich gemacht. Sie entsteht erst dadurch, daß wir sie beobachten, sagt er. Und weiter: »Die Natur entzieht sich (...) der genauen Festlegung in unseren anschaulichen Begriffen durch die unvermeidliche Störung, die mit jeder Beobachtung verbunden ist (...) Durch die Art der Beobachtung erst wird entschieden, welche Züge der Natur bestimmt werden und welche wir durch unsere Beobachtung verwischen.«[19] Wollen wir im Recht – nach einer klassischen Forderung der Gerechtigkeit – auch die äußerste Individualisierung erreichen, so bedeutet das, daß wir irgendwann in einen Bereich gelangen, in dem wir – zieht man jetzt die Analogie zu den Einsichten Heisenbergs über den Mikrobereich – etwas suchen, das wir nicht mehr feststellen, sondern nur noch konstruieren können.[20]

19 Werner Heisenberg, *Wandlungen in den Grundlagen der Naturwissenschaft*, Frankfurt/M. 1980, S. 102.
20 Hier muß man vielleicht auch für die Antwort auf die Frage ansetzen, ob »Literatur« fiktional sei? S. jetzt: Jürgen Landwehr, *Fiktion oder nicht Fiktion, zum zweifelhaften Ort der Literatur zwischen Lüge, Schein und Wahrheit*, in: H. Brackert/J. Stückrath (Hg.), *Literaturwissenschaft*, Reinbek bei Hamburg 1992, S. 491 ff.; s. auch Lüderssen, a. a. O., S. 19, 20, 25 mit weiteren Nachweisen; auch in der Formulierung, es gehe »dem Dekonstruktivismus letztlich nicht um die Dekonstruktion poetischer Texte (...) sondern um den Nachweis, daß die poetische Fiktion selbst der systematische Ort aller Dekonstruktionsarbeit ist« (Hans Robert Jauß, *Wege des Verstehens*, München 1994, S. 300/301, unter Bezugnahme auf das Kolloquium *Kunst und Philosophie* 2: *Ästhetischer Schein*, hg. v. W. Ölmüller, Paderborn 1982, S. 168 ff.) ist das Problem fixiert; anschau-

Es ist nun vielleicht sehr bezeichnend, daß der traditionelle Jurist es von vornherein ablehnt, sich in diese Gefilde zu begeben. Denn für ihn ist nur so lange eine Rechtsordnung gegeben, wie es *Regeln* gibt. Die Regel aber setzt voraus, daß die juristische Beurteilung einen Fall nicht in seiner unwiederholbaren und unvergleichbaren Einzigartigkeit, sondern nur in bestimmten Hinsichten erfaßt. Wer nun doch weitermachen und die äußerste Individualität finden möchte – unter Aufgabe des traditionellen Rechtsbegriffs, im Namen einer »besseren« Gerechtigkeit – kommt nun, das sei erst einmal behauptet, auch wenn er im Prinzip noch so sehr dem Konstruktiven und damit auch der darauf bezogenen Kritikmöglichkeit des Dekonstruktiven abhold ist, am Fiktiven nicht vorbei, und wenn das die Gestalt der Sprache annimmt, dann ist die Methode der Kritik dieser sprachlichen Fixierung die des Dekonstruktivismus.

Ich möchte das an einem Beispiel zeigen, das aus dem Strafrecht stammt. Es handelt sich um einen Konflikt, den James Boyd White wie folgt beschrieben hat »Consider, for example, the attempt of the law to rely upon the findings of psychiatrists as to the sanity of criminal defense. Well, it is not true, that psychiatrists have nothing useful to say to the law – not at all – it is true that their findings are not very useable by the law, for the reason that the two systems of discourse, and the two communities, operate on such radically opposed premises. Psychiatry thinks in terms of treatment and diagnosis and health. The law thinks in terms of guilt, blame, and punishment. There is a radical incompatibility between the discourses between the conceptions of the human subject and

---

lich gemacht ist es in den wundervollen Figurationen Umberto Ecos am Beispiel von Manzonis *promessi sposi* und anderen – sehr unterschiedlichen – Produktionen (in: *Im Wald der Fiktionen*, München, Wien 1994, S. 69 ff.) und als die Aufgabe, »die Opposition von Fiktion und Wirklichkeit« zu ersetzen durch Relation, formuliert von Wolfgang Iser, *Das Fiktive und das Imaginäre*, Frankfurt/M. 1991, S. 23.

the speaker's relation to him or her that makes any transfer of findings problematic, to say the least, and renders the conversations in which that is attempted – recorded for us in courtroom transcripts – confused in ways that are at once highly comic and deeply tragic.«[21] White stellt diesen Konflikt so dar, daß das Strafrecht, so wie man es gewohnt ist, für eine Individualisierung, die man sich vielleicht wünscht, keinen Raum läßt.

Auf das Ganze gesehen, ist das richtig. Zwar steht mit der Feststellung des Unrechts die Strafbarkeit des Beschuldigten noch nicht fest. Vielmehr muß auch seine persönliche Schuld ermittelt werden. Das Prinzip, das sich dafür durchgesetzt hat, ist das der Vorwerfbarkeit. Es beruht auf der Hypothese, daß man die höchstpersönlichen Umstände des Beschuldigten ermittelt und dann eine Grundlage dafür hat, die Entscheidung zu treffen, ob ihm die Tat vorzuwerfen ist oder nicht. Technisch geschieht das in der Weise, daß man nicht positiv nach der Schuld fragt, sondern negativ nach Entschuldigungsgründen (etwa Zurechnungsunfähigkeit, Irrtum, persönlicher Notstand), so wie man das auf der Rechtswidrigkeitsebene auch schon durch die Frage nach Rechtfertigungsgründen tut. Auch das englische Recht arbeitet mit diesen Unterscheidungen:

»Both justification and excuses may result in acquittal, although they enter at different stages of the legal argument. The difference lies in the *rationale* of the acquittal. A plea of justification, of which an example is self-defence, goes to the ›actus reus‹ in the sense that it renders *the act itself* not wrongful – not within the scope of criminal law's prohibition. Since we all have a right to defend ourselves, an injury caused in legitimate, genuine and reasonable self-defence does not constitute the sort of behaviour which criminal law seeks to prohibit, prevent or condemn. Excuses, on the other

21 White, a.a.O., S. 14.

357

hand, go to ›mens rea‹ and are personal to this defendant in the sense that they represent a personal defect in terms of understanding or control, although the action is still one which criminal law seeks to prohibit. In other words, excuses excuse *actors*, whereas justification justifies *acts*.«[22]

So sehr man annehmen möchte, daß damit die Wege für die äußerste Individualisierung der Zurechnung geebnet sind, so wenig bewährt sich das in der Praxis. Vielmehr bleibt immer ein Moment von Objektivierung übrig; gewisse Konfliktslagen höchstpersönlicher Art werden einfach nicht anerkannt[23], etwas überspitzt gesagt nach der Devise: »Du kannst, denn Du sollst.«

Wer darin ein Defizit sieht, könnte es mit der Literatur, welche diese Individualisierung leistet, wie viele Beispiele zeigen, zu überwinden suchen. Das wäre *Literature* as Law. Von *Law* as Literature[24] reden wir[25], wenn Rechtssätze – sei

22 Nicola Lacey/Celia Wells/Dirk Meure, *Reconstructing Criminal Law*, London 1990, S. 38.

23 Im deutschen Strafrecht spricht man von objektivierten Schuldmerkmalen, besonders prägnant in diesem Sinne Werner Maihofer, *Objektive Schuldmerkmale*, in: *Festschrift für H. Mayer*, Berlin 1966, S. 185 ff.

24 Gut demonstriert von J. Hilles Miller, *Laying Down. The Law and Literature: The Example von Kleist*, in: *Deconstruction and the Possibility of Justice*, a. a. O., S. 1491 ff.

25 Ein Beispiel vielleicht für Hayden Whites Forderung nach einer »höheren Art intellektuellen Forschens (...), die, da sie eher in dem Bewußtsein der Ähnlichkeiten als der Unterschiede zwischen Kunst und Wissenschaft gründet, weder als das eine noch als das andere bezeichnet werden« könnte (*Auch Klio dichtet oder die Fiktion des Faktischen*, Stuttgart 1986, S. 37 [s. dazu Otto Gerhard Oexle, in: *Rechtshistorisches Journal* Band 11 (1992), S. 1 ff.]; s. ferner Rüdiger Bubner, *Ästhetische Erfahrung*, Frankfurt/M. 1989, S. 8, 11, 121 ff.; s. auch Lüderssen, a. a. O., S. 24). Auch die Übergänge zwischen Psychoanalyse und Literatur sind hier zu assoziieren (vgl. unter anderem Jean Starobinski, *Psychoanalyse und Literatur*, Frankfurt/M. 1990, ferner die Belege bei Lüderssen, a. a. O., S. 8 (Anm. 5)), wenn man dabei bleibt, Psychoanalyse als Wissenschaft ernst zu nehmen (zum gegenwärtigen Stand der insbesondere durch die Arbeiten von Adolf Grünbaum, *Die Grundlagen der Psychoanalyse. Eine philosophische Kritik*, Stuttgart 1988, neu ausgelösten Diskussion, vgl. Carlo Strenger, *Between Hermeneutics and Science: An Essay on the Epistemology of Psychoanalysis*, Madison/Conn. 1991 und Adolf Grünbaum (Hg.), *Kritische Betrachtungen zur*

es durch Konkretisierung bestehender Vorschriften, sei es durch neue Vorschriften – zustande kommen, welche die insoweit vielleicht bessere suada der Literatur übernehmen. Wenn man sich dazu entschlösse, wäre das dann genauere Sacherkenntnis? Dafür könnte sprechen, daß die konsequente Individualisierung korrekter Rücksicht nimmt auf wichtige Unterscheidungen. Aber existieren sie denn in der Wirklichkeit? Kann man hier etwas feststellen? Man kann es nicht – insoweit ist eine Parallele zu registrieren zu den Einsichten der Naturwissenschaften, daß im Mikrobereich die Perspektive des Beobachters entscheidet. Man »sieht« die Schuld lediglich, auch wenn man dazu übergeht, sie ohnehin nur auf indirektem Wege – durch Etablierung von Entschuldigungsgründen – zu fixieren. Der Fortschritt der Dogmatik liegt also nicht in der Ablösung der »Konstruktion durch Feststellung«, sondern nur in einer stärker differenzierende Urteile hervorbringenden feineren Konstruktion. Ich sehe vier Varianten:

Erstens: Am eindeutigsten ist die Definition von Konstruktivismus, welche die Sprache als *bloßen Zeichenverweis*[26] begreift; eng damit verknüpft sind diejenigen Deutungen, die auf Selbstreferenz abstellen.

Zweitens: Schwieriger wird es schon, wenn von der *Situationsbezogenheit* der rhetorischen Elemente gesprochen wird. Da ist das Außertextliche bereits impliziert; die Offen-

Psychoanalyse. Adolf Grünbaums »Grundlagen« in der Diskussion, Berlin u. a. 1991).

26 Vgl. dazu Jean Grondin, *Einführung in die philosophische Hermeneutik*, Darmstadt 1991 (Kapitel »Postmoderner Konstruktivismus«) S. 176 f.; vgl. auch Peter Bürger: »Eine zentrale These postmodernen Denkens besagt, daß in unserer Gesellschaft die Zeichen nicht mehr auf ein Bezeichnetes verweisen, sondern immer nur auf andere Zeichen, daß wir mit unserer Rede so etwas wie Bedeutung gar nicht mehr treffen, sondern uns nur in einer endlosen Zeichenkette bewegen« (zitiert nach Ballweg, *Entwurf einer analytischen Rhetorik*, a. a. O., S. 229.); s. ferner Jacques Derrida, *Die Stimme und das Phänomen*, Frankfurt/M. 1979, S. 68 ff.; interessant insofern auch die kritische Reflexion bei Geoffrey Bennington/Jacques Derrida, *Jacques Derrida*, Frankfurt/M. 1994, S. 108 f.

sichtlichkeit der psychischen Vermittlung darf uns von diesem Sachbezug ebensowenig ablenken, wie bei scheinbar ganz direkten Abbildungen der Wirklichkeit der psychische Vermittlungsprozeß übersehen werden darf.

Drittens: Die aus der Topik geläufige Akzentuierung des Verständigungsprozesses, der im Rhetorischen sich niederschlage, deutet ebenfalls auf eine nicht mehr reine Konstruktion, sondern auf eine Wechselabhängigkeit zwischen Bezeichnung und Bezeichnetem, denn in die *Verständigungsprozesse* fließen ja die Sachargumente ein. Gleichwohl deckt der Begriff Konstruktivismus auch diese Fälle noch ab.

Viertens: wenn allerdings der Text *expressis verbis* die *Wirklichkeit* bezeichnen möchte, spricht man nicht mehr von Konstruktivismus, obgleich das konstruktivistische Element natürlich im auch hier präsenten Vermittlungsprozeß steckt.

Zurück zu der Frage, ob es Beispiele in der Literatur gibt für die Individualisierung des Schuldvorwurfs im Sinne einer der soeben beschriebenen Erscheinungsformen von Konstruktion. Ich glaube, hier sind jene Partien aus Dostojewskis Roman *Schuld und Sühne* einschlägig, in denen Raskolnikow seine Tat reflektiert. Ein Verweis von Zeichen auf Zeichen ist das sicher nicht, wohl aber kann man von situationsbezogener Rhetorik und auch von Einigung sprechen. Raskolnikow vollzieht die Verständigung freilich gewissermaßen mit seinem alter ego. Das ändert aber nichts daran, daß hier ein kreativer Prozeß stattfindet, jedenfalls keine bloße Feststellung eines psychischen Faktums. Wenn das richtig ist, sind auch die Auslassungen Raskolnikows der Dekonstruktion zugänglich. Das, was Dekonstruktivisten dann im einzelnen mit derartigen Texten anstellen – nicht zuletzt das assoziative Weiterdenken –, macht eine Literatur aus, die – wenn die Juristen mutig genug sind – auch als Rechtstext fungieren kann, und wenn, um es noch einmal zu sagen, in dieser Weise von Literatur as Law die Rede sein kann, kehrt sich der Vorgang

in dem Maße, wie die Juristen ihn sich zu eigen machen, um –
im Sinne von Law as Literature. Alles weitere hängt davon ab,
ob die Juristen sich so mit – der Dekonstruktion zugängli-
chen – literarischen Texten identifizieren mögen. Ein fortgeschrittenes Schuldstrafrecht müßte es – meines Erachtens,
wie dargelegt – tun.

Mit Blick auf diese neueren Entwicklungen in Theorie und
Praxis des Rechts läuft die Bemerkung von Richard Weisberg: »I have waited for White to explain how his purely rhetorical system can have any ethical effect«[27] auf eine zu glo-
bale Ablehnung von Law as Literature hinaus. Andererseits
hält er White mit Recht die ethischen Implikationen seiner
Theorie vor: »In his latest text, he insists on using the term
›ethical‹ to describe the process of ›speaking two ways‹ that
he so admires. He does not thereby disprove, however, that
the slipperiness of legal discourse may produce elegant trans-
lations in the service of the legal rhetorician's power and at
the expense of all those who cannot – or choose not to – speak
the required language. Opressive systems of law need not
shut the mouths of legal actors to enact tyranny.«[28] Dieser
Teil der Kritik, die Richard Weisberg an James Boyd White
übt, entfällt freilich, wenn man von vornherein nur *die* Form
des Konstruktivismus ins Auge faßt, die sich nicht mit Zei-
chen-auf-Zeichen-Bezug bzw. Selbstreferenzialität begnügt.
Da in der einschlägigen amerikanischen Literatur diese Unterscheidung nicht klar genug getroffen wird, ist es irgendwie
schlüssig, wenn Weisberg an die Adresse von James Boyd
White sagt: »Should law aspire to complex rhetoric instead of
judgement, to endless argument instead of culturally infor-
med justice?«[29] Wer, wie ich das hier versucht habe, im Kon-

27 Richard Weisberg, *Poethics and other Strategies of Law & Literature*, New
   York 1992, S. 225.
28 A. a. O., S. 226.
29 A. a. O., S. 325.

struktivismus nur eine besonders reflektierte Konzeption der Dialektik von Sprache und Wirklichkeit sieht, kann James Boyd White gleichsam vor seinen eigenen Fallstricken bewahren, und er könnte deshalb mit dem gleichen Recht, wie der Boyd-Kritiker Richard Weisberg das tut, Benjamin Cardozo als jemanden feiern, der der Mitwelt klar macht, daß »judicial language is always more than the mere translation of a ›holding‹ into words« und daß »Cardozo's opinion (...) stand or fall on ›his language‹, but also on the appropriateness of the fit – the fluid harmony – between the words used and the aspiration to our justice that every legal announcement should embody«. Und wenn – summa summarum – es am Schluß heißt: »judicial power in the long run is linguistically grounded«, so ist der Weg für Dekonstruktion offen, im Sinne einer Auseinandersetzung mit dem topos »the poetic method for law, or how the law means«.[30]

In dem Maße indessen, wie das Recht die äußerste Individualisierung noch nicht leisten kann, oder sich angesichts elementarer Ordnungsbedürfnisse noch nicht leisten darf, sind die positiv gestaltenden Möglichkeiten konstruktivistischen und dekonstruktivistischen Umgangs mit Rechtssätzen noch nicht gegeben. Es ist sehr schwer, insofern eine klare Abgrenzung zu geben.[31]

Vielleicht darf ich am Schluß noch einmal folgendes hervorheben: Gewiß kann man breite Tendenzen in der modernen Rechtsgesellschaft durchaus so auffassen, daß sie sich von einem hermetischen, die Mannigfaltigkeit des Lebens außer acht lassenden Rechtsbegriff entfernen, so daß viel-

30 A.a.O., S. 5-7.
31 Beachtlich die Beiträge von Drucilla Cornell, *Vom Leuchtturm her: Das Erlösungsversprechen und die Möglichkeit der Auslegung des Rechts;* Cynthia Chase, *Dekonstruktion als Möglichkeit von Gerechtigkeit: Die kritische Funktion des Begriffs der Demokratie* und Christoph Menke, *Für eine Politik der Dekonstruktion. Jacques Derrida über Recht und Gerechtigkeit,* sämtlich in: Anselm Haverkamp (Hg.), *Gewalt und Gerechtigkeit. Derrida – Benjamin,* Frankfurt/M. 1994, S. 60ff., 129ff., 179ff.

leicht am Ende sogar – aus einer ganz anderen Position als seinerzeit der Marxismus sie angeboten hat – die Prognose steht, rechtliche Regulierungen könnten gesellschaftlichen Regulierungen weichen. Je nachdem, wie jeder für sich den insofern erreichten historischen Ort definiert, wird er mehr oder weniger geneigt sein, Law as Literature oder Literature as Law zu fordern. Verschwindet das Recht ganz, bleibt nur die Literatur. Dominiert das Recht, hat Literatur nichts zu suchen. Beide Positionen sind im strengen Wortsinne utopisch. Daher meine ich, daß Law as Literature wenigstens im Begriffe ist, eine relativ angemessene Beschreibung unseres Rechtszustandes zu werden. Das heißt, je näher man der rein gesellschaftlichen Regulierung kommt, um so deutlicher wird Law as Literature in Erscheinung treten.

Nachweise

Die Texte sind – soweit schon veröffentlicht – nicht verändert worden. Nachträglich entdeckte Druckfehler habe ich allerdings beseitigt; das gleiche gilt für Überschneidungen.

– Zur Dialektik von konsensorientiertem und entwicklungslogischem Rechtsdenken

Unveröffentlicht; eingearbeitet sind hier allerdings Teile aus: Die Steuerungsfunktion des Gesetzes – Überformung oder Gegensteuerung zur Entwicklungstendenz einer Gesellschaft, in: Dieter Grimm/ Werner Maihofer (Hg.), Gesetzgebungstheorie und Rechtspolitik (Jahrbuch für Rechtssoziologie und Rechtstheorie Band 13), Opladen 1988, S. 151-170 und »Wär' der Gedank' nicht so verwünscht gescheit, man wär' versucht, ihn herzlich dumm zu nennen.«, in: Rechtshistorisches Journal 5, Frankfurt/M. 1986; ferner die Rezension von Jürgen Habermas, Faktizität und Geltung, in: Juristenzeitung 1993, S. 458. Eine gekürzte Fassung ist in der 286. Sitzung der Wissenschaftlichen Gesellschaft an der Johann Wolfgang Goethe-Universität am 7. 1. 1995 vorgetragen worden.

– Die Normgeltung in unserer Gesellschaft

In: Bestandsaufnahme und Perspektiven der Verbrechensbekämpfung, BKA-Vortragsreihe Band 27, Wiesbaden 1982, S. 85-95.

– Juristische Allgemeinbegriffe und Demoskopie

In: Winfried Hassemer/Wolfgang Hoffmann-Riem (Hg.), Generalklauseln als Gegenstand der Sozialwissenschaften (Schriften der Vereinigung für Rechtssoziologie Band 1), Baden-Baden 1978, S. 53-75.

– Recht, Strafrecht und Sozialmoral

In: Analyse und Kritik 1981, S. 194 ff., ferner in: Kriminalpolitik auf verschlungenen Wegen, Frankfurt/M. 1981, S. 39-79.

– Anerkennungsprobleme im Völkerrecht

In: Alexander Böhm/Klaus Lüderssen/Karl-Heinz Ziegler (Hg.), Idee und Realität des Rechts in der Entwicklung internationaler

Beziehungen, Festgabe für Wolfgang Preiser, Baden-Baden 1983, S. 133-151 (dort unter dem Titel: Genesis und Geltung – am Beispiel der Theorie des Hegelianers Adolf Lasson).

– *Dialektik, Topik und »konkretes Ordnungsdenken« in der Jurisprudenz*
In: Günter Warda, Heribert Waider, Reinhard von Hippel, Dieter Meurer (Hg.), Festschrift für Richard Lange zum 70. Geburtstag, Berlin, New York 1976, S. 1019-1042.

– *Regel und Fall*
In: Maximilian Herberger/Ulfrid Neumann/Helmut Rüßmann (Hg.), Generalisierung und Individualisierung im Rechtsdenken (Archiv für Rechts- und Sozialphilosophie Beiheft 45), Stuttgart 1992, S. 129-142.

– *Juristische Topik und konsensorientierte Rechtsgeltung*
In: Norbert Horn (Hg.), Europäisches Rechtsdenken in Geschichte und Gegenwart, Festschrift für Helmut Coing zum 70. Geburtstag, München 1982, S. 549-564.

– *Law and Literature als Herausforderung von Law and Economics*
In: Manfred Seebode (Hg.), Festschrift für Günter Spendel zum 70. Geburtstag, Berlin, New York 1992, S. 99-114.

– *»Law as Literature« oder wenn die Wissenschaft zur Kunst wird: Dekonstruktion in der Jurisprudenz*
Unveröffentlicht; der Text wurde im November 1993 im Institute of advanced legal Studies in Verbindung mit dem Institute of Germanic Studies an der University of London vorgetragen und dann – in leicht veränderter Gestalt – bei einem Kolloquium zum Thema »Die Kunst im Würgegriff der Wissenschaft« am Institut für Germanistik an der Universität Regensburg im Februar 1995.

suhrkamp taschenbücher wissenschaft
Rechtswissenschaft

Über sämtliche bis Mai 1992 erschienenen suhrkamp taschenbücher
wissenschaft (stw) informiert Sie das Verzeichnis der Bände 1 – 1000
(stw 1000) ausführlich. Sie erhalten es in Ihrer Buchhandlung.